普通高等教育"十一五"国家级规划教材
普通高等学校土木工程专业新编系列教材

桥梁施工

刘世忠　主　编
夏文传　李晓珍　副主编
杨子江　主　审

中国铁道出版社
2014年·北京

内 容 简 介

本书是普通高等教育"十一五"国家级规划教材。主要内容包括:桥梁施工基本作业、基础工程、梁式混凝土桥梁施工、拱桥施工、斜拉桥与悬索桥施工、高速铁路桥梁施工实例以及桥梁施工组织与施工安全等。

本书为高等院校土木工程、交通工程等专业的教学用书,也可供施工技术人员参考。

图书在版编目(CIP)数据

桥梁施工/刘世忠主编.—北京:中国铁道出版社,2010.6(2014.7重印)
普通高等教育"十一五"国家级规划教材
ISBN 978-7-113-11322-3

Ⅰ.①桥… Ⅱ.①刘… Ⅲ.①桥梁工程—工程施工—高等学校—教材 Ⅳ.①U445

中国版本图书馆CIP数据核字(2010)第066508号

书　　名:桥梁施工
作　　者:刘世忠 主编

责任编辑:李丽娟 **电话**:(010)51873135
封面设计:郑春鹏
责任校对:张玉华
责任印制:陆 宁

出版发行:中国铁道出版社(100054,北京市西城区右安门西街8号)
网　　址:http://www.tdpress.com
印　　刷:北京尚品荣华印刷有限公司
版　　次:2010年7月第1版 2014年7月第2次印刷
开　　本:787 mm×1 092 mm 1/16 印张:18.75 字数:471千
书　　号:ISBN 978-7-113-11322-3
定　　价:35.00元

前　言

本书是普通高等教育"十一五"国家级规划教材。开设桥梁施工课程是为了满足普通高等学校桥梁工程专业和铁道工程专业的学生，毕业后能适应基层和施工现场工作的需要，使学生掌握较为系统的桥梁施工知识，加强学生的实践知识环节，避免理论脱离实际，防止知识的片面性，使普通高校毕业生能够尽快适应现代企业对新型人才的需求。

随着桥梁施工技术的不断发展，新的施工方法不断涌现，施工设备也不断更新。编写过程中，本着"少而精"的原则，选择最主要、最基本的内容进行编写，并力图介绍清楚，同时反映最新的桥梁施工技术以及现行有关施工技术规范，使学生在有限的学时内能够获得必要的桥梁施工基础知识的同时，力求紧密结合生产实际，以培养学生的创新思维、规范意识和实际工作能力。

本教材的特点是：突出重点，兼顾学科的延伸和发展；引导学生重点掌握基本概念、基本技能，注意整体知识框架的把握；注重理论联系实际，引导学生逐渐进入工程角色；注重学生实践能力和创新能力的培养，以现代典型桥梁的施工技术为范例进行启发式教学。

本书由兰州交通大学刘世忠任主编，兰州交通大学夏文传和西南交通大学李小珍任副主编；兰州交通大学杨子江主审。其中第一章、第二章和第三章由兰州交通大学夏文传编写；第四章、第七章由刘世忠编写；第五章第一～五节由厦门市市政建设开发总公司欧阳永金编写，第五章第六～八节由长安大学卢斌编写；第六章由李小珍编写；第八章由长安大学李加武编写。

本书的出版得到了兰州交通大学教务处和土木学院领导的大力支持。研究生杨超、李丽园和董桂萍进行了部分文整和部分CAD图形的绘制。另外，编写过程引用了大量参考文献，未能一一与原作者联系，在此一并表示感谢。

由于编者水平有限，教材中难免存在谬误之处，敬请读者批评指正，以便再版修订。来函请寄 Liusz 2000 @ 163. com。

编　者

2009 年 12 月

目　录

第一章　绪　　论 …… 1

第一节　桥梁施工技术综述 …… 1
第二节　桥梁施工常用设备 …… 4
第三节　桥梁施工主要方法及特点 …… 22
复习思考题 …… 27

第二章　桥梁施工基本作业 …… 28

第一节　施工测量 …… 28
第二节　模板、拱架、支架和脚手架工程 …… 33
第三节　钢筋工程 …… 38
第四节　混凝土工程 …… 46
复习思考题 …… 60

第三章　基础施工 …… 61

第一节　明挖基础 …… 61
第二节　沉入桩基础 …… 74
第三节　钻(挖)孔桩基础 …… 94
复习思考题 …… 107

第四章　梁式混凝土桥梁施工 …… 108

第一节　预应力混凝土简支梁制作 …… 108
第二节　混凝土简支梁整孔(片)架设安装 …… 118
第三节　连续梁桥施工 …… 127
复习思考题 …… 161

第五章　拱桥施工 …… 162

第一节　拱架构造及计算 …… 162
第二节　拱架制造与安装 …… 169
第三节　拱圈及拱上建筑物施工 …… 170
第四节　拱架卸落 …… 171
第五节　拱桥的无支架施工 …… 174
第六节　钢管混凝土拱桥施工 …… 181

第七节　转体法施工…………………………………………………………………… 185
第八节　整体架设…………………………………………………………………… 192
复习思考题…………………………………………………………………………… 197

第六章　斜拉桥与悬索桥施工……………………………………………………… 198

第一节　斜拉桥概述………………………………………………………………… 198
第二节　斜拉索的制造与安装……………………………………………………… 203
第三节　悬索桥锚碇和塔的施工…………………………………………………… 210
第四节　缆索施工要点……………………………………………………………… 215
第五节　明石海峡大桥各部件施工实例…………………………………………… 224
复习思考题…………………………………………………………………………… 233

第七章　高速铁路桥梁及施工实例………………………………………………… 234

第一节　高速铁路桥梁设计施工特点……………………………………………… 234
第二节　高速铁路桥梁施工实例…………………………………………………… 242
复习思考题…………………………………………………………………………… 262

第八章　桥梁施工组织与施工安全………………………………………………… 263

第一节　桥梁施工组织设计的类型和基本内容…………………………………… 263
第二节　桥梁施工组织设计的编制………………………………………………… 264
第三节　施工场地布置……………………………………………………………… 269
第四节　桥梁施工安全的一般规定………………………………………………… 277
第五节　桥梁基础施工安全………………………………………………………… 284
第六节　桥梁上部结构施工安全…………………………………………………… 287
复习思考题…………………………………………………………………………… 292
参考文献……………………………………………………………………………… 293

第一章 绪论

第一节 桥梁施工技术综述

一、桥梁工程施工技术在我国的发展

桥梁施工技术随着科学技术的进步以及施工机具、设备和建筑材料的发展而不断改进、提高。了解桥梁施工技术的发展进程，对掌握桥梁施工规律，不断总结、改进和创造新的施工技术十分有益。

在桥梁建造技术方面，我国有着悠久的历史和光辉的成就。据史料记载，在三千年前的周文王时代，就有在渭河上架设浮桥和建造石桥的历史。隋唐时期，是我国古代桥梁的兴盛年代，这段时期在桥梁形式、结构构造方面出现了很多创新，可以说是“精心构思，丰富多姿”。宋代之后，随着建桥数量的逐渐增加，桥梁的跨越能力、造型和功能都有所提高，这充分表现了我国古代工匠在桥梁施工方面的智慧和艺术水平。其中最著名的就是一千多年前所建造的赵州桥(图 1.1)。赵州桥又名安济桥，建于隋代(公元 605～618)年间，由著名匠师李春建造。桥长 64.40 m，跨径 36.02 m，是当今世界上跨径最大、建造最早的单孔敞肩型石拱桥(因桥两端肩部各有二个小孔，不是实的，故称敞肩型)，这是世界造桥史的一个创造。该桥采用纵向并列砌筑，将大拱圈纵向分为 28 圈，每圈由 43 块拱石组成，每块拱石重 1 t 左右，用石灰浆砌筑。为了提高拱圈的强度和整体性，在拱石表面凿有斜纹，在拱石的纵向安放一对腰铁(铁箔)，在主拱跨中拱背上设置 5 根铁拉杆，并在拱顶石砌筑时采用插尖方法使拱石挤压紧密。仅从赵州桥的施工技术来分析，不难看出古代工匠对于拱桥的受力特性已经十分熟悉，其施工技术完全符合现代科学的原理，赵州桥能完好保存至今的一个重要原因也在于此。

图 1.1　赵州桥

泉州洛阳桥又名万安桥(图 1.2),是濒临海湾的大石桥,始建于宋皇祐五年(1053 年)。该桥全长 834 m,共 46 个桥墩,气势壮观。在当时尚无现代施工设备的情况下,在海湾上建造大桥最大的困难是桥梁基础,古代工匠在浪涛汹涌的海口,首创了现代称为筏形基础的桥基。这种基础是沿桥中线满抛大石块,在稳固的石基上建造桥墩。值得赞扬的不仅是其创造性地采用了抛石技术,还在于其巧妙地用牡蛎使筏形基础加固成整体。这一抛石技术在建造鹰厦铁路海堤工程中也得到了继承和发展。万安桥的石梁共 300 余根,每根重 20～30 t,这样重的梁在当时采用"激浪以涨舟,悬机以弦牵"的方法架设,据分析就是利用潮汐的涨落控制船只的高低位置,使石梁浮运、起落,并以"悬机"牵引就位。现代浮运架桥的原始雏形就是古代工匠仅用人工、简单工具和借助自然力建造大桥的工程实践。

图 1.2 洛阳桥

玉带桥建于清乾隆年间(公元 1736～1795 年,图 1.3),位于北京颐和园昆明湖长堤上。该桥单孔净跨 11.38 m,矢高约 6.5 m,全部用玉石琢成,桥面是双反向曲线,组成波形线桥型,配有精制白石栏板,非常富丽堂皇。蛋尖形桥拱,特别高耸,好似玉带。玉带桥的造型纤秀挺拔、轻巧,具有我国长江三角洲地区石拱桥的风格。

图 1.3 玉带桥

然而，封建制度的长期统治，大大束缚了生产力的发展。表现在桥梁建设方面，就是大部分桥梁由外国投资，洋人设计，外商承包，技术落后，进展缓慢。我国自行设计施工的京张铁路桥梁(1905～1909年)，钢梁的最大跨度仅达33.5 m。全线最长的怀来桥，墩身采用的是木桩基础，施工时用农田灌溉水车抽水，人力拉拽落锤打桩。钢梁杆件用骡车运达工地组拼。至于浙赣线杭州钱塘江桥，虽为国人自行设计，但正桥墩台基础和钢梁工程，均由外国公司承包施工。

新中国成立后，我国桥梁施工技术水平随着交通运输业的发展迅速提高。特别是改革开放以来，我国桥梁建设进入了一个辉煌的时期，建设了一大批结构新颖、技术复杂、设计和施工难度大的桥梁，建设水平已跻身世界先进行列。桥梁施工技术的先进与否，在一定程度上反映了一个国家的技术水平和工业发展水平，同时也代表了桥梁工程技术人员的水平。20世纪90年代，是世界桥梁发展的辉煌时代，各国均掀起了建桥热潮，中国也不例外。在这期间，我国国民经济持续快速发展，国家加大了对交通基础设施的投资，高速铁路、客运专线和高速公路的建设步伐加快，桥梁技术不断创新，各种桥型更加丰富，结构趋于轻型化。在此期间所建造的各类桥梁数量之多前所未有。在一些大跨深水桥梁的建设中，大量新技术、新结构、新工艺、新材料和新设备的应用，使桥梁的建造技术得到了空前的发展，我国的桥梁建造技术水平已跻身世界前列，甚至于有些桥型处在世界领先的地位。

桥梁跨度是衡量桥梁建造技术水平的一个重要指标。在悬索桥中，1999年9月建成通车的江阴长江大桥，主跨1 385 m，是我国第一座跨度超过千米的钢箱梁悬索桥。位于舟山连岛工程项目的西堠门大桥，主跨为1 650 m，为连续钢箱梁悬索桥，在全世界悬索桥中排名第二，仅次于日本明石海峡大桥，在钢箱梁悬索桥中世界排名第一。钢斜拉桥中世界排名前十名中中国占了七座，分别是苏通大桥(主跨1088 m，世界排名第一)、昂船洲大桥(主跨1018 m，世界排名第二)、南京长江三桥(主跨648 m)、南京长江二桥(主跨628 m)、金塘大桥主航道(主跨620 m)、白沙洲桥(主跨618 m)、青州闽江桥(主跨605 m)、杨浦大桥(主跨602 m)。钢拱桥中中国桥梁也占有一席之地，世界排名第一的重庆朝天门大桥，主跨为552 m；卢浦大桥主跨550 m，世界排名第二；此外还有巫峡长江大桥(主跨460 m)、新光大桥(主跨428 m)和莱园坝大桥(主跨420 m)。预应力混凝土连续刚构桥中有重庆石板坡长江大桥复线桥(主跨330 m，世界排名第一)、虎门大桥辅航道桥(主跨270 m)、苏通大桥辅航道桥(主跨268 m)、红河大桥(主跨265 m)、下白石大桥(主跨260 m)、江安长江大桥(主跨252 m)等。我国公铁两用桥也取得较好成绩，武汉天兴洲大桥全长8 043 m，主桥为98 m＋196 m＋504 m＋196 m＋98 m双塔三索面斜拉桥，下层为可并列行驶四列火车的铁路桥，也是中国第一座能满足高速铁路运营的大跨度斜拉桥。

二、施工技术在桥梁工程中的地位和作用

经过规划、工程可行性研究、勘察设计和施工等几个阶段，一座桥梁就建成了。其中施工是具体体现桥梁设计思想和设计意图的过程，其最终目的是要建造一个即满足营运要求又能作为一种空间艺术结构存在于社会之中的工程实体，而施工技术无论在设计还是在施工阶段都起着举足轻重的作用。在科学技术高速发展的今天，对于某些桥梁结构而言，虽然在结构理论分析和计算上都已不存在什么障碍，但桥梁设计者的设计意图能否真正得以实现，很大程度上取决于施工技术，亦即桥梁高水平的设计需要更高水平的施工技术去实现。另一方面，桥梁施工技术的发展，为实现桥梁设计意图提供了灵活多样的手段，也为增大桥梁跨度、改善梁体线形以及应用新材料提供了充分的条件。建造桥梁所采用的不同施工方法，对不同施工阶段的桥梁结构内力有不同的影响，施工阶段结构的内力变化反过来又对整个桥梁设计提出新的

要求。设计与施工的完美结合必须要有与之适应的施工技术来保证,两者相互依赖、相互促进,从而推动桥梁建设事业不断向前发展。

施工技术包括了施工设计计算、施工方法、手段和工艺等方面的内容。在桥梁的施工阶段,施工技术占据了主导地位。技术的先进与否,直接影响到施工所能采用的施工方法和手段,甚至将左右工程的进展。任何一项简单或复杂的桥梁工程,都必须依据相应的施工技术,才能制定出切实可行的施工方案,用于指导施工。

第二节 桥梁施工常用设备

一、概 述

施工设备和机具是桥梁施工技术中的重要组成部分,也是桥梁施工中的一个重要课题,施工设备和机具的优劣往往决定了桥梁施工技术的先进与否,同时影响施工进度和施工质量。反过来,桥梁施工技术的发展,也要求各种施工设备和机具不断进行更新和改造,以适应施工技术的发展。

现代大型桥梁施工设备和机具主要有:

(1)各种常备式结构,包括万能杆件、贝雷梁、军用梁等;

(2)各种起重机具设备,例如千斤顶、吊机等;

(3)混凝土施工设备,例如搅拌机、输送泵、振动设备等;

(4)预应力施工设备,例如锚具、各类张拉千斤顶等。

桥梁施工用到的机械设备和机具品种繁多,因此在进行施工组织设计和规划时,常常应该根据具体的施工对象、施工工期要求、劳动力分布以及施工现场现有的机械设备等情况,合理地选用、配备和安排机具设备,以使它们能够发挥最大的工作效率和经济效益,确保整个工程能够高质量、高效率和安全地如期完成。同时,桥梁施工实践证明:施工设备选用搭配的合理与否,直接影响桥梁施工的安全。许多重大事故的发生,常常同施工设备陈旧或使用配备不当有关。

二、桥梁施工中的各种常备式结构

(一)钢 板 桩

为了抵御开挖深基坑或在水中进行桥梁墩台基础施工时的土压力和水压力,必须采用钢板桩;如果钢板桩不能满足要求时,就需做成钢板桩围堰。

(二)钢管脚手架(支架)

常用的钢管脚手架有扣件式、碗扣式和门式等。

扣件式钢管脚手架采用 ϕ48 mm×3.5 mm 钢管,利用直角扣件、旋转扣件和对接扣件连接而成,见图 1.4。

扣件式脚手架的优点是直接从工厂购买钢管,无需加工,因此可以任意搭设,通用性强。其缺点是:由于纵、横、斜杆之间有偏心,对结构受力非常不利;其次节点的连接力与螺丝拧紧程度有关,因此搭设质量与施工人员的经验有关。钢管脚手架可以搭设单排、双排、满堂等形式,顶部和底部可以通过底托和顶托等配件进行调整。图 1.5 所示的是脚手架的一些配件。

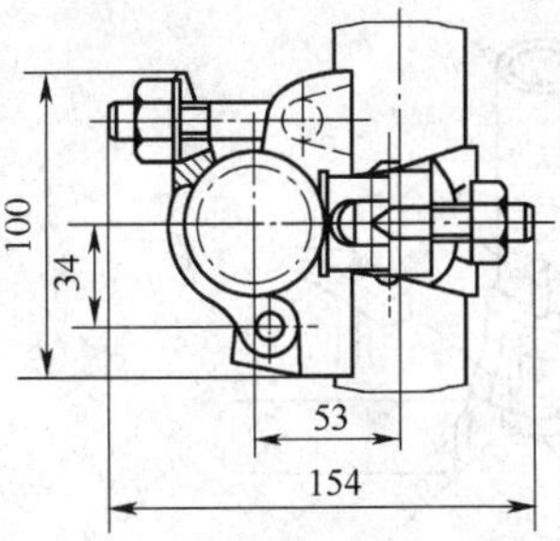

(a) 直角扣件

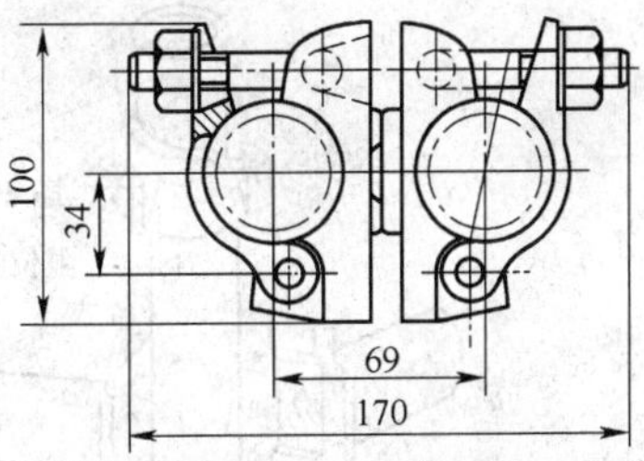

(b) 旋转扣件

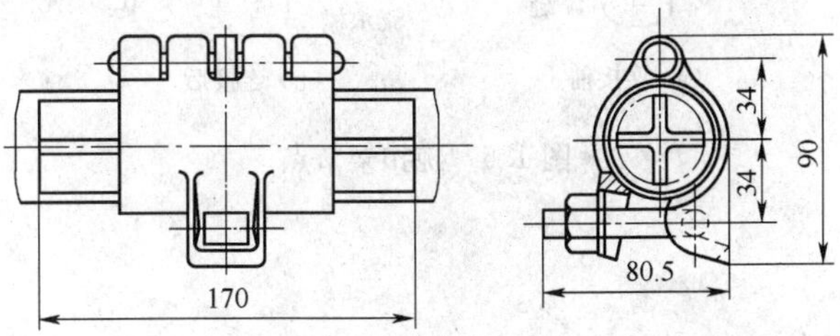

(c) 对接扣件

图 1.4 扣件式钢管架的扣件(单位:mm)

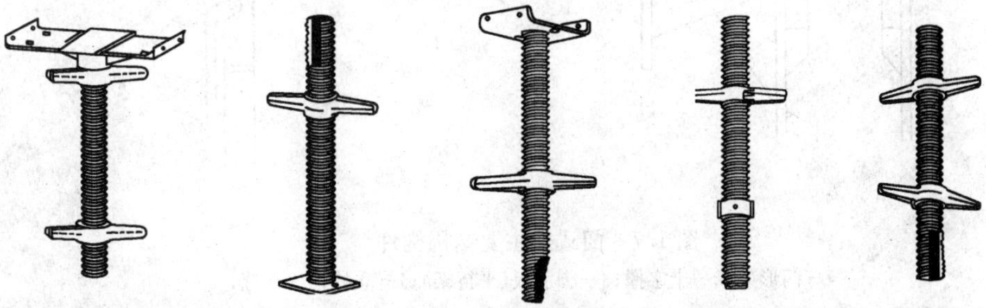

(a) 双向可调顶托　(b) 可调底座　(c) 双向可调顶托　(d) 高低调节螺杆　(e) 双向调节螺杆

图 1.5 脚手架配件

碗扣式脚手架采用的还是 ϕ48 mm 的钢管,不过连接节点由原来的扣件改为“碗扣”。碗扣式脚手架的优点是:由于采用了中心连接,因此承载力得到了较大提高;另外,节点由原来的扣件连接改为焊接连接,因此节点的受力性能得到改善,安全度得到提高,人为影响因素减少。其缺点是:横杆和立杆需要重新加工,成本加大;同时由于碗扣是焊接在立杆上的,因此步距不能任意调整,失去灵活性。图 1.6 所示的是碗扣式脚手架的节点。

门式脚手架由美国 Beatty 脚手架公司首创,于 20 世纪 80 年代引入我国。门式脚手架由门架、十字撑、平行架或专用钢脚手板组拼而成,见图 1.7。门式脚手架的优点是:质量轻;同时每组脚手架本身都可以形成稳定的结构体系。其缺点也是很明显的:体型和结构尺寸比较单一,且平面尺寸被固定;其次是薄壁构件坚固性较差,对拆装过程有较高的要求。

其他类型的脚手架还有套件式扣件脚手架、轮扣式扣件脚手架和圆盘式扣件脚手架等,见图 1.8。它们的特点是装拆方便,搭设灵活,能适应结构物平、立面的变化。螺栓连接的钢管脚手架的基本构造形式与扣件式钢管脚手架大致相同,所不同的是用螺栓连接代替扣件连接。

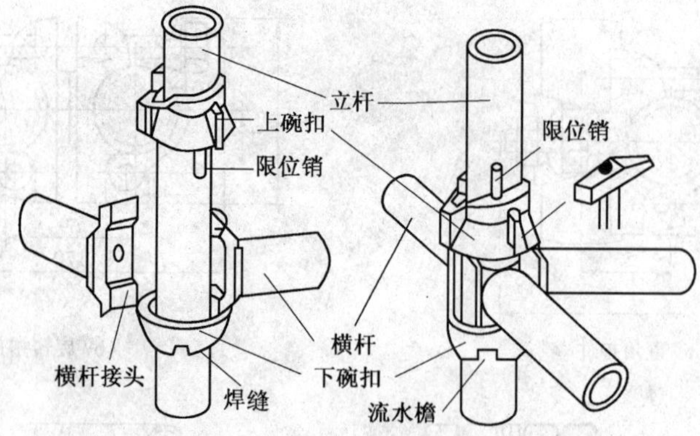

（a）连接前　（b）连接后

图 1.6　碗扣架节点

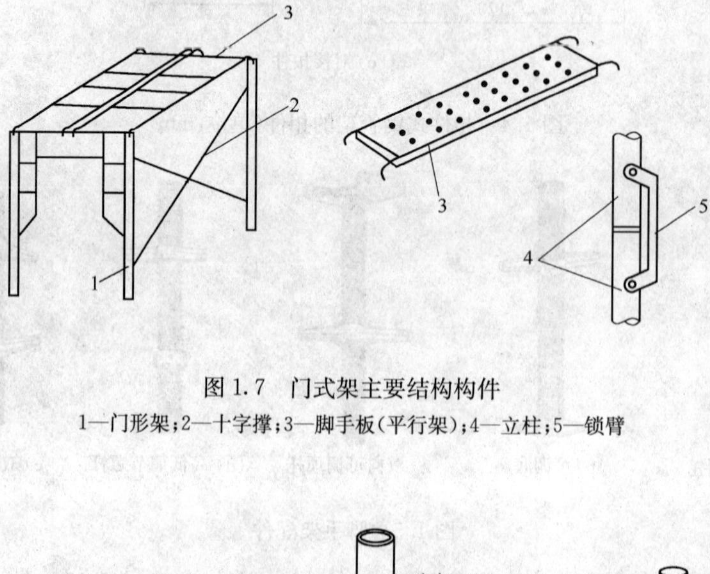

图 1.7　门式架主要结构构件

1—门形架；2—十字撑；3—脚手板（平行架）；4—立柱；5—锁臂

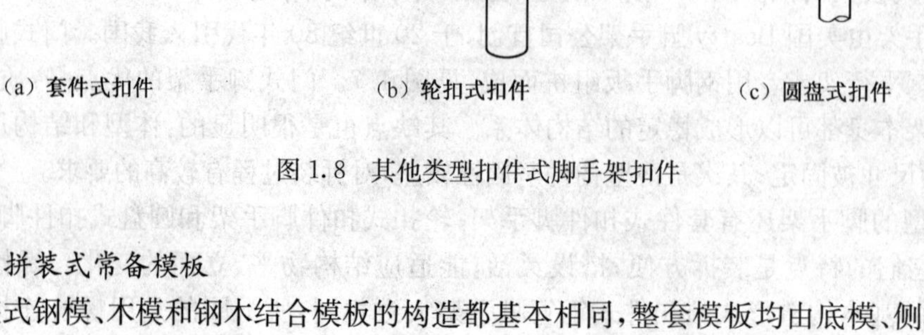

（a）套件式扣件　（b）轮扣式扣件　（c）圆盘式扣件

图 1.8　其他类型扣件式脚手架扣件

（三）拼装式常备模板

拼装式钢模、木模和钢木结合模板的构造都基本相同，整套模板均由底模、侧模和端模三部分组成。

整体式模板是预制工厂的常备结构，常用于桥梁预制工厂的一些标准定型构件的生产中。

目前在我国的工业和民用建筑中广泛使用的组合式钢制定型模板，在桥梁的墩台施工中也有使用。组合式定型模板是用 2.3 mm 或 2.5 mm 厚的钢板冷轧冲压整体成型，肋高 55 mm，中间点焊纵肋和横肋。在边肋上设有 U 形卡连接孔，端肋上设有 L 形插销孔，孔径为 13.8 mm，孔距为 150 mm，使纵(竖)横向均能拼接。它可以根据需要拼装成宽度模数以 50 mm 进级、长度模数以 150 mm 进级的各种尺寸的模板。这种组合式定型钢模板的优点是通用性强，可灵活组装，装拆方便，强度高，刚度大，尺寸精度高，接缝严密，表面光洁，适于组合拼装成大块，可实现机械化施工，周转次数多(50 次以上)，能节约木材及降低成本等。

(四)万能杆件

钢制万能杆件可以组拼成桁架、墩架、塔架和龙门架等形式，以作为桥梁墩台、索塔的施工脚手架，或作为吊车主梁以安装备用预制构件。必要时还可以作为临时的桥梁墩台和桁架。

万能杆件的优点有很多，例如拆装容易，运输方便，利用率高，可以大量节省辅助结构所需的木料、劳动力和工期，因此适用范围较广。

万能杆件的类型有铁道部门生产的甲型(又称 M 型)，乙型(又称 N 型)和西安筑路机械厂生产的乙型(称为西乙型)。三者在结构、拼装形式上基本相同，仅弦杆角铁尺寸、部分缀板的大小和螺栓直径稍有差异。下面介绍西乙型的构造和有关技术资料。

西乙型万能杆件共有大小构件 24 种。其中杆件及拼接用的角钢零件 9 种，编号为 1、2、3、4、5、6、7、7A、16；节点板 9 种，编号为 8、11、13、17、18、22、22A、23、28；缀片 2 种，编号为 19、20；填板 1 种，编号为 15；支承靴 1 种，编号为 21A；普通螺栓 2 种，编号为 24、25。

西乙型构件规格尺寸及质量见表 1.1 和图 1.9 所示。

表 1.1　西乙型构件规格尺寸及质量

编号	名　称	规　　格	单位重(kg)	附　注
1	长弦杆	∟100×100×12×3 994	71.49	
2	短弦杆	∟100×100×12×1 994	34.69	
3	斜杆	∟100×100×12×2 350	42.07	
4	立杆	∟75×75×8×1 770	14.98	
5	斜撑	∟75×75×8×2 478	22.38	
6	联结角钢	∟90×90×10×580	8.2	用于 1 或 2
7	支承角钢	∟100×100×12×494	8.84	用于 1 或 2
7A	支承靴角钢	∟100×100×12×594	10.63	用于 1 或 2
8	节点板	□250×280×10	7.42	1、2 与 4、5 相连
11	节点板	860×552×10　A=3 389 cm²	34.88	1、2 与 3、4 相连
13	节点板	580×552×10　A=2 492 cm²	17.56	1、2 与 4、16 相连
15	弦杆塞填板	□8×480×10	3.01	用于 1 或 2
16	长立杆	∟75×75×8×3 770	34.04	
17	节点板	626×350×10　A=2 005 cm²	14.74	4、16 与 4、5 相连
18	节点板	305×314×10　A=606 cm²	4.76	4、16 与 4、5 相连

续上表

编号	名称	规格	单位重(kg)	附注
19	缀板	□210×180×10	2.97	用于1或2
20	缀板	□170×160×10	2.14	用于3、4、5、16
21A	支承靴		24.01	
22	节点板	□580×392×10	16.85	1、2与4、5相连
22A	节点板	□580×566×10	24.77	1、2与4、5相连
23	节点板	540×262×10 A=1 334 cm²	10.47	1、2与4、5相连
24	普通螺栓	ϕ22×(40、50、60)		
25	普通螺栓	ϕ27×(40、50、60、70、80)		
28	大节点板	□ 860×886×10 A=7 042 cm²	73.84	1、2与3、4相连

注:各构件除19、20用Q235钢制作外,其余均用16锰钢制作。

用万能杆件组拼成桁架时,其高度可为2 m、4 m、6 m及以上。当高度为2 m时,腹杆为三角形;当高度为4 m时,腹杆为菱形;高度超过6 m时,则可做成多斜杆的形式,如图1.9所示。

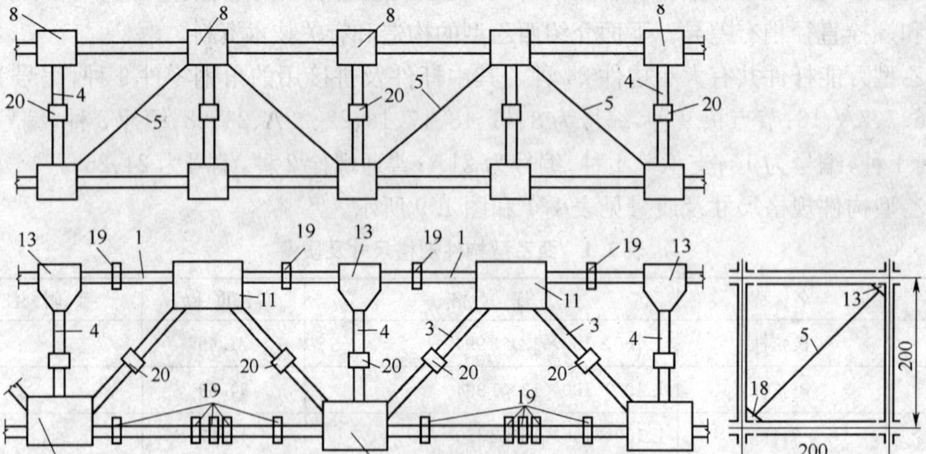

(a) 拼装示意图

(b) 4 m 桁架组拼方式之一

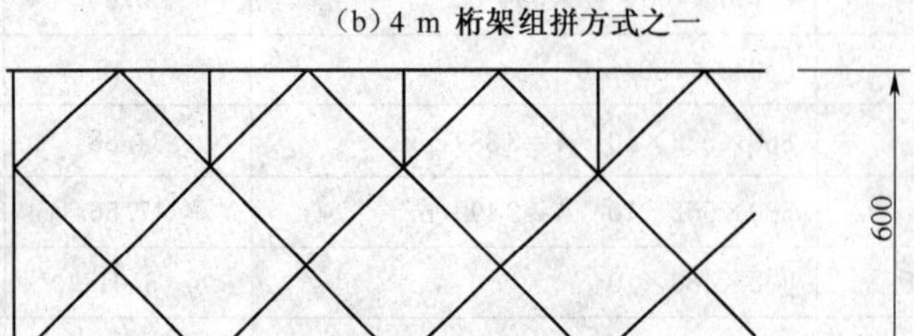

(c) 6 m 桁架组拼方式之一

图1.9 万能杆件组拼桁架示意图(单位 cm)

(五)贝 雷 梁

贝雷梁现有进口与国产两种规格。国产贝雷梁桁节皆用 16 锰钢,销子用铬锰钛钢,插销用弹簧钢制造,焊条用 T505x 型,桥面板和护轮木用松木或杉木。材料的容许应力按基本应力提高 30%取值,个别钢质杆件不得超过其屈服点的 85%。设计时采用的容许应力如下:

16 锰钢拉应力、压应力及弯应力为 1.3×210=273 MPa,剪应力为 1.3×160=208 MPa。

30 铬锰钛钢拉应力、压应力及弯应力为 0.85×130=110.5 MPa;剪应力为 0.45×1 300=585 MPa。

贝雷梁桁架力学性能见表 1.2 所示。

表 1.2　贝雷梁桁架力学性能

类　型	高×长 (cm)	弦杆截面积 $F(cm^2)$	弦杆惯性矩 $I_x(cm^4)$	弦杆截面模量 $W_1(cm^3)$	桁片惯性矩 $I_g(cm^4)$	桁片截面模量 $W_0(cm^3)$
国产贝雷	150×300	24.48	395.6	77.4	250 500	3 570
进口贝雷	154.94×3 048	26.48	382.9	74.2	283 000	3 910

三、桥梁施工中常用的起重设备

(一)扒　　杆

扒杆是一种简单的起重吊装工具。一般由施工单位根据工程施工实际需要自行设计和加工制作而成。扒杆可以用来升降重物、移动和架设桥梁等。常用的扒杆种类有独脚扒杆、人字扒杆、摇臂扒杆和悬臂扒杆。图 1.10 为人字扒杆示意图。

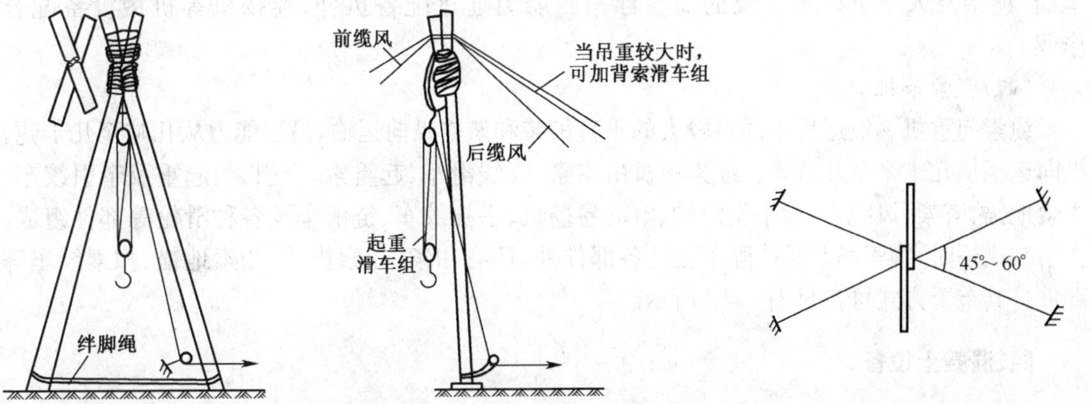

图 1.10　人字扒杆

(二)龙门架(龙门扒杆、龙门吊机)

龙门架是在桥梁施工中用的较多的一种垂直起吊设备。如果在龙门架顶横梁上设行车时,可以用来横向运输重物、构件;在龙门架两腿下设有滚轮并置于铁轨上时,可在轨道上纵向运输;如在两腿下设能转向的滚轮时,可进行任何方向的水平运输。龙门架通常设于构件预制场内吊移构件,或设在桥墩顶、桥墩旁安装大型构件。常用的龙门架种类有钢木混合构造龙门架、拐脚龙门架和装配式钢桥桁节(贝雷)拼制的龙门架,图 1.11 为装配式龙门架示意图。

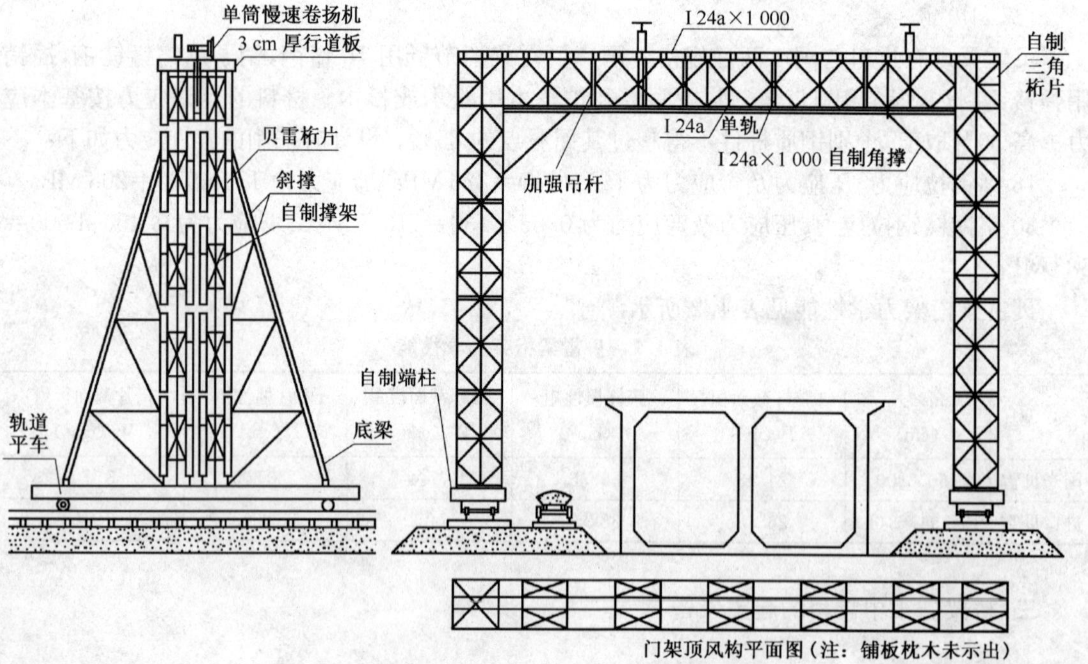

图 1.11　用装配式钢桥桁节(贝雷)拼装的龙门架

(三)浮　　吊

在通航河流上建桥时经常会用浮吊船作为工作船。常用的浮吊有铁驳轮船浮吊和用木船、型钢及人字扒杆等拼成的简易浮吊。船上通过配备扒杆、卷扬机等机械设备配合作业。

(四)缆索吊机

缆索起重机一般适用于高差较大的垂直吊装和架空纵向运输，吊运能力从几吨至几十吨，纵向运距从几十米至几百米。缆索吊机由主索、天线滑车、起重索、牵引索、起重及牵引绞车、主索地锚、塔架、风缆、主索平衡滑轮、电动卷扬机、手摇绞车、链滑车及各种滑轮等部件组成。在吊装拱桥时，缆索吊装系统除了上述各部件外，还有扣索、扣索排架、扣索地锚、扣索绞车等部件。其布置方式可参见图 1.12 所示。

四、混凝土设备

(一)混凝土搅拌设备

混凝土搅拌设备是一种按设计配合比将水泥、砂子、石子、水、外加剂等拌制成具有一定匀质性及和易性的混凝土拌和物的机械设备。它由进料、搅拌、出料、供水、控制、底盘等部分组成。

混凝土的强度与组成材料的配合比以及搅拌的均匀性有关。因此我国现行国家标准《混凝土搅拌机技术条件》(GB 9142—2000)和《混凝土搅拌机性能试验方法》(GB 4477—95)规定，用混凝土拌和物的匀质性来评定搅拌机的搅拌性能，即经过规定的搅拌时间搅拌后，同一罐不同部位的混凝土拌和物中砂浆容重的相对误差应小于 0.8%，单位体积混凝土中粗骨粒质量的相对误差应小于 5%。同时，搅拌机搅拌的混凝土稠度也应均匀一致，每罐次混凝土的坍落度差值也应符合规定的要求。

由于分散搅拌不利于质量的控制，世界各国都推行了工厂集中搅拌的预拌混凝土制度，所

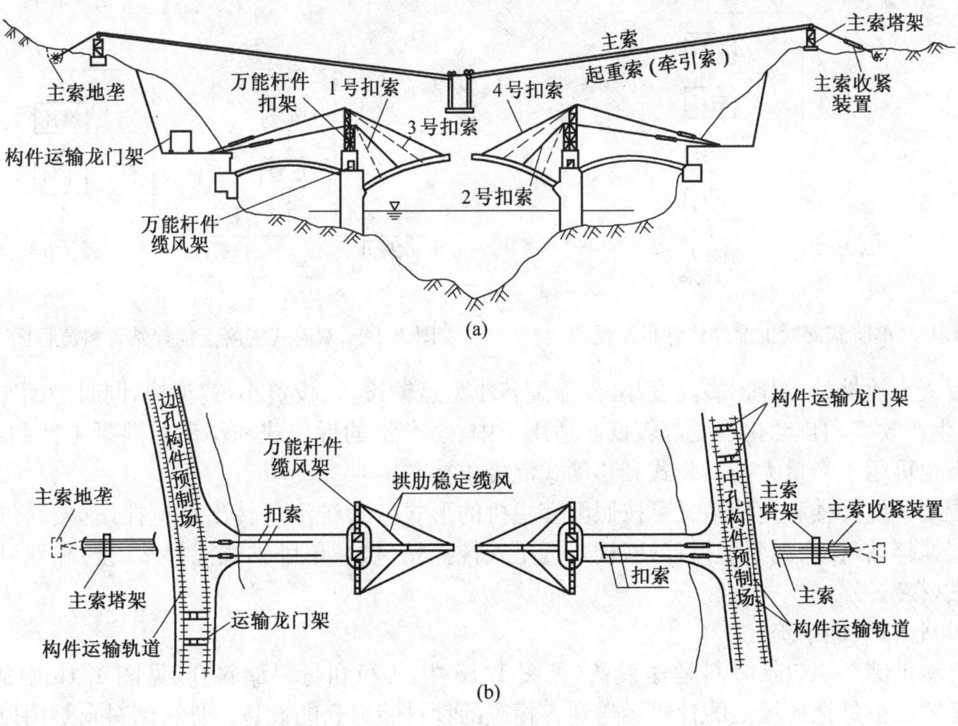

图 1.12 缆索吊装拱桥布置

以除了小容量的搅拌机作为单机使用外，一般搅拌机都应作为搅拌站(楼)的配套主机。我国现行国家标准《混凝土搅拌机技术条件》(GB 9142—2000)规定，公称容量(也称为出料容量，即捣实后的混凝土体积)为 150～350 L 的搅拌机，应具有独立完成混凝土搅拌作业的功能。公称容量为 500 L 及 500 L 以上的搅拌机应配置成搅拌站(楼)。

混凝土搅拌机按照进料、搅拌、出料是否连续，可分为周期作业式和连续作业式两大类。周期作业式混凝土搅拌机按其搅拌原理可分为自落式和强制式两种。自落式搅拌效果不如强制式，而且搅拌筒转速不能提高，因为若转速过高，会使离心力增大，物料就会贴在筒壁而不能下落。所以自落式搅拌机拌制匀质混凝土所需要的搅拌时间较长，生产效率较低。连续作业式混凝土搅拌机由于拌合物在搅拌机内的搅拌时间比较短，一般都做成强制式的。强制式搅拌机的缺点是机具磨损严重。下面重点介绍混凝土搅拌站(楼)。

1. 混凝土搅拌站(楼)

混凝土搅拌站(楼)主要由骨料供储系统、水泥供储系统、配料系统、搅拌系统和控制系统等组成。

混凝土搅拌站(楼)按照骨料在混凝土生产流程中需要提升的次数分为混凝土搅拌楼和混凝土搅拌站。骨料经一次提升便能完成全部生产流程的称为混凝土搅拌楼，俗称单阶式，如图 1.13 所示。骨料提升二次或二次以上才能完成全部生产流程的称为混凝土搅拌站，俗称双阶式，如图 1.14 所示。

混凝土搅拌楼(单阶式)从储料开始就全部靠材料自重下落完成各个工序，所以自动化程度高，效率高，但是需要的生产厂房结构高度大，而且还需要配备大型运输设备，一次性投资大，建设周期长。因而适用于产量大的固定式混凝土拌制。

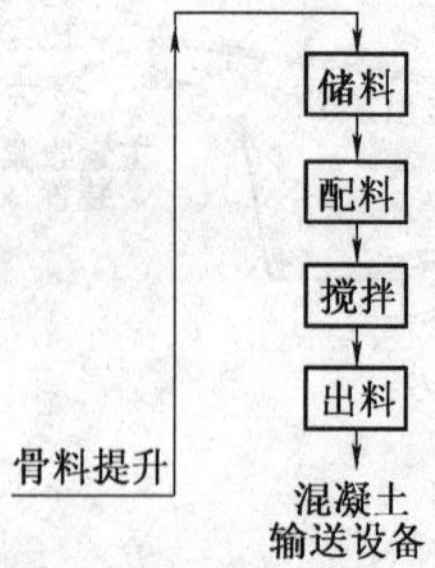

图 1.13 单阶式混凝土搅拌楼骨料流程图

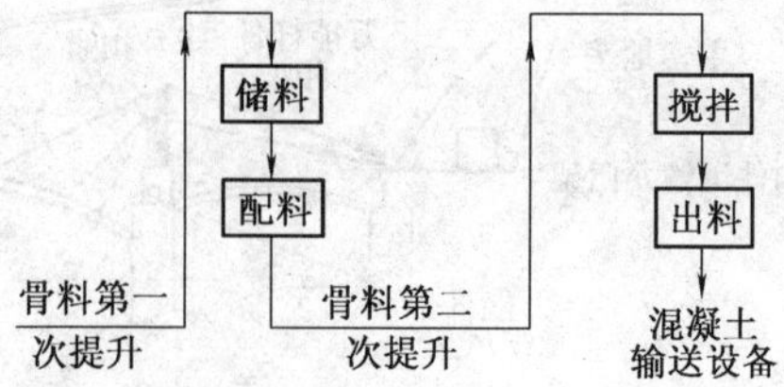

图 1.14 双阶式混凝土搅拌站骨料流程图

混凝土搅拌站(双阶式)高度小,仅需配备小型运输设备,投资小,建设快,同时平面布置灵活,但生产效率和自动化程度都较低。适用于中、小产量的拆装式和移动式混凝土拌制,特殊情况下也可用于产量大的拆装式和移动式混凝土拌制。

混凝土搅拌楼和搅拌站又可按照配套主机的形式分为锥形反转出料搅拌站(楼)、锥形倾翻出料搅拌站(楼)、涡浆式搅拌站(楼)、行星式搅拌站(楼)、单卧轴式搅拌站(楼)和双卧轴式搅拌站(楼)。

(1)骨料供储系统

骨料供储系统包括骨料运输设备(见图 1.15 中的 7)和骨料储料仓(见图 1.15 中的 8)。骨料运输设备是把料场上的骨料运送到各相应的骨料储料仓的设备。骨料储料仓是用以直接向称量装置 (图 1.15 中的 9)供料的中间仓库,可以保证供料不间断。骨料储料仓中装有料位指示器(料满和料空两个指示器或连续料位指示器),以实现自动供料。当料满时,料满指示器发出指令使运输设备停车;当储料仓中的料面下降到最低位置后,料空指示器发出指令使运输设备启动,向储料仓中装料。储料仓的卸料口装有气动式扇形闸门,以调节给料量。骨料的供储方案很多,主要有以下几种。

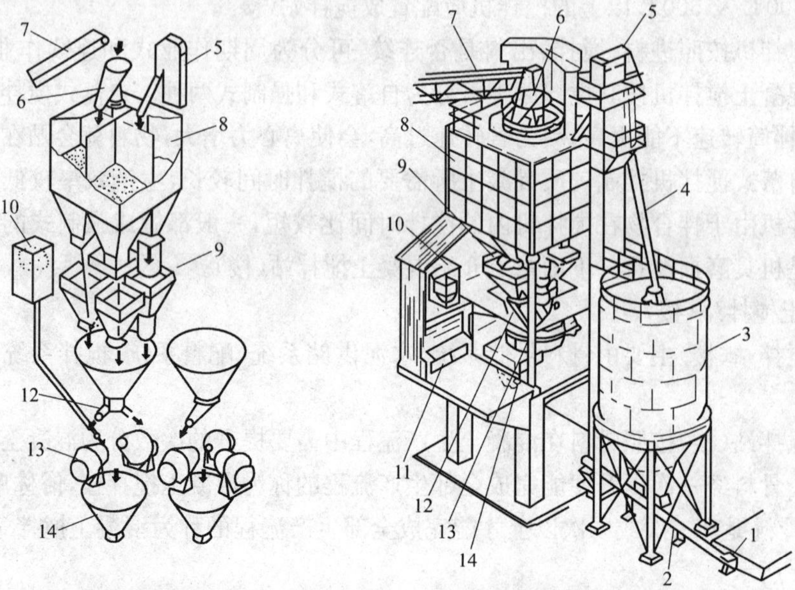

(a) 锥形倾翻式搅拌站 (b) 涡浆式搅拌站

图 1.15 混凝土搅拌站

1—水泥进料口;2—螺旋输送机;3—水泥筒仓;4—水泥溜管;5—斗式提升机;6—回转分料器;7—骨料运输设备(带式输送机);8—骨料储料仓;9—称量装置;10—水箱;11—操纵台;12—集中漏斗;13—搅拌机;14—混凝土储料斗

①带式输送机(或斗式提升机)和钢储料仓

带式输送机(图 1.15 中的 7)或斗式提升机(图 1.15 中的 5 或图 1.16 中的 1)运送高度大,能满足大产量连续作业的要求,所以混凝土搅拌楼均采用这种形式。同时由于这种运输设备操作简单可靠,维修方便,所以在产量较大的搅拌站中也被应用(图 1.17),这种形式的缺点是不能自己上料,必须用其他设备为其上料,或者把它的受料部分装在地坑里,由装卸卡车直接卸入。

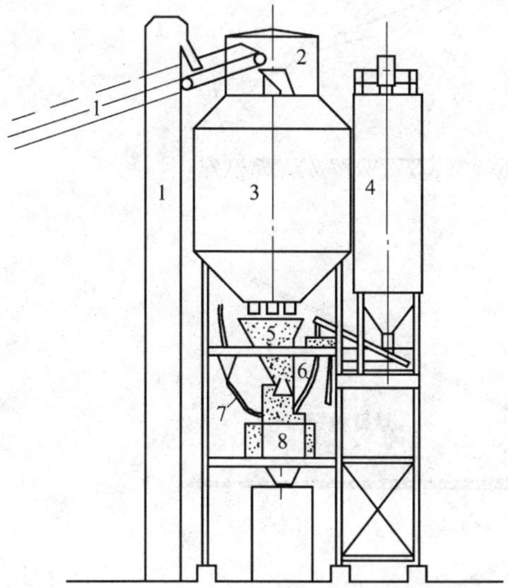

图 1.16 水泥单独进入搅拌机的混凝土搅拌站

1—骨料斗式提升机(或带式输送机);2—回转分料器;3—骨料储存仓;4—水泥储存仓;5—骨料称量装置;6—水泥称量装置;7—水称量装置;8—搅拌机

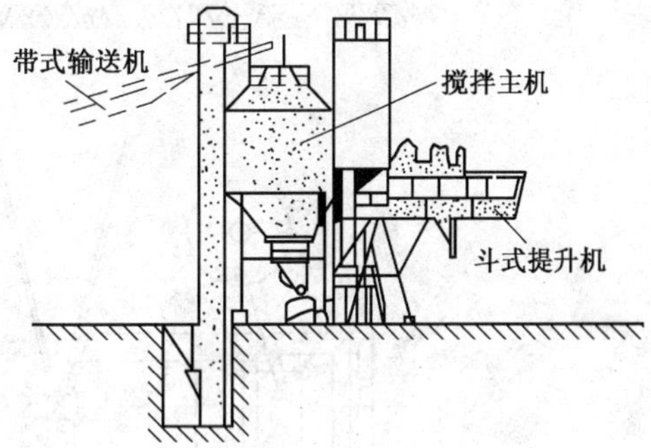

图 1.17 带式输送机(或斗式提升机)运输骨料的搅拌站

带式输送机比斗式提升机工作平稳,噪声小,而且速度快,连续作业生产率高,但占地面积比斗式提升机大。两者可根据实际情况进行选择。

②悬臂拉铲与星形料仓

悬臂拉铲与星形料仓的组合形式见图 1.18,悬臂拉铲不需要辅助设备可自行装料爬升,在受料口上面形成一个积料区,这部分材料靠自重经卸料口闸门卸出。星形料仓的骨料储存量大,品种规格多。悬臂拉铲的缺点是劳动强度大,满足不了大批量连续生产的需要;转移和安装(包括设备和挡料墙)较麻烦,而且材料受外界影响较大。

③链斗式输送机和星形料仓

与链斗式输送机相配的储料仓也是星形料仓,但不需要挡料墙,也不需要活料。骨料围绕搅拌站散堆堆放,并且堆料无死角,可百分之百利用,设备拆装运输比较简便;但速度慢,效率低。

④装载机和小容量钢储料仓

装载机可以自装自卸,机动灵活,但装载机运送高度较低,只适用于小产量的移动式搅拌站。同时这种形式也使搅拌站本身轻巧灵活,便于转移。这种输送形式配有小容量的钢储仓。

(2)水泥供储系统

水泥供储系统包括水泥输送设备、水泥筒仓和水泥储料斗。水泥筒仓中的水泥通过输送

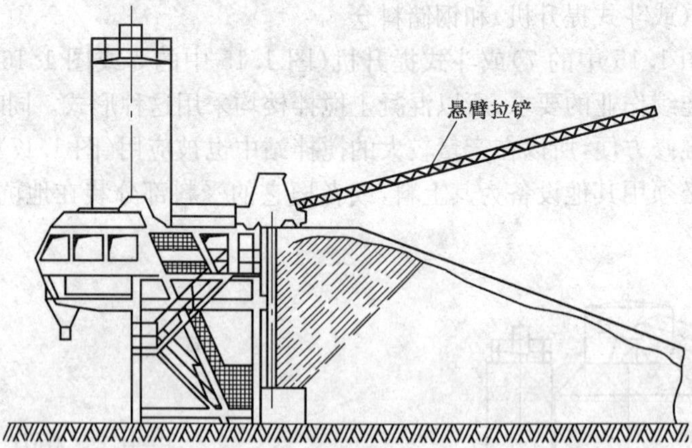

(a) 立面

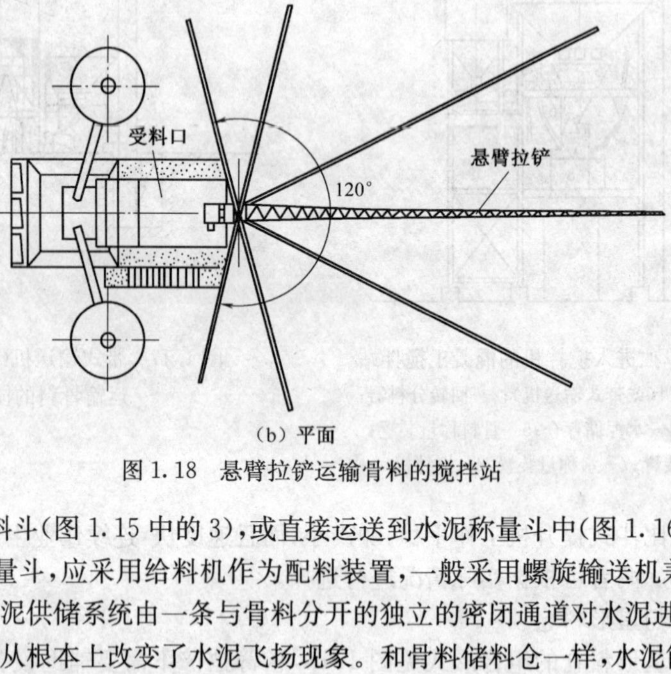

(b) 平面

图 1.18 悬臂拉铲运输骨料的搅拌站

设备运送到水泥储料斗(图 1.15 中的 3),或直接运送到水泥称量斗中(图 1.16 的 6)。为了使水泥均匀地卸入称量斗,应采用给料机作为配料装置,一般采用螺旋输送机兼作配料和运输用。图 1.16 中的水泥供储系统由一条与骨料分开的独立的密闭通道对水泥进行提升、称量后单独进入搅拌机内,从根本上改变了水泥飞扬现象。和骨料储料仓一样,水泥筒仓和储料斗内也装有料位指示器以实现自动供料。

水泥输送设备分机械输送和气力输送两大类。

①机械输送

机械输送又分以下两种:一种是由用于水平输送的螺旋输送机(图 1.15 中的 2)和用于垂直输送的斗式提升机(图 1.15 中的 5)组成;另一种由采用集水平和垂直运输于一体的倾斜式输送机组成。机械输送可靠,但投资大。

②气力输送

气力输送由输送泵、输送管道、吸尘器组成。水泥在输送泵中被压缩空气吹散呈悬浮状态,混合其他材料后沿管道输送到目的地,再由吸尘器把水泥从气流中分离出来。

气力输送设备简单,占地面积小,工艺布置灵活,没有噪声,但耗能大。

(3)配料系统

配料系统是对混凝土的各种组成材料进行配料称量,用于控制混凝土配合比的系统。配料系统由配料装置(给料闸门或给料器等)、称量装置和控制装置组成。

①称量装置的基本要求

影响混凝土质量的因素很多,但准确地实现设计配合比(特别是其中的水灰比)是保证混凝土质量的关键。我国现行国家标准《混凝土搅拌站(楼)技术条件》(GB 10172—88)规定了各种材料的称量精度(表 1.3),其中对水泥和水的称量提出了较高的要求。为此,除了提高称量装置的本身精度外,称量装置还应有落差自动补偿和砂含水率的测定补偿功能。

表 1.3 称量精度表

配 料	在大于称量 1/2 量程范围内单独配料称量或累计配料称量精度	备 注
水泥	±1%	
水(按容积或质量计量)	±1%	合格品为±2%
骨料	±2%	骨料粒径大于 80 mm 时为±3%
掺和剂(粉煤灰)	±2%	当水泥与粉煤灰累计称量时,先称水泥后称粉煤灰,累计误差≤±1%
外加剂	±3%	

称量要迅速,以满足搅拌站(楼)工作循环的要求。

称量装置预选的种类要多,变换要方便,以适应多种配合比和不同容量的需要。

称量装置应结构简单、操作容易、牢固可靠、性能稳定。

②称量过程

称量过程分为粗称和精称两个阶段。粗称是为缩短称量时间,精称是为提高称量精度。

先按配合比设定称量值,控制系统通过电磁气阀操纵气缸来驱动储料仓的给料闸门完全打开,进行粗称。在称量时测定值不断与设定值比较,当接近设定值的 85%~90%时,控制系统使储料仓给料闸门逐渐关小,进行精称;当达到设定值时,闸门完全关闭,并由显示部分显示测定值。

③称量装置的类型

称量装置按称量材料种数分为单独配料称量装置和累计配料称量装置;按计量单位分为质量式称量装置和容积式称量装置。

质量式称量装置按结构原理分为机械杠杆秤、传感器电子秤和机械电子秤。按材料种类分为骨料秤、水泥秤和水秤。其中,骨料秤按称量容器又可以分为称量斗骨料秤、提升斗骨料秤和称量皮带骨料秤。

单独配料称量装置精度高、称量时间短,但称量设备多,难以布置,所以这种形式用的不多,一般只用于搅拌楼中,以适应搅拌楼生产效率高的特点。累计配料称量装置可以节省称量设备,但称量时间长,并易产生累积误差,所以累计配料只在称量时间限制的许可范围内部分采用,一般多用于称量精度较低的骨料称量。而大部分搅拌站(楼)均采用单独配料称量和累计配料称量组合的形式,在不影响搅拌站(楼)工作循环和不影响称量精度的前提下尽量减少称量设备。

质量式称量装置以质量为计量单位,由于混凝土配合比是质量比,所以这种装置称量精确,可用于水泥、砂、石和水等各种材料的称量。容积式称量装置以容积为计量单位,不能精确控制配合比,故很少采用。

④水的称量精度

在进行水量称量时要考虑骨料的含水率,特别是细骨料(砂)的含水率波动很大,对混凝土的稠度有明显的影响，因此必须根据砂石的含水率对用水量和用砂量进行补偿。

砂石的含水率测定有预先测定和在线测定两种方法。

预先测定为烘干法，是利用干湿对比测定砂石的含水率。这种方法只要操作仔细，仪器精确，结果是很准确的。但是由于这种方法是在生产前预先测定的，且这种方法所需时间较长，因此无法达到自动补偿的要求。但这种方法目前使用仍较普遍。

在线测定是用砂石含水率测定仪在生产过程中进行测定，即在砂石储料仓出口处装有测定探头，可对送往搅拌机中的砂石含水率进行在线测定，测得的含水率输入控制系统进行统一测算。在线测定主要有中子法、电容法和电阻法等。中子法精度高，对颗粒中水分敏感，不受温度变化和水清洁度的影响，但反应时间较长，成本高，安全保护措施要求严格，所以使用还不普遍。

用混凝土搅拌站(楼)进行集中搅拌具有许多优越性：

(1)便于对混凝土配合比作严格控制，能保证质量，从根本上改变了现场分散搅拌配料不精确的问题。

(2)有利于采用自动化技术，使劳动生产率大大提高，节省劳动力，降低成本。

(3)不必在施工现场安装搅拌装置、堆放砂石、储存水泥，可节约场地。

(二) 混凝土运输设备

1. 混凝土搅拌输送车

混凝土搅拌输送车是专门用于输送混凝土拌和物的车辆，它是发展商品混凝土必不可少的配套设备。对混凝土拌和物输送的基本要求是不产生离析现象，保证按配合比设计的混凝土稠度在规定的范围内，以及在混凝土初凝之前有充分的时间进行浇筑和振捣。工厂集中搅拌的混凝土拌和物的输送距离一般均较远，边行驶边搅动的混凝土搅拌输送车能在较长的运输过程中满足混凝土的使用要求。大部分国家规定了混凝土拌和物从搅拌机卸出到浇筑完毕的最长延续时间，表1.4是我国规定的输送和浇筑延续时间，从表中可看出，采用搅拌输送车输送比采用其他运输设备允许有较大的延续时间(即较大的输送距离)。

表1.4 混凝土从搅拌机卸出到浇筑完毕的延续时间表

气温(℃)	延续时间(min)			
	采用搅拌车		采用其他运输设备	
	≤C30	>C30	≤C30	>C30
≤25	120	90	90	75
>25	90	60	60	45

混凝土搅拌输送车有两种不同的工艺：

第一，集中搅拌的输送工艺。搅拌输送车接收的是搅拌好的预拌混凝土，在运往现场的途中，搅拌筒不断的低速(1～3 r/min)旋转，对混凝土拌和物进行搅动，以防止混凝土拌和物发生离析或初凝。

第二，集中配料的输送工艺。经中心配料站称量的水泥、砂、石和水等原料装入搅拌输送车的搅拌筒内，然后在搅拌车驶向现场的途中，搅拌筒以6～10 r/min的转速进行搅拌。如果浇筑现场距中心配料站较远时，则可在驶近现场时再注水搅拌。

第一种工艺由于配料和搅拌都是集中管理，所以一般来说更有利于混凝土质量的控制和提高。目前这种工艺用的较多。第二种工艺只有配料是集中管理，而搅拌是在途中分散管理，有利于增加混凝土输送距离，同时能避免输送途中温度等各种不利因素对预拌混凝土质量的影响，所以有些国家侧重于第二种工艺，并在设备方面作了很大的改进，以保证混凝土拌和物的搅拌质量。

2. 混凝土泵和臂架式混凝土泵车

混凝土泵是利用压力将混凝土拌和物沿管道连续输送到浇筑地点的设备。它能同时完成水平运输和垂直运输，比起重机加吊罐等传统的浇筑设备效率高、劳动力省、费用低、质量好。

臂架式混凝土泵车是将混凝土泵和布料装置(布料装置由折叠式臂架和装在其上的输送管道以及回转装置组成)装在汽车底盘上。它适宜于大体积、零星分散工程以及泵送距离和高度较小的场合。

（三）混凝土振动设备

混凝土拌和物浇筑之后须经密实振捣，才能填满模板、密实包裹钢筋、排除拌和物中的气体，使混凝土制品或结构具有一定的外形和内部结构，提高混凝土制品或结构的强度和耐久性。

振动密实方法不仅质量好、效率高、设备简单，而且能适应不同性质的混凝土。所以，振动密实方法比自流浇筑成型、人工密实以及压制法、挤压法和离心法等其他机械密实方法，获得了更广泛的应用。

混凝土振动设备的分类如图 1.19 所示。

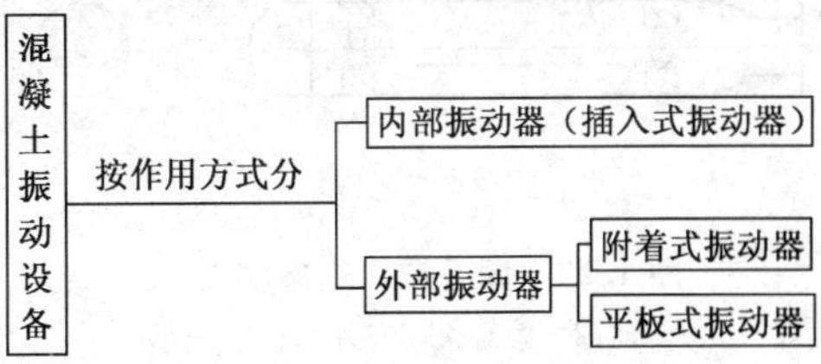

图 1.19 混凝土振动器分类示意图

混凝土振动器按其作用方式可分成两大类：内部振动器和外部振动器。内部振动器又称插入式振动器，施工时将它插入混凝土拌和物中，直接对混凝土拌和物进行振捣密实，如图 1.20(a)所示。

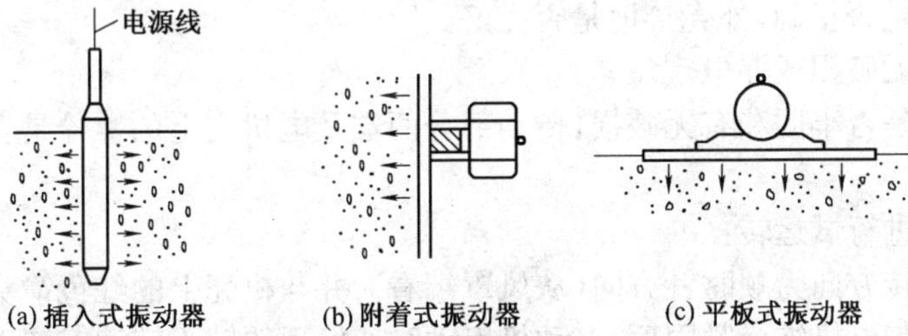

图 1.20 混凝土振动器按其工作方式分类

外部振动器可安装在模板上，通过模板将振动传给混凝土拌和物，使之密实，如图 1.20(b)所示；外部振动器也可以安装一块底板，作为平板式振动器(表面振动器)使用，通过底板将振动作用于混凝土拌和物表面，如图 1.20(c)。此外，外部振动器还可以安装在各种振动台上，作为发生振动的机械(图 1.21)。内部振动器直接插入混凝土拌和物中，所以振动密实效率高，适用于深度或厚度较大的混凝土制品或结构，例如基础、柱、梁、墙和厚度较大的板，其使用最为普遍。外部振动器因振动从混凝土拌和物表面传递进去，深入效果不如内部振动器，它适用于内部振动器使用受到限制的钢筋较密、厚度较小的板型构件，附着式主要用于柱、墙、拱等，平板式主要用于楼板、路面和地坪等施工。

用于混凝土振动器的激振器一般是利用惯性力来激起振动的。按产生惯性力的原理来分有偏心式和行星式两种，按激振器激起的振动特性来分有环向振动和定向振动两种。图 1.22 是偏心式激振器的原理图，转轴 1 上装有偏心质量块 2。当转轴旋转时，离心力通过轴承传到外壳 3 上。单个固定外壳的激振器具有环向振动的特性。偏心插入式振动器的原理分别见图 1.23 和图 1.24。

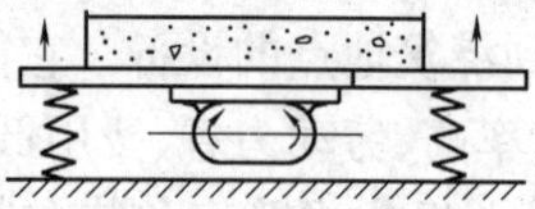

图 1.21　振动台

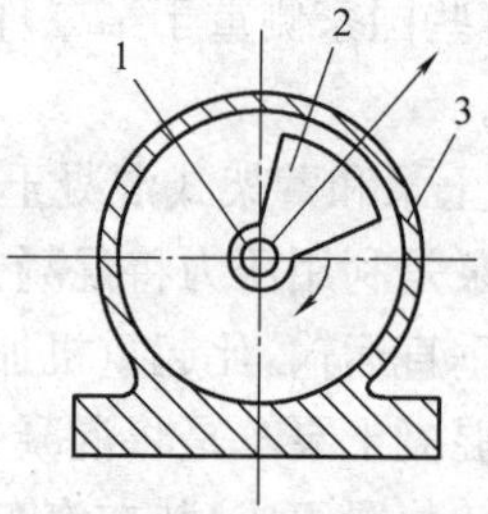

图 1.22　偏心式激振器原理图

1—转轴；2—偏心质量块；3—外壳

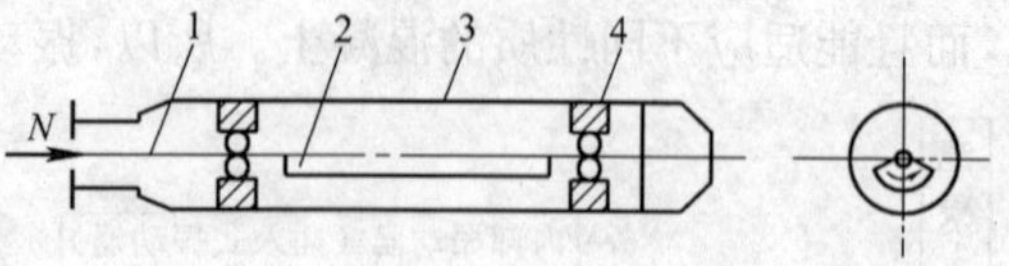

图 1.23　偏心插入式振动器

1—转轴；2—偏心块；3—外壳；4—轴承

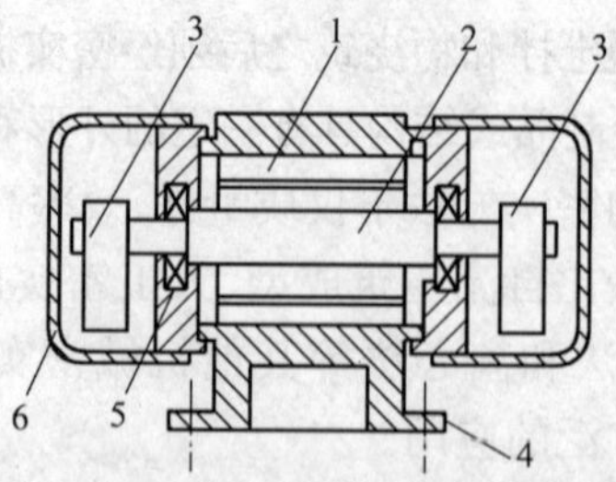

图 1.24　偏心外部振动器

1—振动电机；2—电机轴；3—偏心块；4—固定基座；5—轴承；5—护罩

1. 混凝土振动器的使用与维护

(1)振动器启动前，须检查下列各项工作：

①电动机接线是否正确，外壳接地是否完好。

②电线外皮有无破损或漏电现象。

③振动主连接是否牢固和有无破损，传动部分两端及电机壳上的螺栓是否拧紧，软轴接头是否接好。

(2)接通电源，进行试运转：

①电动机的运转方向为顺时针方向(从风罩端看)，并与机壳上的红色箭头方向一致。

②当软轴传动与电机结合紧固后，电动机启动时如发现软轴不转动或转动速度不稳定，防逆装置中发出"嗒嗒"响的声音，则说明电动机旋转方向反了，应立即切断电源，将三相进线中的任意两线交换位置。

③电动机运转正确时振动棒应发出"呜——"的响声，振动稳定而有力，如果振动棒有"哗哗"声而不振动，可将棒头摇晃一下或将振动棒的尖头对地面轻轻磕 1～2 下，待振动棒发出"呜——"的响声，振动正常以后方能插入混凝土中振动。

(3)振动棒插入混凝土后的注意事项：

①振动时振动棒自然向下沉入混凝土中，不能用力硬插或斜推。

②以两手相距 400～500 mm，握住橡胶软管，保持传动软轴有较大的弧度，使其弯曲半径不小于 500 mm，不可使软轴折成死弯，过大的弯折会使软轴受到损坏。

③不能将振动棒放在模板或钢筋上，以免使模板与钢筋受到强烈振动而产生位移或变形，致使混凝土产生裂缝或蜂窝，更不能碰撞结构的主钢筋或硬物。

④插入深度不能过深，一般为 350～400 mm 为宜。不能将软轴插入混凝土中，以防砂浆侵蚀软管或水漏进软管中而损坏机件。

⑤在每一插点上，应将振动棒上下抽动 6～10 cm，使该层振动半径内的混凝土振动均匀。

振动上层混凝土时，可插入已振层 5 cm 左右，每次振完后要慢慢地拔出振动棒。

(4)振动时间控制：

①每一插点的振动时间要适当，一般当被振动的混凝土无显著沉落、不再出现气泡、表面已变平坦，并有水泥浆出现时就表示混凝土已得到充分振动。混凝土坍落度愈小，振动时间愈长。在中等坍落度情况下，对于塑性混凝土每一插点约振动 20～30 s 即可。

②振动时间过长，易引起振动棒发热，因此不可在空气中长时间运转。若发现振动器或振动棒温度过高，应停歇降温后再用。一般是每操作 30 min，歇几分钟再用。

③在移动插点距离较远时，不可手握振动器拖拉软轴及振动棒行走，应该把软轴搭在肩上，一手握振动器，另一手拿住振动棒行走。

2. 混凝土振动器的维护

(1)振动器使用完毕后，应清理各个部分的表面。软轴与振动棒连接处及各连接件不应有水泥浆黏结，以免影响拆卸和使用，清理后应放于干燥处保管。

(2)定期维修。每年应最少进行一次维修。维修时要拆开电机清理内部，更换轴承润滑油。在电机运行 300～600 h 后，要清洗轴承，并更换润滑油。

(3)软轴软管维护：

①钢丝软轴每使用 100 h 后，应从软管中取出进行清理，然后用涂有二硫化铝或黏度小的机油抹布进行涂抹，再装入软管内，不可用木杆挑黄油乱抹，以免因油脂黏结而导致振动棒不振。

②未使用的软轴、软管备件应捋直平放，不可弯折乱放。

③如发现钢丝软轴有弯折、断丝、断股时应换新轴，也可将损坏处去掉，除去原接头重新用锡焊焊上。

(4)振动棒维护：

①振动棒每次使用 100～150 h 后，应拆洗棒内所有零件。拆卸时，先将关头顶盖连接头(均为左螺纹)拧下，再拆卸软管、接头(有螺纹)，然后将振动子连同轴承、油封座等一并从套管一端顶出，逐件进行清洗。

②更新组装时，除轴承外所有零件必须清除油污。油封以下部分应保证无油，否则影响棒头振动。

③重新安装的振动棒，两端螺纹连接处必须旋紧，以防止灰浆渗入棒内，造成振动棒不振动，或在振动中使棒头顶盖落入混凝土中。

④故障排除。在工作中棒头不振或振动无力，一般是棒内有渗水或漏油现象。这时，可将振动棒拆开，清洗干净，并用棉纱擦拭；若是油封漏油，则更换油封；如管内存油太多则须刮去；软管在使用中不仅会有磨损，还会有塑性伸长现象，这会导致软轴连接脱节，使振动棒不振，此时应将软管伸长部分割掉，重新安装。

(四) 压 浆 机

1. 分类及用途

压浆机是在桥梁等构件经过张拉施加预应力后，立即对孔道进行灌压水泥的专用设备，以使钢筋束(钢绞线)在孔道中与混凝土结为一体，防止钢筋受到气蚀。压浆机具有水灰比准确，拌和均匀，泵送水泥速度快等优点。

压浆机可根据其搅拌机、水泥灰浆泵、搅拌方式及泵送压力等进行分类。如根据泵送工作压力大小可将压浆机分为小型(工作压力 0.6～1.5 MPa)、中型(工作压力 1.5～2 MPa)和大型(工作压力 2～6 MPa)三种。

根据水泥浆搅拌筒与储浆筒的布置可将压浆机分为水平式(搅拌筒与储浆筒布置在同一

水平面)和立式(搅拌筒与储浆筒上下垂直布置)两种。

根据搅拌器叶片的形式可分为涡轮式、推进式、叶桨式、锚框式四种。

2. 主要结构与工作原理

压浆机由搅拌筒、搅拌器、储浆筒、灰浆泵、供水系统、泄浆机构等组成,如图 1.25 所示。水泥浆由搅拌器搅拌好后,提升泄浆机构使水泥浆自动流入储浆筒,储浆筒底部出口与灰浆泵吸入口相连,形成连续不断的搅拌和压浆作业。

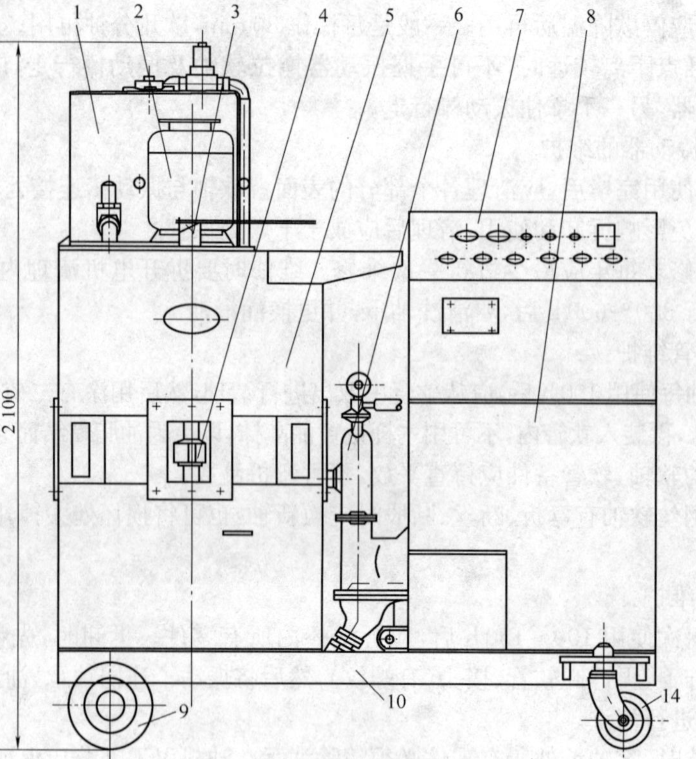

(a) 立面示意图

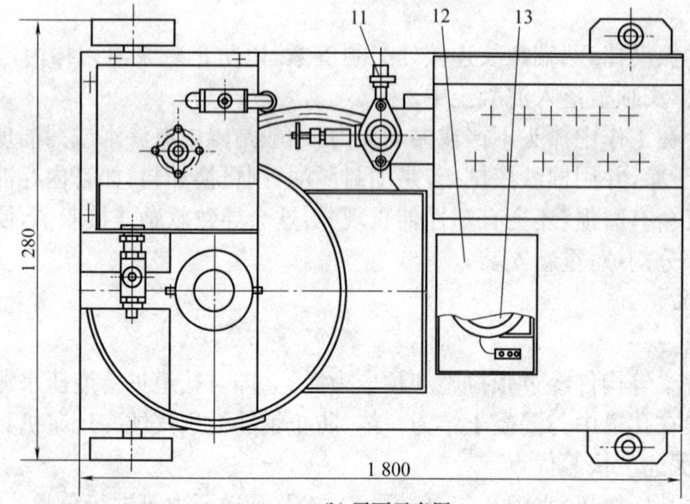

(b) 平面示意图

图 1.25 压浆机

1—水箱;2—电机;3—泄浆机构;4—链条联轴器;5—搅拌桶;6—灰浆泵;7—仪表盘;8—灰浆泵外罩;9—后轮;10—机架;11—灰浆泵出口;12—工具箱;13 控制线架;14—前轮

(1)搅拌筒及储浆筒

搅拌筒有进料口、出料口和进水口,搅拌筒和储浆筒的构造对水泥浆的搅拌质量有很大影响,通常都是圆筒形,其筒底有锥形和碟形之分,见图 1.26。根据搅拌器的不同,可在筒底壁上加设挡板,以改变水泥浆在筒内的流动状态,见图 1.27。为泄浆方便,搅拌筒与储浆筒的布置多为上下垂直布置,或上下错落布置。

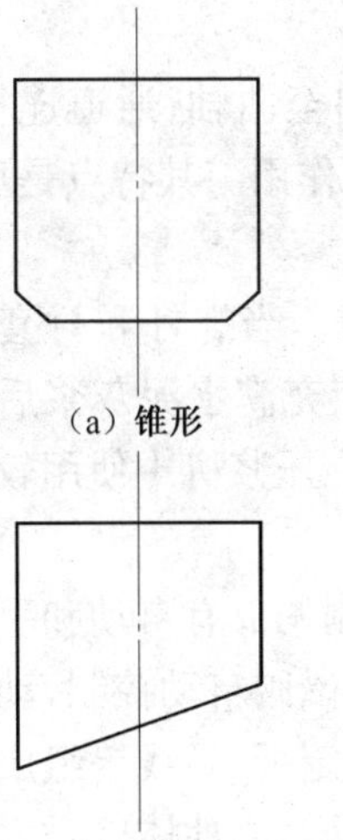

图 1.26 搅拌筒形式

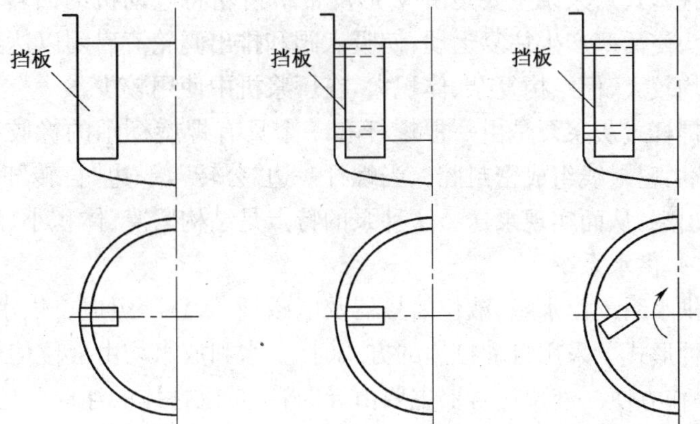

图 1.27 挡板的安装

(2)搅拌器

搅拌器是压浆机的关键部分,主要由搅拌轴、搅拌叶片座、搅拌叶桨、轴承及驱动传动系统等组成。当水与水泥分别加入搅拌筒时,在搅拌叶片的作用下,水泥灰浆上下循环,快速形成搅拌均匀的水泥浆。搅拌器以涡轮式搅拌器、推进式搅拌器和叶桨式搅拌器三种结构形式最为常用,见图 1.28。

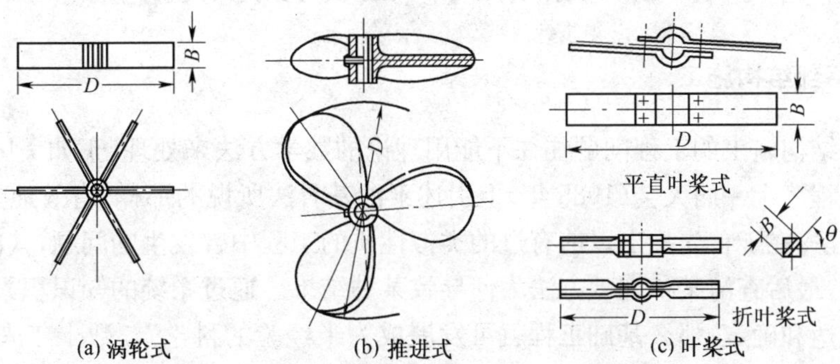

图 1.28 搅拌器

①涡轮式搅拌器

涡轮式搅拌器的运转速度为 10～600 r/min,搅拌叶片多设计为 3～6 个。搅拌时水泥浆的流动状态为径向涡流,在搅拌筒中有很深的漩涡产生。当搅拌筒壁内缘设有挡板时,漩涡消失,水泥浆可以搅拌叶桨片为界形成上下两个循环流。

②推进式搅拌器

推进式搅拌器的运转速度为100～3 000 r/min,搅拌叶桨设计为3个。搅拌时水泥浆被叶桨推动做轴向循环。循环速率高,剪切作用小。在湍流区内无挡板时水泥浆生成漩涡,当搅拌桶内缘设有挡板或在搅拌器叶片外设导流桶时,则消除了漩涡,水泥浆在搅拌桶内上下翻腾,使轴向循环更好。

(3)灰浆泵

常用的水泥灰浆泵有柱塞泵和螺杆泵两种。

柱塞式灰浆泵主要是由V形皮带机齿轮将电动机的回转运动传递至曲轴、通道连杆、十字接头使活塞产生往复运动,使吸入阀和排出阀轮流启闭以达到压浆的作用。其特点是压力、排量均较大,但结构复杂、体积大,在压浆机中使用较少。

螺杆式灰浆泵是由一根螺杆和一个具有螺旋标示的橡胶衬套组成。当螺杆和衬套啮合时,就由密封线组成密封腔。当螺杆一边“公转”,一边“自转”时,密封腔充满水泥灰浆后被推向压出端,从而实现泵送。这种泵的特点是结构紧凑、体积小、质量轻,在压浆机中使用较多。

(4)供水系统

供水系统由水箱、液位信号器及电磁阀、管路等组成。供水量的控制调节有自动和手动控制两种形式。采用自动控制的方式时,上水和放水均由液位信号器及电磁阀自动控制,动作灵敏、操作方便。液位信号器主要由导向管、带磁性体的浮球磁控开关、固定板、导线等组成。工作时由于液体浮力的作用,浮球随着液面的变化,沿着导向管上升或下降。磁性体以磁力驱动着导向管内部不同位置的磁控口开关的瞬时切换输出,从而实现各种水灰比的自动控制。常见的手动控制方式有两种形式:一种是在水箱中设置手动调节的水量计量器,水量计量器由限位管、准位管、计量管、漏斗及调节杆等组成,当定量的水已注足时,多余的水便从计量管上的漏斗处排出。另一种是没有水箱,直接采用数字式水表计量,这种控制方式操纵简便,而且结构也简单,国外很多设备都采用这种数字式加水方式。

第三节 桥梁施工主要方法及特点

一、桥梁下部结构施工

桥梁下部结构施工的工程问题往往不能用理论的数学方法来处理,正如美国的P. B. PRk在国际土木工程第十一届大会(1985年)上引述泰沙基看法所说的那样“有效地处理基础工程问题的唯一方法,在于首先找出以前有过的类似性质的工程中曾发生的问题,其次查明工程地点的土质类型,最后查清某种施工方法为何导致某种结果。通过系统的知识积累,将经验数据加以仔细的表达和确定,那么基础工程就可发展成为半经验的科学”。数十年来,促使各国基础工程技术不断发展的正是经验的积累、研究的深入和及时地交流经验。一般来说,桥梁下部结构的桥梁基础工程施工发展到今天,所受的不是水文、地质条件的控制,而是工程结构本身和经济效益的影响。

桥梁下部结构施工包括桥梁基础工程、承台和墩(台)身的施工。

1. 桥梁基础工程施工

目前国内已经拥有了合乎我国国情的一整套施工工艺和设备,而特大桥梁基础已经向“组合基础发展”。扩大基础、桩基和沉井在各自的发展中又彼此“联合”。而这种联合就是根据不同的水文、地质来发挥各种基础的特点而组成的一个整体,故而出现了很多基础形式。桥梁基础工程由于在地下或在水中，涉及水和岩土问题，从而增加了它的复杂程度，使桥梁基础施工无法采用统一的模式。但是根据桥梁基础工程的形式大致可以归纳为：扩大基础、桩和管柱基础、沉井基础、地下连续墙基础和组合基础等几大类。图 1.29 为桥梁基础分类及施工方法示意。

- 基础
  - 扩大基础
    - 机械开挖基坑法
    - 人工开挖基坑法
    - 土、石围堰开挖基坑法
    - 板桩围堰开挖基坑法
  - 桩基础
    - 沉入桩
      - 锤击法
      - 振动法
      - 静力压桩法
      - 辅助沉桩法
        - 射水辅助沉桩法
        - 预钻孔辅助沉桩法
      - 沉管灌注法
    - 灌注桩
      - 人工挖孔
      - 机械成孔
        - 螺旋钻机成孔法
        - 潜水钻机成孔法
        - 冲击钻机成孔法
        - 正循环回转法
        - 反循环回转法
        - 冲抓钻机成孔法
        - 旋转锥钻成孔法
    - 大直径钻孔埋置空心桩
  - 沉井基础
    - 排水开挖下沉法
    - 不排水开挖下沉法
    - 空气幕下沉法
    - 泥浆润滑套下沉法
  - 管柱基础
  - 地下连续墙

图 1.29　桥梁基础分类及施工方法

2. 承台

位于旱地、浅水河中采用土石筑岛施工桩基的桥梁，其承台的施工方法与扩大基础的施工方法类似，可采取明挖基坑或简易板桩围堰进行施工。对深水中的承台，可供选择的施工方法通常有：钢板桩围堰、钢管桩围堰、双壁钢围堰及套箱围堰等。围堰的目的是为了止水，以实现承台的干处施工。钢板桩和钢管桩围堰实际上是同一类型的围堰形式，只不过所用材料不同。双壁钢围堰通常是将桩基和承台的施工一并考虑，即先在堰顶设钻孔平台，桩基施工结束后拆除平台，在堰内进行承台施工。套箱现多采用钢材制作，分有底和无底两种类型，根据受力情况不同又可设计成单壁或双壁。

3. 墩(台)身

墩(台)身的施工方法根据其结构形式的不同而各异。对结构形式较简单、高度不大的中、小桥墩(台)身，通常采取传统的方法，立模(一次或几次)现浇施工。但对高墩及斜拉桥、悬索桥的索塔，则有较多可供选择的方法。而施工方法的多样化主要反映在模板结构形式的不同。

近年来,滑升模板、爬升模板和翻升模板等在高墩及索塔上应用较多,其共同的特点是:将墩身分成若干节段从下至上逐段进行施工。采用滑升模板(简称滑模)施工时,对结构物外形尺寸的控制较准确,施工进度平稳、安全,机械化程度较高,但因多采用液压装置实现滑升,故成本较高,所需的机具设备亦较多;爬升模板(简称爬模)一般要在模板外侧设置爬架,因此这种模板相对而言需耗用较多的材料,体积亦较庞大,但不需设另外的提升设备;翻升模板(简称翻模)结构较简单、施工亦较方便,不过需设专门用于提升的起吊设备。高墩的施工,应根据现场的实际情况,进行综合比较后来选择适宜的施工方案。中、小桥中,有时采用石砌墩(台)身,其施工工艺虽较简单,但必须严格控制砌石工程的质量。

二、桥梁上部结构施工

20 世纪 70 年代以后随着预应力混凝土的广泛应用,桥梁上部结构的施工方法得到了迅速发展,并发生了重大的变革。由于桥梁类型的增加、跨径的增大、构件生产的预制化、结构设计方法的进步、机械设备的发展,由此而引起了施工方法的进步和发展,形成了多种多样的施工方法。但除了一些比较特殊的施工方法外,主要是就地浇筑和预制安装两大类。图 1.30 为桥梁上部结构施工方法示意图。

- 施工方法
  - 预制安装法
    - 自行式吊车吊装
    - 跨墩龙门安装
    - 架桥机安装
    - 扒杆吊装
    - 浮吊架设
    - 浮运整孔架设
    - 缆索吊装
    - 提升
    - 整孔拼装
    - 悬臂拼装
    - 顶推
  - 就地浇筑法
    - 固定支架法
    - 逐孔现浇
    - 悬臂浇筑法
  - 预制安装法
  - 转体法
  - 劲性骨架法

图 1.30 桥梁上部结构施工方法示意

1. 就地浇筑法

就地浇筑法是在桥位处搭设支架,在支架上浇筑桥体混凝土,达到强度后拆除模板、支架。就地浇筑法的优点是无需预制场地,而且不需要大型起吊、运输设备,梁体的主筋可不中断,桥梁整体性好。它的缺点主要是:工期长,施工质量不容易控制,对预应力混凝土梁由于混凝土的收缩、徐变引起的预应力损失比较大;施工中的支架、模板耗用量大,施工费用高;搭设支架影响排洪、通航,施工期间可能受到洪水和漂流物的威胁。

2. 预制安装法

预制安装法是在预制工厂或运输方便的桥址附近设置预制场进行梁的预制工作,然后采用一定的架设方法进行安装。预制安装法施工一般是指钢筋混凝土或预应力混凝土简支梁的预制安装。预制构件安装的方法很多,各需不同的安装设备,可根据施工的实际情况合理选择。

预制安装法施工的主要特点:

(1)由于构件是工厂生产制作,有利于确保构件的质量和尺寸精度,可采用机械化施工。

(2)上下部结构可以平行作业,可缩短施工工期。

(3)有效利用劳动力而降低工程造价。

(4)施工速度快,可适用于紧急施工工程。

(5)由于构件预制后要存放一段时间,在存放时间内会发生部分徐变,因此在安装后徐变引起的变形较小。

3. 悬臂施工法

悬臂施工法是从桥墩开始，两侧对称进行梁段现浇或预制梁段的拼装，前者称悬臂浇筑施工，后者称悬臂拼装施工。

悬臂施工的主要特点为：

(1)桥梁在施工过程中产生负弯矩，桥墩也要承受由施工而产生的弯矩，因此悬臂法施工宜在营运阶段的结构受力状态与施工阶段的受力状态比较接近的桥梁中选用，如预应力混凝土T形刚构桥、变截面连续梁桥和斜拉桥等。

(2)非墩梁固接的预应力混凝土梁桥，采用悬臂施工时应采取措施使墩、梁临时固接，在施工过程中有结构体系的转换。

(3)采用悬臂施工的机具设备种类很多，可根据实际情况选用，例如就挂篮而言，就有桁架式、斜拉式等多种形式。

(4)悬臂浇筑施工简便，结构整体性好，施工中可不断调整位置，常在跨径大于100 m的桥梁上选用；悬臂拼装法施工速度快，桥梁上、下部结构可平行作业，但施工精度要求比较高，可在跨径100 m以下的大桥中选用。

(5)悬臂施工法可不用或少用支架，施工不影响通航或桥下交通。

4. 转体施工法

转体施工法是将桥梁构件先在桥位处岸边(或路边及适当位置)进行预制，待混凝土达到设计强度后旋转构件就位的施工方法。转体施工其静力组合不变，它的支座位置就是施工时的旋转支承和旋转轴，桥梁完工后，按设计要求改变支承情况。

转体施工的主要特点：

(1)可以利用地形，方便预制构件。

(2)施工期间不断航，不影响桥下交通，并可在跨越通车线路上进行桥梁施工。

(3)施工设备少，装置简单。

(4)节省施工用料，采用转体施工与缆索无支架施工比较，可节省木材80%，节省钢材30%。

(5)减少高空作业，施工工序简单，施工迅速；当主要结构合龙后，给后续施工带来方便。

(6)转体施工适合于单跨和三跨桥梁，也适合在深水、峡谷中建桥采用，同时也适应在平原区建桥或城市跨线桥的建设。

5. 顶推施工法

顶推施工法是在沿桥纵轴方向设置预制场地，分节段预制，并用纵向预应力筋将预制节段与施工完成的梁体连成整体，通过水平千斤顶施力，将梁体向前顶推出预制场地，之后继续在预制场进行下一节段梁的预制，循环操作直至施工完成。

顶推法施工的特点：

(1)顶推法可以使用简单的设备建造大中桥梁，施工费用低，施工平稳无噪声，可在水深、山谷和高桥墩上采用，也可在曲率相同的弯桥和坡桥上使用。

(2)主梁分段预制，连续作业，结构整体性好；由于不需要大型起重设备，所以施工节段的长度一般可取10～20 m。

(3)桥梁节段固定在一个场地预制，便于施工管理和改善施工条件，避免高空作业。同时模板、设备可多次周转使用，在正常的情况下，节段的预制周期为7～10 d。

(4)顶推施工时，梁的受力状态变化很大，施工阶段梁的受力状态与运营阶段受力状态差别很大，因此在梁截面设计和布索时要同时满足施工和运营要求，由此而造成用钢量较大；在施工时也可采用加设临时墩、设置前导梁或其他措施等减小施工内力。

(5)顶推法宜在等截面梁上使用，当桥梁跨度过大时，选用等截面梁会造成材料用量的不经济，也增加施工难度，因此以中等跨径的桥梁为宜，桥梁的总长以500～600 m为宜。

6. 移动模架逐孔施工法

移动模架逐孔施工用于中等跨径预应力混凝土连续梁中，它使用一套设备从桥梁的一端逐孔施工，直到对岸。

移动模架逐孔施工法的主要特点：

(1)不要设置地面支架，不影响通航和桥下交通，施工安全可靠。

(2)有良好的施工环境，可保证施工质量，一套模架可多次周转使用，具有在预制场生产的优点。

(3)机械化、自动化程度高，节省劳力，降低劳动强度，上下部结构可以平行作业，缩短工期。

(4)通常每一施工梁段的长度取用一孔梁长，接头位置一般选在桥梁受力较小的部位。

(5)移动模架设备投资较大，施工准备和操作较复杂。

(6)移动模架逐孔施工宜在桥梁跨径小于50 m的多跨长桥上使用。

7. 横移施工法

横移施工法是在待安装结构的位置旁边预制该结构物，并横向移运该结构物，将它安置在规定的位置上。横移施工法的主要特点是在整个操作期间与该结构有关的支座位置保持不变，即没有改变梁的结构体系。在横向移动期间，临时支座需要支撑该结构的施工重量。横向位移施工多用于正常通车线路上的桥梁工程的换梁。为了尽量减小交通的中断时间，可在原桥位旁预制并横移施工。横移施工也可与其他施工方法配合使用。如一座分离式箱梁桥，可先采用顶推法按单箱完成，再采用横移法就位，之后在原位置上继续进行另一单箱梁顶推施工，这样可以使用一套顶推设备完成全桥的施工。横移施工多采用卷扬机、液压装置并配以千斤顶进行横移。由于混凝土桥具有较大的自重，所以横移施工法常在钢桥上使用。

8. 提升与浮运施工法

提升施工是在待安装结构物下方的地面上预制该结构并把它提升就位的一种方法。浮运施工是将桥梁在岸上预制后，通过大型浮船移运至桥位，利用船的上下起落安装就位的一种方法。

采用提升和浮运方法的整体结构往往重达数千吨，使用该法的要求是：

(1)在该结构下面需要有一个适宜的场地。

(2)被提升结构下方的地面要有一定的承载力。

(3)拥有一台支承在一定基础上的提升设备。

(4)该结构应该是平衡的，至少在提升操作期间是平衡的。

(5)采用浮运法要有一系列的大型浮运设备。

以上是桥梁工程中常用施工方法的简单介绍。对于当前建造的多数特大桥梁，常分为主桥和引桥，因为主桥与引桥在结构体系、桥梁跨径、截面形式、桥梁高度、桥下环境等方面有较大差异，所以在一座大桥上常采用两种或两种以上的组合施工方法。也有一些特殊的桥型，如拱桥、斜拉桥、悬索桥等，施工方法相对较复杂，很难将其归并在某一种施工方法中。

三、桥梁施工方法的选择

选择合适的施工方法，要考虑的因素有桥位的地形、环境、安装方法的安全性、经济性、施工速度及社会环境影响等。因此在桥梁设计时就要对桥位进行详细的调查，掌握现场的地理环境、地质条件和气象条件。施工场地处在市区内、平原、山区、跨河道、跨海湾等不同的地形，其他各方面的条件差别很大，运输条件和环境约束也不相同，这些条件除作为选择施工方法的依据外，同时也涉及设计方案的考虑、桥跨和结构形式的选定。

桥梁的类型、跨径、施工的技术水平、机械设备条件也是选择施工方法时要考虑的重要因素。虽然桥梁的施工方法很多，但对于不同的桥梁类型，有的合适，有的就不合适，有的则在特定的条件下可以使用。表 1.5 列出了各种桥型可选择的施工方法。

表 1.5 各种类型桥梁可选择的施工方法

施工方法 \ 桥型	简支梁桥	悬臂梁桥 T形结构	连续梁桥	刚架桥	拱桥	组合桥	斜拉桥	吊桥
现场浇筑法	√	√	√	√	√	√	√	
预制安装法	√	√		√	√	√	√	√
悬臂施工法		√	√	√	√		√	√
转体施工法		√		√			√	
顶推施工法			√		√		√	
逐孔施工法		√	√	√	√			
横移施工法	√	√	√			√	√	
提升浮运法	√	√	√			√		

复习思考题

1. 试举例说明我国古代桥梁各时期的代表作及其特色。
2. 桥梁施工技术的发展在桥梁工程发展中起什么作用？
3. 我国中小跨度混凝土桥梁常采用什么架设方法？简述其发展历程。
4. 试举例说明新中国成立后我国桥梁建设的成就及代表作。
5. 简述常用脚手架类型和各自的特点。
6. 简述桥梁施工中常用的几种设备和种类。
7. 简述混凝土搅拌站(楼)的组成，单阶式和双阶式混凝土搅拌站(楼)的区别是什么？
8. 简述混凝土搅拌站(楼)称量系统的基本要求。
9. 简述拱桥的劲性骨架施工法；举例说明近年来我国铁路、公路混凝土拱桥采用劲性骨架法施工的代表性桥梁。
10. 举例说明转体施工法架设拱桥技术在我国桥梁工程中的应用。
11. 桥梁施工方法的选择应考虑哪些因素？

第二章 桥梁施工基本作业

第一节 施工测量

一、桥梁施工测量的主要内容

在桥梁施工准备阶段以及桥梁施工过程中，应该按照相关施工技术规范的要求进行测量，主要的测量内容如下：

1. 对设计单位所交付的资料进行检查、核对，主要包括所有桩位、水准点以及其他测量资料；

2. 建立满足施工精度要求的施工控制网，并进行平差计算；

3. 根据施工的需要，补充桥涵中线桩和水准点；

4. 测定墩台纵横向中心线及基础桩的位置；

5. 在施工过程中，对有关构造物的标高进行测量并放样，将设计图纸上的标高及必须的几何尺寸设于实地；

6. 施工过程中对关键部位进行必要的施工变形观测和精度控制；

7. 测定并检查施工中的关键位置和高程，以便为工程资料的评定提供依据；

8. 对已完工程进行竣工测量。

二、桥梁平面控制测量

(一)施工控制网建立

桥位勘测过程所建立的控制网，一般来说在精度方面都能够满足桥梁定线放样施工要求，因此为了减少测量工作，应该对该控制网复测利用。如果勘测阶段建立的控制网不能满足桥梁定线放样的要求，或者原来控制网的基点桩已经移动或者丢失，则必须重新建立施工控制网。

桥梁施工控制网必须要满足桥梁各项施工的要求，布置控制网时要综合考虑施工程序、施工方法以及施工现场的布置情况。图 2.1 所示为常见的三角网图形，使用的时候要根据桥长(河宽)、设计要求、仪器设备和地下条件来选择其中一种。

1. 三角网的设置要求

(1)构成三角网的各点，应便于采用前方交汇法进行墩台放样，同时要求各点间能互相通视。

(2)桥轴线应当作为三角网的一边，因此两岸中心线应各设置一个三角点，使这些点与桥台相距不远，以便于计算桥梁轴线的长度和墩台放样。

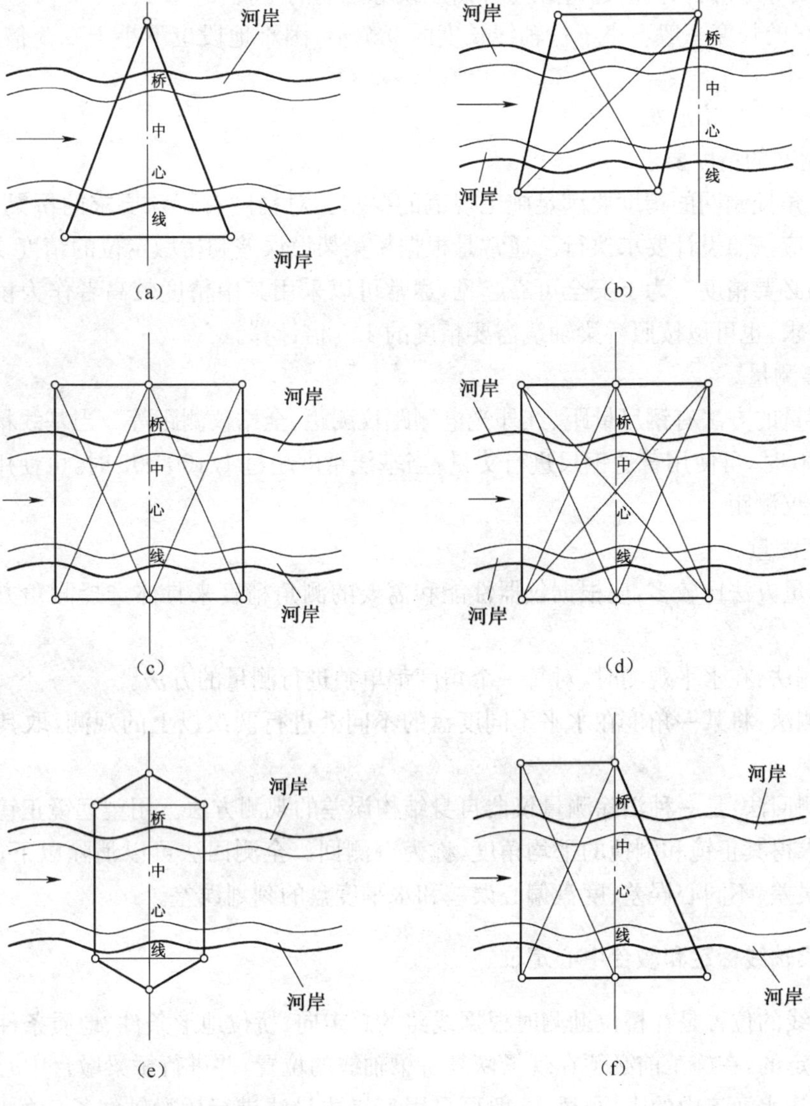

图 2.1　常见的三角网图形

(3)三角网不可设置在容易受到影响的地方，如可能被水淹没的地方、材料存储区、车辆来往频繁的地段以及不能通视的地方。

(4)三角网的图形主要以跨河桥位中心线的长度来确定，在满足精度的前提下，应尽量力求简单、平差方便；同时三角网必须具有足够的强度。

(5)在三角网中，单三角形之内任意夹角都应在 30°～ 120°范围内。

2. 基线的设置要求

(1)基线位置的选择，应当满足相应测量距离方法对地形等因素的要求；一般都应该设置在坚实、地形平坦且便于准确丈量的地方；同时与桥梁轴线接近垂直。

(2)为了提高三角网的测量精度，通常设置两条基线，以便具有较多的校核条件；一般是两岸各设置一条基线，若地形不允许时，亦可以在同一岸边设置两条基线。

(3)当采用电磁波测距仪器时，其基线宜选择在地面覆盖物相同的地段，且基线上下不应有树枝、电线等障碍物；同时还应该避开高压线等磁场的干扰。

(4)基线的长度一般不小于桥轴线长度的 0.7 倍，困难地段也不小于 0.5 倍，以避免三角网的内角太小。

(二)控制网的精度及测量

1. 控制网的精度要求

桥梁三角控制网的精度要满足施工规范的要求。对精度有特殊要求的桥梁，其桥轴线和基线的精度应按照设计要求执行。通常是根据桥梁架设误差和桥墩定位的精度要求来计算桥梁三角网的必要精度。为了安全可靠起见，通常可以采用其中精度较高者作为桥梁三角网控制精度的要求，也可以按照桥梁轴线需要精度的 1.5 倍计算。

2. 距离测量

距离测量的方法有钢尺量距、红外光电测距仪测距、全站仪测距等。当基线精度要求不超过 1/100 000 时，可使用普通钢尺进行丈量；当基线精度超过 1/100 000 时，可使用红外光电测距仪或全站仪测距。

3. 角度测量

角度测量方法比较多，应根据仪器性能和需要的测角精度来具体选择测角方法。测角方法有：

(1)单侧法：在水平观测时，对每一个角度都单独进行测量的方法。

(2)复测法：将某一角度在水平不同度盘的不同处进行两次以上的观测，取其平均值求得水平角。

(3)全测回法：是一种消除测量仪器自身结构误差的观测方法。用望远镜正镜和倒镜观测同一目标，求得其正镜和倒镜的平均角度，称为一测回。全测回法可以消除以下误差：视准轴误差、横轴误差、不同心误差、度盘偏心误差和水平度盘的刻划误差。

三、桥梁轴线标定和墩台中心定位

桥梁轴线的位置是在桥位勘测时根据线路的总走向、桥位地形条件、地质条件以及河床情况等综合选定的，在施工前必须在现场恢复桥梁轴线的位置，并进行桥梁墩台中心的定位。对于干河流或浅水河流中的中、小桥，一般可采用直接丈量法进行桥梁轴线长度的标定，同时定出墩台中心位置；对跨越江河的大桥或特大桥，通常利用三角控制网来测算桥梁轴线长度，并利用三角控制网放样桥梁墩台。

(一)直接丈量法

直接丈量法是自桥轴线一端向另一端逐跨进行，并与桥梁轴线另一端控制桩闭合的方法。

1. 丈量方法

(1)清理中心范围内的场地，便于测量；

(2)根据桥轴线控制桩和墩台的里程，计算出其间的距离；

(3)在控制桩上设置经纬仪，照准中心方向，用检定过的钢尺沿中线依次放出各段距离，将墩台中心位置用大木桩标定出来，并在木桩顶面钉一颗铁钉；

(4)用水平仪器测量各桩高程，计算出各桩的高程差，用以计算倾斜改正。

2. 直接丈量的精度要求

(1)桥梁中心线位置桩间的距离在 200 m 以内者为 1/5 000；

(2)桥梁中心线位置桩间的距离 200 m 以上至 500 m 以内者为 1/10 000；

(3)桥梁中心线位置桩间的距离在 500 m 以上者为 1/20 000。

(二)前方交会法

利用已知点求未知点的方法称为前方交会法。前方交会法有：设角法一岸交会、视标法一岸交会和设角法两岸交会。图 2.2 为前方交会法示意图，图 2.2(a)和图 2.2(b)为视标法一岸交会示意图，图 2.2(c)为设角法两岸交会示意图。

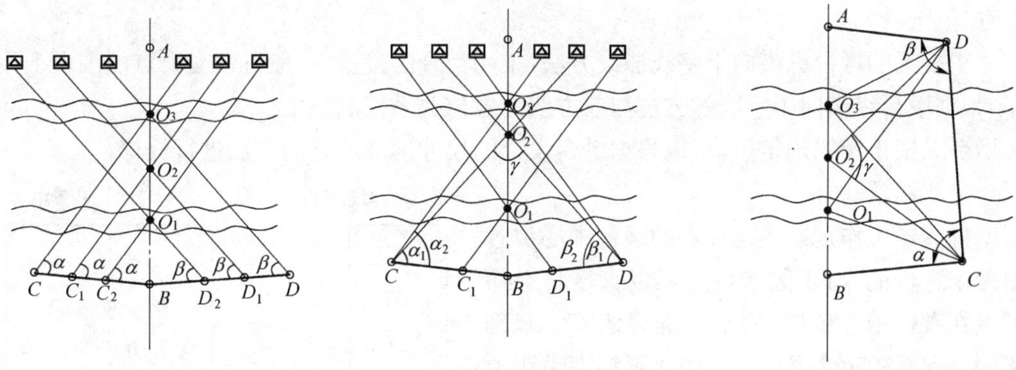

(a) 视标法一岸交会(一)　(b) 视标法一岸交会(二)　(c) 设角法两岸交会

图 2.2　前方交会法

四、施工放样

放样的目的是将设计图纸上所设计的结构物的位置、形状、大小和高低，在实地上标定出来，作为后续施工的依据。

在进行放样之前，测量人员首先要熟悉结构物的总体布置图和细部结构设计图，然后根据由整体到局部的原则，以三角控制网为基础，找出结构物的轴线和主要点的设计位置，以及各部分之间的几何关系，再结合现场的实际情况和控制点的分布情况，综合确定所需的放样方法。

(一)施工放样常用的基本方法

1. 放样已知长度的直线：一般采用经纬仪标定直线，然后用钢尺沿地面丈量出倾斜距离，最后加入倾斜、温度、尺长等改正值，放出正确的水平距离；

2. 放样已知数值的水平角：通常采用正镜、倒镜分中法来放样；

3. 放样已知点的方法：常用的方法有直角坐标法、极坐标法、角度交会法和距离交会法。

(二)桥梁施工放样的主要工作内容

1. 确定墩台纵横向轴线的位置；

2. 基坑开挖和墩台扩大基础的放样；

3. 桩基础的桩位放样；

4. 承台及墩身结构尺寸和位置放样；

5. 墩帽及支座垫石的结构尺寸和位置放样；

6. 各种结构中线及细部尺寸放样；

7. 桥面系结构的位置和尺寸放样；

8. 各施工阶段的高程放样。

(三)墩台纵横向十字线的测设

旱地直线桥梁的墩台纵横向十字线测设方法:在定出的桥台中心位置上设置一个大木桩,在桩顶面钉一颗铁钉代表桥台中心位置;然后在铁钉位置上安置经纬仪,以桥轴线为基准,放出与桥轴线重合的墩台纵向直线和与桥台垂直的墩台横向直线,并在开挖线外的纵横向十字线的每端方向上设置两个以上的方向桩,这些方向桩是施工中恢复墩台中心点的依据,必须妥善保存好。

水中桥梁的墩台纵横向十字线测设方法:采用交会法设置,一般可在交会点的围堰上设置镜子,根据墩台纵横向十字线的方位与前方线的方位关系控制施工。

墩台纵横十字线确定后,可以根据墩台设计的尺寸选择适宜的方法进行放样。

(四)基础放样

基础放样工作是以实地标定的墩台中心位置为基础来进行的,对于无水地点可以直接将经纬仪架设在墩台中心位置,用木桩准确地固定基础纵横轴线和基础边缘尺寸。对河水不深而采用围堰施工的桥梁,可以待围堰施工完成后,再进行详细放样。如图 2.3 为在桩位附近搭设测量平台进行桩基础放样。

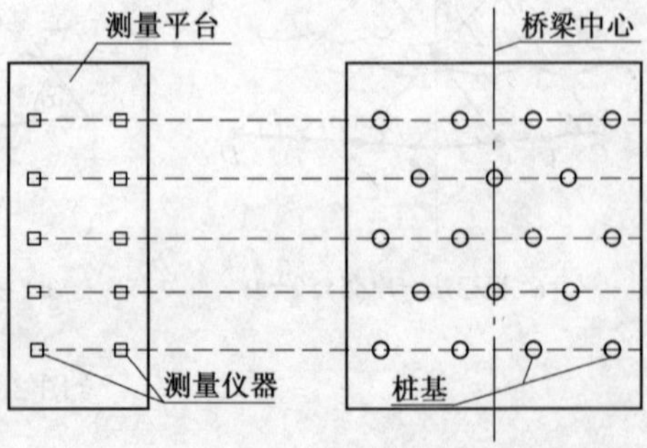

图 2.3　搭设测量平台进行桩基础放样

五、桥梁施工水准测量

(一)水准基点设置原则和方法

1. 设置原则

水准点的精度直接影响桥梁施工的精度,因此水准点设置中需要遵循以下原则:

(1)中、小桥和涵洞水准测量按五等水准要求设置水准基点。

(2)大桥、特大桥施工水准点测设精度应不低于四等水准测量要求,桥头两岸应设置不少于两个水准点,每岸至少设 1 个稳固的水准基点。

(3)水准点设置的位置应该在桥址附近并且安全稳固,同时还要便于施工观测。

(4)如果施工需要或地质条件不良以及易受破坏地段应增设辅助水准基点,其精度要符合五等水准要求,同时还要满足下列要求:

①辅助点与基准点间转换镜的次数不得超过两次;

②高差不得超过 2 m 且应在同一地质或结构物基础上。

2. 设置方法

基准点和施工水准点可采用混凝土、钢管、管柱、钻孔桩或基岩来标示;对于中、小桥和涵洞及工期短、桥型简单、精度要求较低的大桥,可以在附近建筑物上设立标点,或者埋设木桩设立铁钉标志,作为辅助施工水准点,但是应注意要加强复核;对于小桥和涵洞,可以利用线路测量的水准基点。

(二)高程放样的方法

桥涵结构物的高程放样,主要采用以下几种方法:几何水准测量法、三角高程测量法、钢尺直接丈量法和悬挂钢尺测量法。

(1)几何水准测量法:首先将高程控制点以必要的精度引测到施工区域,建立临时水准点。临时水准点的密度要保证架设一次仪器就可以放样出所需的高程,如图 2.4 所示。

(2)三角高程测量法:当高差不是很大时,为了保证精度,可以采用三角高程测量法,如图 2.5 所示。

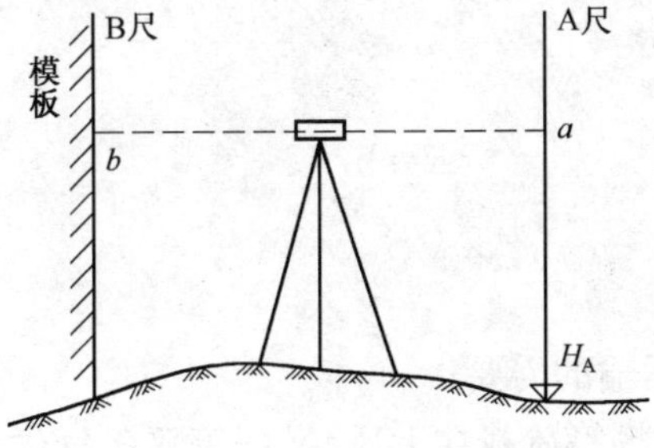

图 2.4　几何水准测量法

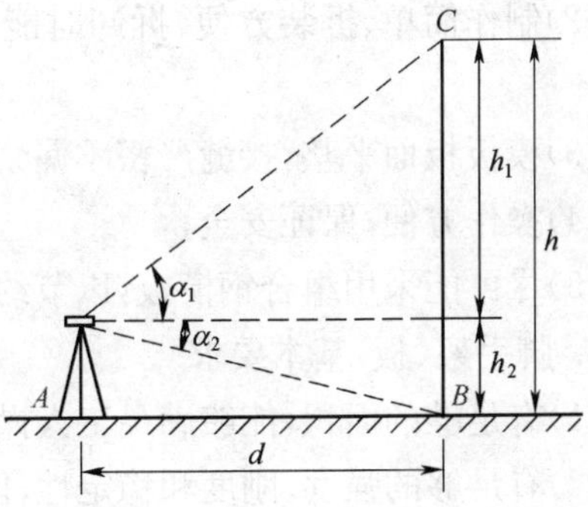

图 2.5　三角高程测量法

(3)悬挂钢尺测量法:通常在深基坑的高程放样和高桥墩施工中采用,如图 2.6 所示,图(a)为深基坑高程放样,图(b)为高桥墩放样。

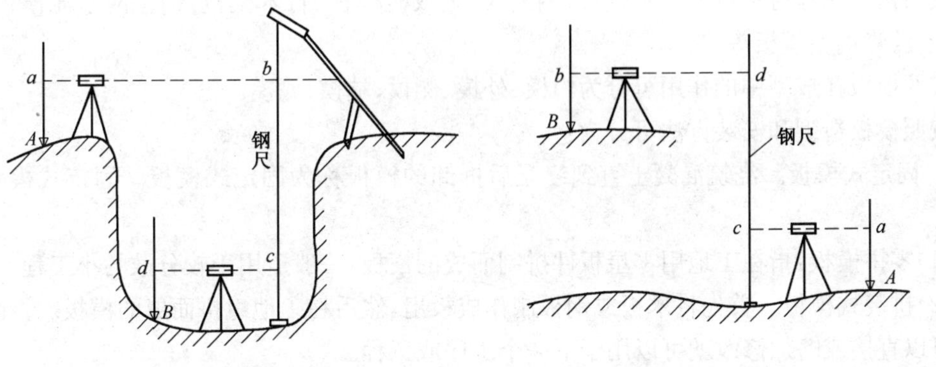

(a) 深基坑高程放样　　(b) 高桥墩放样

图 2.6　悬挂钢尺测量法

第二节　模板、拱架、支架和脚手架工程

一、概　　述

(一)模板和脚手架(板)的技术要求

1. 定义

模板:使混凝土构件在浇筑过程中具有设计要求的形状和尺寸而制作的模型板临时结构称为模板。

拱架:在混凝土浇注和硬化过程中或在砌体砌筑过程中,支撑上部结构的拱形临时结构物称为拱架。

支架：支撑模板或拱架的辅助杆件结构称为支架。

脚手架(板)：在施工中承担工人操作和堆置材料重力的临时结构称为脚手架(板)。

2. 模板技术要求

(1)具有足够的强度、刚度和稳定性，能够可靠地承受施工过程中可能产生的各项荷载，保证结构物各部形状、尺寸满足设计要求和施工规定的误差；

(2)制作简单、拆装方便，拆卸时能尽量减少模板和杆件的损伤，以提高模板使用的周转率；

(3)模板板面平整，接缝严密不漏浆；

(4)操作方便，保证安全；

(5)尽可能采用组合钢模板，以节约木材。

3. 脚手架(板)基本要求

(1)有足够的面积，能够满足工人操作、材料堆放和运输的需要；

(2)有足够的强度、刚度和稳定性，能够保证人员、材料等荷载在大风、暴雨等恶劣气候条件下不变形、不倾斜、不摇晃；

(3)搭拆简单，移动和运输方便，能多次周转使用；

(4)尽可能因地制宜，就地取材，节约材料。

(二)模板的种类

模板按照制作材料可分为木模板、钢模板、土或砖模板、竹木模板、钢丝网水泥模板、玻璃钢模板、胶囊内胎模板等。

按照模板在成型中的作用可分为内模、外模、侧模、端模、底模。

按照模板造型和安装方法可分为：

1. 固定式模板。浇筑混凝土直到终凝后拆卸的模板称为固定式模板。固定式模板又可分为：

(1)零拼模板：指在工地用零星板件拼制而成的模板，一般适用于较分散的小工程。

(2)拼装式模板。首先将木板或钢板制作成板扇，然后在工地组拼而成的模板。拆除后的板扇可以直接或略加修改就可以用于下一个工序或工程。

(3)整体安装式模板。先在工地附近将模板板件或板扇组拼，然后用吊机等起重设备将模板整体安装就位。

2. 活动式模板。浇筑的混凝土达到一定强度(或初凝)时即将模板竖直或水平部分移动，继续浇筑上一节混凝土的模板称为活动式模板。活动模板可分为滑升模板和水平滑动模板。

二、模板、拱架、支架和脚手架(板)的设计计算

(一)设计内容

模板、拱架、支架和脚手架(板)的设计包括以下主要内容：

1. 绘制模板、拱架、支架和脚手架(板)的总装图和细部构造图；

2. 在计算荷载作用下，对模板、拱架、支架和脚手架(板)结构按受力程序分别验算其强度、刚度(挠度)及稳定性；

3. 制订模板、拱架、支架和脚手架结构的安装、使用、拆除及保养等有关技术安全措施及需要特别注意的事项；

4. 编制模板、拱架、支架和脚手架的材料数量表；

5. 编制模板、拱架、支架和脚手架设计说明书。

(二)设计荷载

1. 铁路工程

根据《铁路混凝土工程施工技术指南》(TZ 210—2005)的规定，铁路桥梁施工作用于模板的荷载如下：

(1)竖向荷载

①模板及支架的密度：按照设计图纸计算，钢材的密度取 7 800 kg/m^3，木材的密度取 750 kg/m^3。

②新浇筑混凝土放入密度：粗骨料为卵石或碎石时取 2 500 kg/m^3，为其他骨料时可根据实际确定。

③钢筋混凝土的密度可取 2 600 kg/m^3。

④人及运输机具作用在模板或支架铺板上的荷载：

a. 对模板及直接支承模板的拱架或梁的楞木的支架，可取 2.5 kPa；

b. 对支承拱架或(梁的楞木)，可取 1.5 kPa；

c. 对支架立柱或支承拱架的其他构件，可取 1.0 kPa；

d. 对模板、铺板的板材或直接支承这些板材的梁，除上述规定外还应该加算双轮手推车的荷载 2.5 kN，或其他运输机具的荷载不小于 1.4 kN。

⑤振捣混凝土时产生的荷载(在没有上述第④项荷载计算时才计算，例如在计算梁的底模板时)，可采用 2 kPa。

⑥滑升模板与混凝土之间的摩擦力：钢模板可按 1.5～2.0 kPa 计，木模板可按 2.5 kPa 计算。

(2)水平荷载

①新浇筑混凝土对模板侧压力，可按照表 2.1 的规定计算。

②倾倒混凝土时因振动产生的荷载，可按照表 2.2 的规定计算。

表 2.1　浇筑混凝土对模板的侧压力(MPa)

<table>
<tr><th rowspan="2">序号</th><th rowspan="2">施 工 条 件</th><th colspan="4">混凝土浇筑速度 v(m/h)</th></tr>
<tr><th>0</th><th>0.81</th><th>0.57</th><th>1.80</th></tr>
<tr><td>1</td><td>大体积及一般混凝土工程</td><td colspan="2">17.0</td><td colspan="2">$72v/(v+1.6)$</td></tr>
<tr><td>2</td><td>柱、墙混凝土工程，坍落度大于 10 cm 或泵送混凝土一次浇筑到顶，并用强力振动器</td><td>17.0</td><td colspan="2">$61v/(v+0.4)$</td><td>$72v/(v+1.6)$</td></tr>
<tr><td>3</td><td>外部振动器</td><td colspan="2">50.0</td><td>$61v/(v+0.4)$</td><td></td></tr>
<tr><td>4</td><td>水下混凝土</td><td colspan="4">$28v(v\geqslant 0.25$ m/h)</td></tr>
<tr><td>5</td><td>液压滑升模板</td><td colspan="4">$72v/(v+1.6)$</td></tr>
</table>

表 2.2　倾倒混凝土时产生的水平荷载

向模板中的供料方式	水平荷载(kPa)
用溜槽、串桶或导管输出	2
用容量 0.2 m^3 或小于 0.2 m^3 的运输器具倾倒	2
用容量大于 0.2 m^3 至 0.8 m^3 的运输器具倾倒	4
用容量大于 0.8 m^3 的运输器具倾倒	6

2. 公路工程

根据《公路桥涵施工技术规范》(JTJ 041—2000),公路桥梁施工中作用于模板的荷载如下:

(1)计算模板、支架和拱架时,应考虑下列荷载并按表 2.3 进行荷载组合。

①模板、支架和拱架自重;

②新浇筑混凝土、钢筋混凝土或其他圬工结构物的重力;

③施工人员和施工材料、机具等行走运输或堆放的荷载;

④振捣混凝土时产生的荷载;

⑤新浇筑混凝土对侧面模板的压力;

⑥倾倒混凝土时产生的水平荷载;

⑦其他可能产生的荷载,如雪荷载、冬季保温设施荷载等。

表 2.3　模板设计计算的荷载组合

模板结构名称	荷载组合	
	计算强度用	验算刚度用
梁、板和拱的底模板以及支承板、支架及拱等	①+②+③+④+⑦	①+②+⑦
缘石、人行道、栏杆、柱、梁、板、拱等的侧模板	④+⑤	⑤
基础、墩台等厚大建筑物的侧模板	⑤+⑥	⑤

(2)钢、木模板的设计,可按《公路桥涵钢结构及木结构设计规范》(JTJ 025)的有关规定执行。验算模板的刚度时,其变形值不得超过下列数值:结构表面外露的模板,挠度为模板构件跨度的 1/400;结构表面隐蔽的模板,挠度为模板构件跨度的 1/250;钢模板的面板变形为 1.5 mm;钢模板的钢棱、柱箍变形为 3.0 mm。

(3)计算模板的强度和稳定性时,应考虑作用在模板上的风力。

(4)普通模板荷载计算:

①模板的容重按照设计图纸计算确定。

②新浇筑的混凝土和钢筋混凝土的混凝土容重取 24 kN/m^3,钢筋混凝土容重可采用 25～26 kN/m^3(以体积计算的含筋量不大于 2%时采用 25 kN/m^3,大于 2%时采用 26 kN/m^3)。

③施工人员和施工材料、机具走行运输或堆放荷载标准取值:

a. 计算模板及直接支撑模板的小棱时,均布荷载取 2.5 kPa,另外以集中荷载 2.5 kN 进行验算;

b. 计算直接支撑小棱的梁或拱架时,均布荷载取 1.5 kPa;

c. 计算支架立柱及支撑拱架的其他结构构件时,均布荷载取 1.0 kPa;

d. 有实际资料时按实际取值。

④振捣混凝土时产生的荷载(作用范围在有效压头高度之内):对水平面模板为 2.0 kPa;对垂直面模板为 4.0 kPa。

⑤新浇筑混凝土对模板侧面的压力:采用内部振动器,当混凝土的浇筑速度在 6 m/h 以下时,新浇筑的普通混凝土作用于模板的最大侧压力可以按照式(2-1)和式(2-2)计算:

$$P_{max}=0.22\gamma t_0 K_1 K_2 v^{1/2} \tag{2-1}$$

$$P_{max}=\gamma h \tag{2-2}$$

式中 P_{max}——新浇筑混凝土对模板的最大侧压力(kPa);

h——有效压头高度(m);

v——混凝土的浇筑速度(m/h);

t_0——新浇筑混凝土的初凝时间(h),可按实测确定;

γ——混凝土的容重(kN/m^3);

K_1——外加剂影响修正系数,不掺外加剂时取 1.0,掺缓凝作用的外加剂时取 1.2;

K_2——混凝土坍落度影响修正系数,当坍落度小于 30 mm 时,取 0.85;坍落度为 50～90 mm 时,取 1.0;坍落度为 110～150 mm 时,取 1.5。

⑥倾倒混凝土时冲击产生的水平荷载:倾倒混凝土时对垂直模板产生的水平荷载按表 2.2 计算。

⑦其他可能产生的荷载:如雪荷载、冬季保温设施荷载等,按照实际情况考虑。

三、容许挠度和杆件长细比

模板、拱架、支架的设计除按强度考虑外,还应验算其挠度和杆件长细比不得超过规定的值。

1. 容许挠度

(1)结构表面外露模板,为模板构件跨度的 1/400;

(2)结构表面隐蔽的模板,为模板构件跨度的 1/250;

(3)拱架、支架受荷载后承受挠曲的杆件(盖梁、纵梁),其弹性挠度或下沉度为相应结构自由跨度的 1/1 000;

(4)钢模板的面板或单块模板为 1.5 mm;

(5)钢模板的钢楞、柱箍为 3.0 mm;

(6)钢模板的结构体系,为相应结构跨度的 1/1 000;

(7)脚手架、板的容许挠度可按照上述要求放宽一些。

2. 容许长细比

(1)主要受压杆件(立柱)的长细比为 150;

(2)次要受压杆件的长细比为 200。

四、施工质量和误差

模板安装前应对模板尺寸进行检查,确认正确无误后方可进行安装;安装时模板要坚实牢靠,以免振动混凝土时引起跑模、漏浆,安装位置要符合结构设计要求。有关桥梁施工模板制作与安装的允许偏差见表 2.4 和表 2.5。

表 2.4　模板制作允许偏差

项　次	项　　目		允许偏差(mm)
木模板	(1)模板的长度和宽度		±4.0
	(2)不刨光模板相邻两模板表面高低差		3.0
	(3)刨光模板相邻两模板表面高低差		1.0
	(4)平板模板表面最大的局部不平(用 2 m 直尺检查)	刨光模板	3.0
		不刨光模板	4.0
	(5)拼合板中木板间的缝隙		2.0
	(6)榫头相接紧密度		2.0
钢模板	(1)外形尺寸	长和宽	0,−1
		肋高	±4.0
	(2)面板端倾斜		≤0.5
	(3)连接配件(螺栓、卡子)的孔眼位置	孔中心与板面的间距	±0.3
		板端孔中心与板端的间距	0,−0.5
		沿板长、宽方向的孔	±0.6
	(4)板面局部不平(用 300 mm 的尺检查)		1.0
	(5)板面与板侧的挠度		±1.0

表 2.5　模板安装允许误差

项　次	项　　目		允许误差(mm)
1	模板标高	基础	±15
		墩台	±10
2	模板内部尺寸	基础	±30
		墩台	±20
3	轴线偏位	基础	±15
		墩台	±10
4	装配式构件支承面的标高		+2,−5
5	模板相邻两板表面高低差		2
	模板表面平整(用 2 m 直尺检查)		5
6	预埋件中心线位置		3
	预留孔洞中心线位置		10
	预留孔洞截面内部尺寸		+10,0

第三节　钢 筋 工 程

一、钢筋材料

(一)钢筋分类

钢筋种类很多,通常按生产工艺、化学成分、使用性能和力学性能、轧制外形、供应形式、直径大小等进行分类。

1. 按生产工艺分

(1)热轧钢筋：经热轧成型并自然冷却后的钢筋称为热轧钢筋，有光圆钢筋和带肋钢筋两种。热轧光圆钢筋按照屈服强度可分为 HPB235 和 HPB300 两个级别；热轧带肋钢筋按屈服强度可分为 HRB335、HRB400 和 HRB500 三个级别。钢筋可按直条或盘卷交货。

(2)冷拉钢筋：将热轧钢筋在常温下拉到屈服点以上、极限强度以下的一定强度，卸荷后原钢筋的屈服点、极限强度和硬度都得到提高，这样得到的钢筋称为冷拉钢筋。

(3)冷拔低碳钢丝：将 ϕ6.5～8 mm 的热轧光圆钢筋在常温下通过拔丝模具，多次强力冷拔后，钢筋直径减小，塑性降低，极限强度提高，这样得到的钢筋称为冷拔低碳钢丝。

(4)热处理钢筋：将热轧带肋钢筋经淬火和回火的调质热处理后而成的钢筋称为热处理钢筋。

(5)预应力混凝土用钢丝：通常称为高强度钢丝，是用优质碳素结构钢经冷拉或再经回火等工艺处理制成的。按加工状态分，有冷拉钢丝和消除应力钢丝两类。消除应力钢丝按松弛性能又分为低松弛级钢丝(WLR)和普通松弛级钢丝(WNR)，按外形可分为光圆钢丝(P)、螺旋肋钢丝(H)和刻痕钢丝(I)三种。

(6)钢绞线：指以数根直径为 2.5～5.0mm 的优质碳素结构钢钢丝，经绞捻和消除内应力的热处理而制成的钢丝束。

2. 按化学成分分

(1)碳素钢筋：含碳量低于 0.25%的称为低碳钢钢筋，含碳量在 0.25%～0.6%的称为中碳钢钢筋，含碳量为 0.6%～1.4%的称为高碳钢钢筋。低碳钢钢筋、中碳钢钢筋和高碳钢钢筋统称为碳素钢筋。

(2)普通低合金钢筋：在低碳钢或中碳钢中掺入合金元素硅锰等轧制而成的钢筋。

3. 按使用性能和力学性能分

(1)普通钢筋：仅作为非预应力钢筋使用，按其机械强度大小分为Ⅰ～Ⅳ级。

(2)预应力混凝土用钢材：用作预应力钢筋的钢材。目前使用的有：热处理钢筋、矫直回火钢丝、冷拉钢丝、刻痕钢丝、钢绞线等。

4. 按轧制外形分

可分为圆钢筋(圆钢丝)、变形钢筋、刻痕钢丝三种。变形钢筋有螺旋形、人字形和月牙形三种。

5. 按供应形式分

可分为圆盘钢筋(直径 6～10 mm)和直条钢筋(长度 6～12 m)两种。

6. 按直径大小分

可分为钢丝(直径 3～5 mm)、细钢筋(直径 6～10 mm)、中粗钢筋(12～20 mm)和粗钢筋(直径大于 20 mm)四种。

7. 牌号标示方法和符号：

钢的牌号由代表屈服强度的字母、屈服强度数值、质量等级符号、脱氧方法符号等 4 部分组成。例如 Q235AF，其中 Q 代表钢材屈服强度“屈”字汉语拼音首个字母；235 代表材料屈服强度，主要有 195、215、235、275 几种；A 代表质量等级，目前质量等级有 A、B、C、D 四种；F 代表脱氧方法，F 表示沸腾钢，Z 表示镇静钢，TZ 表示特殊镇静钢。

（二）钢筋保管与鉴别

1. 钢筋保管

（1）在现场钢筋应按照等级、牌号、直径、长度分别挂牌堆放。

（2）钢筋应尽量堆入仓库或料棚内；当限于条件，必须露天堆放时，应选择在地势较高、地形平坦、土质坚实的地方，并采取排水措施，钢筋下面还要设置垫木。

（3）已弯轧、焊接成型的钢筋，应按工程名称和构件名称编号顺序堆放。

（4）钢筋不得与酸、盐、油类等物品堆放在一起，并避免与产生有害气体的车间靠近。

2. 钢筋鉴别

钢筋的品种多，在运输和保管中稍有疏忽，就可能使外形相似的钢筋品种混淆，如果已经混淆，可以根据端部轧记的标志来区分。如果钢筋经多次运转或其他原因，标志不清楚时，可以采用火花实验来进行鉴别。

（三）钢筋检验

钢筋在进场时应具有出厂质量证明书或实验报告单，每捆（盘）钢筋均应有标牌，并按照批号和直径分别验收。验收内容按照桥涵施工技术规范或施工指南中规定的内容进行。

二、钢筋加工

钢筋一般先在钢筋车间加工，然后运至现场安装或绑扎。钢筋的加工过程一般有调直、除锈、冷拉、时效、下料、弯曲、焊接、绑扎等工序。下面介绍其中的几个工序。

1. 钢筋调直

钢筋调直方法主要根据设备条件决定：对于直径小于 12 mm 的盘圆钢筋，一般用铰磨卷扬机或调直机调直；大直径钢筋可用卷扬机、弯曲机、平直机调直。

2. 钢筋除锈

钢筋除锈方法有手工除锈、机械除锈和化学除锈。

手工除锈可以采用榔头、铲刀、刮刀、钢丝刷等工具除锈。手工除锈劳动强度大，除锈效率低，工作环境恶劣，难以除去氧化皮等污物，除锈效果不佳，难以达到规定的清洁度和粗糙度，已逐步被机械方法和化学方法所替代。

机械方法除锈工具和工艺较多，主要有小型风动或电动除锈、喷丸（砂）除锈、高压水磨料除锈、抛丸除锈等。

化学方法除锈主要是利用酸与金属氧化物发生化学反应，从而除掉金属表面锈蚀产物的一种除锈方法，即通常所说的酸洗除锈，只能在车间内操作。

3. 钢筋的冷拉及时效强化

冷拉强化是指将钢材于常温下进行冷拉使其产生塑性变形，从而提高屈服强度的过程。时效处理是指将经过冷拉的钢筋于常温下存放 10～20 d 或加热到 100～200℃并保持一段时间的过程。前者称为自然时效，后者称为人工时效。冷拉以后再经时效处理的钢筋，其屈服点进一步提高，抗拉极限强度也有所提高，但是塑性降低。由于时效过程中内应力的消减，弹性模量可基本恢复。工地或预制工厂常利用这一原理，对钢筋或低碳钢盘条按一定工序进行冷拉加工，以提高屈服强度，节约钢材。冷拉时钢筋被拉直，表面锈渣剥落，因此冷拉还可同时完成调直、除锈工作。

冷拉时，钢筋的应力和延伸率，是影响钢筋冷拉质量的两个主要参数。在冷拉时最好采用同时控制钢筋应力和延伸率的方法，即“双控”，但以应力控制为主，延伸率控制为辅。

4. 钢筋弯曲

钢筋的弯曲和末端的弯钩应符合设计要求，如设计无规定时，应符合表 2.6 的规定。

表 2.6　钢筋弯曲和末端弯钩形状

弯曲部位	弯曲角度	形　状　图	钢筋种类	弯曲直径 D	平直部分长度	备注
末端弯钩	180°	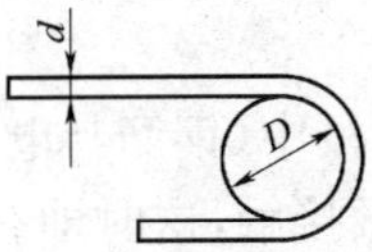	HPB235/HPB300	≥2.5d	≥3d	d 为钢筋直径
	135°	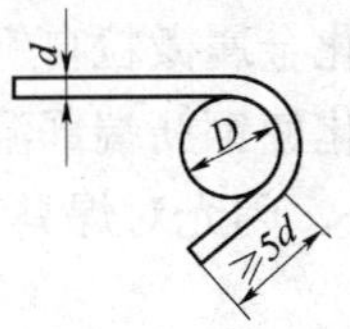	HRB335	≥4d	≥5d	
			HRB400	≥5d		
	90°	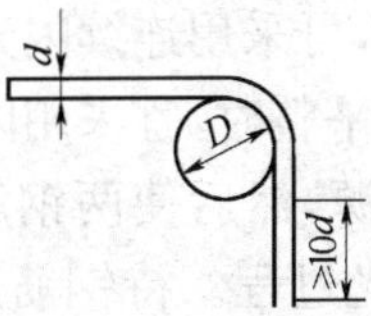	HRB335	≥4d	≥10d	
			HRB400	≥5d		
中间弯钩	90°以下		各类	≥20d		

注：环氧树脂涂层钢筋进行弯曲加工时，对直径 d 不大于 20 mm 的钢筋，其弯曲直径不应小于 4d；对直径 d 大于 20 mm 的钢筋，其弯曲直径不小于 6d。

用Ⅰ级钢筋制作的箍筋，其末端应做成弯钩，弯钩的弯曲直径应大于受力主钢筋的直径，且不小于箍筋直径的 2.5 倍。弯钩平直部分的长度，一般结构不宜小于箍筋直径的 5 倍，有抗震要求的结构，不应小于箍筋直径的 10 倍。弯钩的形式，如设计无要求时，可按图 2.7(a)、(b)加工；有抗震要求的结构，应按图 2.7(c)加工。

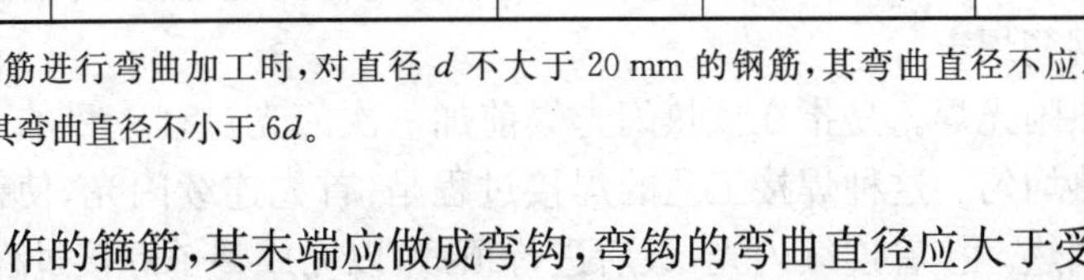

(a) 90°/180°　　(b) 90°/90°　　(b) 135°/135°

图 2.7　钢筋弯钩

5. 钢筋的焊接与绑扎

钢筋连接常用的方法有：绑扎连接、焊接连接、冷压连接。除个别情况（如不准出现明火）外应尽量采用焊接连接，以保证质量、提高效率和节约钢材。现行《铁路混凝土与砌体施工规范》（TB 10210—2001）规定：当设计对钢筋接头无明确要求时，应采用闪光弧焊或电弧焊连接，并以闪光弧焊为主；仅在确无条件实施焊接时，对直径 25 mm 以下钢筋方可采用绑扎。

钢筋对焊机理是：将两根钢筋成对接形式水平安置在对焊机夹钳中，并使两钢筋接触，通以低电压的强电流，把电能转化为热能。当钢筋加热到一定的温度后，即施加轴向压力挤压（称为顶锻），便形成对焊接头。

钢筋闪光对焊过程：先将钢筋夹入对焊机的两电极中（钢筋与电极接触处应清除锈污，电极内应通以循环冷却水），闭合电源，使钢筋两端轻微接触，这时即有电流通过。由于接触轻微，钢筋端面不平，接触面积小，故电流密度与接触电阻很大，因此接触点很快熔化，形成"金属过梁"。过梁进一步加热，产生蒸气飞溅（火花般的熔化金属微粒自钢筋两端面的间隙中喷出，此称为烧化），形成闪光现象，故称闪光对焊。通过烧化使钢筋端部温度升高到要求温度后，便快速将钢筋挤压（称顶锻），然后断电，即形成对焊接头。闪光对焊具有生产效率高、操作方便、节约钢材、焊接质量高、接头受力性能好等优点。

根据所用对焊机功率大小及钢筋品种、直径不同，闪光对焊又分为连续闪光焊、预热闪光焊、闪光—预热闪光焊等不同工艺。钢筋直径较小时，可采用连续闪光焊；钢筋直径较大，端面较平整时，宜采用预热闪光焊；直径较大，且端面不够平整时，宜采用闪光—预热闪光焊。

（1）连续闪光焊。采用连续闪光焊时，先闭合电源，然后使两钢筋端面轻微接触，形成闪光。闪光一旦开始，便应徐徐移动钢筋，形成连续闪光过程。待钢筋烧化到规定的长度后，以适当的压力迅速进行顶锻，使两根钢筋焊牢。连续闪光焊所能焊接的最大钢筋直径，随着焊机容量的降低和钢筋级别的提高而减小。

（2）预热闪光焊。预热闪光焊是在连续闪光焊前增加一次预热过程，以达到均匀加热的目的。采用这种焊接工艺时，先闭合电源，然后使两钢筋端面交替地接触和分开。这时钢筋端面的间隙中即发出断续的闪光而形成预热过程。当钢筋烧化到规定的预热流量后，随即进行连续闪光和顶锻，使钢筋焊牢。

（3）闪光—预热闪光焊。是指在预热闪光焊前加一次闪光过程。目的是使不平整的钢筋端面烧化平整，预热均匀。这种焊接工艺的焊接过程是：首先连续闪光，使钢筋端部闪平。然后断续闪光，进行预热。接着连续闪光，最后进行顶锻，以完成整个焊接过程。

冬季钢筋的闪光焊宜在室内进行。焊接时的环境温度不宜低于 0 ℃。困难条件下，对以承受静力为主的钢筋，闪光对焊的环境气温可适当降低，但最低不应低于－10 ℃。在低温条件下焊接时，焊件冷却快，容易产生淬硬现象，内应力也将增大，而使接头力学性能降低，对接头带来不利影响。因此在低温条件下焊接时，应掌握好冷却速度。为使加热均匀，增大焊件受热区域，宜采用预热闪光焊或闪光—预热闪光焊。

钢筋的焊接与绑扎接头应满足下列要求：

（1）轴心受拉和小偏心受拉杆件中的钢筋接头不宜绑接。普通混凝土中直径大于 25 mm 的钢筋，宜采用焊接。

（2）绑扎的两根钢筋必须具有一定的搭接长度，该搭接长度与钢筋种类、受力情况和混凝土强度有关。

（3）受拉区内的光面钢筋绑扎接头末端应做弯钩，带肋钢筋末端可不做成弯钩。

(4)直径≤12 mm 的受压光面钢筋的末端,可以不做弯钩,但是搭接长度不应小于钢筋直径的 30 倍。

(5)钢筋搭接处,应在中心和两端用铁丝扎牢。

(6)钢筋的纵向焊接应采用闪光对焊(HRB500 钢筋必须采用闪光对焊)。当缺乏闪光对焊条件时,可采用电弧焊、电渣压力焊、气压焊。钢筋的交叉连接,无电阻点焊机时,可采用手工电弧焊。各种预埋件 T 形接头钢筋与钢板的焊接,也可采用预埋件钢筋埋弧压力焊。电渣压力焊只适用于竖向钢筋的连接,不能用作水平钢筋和斜筋的连接。钢筋焊接的接头形式、焊接方法、适用范围应符合现行《钢筋焊接及验收规程》(JGJ18—2003)的规定。

(7)钢筋焊接前,必须根据施工条件进行试焊,合格后方可正式施焊。焊工必须持考试合格证上岗。

(8)钢筋接头采用搭接或帮条电弧焊时,宜采用双面焊缝,双面焊缝困难时,可采用单面焊缝。

(9)钢筋接头采用搭接电弧焊时,两钢筋搭接端部应预先折向一侧,使两接合钢筋轴线一致。接头双面焊缝的长度不应小于 $5d$,单面焊缝的长度不应小于 $10d$(d 为钢筋直径)。

钢筋接头采用帮条电弧焊时,帮条应采用与主筋同级别的钢筋,其总截面面积不应小于被焊钢筋的截面积。帮条长度,如用双面焊缝不应小于 $5d$,如用单面焊缝不应小于 $10d$(d 为钢筋直径)。

(10)凡施焊的各种钢筋、钢板均应有材质证明书或试验报告单。焊条、焊剂应有合格证,各种焊接材料的性能应符合现行《钢筋焊接及验收规程》(JGJ 18—2003)的规定。各种焊接材料应分类存放和妥善管理,并应采取防止腐蚀、受潮变质的措施。

(11)电渣压力焊、气压焊、预埋件钢筋埋弧压力焊的技术规定及电弧焊中的坡口焊、窄间隙焊、熔槽帮条焊和钢筋与钢板焊接的技术规定可参照现行《钢筋焊接及验收规程》(JGJ 18—2003)的规定执行。

(12)受力钢筋焊接或绑扎接头应设置在内力较小处,并错开布置。对于绑扎接头,两接头间距离不小于 1.3 倍搭接长度。对于焊接接头,在接头长度区段内,同一根钢筋不得有两个接头,配置在接头长度区段内的受力钢筋,其接头的截面面积占总截面面积的百分率应符合相关的规定。对于绑扎接头,其接头的截面面积占总截面面积的百分率,应符合表 2.7 的规定。

表 2.7　接头长度区段内受力钢筋接头面积的最大百分率

接头形式	接头面积最大百分率(%)	
	受拉区	受压区
主钢筋绑扎接头	25	50
主钢筋焊接接头	50	不限制

注:①焊接接头长度区段内是指 $35d$(d 为钢筋直径)长度范围内,但不得小于 500 mm,绑扎接头长度区段是指 1.3 倍搭接长度;

②在同一根钢筋上应尽量少设接头;

③装配式构件连接处的受力钢筋焊接接头可不受此限制;

④绑扎接头中钢筋的横向净距不应小于钢筋直径且不应小于 25 mm;

⑤环氧树脂涂层钢筋绑扎搭接长度,对受拉钢筋应至少为涂层钢筋锚固长度的 1.5 倍且不小于 375 mm;对受压钢筋为无涂层钢筋锚固长度的 1.0 倍且不小于 250 mm。

(13)电弧焊接和绑扎接头与钢筋弯曲处的距离不应小于10倍钢筋直径,也不宜位于构件的最大弯矩处。

(14)焊接时,对施焊场地应有适当的防风、雨、雪、严寒设施。冬期施焊时应按冬期施工的要求进行,低于−20℃时,不得施焊。

(15)受拉钢筋绑扎接头的搭接长度,应符合表2.8的规定;受压钢筋绑扎接头的搭接长度,应取受拉钢筋绑扎接头搭接长度的0.7倍。

表2.8 受拉钢筋绑扎接头的搭接长度

钢筋类型		混凝土强度等级		
		C20	C25	>C25
光圆钢筋		35d	30d	25d
带肋钢筋	HRB335钢筋	45d	40d	35d
	HRB400钢筋	55d	50d	45d

注:①当带肋钢筋直径d不大于25 mm时,其受拉钢筋的搭接长度应按表中值减少5d采用;当带肋钢筋直径d大于25 mm时,其受拉钢筋的搭接长度应按表中值增加5d采用。

②当混凝土在凝固过程中受力钢筋易受扰动时,其搭接长度宜适当增加。

③在任何情况下,纵向受拉钢筋的搭接长度不应小于300 mm;受压钢筋的搭接长度不应小于200 mm。

④当混凝土强度等级低于C20时,光圆钢筋、HRB335钢筋的搭接长度应按表中C20的数值相应增加10d;HRB500钢筋不宜采用绑扎接头。

⑤对有抗震要求的受力钢筋的搭接长度,当抗震烈度为7度(及以上)时应增加5d。

⑥两根不同直径的钢筋的搭接长度,以较细的钢筋直径计算。

6. 钢筋的机械连接

(1)钢筋机械连接的接头性能指标应符合规范的规定。

(2)钢筋连接件处的混凝土保护层宜满足设计要求,且不得小于15 mm,连接件之间的横向净距不宜小于25 mm。

(3)对受力钢筋机械连接接头的位置要求,可依照焊接接头要求办理。

(4)带肋钢筋套筒挤压接头(以下简称挤压接头)适用直径为16～40 mm的HRB335、HRB400带肋钢筋的径向挤压连接。用于挤压连接的钢筋应符合现行国家标准的要求。

(5)钢筋锥螺纹接头适用于直径为16～40 mm的HRB335、HRB400钢筋的连接,用于连接的钢筋应符合现行国家标准的要求。锥螺纹连接套的材料宜用45号优质碳素结构钢材或其他经试验确认符合要求的钢材。钢筋锥螺纹接头的技术要求,应符合现行《钢筋锥螺纹接头技术规程》(JGJ 109—96)的规定。

7. 钢筋骨架的组成与安装

钢筋骨架可以焊接成形,也可以绑扎成形,但都必须保证骨架有足够的刚度,确保在搬运、安装和灌筑混凝土过程中不致变形和松散。

焊接钢筋骨架应在紧固的焊接工作台上进行施工。骨架的焊接一般采用电弧焊,先焊成单片平面骨架,再将它组拼成立体骨架。在焊接过程中,由于被焊钢筋的温度变化,骨架将会产生翘曲变形,所以同时在焊缝内采用双面焊缝为好,即先焊好一面的焊缝,而后把骨架翻身,再焊另一面的焊缝。当大跨径骨架翻身困难而不得不采用单面焊时,则须在垂直骨架平面的方向设预拱度(其大小可由实地测验而定),同时,在焊接操作上应采用分层跳焊法,即从骨架中心向两端对称地、错开地焊接,先焊骨架下部,后焊骨架上部;在同一截面处,如钢筋层次多时,各道焊缝也应互相交错跳焊。

实践表明，装配式简支梁焊接钢筋骨架焊接后在骨架平面内还会发生两端上翘的焊接变形。为此，尚应结合骨架在安装时可能产生的挠度，将骨架事先拼成具有一定预拱度的骨架，再行施焊。焊接成形的钢筋骨架，安装比较简单，用一般起重设备吊装入模板即可。

骨架钢筋的安装，应事先拟定安装顺序。一般的梁肋钢筋，先安放箍筋再安放下排主筋，后装上排钢筋。在钢筋安装工作中为了保证达到设计及构造要求，应注意以下几点：

(1)钢筋的接头应按规定要求错开布置。

(2)钢筋的交叉点应用铁丝绑扎结实，必要时可通电焊接。

(3)除设计有特殊规定外，梁中箍筋应与主筋垂直。箍筋弯钩的叠合处，在梁中应沿纵向置于上面并交叉布置。

(4)为了保证混凝土保护层的厚度，应在钢筋与模板间设置垫块，如水泥垫块、混凝土垫块、钢筋头垫块或其他形式的垫块。垫块应错开设置，不应贯通界面全长。

(5)为保证固定钢筋相互间的横向净距，两排钢筋之间可使用混凝土分割块，或用短钢筋扎结固定。

(6)为保证钢筋骨架具有足够的刚度，必要时可增加装配钢筋。

三、施工质量与误差

加工钢筋的偏差不得超过表 2.9 的规定。

表 2.9　加工钢筋的允许偏差

项　目	允许偏差(mm)
受力钢筋顺长度方向加工后的全长	±10
弯起钢筋各部尺寸	±20
箍筋、螺旋筋各部分尺寸	±5

焊接钢筋网和焊接骨架的偏差不得超过表 2.10 的规定。

表 2.10　焊接钢筋网及焊接骨架的允许偏差

项　目	允许偏差(mm)	项　目	允许偏差(mm)
网的长、宽	±10	骨架的宽及高	±5
网眼的尺寸	±10	骨架的长	±10
网眼的对角线差	10	箍筋间距	0,−20

钢筋位置的偏差不得超过表 2.11 的规定。

表 2.11　钢筋位置允许偏差

<table>
<tr><th colspan="3">检 查 项 目</th><th>允许偏差(mm)</th></tr>
<tr><td rowspan="4">受力钢筋间距</td><td colspan="2">两排以上排距</td><td>±5</td></tr>
<tr><td rowspan="2">同排</td><td>梁、板、拱肋</td><td>±10</td></tr>
<tr><td>基础、锚碇、墩台、柱</td><td>±20</td></tr>
<tr><td colspan="2">灌筑桩</td><td>±20</td></tr>
<tr><td colspan="3">箍筋、横向水平钢筋、螺旋筋间距</td><td>0,−20</td></tr>
<tr><td colspan="2" rowspan="2">钢筋骨架尺寸</td><td>长</td><td>±10</td></tr>
<tr><td>宽、高或直径</td><td>±5</td></tr>
</table>

续上表

检 查 项 目		允许偏差(mm)
弯起钢筋位置		±20
保护层厚度	柱、梁、拱肋	±5
	基础、锚碇、墩台	±10
	板	±3

第四节 混凝土工程

一、混凝土的配置与搅拌

(一)混凝土的配料

1. 配料方法和允许误差

配置混凝土的原材料应分别堆放、运输和称量。原料称量应尽可能的准确,其允许偏差见表2.12。

表2.12 混凝土配料数量允许偏差表

材料类别	允许偏差(%)	
	现场拌制	预制场或集中搅拌站拌制
水泥、混合材料	±2	±1
粗、细骨料	±3	±2
水、外加剂	±2	±1

2. 投料顺序

(1)一次投料法:宜采用的投料顺序为砂、水泥、石子、水;

(2)翻斗多次投料法:宜采用的顺序为1/2石子→1/2砂→水泥→1/2水→1/2砂→1/2石子→1/2水。

3. 称料数量调整

砂子和石子常含有一定数量的水分,并且随气候和料堆部位的变化而变化。因此在实际配料的过程中,需要根据气候和料堆部位的变化,并按照有关施工技术规范的规定及时调整砂石料和水的实际用量。

4. 搅拌机械装料数量

装料的容量均按照各项固体材料松散体积计算,不应超过搅拌机械额定容量的110%。所装材料经搅拌后,出料系数一般在0.65~0.7。

5. 坍落度要求

配制混凝土时,应根据结构情况和施工条件确定混凝土拌和物的坍落度,浇筑时的坍落度可按表2.13选用。

表2.13 混凝土浇筑入模时的坍落度

结 构 类 别	坍落度(mm)(振动器振动)	结 构 类 别	坍落度(mm)(振动器振动)
小型预制块及便于浇筑振动的结构	0~20	配筋较密、断面较小的钢筋混凝土结构	50~70
桥涵基础、墩台等无筋或少筋的结构	10~30	配筋极密、断面高而窄的钢筋混凝土结构	70~90
普通配筋率的钢筋混凝土结构	30~50		

注:①水下混凝土、泵送混凝土的坍落度,另见有关规定;

②用人工捣实时,坍落度宜增加20~30mm。

当工程需要获得较大的坍落度时，可适当掺加外加剂，但不改变混凝土的水灰比，不影响混凝土的质量。

(二)混凝土的拌和

1. 拌和种类

混凝土拌和有机械搅拌和人工搅拌两种。混凝土应尽可能采用机械搅拌。对于较分散的零星工程，也可以采用人工搅拌。人工搅拌一般采用“三干三湿”的方法，即先将砂子和水泥干拌至少三遍，至拌和物均匀、颜色一致，然后倒入石子，边加水、边拌和至少三遍，至拌和物均匀、颜色一致为止。

2. 拌和时间

混凝土搅拌时间应根据搅拌机类型、混凝土坍落度等情况确定，时间不足时拌和物将达不到均匀的要求；但是拌和时间过长时拌和物则可能产生离析。表 2.14 规定了最短搅拌时间。

表 2.14 混凝土最短搅拌时间(min)

搅拌机类别	搅拌机容量(L)	混凝土坍落度(mm)		
		＜30	30～70	＞70
		混凝土最短搅拌时间(min)		
自落式	≤400	2.0	1.5	1.0
	≤800	2.5	2.0	1.5
	≤1200	—	2.5	1.5
强制式	≤400	1.5	1.0	1.0
	≤1500	2.5	1.5	1.5

注：①搅拌细砂混凝土或掺有外加剂的混凝土时，搅拌时间应适当延长 1～2 min；

②外加剂应先调成适当浓度的溶液后再掺入搅拌；

③搅拌机装料数量(装入粗骨料、细骨料、水泥等松散体积的总数)不应大于搅拌机标定容量的 110%；

④搅拌时间不宜过长，每一工作班至少应抽查两次；

⑤表列时间为从搅拌加水时算起；

⑥当采用其他形式的搅拌设备时，搅拌的最短时间应按设备说明书的规定或经试验确定。

3. 拌和的均匀性

对于在施工现场集中搅拌的混凝土，应检查混凝土拌和物的均匀性。

(1)混凝土拌和物应拌和均匀，颜色一致，不得有离析和泌水现象。

(2)混凝土拌和物均匀性的检测方法应按现行国家标准《混凝土搅拌机技术条件》(GB 9142)的规定进行。

(3)检查混凝土拌和物均匀性时，应在搅拌机卸料过程中，从卸料流的 1/4 至 3/4 之间部位采取试样，进行试验，其检测结果应符合下列规定：

①混凝土中砂浆密度两次测值的相对误差不应大于 0.8%；

②单位体积混凝土中粗骨料含量两次测值的相对误差不应大于 5%。

混凝土搅拌完毕后，应按下列要求检测混凝土拌和物的各项性能：

(1)混凝土拌和物的坍落度,应在搅拌地点和浇筑地点分别取样检测,每一工作班或每一单元结构物不应少于两次。评定时应以浇筑地点的测值为准。如混凝土拌和物从搅拌机出料起至浇筑入模的时间不超过15 min时,其坍落度可仅在搅拌地点取样检测。在检测坍落度时,还应观察混凝土拌和物的黏聚性和保水性。

(2)根据需要还应检测混凝土拌和物的其他质量指标并应符合相关规定。

二、混凝土运输

(一)基本要求和时间控制

1. 运输道路和机具

运输混凝土的道路应尽可能平整,所使用的机具应不渗漏,转载次数少,以防止拌和物漏浆、离析,失去匀质性。

2. 运输延续时间

混凝土的运输能力应适应混凝土凝结速度和浇筑速度的需要,使浇筑工作不间断并使混凝土运到浇筑地点时仍保持均匀性和规定的坍落度。当混凝土拌和物运距较近时,可采用无搅拌器的运输工具运输;当运距较远时,宜采用搅拌运输车运输。运输时间不宜超过表2.15的规定。

表2.15 混凝土拌和物运输时间限制

气温(℃)	无搅拌设施运输(min)	有搅拌设施运输(min)
20～30	30	60
10～19	45	75
5～9	60	90

注:①当运距较远时,可用搅拌运输车运干拌料到浇筑地点后再加水搅拌;

②掺用外加剂或采用快硬水泥拌制混凝土时,应通过试验查明所配制混凝土的凝结时间后,确定运输时间限制;

③表列时间系指从加水搅拌至入模时间。

(二)混凝土运输

混凝土运输有水平运输和垂直运输两种。

1. 水平运输

采用的机械设备有:手推车、机动翻斗车、自卸汽车、带吊斗载重汽车、混凝土搅拌运输车和缆索起重机等。

2. 垂直运输

可以采用起重机、混凝土泵和混凝土泵车等机械设备。

3. 采用泵送混凝土时的要求

(1)混凝土的供应必须保证输送混凝土的泵能连续工作。

(2)输送管线宜直,转弯宜缓,接头应严密,如管道向下倾斜时,应防止混入空气而产生阻塞。

(3)泵送前应先用适量的、与混凝土内成分相同的水泥浆润滑输送管内壁。混凝土出现离析现象时,应立即用压力水或其他方法冲洗管内残留的混凝土,泵送间歇时间不宜超过15 min。

(4)在泵送过程中,受料斗内应有足够的混凝土,以防止吸入空气产生阻塞。

4. 用带式运输机运送混凝土时的要求

(1)传送带的倾斜度不应超过表 2.16 的规定。

(2)混凝土卸于传送带上和由传送带卸下时，应通过漏斗等设施传送，并保持垂直下料。

(3)传送带上应设置刮刀等清理设备。

(4)传送带运转速度不应超过 1.2 m/s。

(5)做配合比设计时，应考虑有 2%～3%的砂浆损失。

表 2.16　传送带最大倾斜角度

混凝土坍落度(mm)	最大倾斜角度(°)	
	向上运送	向下运送
<40	18	12
40～80	15	10

三、混凝土浇筑

(一)一般规定及要求

1. 浇注混凝土的基本技术要求

(1)混凝土拌和物要材料均匀、浇筑密实。

(2)结构位置、外形尺寸偏差不允许超出范围。

(3)混凝土表面要平整、密实，符合要求。

(4)混凝土与基底或应连接的结构连接要紧密、黏结牢固。

(5)钢筋骨架及预埋件的位置要正确，偏差不应超出允许范围。

(6)钢筋保护层厚度不应小于规定。

2. 基底处理

(1)基底或基层的土质或结构的类别、密实度、平整度应符合要求，表面浮层、杂物应清除，必要时予以夯实、修整。

(2)桥涵墩台等结构的基底，如果为干燥的非黏性土，应用水湿润；如果为岩石，应用水冲洗干净；如果为倾斜面，应凿平或凿成阶梯状。

(3)基底不得有积水，如有渗透水，应在基础范围以外设置排水沟排除。

(4)基底地质或其承载力如与设计不符，应与有关方面协商处理。

3. 模板内的清理

(1)模板内和钢筋上的杂物、泥灰、油污应清理干净。

(2)模板如果有缝隙、空洞应堵严。

(3)模板应洒水润湿，靠混凝土的一面应涂抹隔离剂(脱模剂)。

4. 浇注混凝土前的检查

浇注混凝土前应由有关方面对基底、模板、钢筋、预埋件、脚手架以及各项机具、设备等进行检查，各项条件符合要求、各项施工准备工作安排就绪后，才能开始浇注混凝土工作。

5. 混凝土的卸落

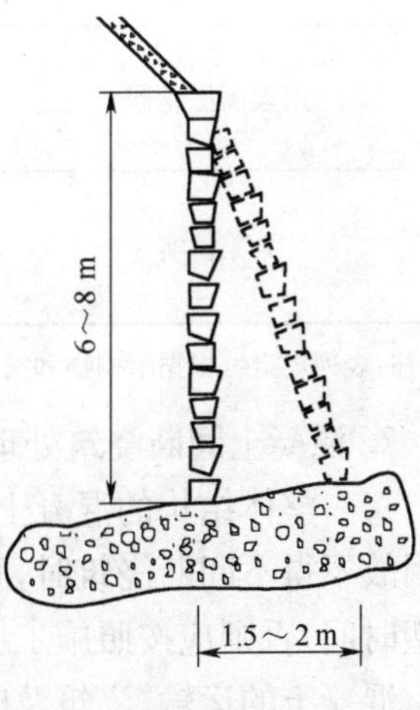

图 2.8　金属串桶浇筑混凝土

(1)混凝土垂直卸落入模时，其自由卸落高度不宜超过 2 m；当超过 2 m 时，应通过串桶等设施使混凝土垂直并缓慢的下落，图 2.8 为用金属串桶浇筑混凝土。

(2)混凝土倾斜卸落时，可以通过串桶、溜槽等进行，但必须在卸落设备下口设置漏斗和导桶，其长度不小于 60 cm，以防止混凝土离析，图 2.9 为倾斜卸落混凝土示意图。图(a)为正确的卸落方式，而图(b)、(c)均为错误的卸落方式。

(3)当模板较高、钢筋较密、模板内不能垂放串桶时，可在模板侧面适当高度处设置投料窗口，使混凝土自由下落高度不超过 2 m。但由投料窗口投料时，窗口外应设侧向开口投料斗，使串桶保持垂直下料。

(4)向窄而深的模板内倾泻混凝土时，模板上口应设漏斗、挡板等防离析装置。

6. 混凝土分层浇筑

浇筑混凝土时，应根据混凝土结构形状、钢筋布置、卸料方法及振动方法等情况，顺序分层进行，并应在下层混凝土初凝或重塑前完成上层混凝土的浇筑。

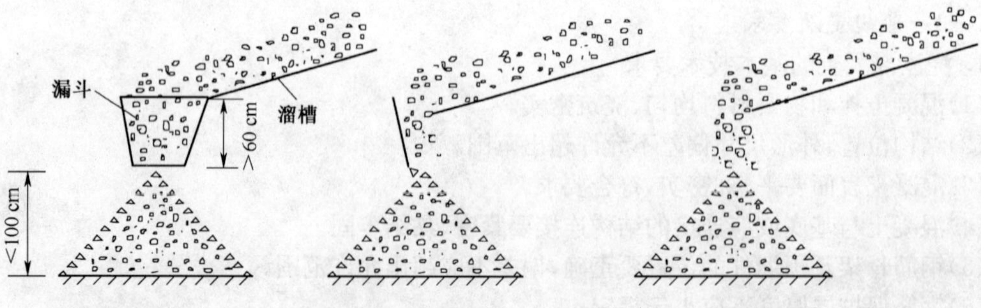

(a) 正确的方式　(b) 不正确的方式　(c) 不正确的方式

图 2.9　倾斜卸落混凝土示意图

按照桥涵施工技术规范，上下层同时浇筑时，上层与下层前后浇筑距离应保持在 1.5 m 以上。在倾斜面上浇筑混凝土时，应从低处开始逐层扩展升高，保持水平分层。混凝土分层浇筑厚度不宜超过表 2.17 的规定。

表 2.17　混凝土分层浇筑厚度

捣实方法		浇筑层厚度(mm)
用插入式振动器		300
用附着式振动器		300
用表面振动器	无筋或配筋稀疏时	250
	配筋较密时	150
人工捣实	无筋或配筋稀疏时	200
	配筋较密时	150

注：表列规定可根据结构物和振动器型号等情况适当调整。

7. 混凝土间断浇筑处理

每一整体结构的混凝土一般宜连续进行浇筑，以避免产生薄弱断面，保持结构的整体性。当因故不得不间断浇筑时，间断时间包括间断后续浇筑时间，都不应超过下层混凝土的初凝或重塑时间，否则应按照施工缝处理。

混凝土的运输、浇筑及间歇的全部时间不得超过表 2.18 的规定。当超过时应预留施工缝。

表 2.18 混凝土的运输、浇筑及间歇的全部允许时间(min)

混凝土强度等级	气温不高于 25 ℃	气温高于 25 ℃
≤C30	210	180
>C30	180	150

注:当混凝土中掺有促凝或缓凝剂时,其允许时间应根据试验结果确定。

8. 施工接缝的设置和处理

(1)施工缝的设置

对组合梁桥、刚构桥、用挂篮分段浇筑的梁等须分段浇筑的混凝土结构,以及多跨连续梁或截面尺寸较大的桥梁墩台等受浇筑能力和结构外形的限制,不能连续浇筑的混凝土结构,必须在浇筑中断处设置施工缝。施工缝的位置应在混凝土浇筑之前确定,宜设在结构受剪力和弯矩较小且便于施工的部位。

(2)施工缝的处理

①应凿除处理层混凝土表面的水泥砂浆和松弱层,凿除时,处理层混凝土须达到下列强度:

a. 用水冲洗凿毛时,须达到 0.5 MPa;

b. 用人工凿除时,须达到 2.5 MPa;

c. 用风动机凿毛时,须达到 10 MPa。

②经凿毛处理的混凝土面,应用水冲洗干净,在浇筑次层混凝土前,对垂直施工缝宜刷一层水泥净浆,对水平缝宜铺一层厚为 10~20 mm 的 1∶2 的水泥砂浆。

③重要部位及有防震要求的混凝土结构或钢筋稀疏的钢筋混凝土结构,应在施工缝处补插锚固钢筋或石榫;有抗渗要求的施工缝宜做成凹形、凸形或设置止水带。

④施工缝为斜面时应浇筑成或凿成台阶状。

⑤施工缝处理后,须待处理层混凝土达到一定强度后才能继续浇筑混凝土。需要达到的强度,一般最低为 1.2 MPa,当结构物为钢筋混凝土时,不得低于 2.5 MPa。混凝土达到上述抗压强度的时间应通过试验确定。

⑥接续浇筑混凝土时,必须用振动器振动密实,防止在接缝处出现蜂窝或胶结料不足,影响新旧混凝土的黏结。

⑦接缝处必须特别注意养生。

(二)混凝土振捣

混凝土的振捣,除了少量零星工程用人工进行振捣外,一般选用振动器进行振捣。

振动器的类型有:插入式振动器、附着式振动器、平板式振动器以及振动台,振动器的详细内容见第一章有关内容。

插入式振动器工作时可按照直线行列或交错行列移动,防止漏振或过振。图 2.10 为插入式振动器位移方法图,图(a)为以直线行列位移,图(b)为以交错行列位移。

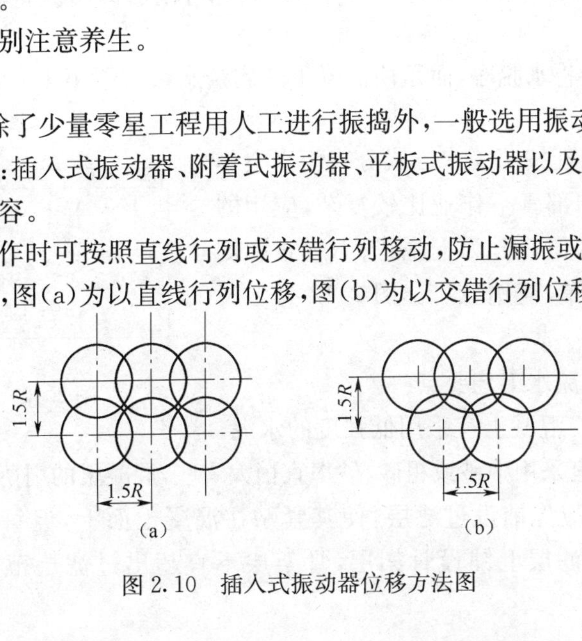

图 2.10 插入式振动器位移方法图

插入式振动器的振动深度，一般不应超过振动棒长度的 2/3～3/4 倍。振动时应不断上下移动振动棒，以便捣实均匀；当分层浇筑时，振动棒应插入到下层混凝土中 5～10 cm，并应在下层混凝土初凝前振动完成其相应部位的上层混凝土，以使上下层混凝土紧密地连接，振动棒插入深度见图 2.11。

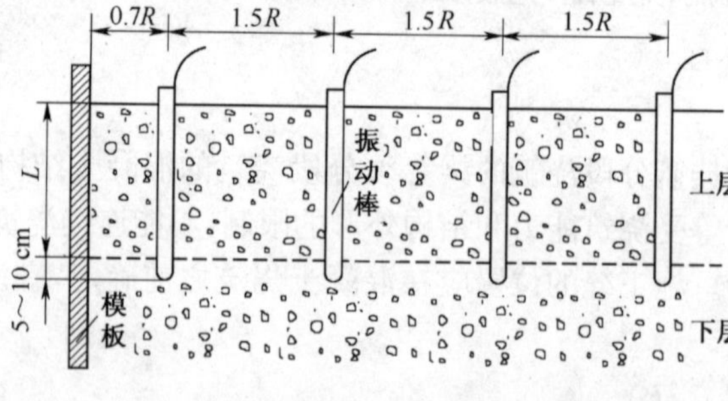

图 2.11　振动棒插入深度

插入式振动器在每一振动位置的振动时间，应依据振动器的振动频率和混凝土的流动度而异，可通过试验确定。一般通过下列现象来判断振动时间：

(1)振动时混凝土不再有显著的沉落；

(2)不再出现大量的气泡；

(3)混凝土表面均匀、平整，并已泛浆。

振动时间不可过长或过短，过长时混凝土可能产生离析现象，过短则混凝土振动不密实。一般情况下，振动的适宜时间约为 20～30 s，任何情况下不得少于 10 s。

(三)混凝土真空脱水处理

混凝土真空脱水处理是用真空脱水机组及吸垫对刚浇筑的混凝土进行脱水的技术。混凝土脱水后，可显著降低水灰比，提高密实度和早期强度，改善物理力学性能，与未经真空脱水处理的混凝土相比，强度可提高 20%～50%，抗冻性可提高 2～2.5 倍，耐磨性可提高 0.5～1.0 倍，钢筋握裹力提高 20%～25%，抗渗性也会提高。真空脱水处理后，可立即产生 0.1～0.2 MPa 的抗压强度，可以立即抹面、拆除侧模板，因此可以加快模板周转，加快施工进度，降低施工费用。

真空脱水不是完全将水脱净，而是使混凝土的剩余水灰比不小于 0.31，因此不影响水泥的水化。

混凝土真空脱水处理按照脱水方式分表面真空作业和内部真空作业。内部真空作业比较复杂，应用的比较少。表面真空脱水作业分为上脱式、下脱式和侧脱式，上脱式工艺较简单，应用较广。图 2.12 为上脱式作业示意图。

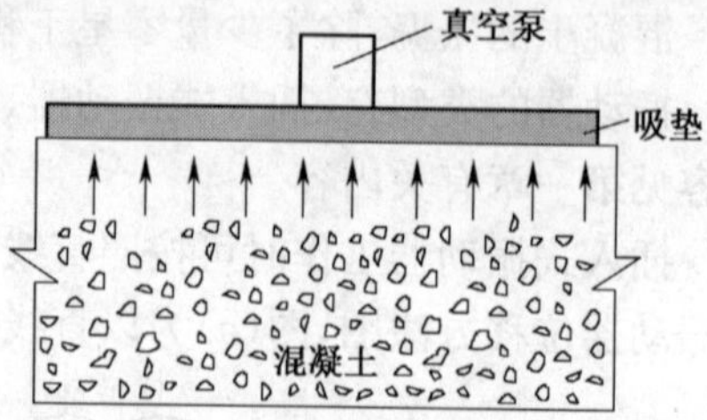

图 2.12　上脱式作业

下面简单介绍真空脱水工艺要点：

(1)混凝土的浇筑。混凝土宜采用低强度的水泥，用量不宜过多，细骨料宜采用中砂或粗砂，砂率宜稍大一些，混凝土的坍落度宜为 2～4 cm。

(2)吸垫的铺设。应先铺设过滤层，使其紧贴在混凝土面上，但每边应比混凝土表面小 5～10 cm。然后在过滤层上铺设骨架层，骨架层不宜超出过滤层范围。最后铺设密封层，密封层应宽出过滤层5～10 cm与模板连接，并应轻压密封边使其紧贴在混凝土面上。

(3)真空脱水。软管连接好后，用真空泵开始抽吸，待混凝土表面水分抽完、手指按压混凝土无指痕时，即完成脱水工作。

(4)完工抹面。真空脱水完成后，应修抹混凝土表面，一般采用机械抹面，使混凝土表面进一步泛浆、压实。

(四)大体积混凝土浇筑

1. 大体积混凝土墩台身或基础等结构浇筑混凝土时，应严格控制混凝土水化热温度，以防止结构开裂。一般采用以下措施：

(1)采用C_3A、C_3S含量小及水化热低的水泥；

(2)用改善骨料级配、降低水灰比、掺加混合材料和外加剂等方法减少水泥用量；

(3)减少分层厚度，加快混凝土散热速度；

(4)降低混凝土拌和时所用的骨料及水的温度；

(5)在混凝土结构内适当布置管道，在养生过程中不断地以循环冷水吸收混凝土中的热量。

2. 在大体积混凝土中，可埋设一定数量的石块，用以减少混凝土用量和水化热，埋放时应符合下列规定：

(1)石块厚度不应小于15 cm，不得使用薄片或圆卵石；

(2)石块应无裂缝、夹层，抗压强度不低于30 MPa；

(3)石块应清洗干净，用前润湿；

(4)石块应在每一浇筑层埋入1/2～1/3，并应分布均匀，净距离不小于10 cm，距结构表面不小于15 cm；

(5)石块不得贴靠混凝土中的钢筋和预埋件；

(6)埋放石块的总数量可为结构体积的10%～25%。

3. 大体积混凝土浇筑中，当平截面过大、不能在混凝土初凝或重塑前浇筑完成次层混凝土时，为了减少水化热和保证结构的整体性，可按照下列方法进行浇筑：

(1)合理布置分块，各分块平面面积一般不小于50 m^2；

(2)每一分块高度不超过2 m；

(3)分块与分块间的竖向接缝应与结构平截面边缘平行或垂直；

(4)各分块间的接缝要互相错开，做成企口，并按照施工缝进行处理。

四、混凝土养护与拆模

(一)混凝土养护

混凝土的凝结与硬化是水泥水化反应的结果。为使已浇筑的混凝土能获得所要求的物理力学性能，在混凝土浇筑后的初期，采取一定的工艺措施，建立适当的水化反应条件的工作，称为混凝土的养护。由于影响水泥水化反应速度和水化程度的两个主要因素是温度和湿度，因此，混凝土的养护就是对凝结硬化过程中的混凝土进行温度和湿度的控制。

根据混凝土在养护过程中所处温度和湿度条件的不同，混凝土的养护可分为标准养护、自然养护和热养护三种。混凝土在温度为(20±3)℃和相对湿度为90%以上的潮湿环境或水中的条件下进行的养护称为标准养护。在自然气候条件下，对混凝土采取相应的保湿、保温等措施所进行的养护称为自然养护。为了加速混凝土的硬化过程，对混凝土进行加热处理，将其置于较高温度条件下进行硬化的养护为热养护。

1. 自然养护

在施工现场，对混凝土进行自然养护时，根据所采取的保湿措施的不同，可分为覆盖浇水养护和塑料薄膜保湿养护两类。

(1)覆盖浇水养护

覆盖浇水养护是在混凝土表面覆盖吸湿材料，采取人工浇水和蓄水措施，使混凝土表面保持潮湿状态的养护方法。所用的覆盖材料应具有较强的吸水保湿能力，常用的有麻袋、帆布、草帘、草席、锯末等。

一般在混凝土浇筑完毕后 3～12 h 内(根据外界气候条件的具体情况而定)开始进行覆盖和浇水的工作。水泥的品种和用量决定了浇水养护日期的长短。在正常水泥用量情况下，采用硅酸盐水泥、普通硅酸盐水泥拌制的混凝土，养护时间不得少于 7 昼夜；掺用缓凝型外加剂或有抗渗性要求的混凝土，养护时间不得少于 14 昼夜。每日浇水次数视具体情况而定，以能保持混凝土经常处于足够的湿润状态即可。当日平均气温低于 5 ℃时，不得浇水。

(2)塑料薄膜保湿养护

塑料薄膜保湿养护是用防蒸发材料将混凝土表面予以密封，阻止混凝土中的水分蒸发，使混凝土保持或接近饱水状态，保证水泥水化反应正常进行的养护方法。它与湿养护法相比，可改善施工条件，节省人工，节约用水，保证混凝土的养护质量。根据所用密封材料的不同，保湿养护又可分为塑料布养护和薄膜养护剂养护。

2. 蒸汽养护

蒸汽养护法是热养护方法中最常用的一种。在冬季施工或需要混凝土强度快速增长时，常采用蒸汽养护。蒸汽养护一般分为四阶段：预护、升温、恒温和降温。预护是指混凝土浇筑完毕后在常温下凝固一段时间(约 3～4 h)。升温速度与结构表面系数有关，一般不得超过 10～15 ℃/h。恒温时间视养护温度和要达到的强度而定，一般在 8～12 h。降温速度与升温速度相同。养护最高温度与水泥种类有关。《铁路混凝土与砌体工程施工规范》(TB 10210—2001)规定，当采用快硬硅酸盐水泥、硅酸盐水泥和普通硅酸盐水泥时，养护温度不得高过 60 ℃。

(二)混凝土拆模

1. 拆模期限

混凝土浇筑完成后，为加速模板的周转，混凝土达到一定强度后即可拆除模板。但是拆模时间不可过早，以防止混凝土结构损坏、变形。拆模的时间一般依据水泥类别、结构形状、荷载状况及环境气温等因素综合确定，一般规定如下：

(1)不承重的侧模，应该在混凝土能够保证其表面及棱角不因拆模而受损伤破坏时拆模，一般抗压强度应达到 2.5 MPa；

(2)采用活动内模时，应在混凝土强度能保证混凝土不塌陷、不裂缝时拆模，拆除的时间一般可按照侧模的时间进行；

(3)承重的模板、拱架、支架，应在混凝土强度能够承受其本身重力及叠加荷载时方可拆除。拆除时混凝土必须达到一般规定的强度：对跨径等于及小于 3 m 的梁或拱，不低于混凝土设计强度的50%；对于跨径大于3m的梁或拱，或跨径小于等于2m的悬臂梁，不低于混凝土设计强度的70%；对于跨度大于8m的梁、拱以及跨径大于2m的悬臂梁，不低于混凝土设计强度的100%。

2. 拆模时的注意事项

(1)拆除模板时应先拆除非承重的侧模和端模，并对混凝土结构及支承结构的支柱进行仔细的检查，确定一切正常后方可逐步地继续拆除承重的立柱、支架及模板。

(2)拆除大跨度拱架、拱圈及梁的模板时，须缓慢、分阶段地松动和降落其支架，在支架松动和降落之后，方可拆除支架和模板。一般可采用卸落设备进行卸落。

(3)拆除支架、模板时，应防止混凝土结构受到振动、损伤。

(4)已拆除模板的结构，应在混凝土达到设计要求的强度后，方可承受全部的计算荷载。

五、混凝土缺陷修补

(一)缺陷的现象及产生原因

1. 麻面：结构表面密布小凹坑。主要原因为模板表面不光、模板不够湿润、混凝土表面水分被吸走或模板隔离剂涂抹不均匀、混凝土表面泥浆被粘掉等。

2. 蜂窝：结构表面呈现蜂窝状窟窿。主要原因为混凝土分层下料和振动不密实，水泥砂浆分布不均匀，模板接缝不严密，水泥浆流失，混凝土入模时投料方法不当，石子和砂浆分离或混凝土坍落度过小，分布不均匀等。

3. 露筋：钢筋局部裸露在结构表面。主要原因为保护层混凝土漏振，振捣不密实，钢筋密集处粗集料集中在其外部，混凝土或砂浆分布不均匀，钢筋骨架发生移动，保护层厚度不足等。

4. 空洞：结构中有较大空洞。主要原因为在钢筋较密的部位，由于振捣不够或结构断面复杂、模板内空气排不出去以致混凝土没有填充进去。

5. 缝隙及夹层：混凝土中存在松散层。主要原因为在分层浇筑时分层处或在施工接缝处上下层连接不良，缺乏水泥浆。

6. 表面裂纹：结构表面出现网状裂纹。主要原因为混凝土浇筑完成后未及时覆盖和养护，受日晒和风吹后表面急剧收缩造成。

7. 深裂纹：主要原因为混凝土用量过大、施工接缝处理不良或支架有不均匀沉降。

(二)缺陷的修补

1. 麻面：将麻面部位用水刷洗干净，用与混凝土同样的砂浆将麻面抹平或喷射泥浆补平。

2. 蜂窝：对于较小蜂窝，可洗刷干净后用1∶2～1∶2.5的水泥砂浆抹平、压实；对于较大的蜂窝，应先凿除松散薄弱部分，再用钢丝刷或压力水刷干净，然后支模、用细石混凝土填塞、捣实；对于较深的蜂窝，可先灌筑细石混凝土，然后压注水泥浆或直接压注水泥浆。

3. 露筋：对于表面露筋，用钢丝刷或压力水冲洗干净，用1∶2～1∶2.5的水泥砂浆填满空洞和抹平。对于较深处的露筋，应先凿除松散部分和突出部分，然后用细石混凝土填满、压实，必要时加注水泥浆。

4. 空洞：将空洞内松散的薄弱层凿除，用压力水冲洗干净，然后支模、填充细石混凝土、捣实或用压浆混凝土修补。

5. 缝隙及夹层：一般用压力水冲洗后，进行压浆或压注环氧树脂黏合剂处理。

6. 表面裂纹：可用水泥浆或环氧树脂黏合剂压注或将表面封闭。

7. 深裂纹：较深的裂纹一般须压注环氧树脂黏合剂或水泥浆。

六、混凝土质量检查及质量标准

（一）质量检查

1. 应经常对各种材料、各工程项目和各个工序进行检查，保证它们符合设计和施工技术规范的要求。检查项目和次数应符合下列规定：

（1）浇筑混凝土前的检查：

①检查施工设备；

②检查混凝土各组成材料及配合比（包括外加剂）；

③检查混凝土凝结速度等性能；

④检查基础、钢筋、预埋件等隐蔽工程及支架、模板的安装位置；

⑤检查养护方法及安全设施。

（2）拌制和浇筑混凝土时的检查：

①检查混凝土拌和物的外观及配料、拌制，每一工作班至少2次，必要时随时抽样试验；

②检查混凝土的和易性（坍落度等），每工作班至少2次；

③检查砂石材料的含水率，每日开工前1次，气候有较大变化时随时检测，当含水率变化较大将使配料偏差超过规定时，应及时调整；

④检查钢筋、模板、支架等的稳固性和安装位置；

⑤检查混凝土的运输、浇筑方法和质量；

⑥检查外加剂使用效果。

（3）浇筑混凝土后的检查：

①检查养护情况；

②根据实际情况确定混凝土强度、拆模时间；

③检查混凝土外露面质量。

（4）结构外形尺寸、位置、变形和沉降。

2. 隐蔽工程检查、分部工程检查、工程变更设计、施工技术修改、施工方案变更、质量事故的发生和处理等事项，应按有关规定及时通知有关人员。

3. 对混凝土的强度，应制取试件检验其在标准养护条件下28 d龄期的抗压极限强度。试件制取组数应符合下列规定：

（1）不同强度及不同配合比的混凝土应分别制取试件，应在浇筑地点或拌和地点随机制取试件。

（2）浇筑一般体积的结构物（如基础、墩台等）时，每一单元结构物应制取2组。

（3）连续浇筑大体积结构物混凝土时，每80～200 m^3 或每一工作班应制取2组。

（4）梁长16 m以下每片应制取1组，16～30 m制取2组，31～50 m制取3组，50 m以上者不少于5组。

(5)就地浇筑混凝土小桥涵，每一座或每一工作班制取不少于2组；当原材料和配合比相同，并由同一拌和站拌制时，可几座合并制取2组。

4. 根据施工需要，应制取与结构物同条件养护的试件作为考核结构混凝土在拆模、出池、吊装、预施应力、承受载荷等阶段强度的依据。

(二)质量标准

1. 混凝土抗压强度应以标准条件下养护28 d龄期试件的抗压强度进行评定，其合格条件如下：

(1)应以强度等级、龄期以及生产工艺条件和配合比相同的混凝土组成同一验收批，同一验收批的混凝土强度应以同批内所有各组标准尺寸试件的强度测定值(当为非标准尺寸试件时应进行强度换算)为代表值。

(2)大桥等重要工程及中小桥、涵洞工程的试件大于或等于10组时，应以数理统计方法按下述条件评定：

$$R_n - K_1 S_n \geqslant 0.9R \tag{2-3}$$

$$R_{\min} \geqslant K_2 R \tag{2-4}$$

式中　R_n——同批n组试件强度的平均值(MPa)；

n——同批混凝土试件组数；

S_n——同批n组试件强度的标准差(MPa)，当$S_n < 0.06R$时，取$S_n = 0.06R$；

R——设计的混凝土强度值(MPa)；

$R_{\min}$——n组试件中强度最低一组的值(MPa)；

K_1、K_2——合格判定系数，见表2.19。

表2.19　合格判定系数K_1、K_2的值

n	10～14	15～24	≥25
K_1	1.70	1.65	1.60
K_2	0.9	0.85	

(3)中小桥及涵洞等工程，同批混凝土试件少于10组时，可用非统计方法按下述条件进行评定：

$$R_n \geqslant 1.15R \tag{2-5}$$

$$R_{\min} \geqslant 0.95R \tag{2-6}$$

2. 按试件强度进行评定时，混凝土强度达不到合格条件时，可采用钻取试样或以无损检测法查明结构实际混凝土的抗压强度和浇筑质量，如仍有不合格，应由有关单位共同研究处理。

3. 结构混凝土应符合下列规定：

(1)表面应密实、平整。

(2)如有蜂窝、麻面，其面积不超过结构同侧面积的0.5%。

(3)如有裂缝，其宽度不得大于设计规范的有关规定。

(4)预制桩桩顶、桩尖等重要部位无掉边或蜂窝、麻面现象。

(5)小型构件无翘曲现象。

4. 混凝土和钢筋混凝土结构物的位置及外形尺寸允许偏差应符合有关规定。

七、混凝土冬季施工

(一)一般规定

铁路施工规范中规定,当工地昼夜平均气温连续3 d低于5 ℃或最低气温低于−3 ℃时应按冬季施工办理。《公路桥涵施工技术规范》(JTJ 041—2000)中规定,冬季施工是指根据当地多年气温资料,室外日平均气温连续5 d稳定低于5 ℃时混凝土、钢筋混凝土、预应力混凝土及砌体工程的施工。冬季施工除应满足相应工程的规定外,还应该满足:

1. 冬季施工的工程,应预先做好冬期施工组织计划及准备工作,对各项设施和材料应提前采取防雪、防冻等措施,还应专门制定钢筋的冷拉和张拉施工工艺要求及安全措施。

2. 冬季施工期间,用硅酸盐水泥或普通硅酸盐水泥配制的混凝土,在抗压强度达到设计强度的40%及5 MPa前,用矿渣硅酸盐水泥配制的混凝土,在抗压强度达到设计强度的50%前,不得受冻。未采取抗冻措施的浆砌砌体,在砂浆抗压强度达到70%前不得受冻。

3. 基础的地基(永冻地区除外),在工程施工时和完工后,均不得受冻。

4. 冬季铺设防水层时,应先将结构物表面加热至一定温度,并应按防水层冬季施工的有关规定执行。

5. 冬季施工时,应制定防火、防冻、防煤气中毒等安全措施,并与当地气象部门取得联系,做好气温观测工作。

(二)处理措施

1. 钢筋的焊接、冷拉及张拉的技术要求

(1)焊接钢筋宜在室内进行,当必须在室外进行时,最低温度不宜低于−20 ℃,并应采取防雪挡风措施以减小焊件温度差,焊接后的接头严禁立刻接触冰雪。

(2)冷拉钢筋时,温度不宜低于−15 ℃,当采取可靠的安全措施时可不低于−20 ℃;当采用控制应力或冷拉率方法冷拉时,冷拉控制应力宜较常温时酌情提高,提高值应经试验确定,但不得超过30 MPa。

(3)张拉预应力钢材时的温度不宜低于−15 ℃。

(4)应根据实际使用时的环境温度选用钢筋的冷拉设备、预应力钢材张拉设备以及仪表工作油液,并在使用时的环境温度条件下进行配套校验。

2. 混凝土配制和搅拌的技术要求

(1)配制混凝土时,应优先选用硅酸盐水泥、普通硅酸盐水泥,水泥的强度等级不宜低于42.5 MPa,水灰比不宜大于0.5。采用蒸汽养护时,应优先选用矿渣硅酸盐水泥。用加热法养护掺加外加剂的混凝土时,严禁使用高铝水泥。使用其他品种的水泥时,应注意其掺和材料对混凝土强度、抗冻、抗渗等性能的影响。

(2)为提高混凝土的抗冻性,在浇筑混凝土时宜掺用引气剂、引气型减水剂等外加剂。在钢筋混凝土中掺用氯盐类防冻剂时,氯离子含量不得超过相应的规定,且不宜采用蒸汽养生。当采用素混凝土时,氯盐掺量不得大于水泥质量的3%。掺用的引气剂、引气型减水剂及防冻剂,应符合现行国家标准《混凝土外加剂》(GB 8076—2008)的规定。预应力混凝土不得掺用引气剂、引气型减水剂及氯盐防冻剂。

(3)拌制混凝土的各种材料的温度，应满足混凝土拌和物拌成后所需要的温度。当材料原有温度不能满足需要时，应先考虑对拌和用水加热，再考虑对集料加热。水泥只能保温，不得加热。各项材料需要加热的温度应根据冬季施工相关热工计算公式计算确定，但不得超过表2.20的规定。

表2.20　拌和用水及骨料最高温度(℃)

项　目	拌和用水	骨料
强度等级小于52.5的普通硅酸盐水泥、矿渣硅酸盐水泥	80	60
强度等级等于及大于52.5的普通硅酸盐水泥、矿渣硅酸盐水泥	60	40

(4)冬季搅拌混凝土时，骨料不得带有冰雪和冻结团块。严格控制混凝土的配合比和坍落度；投料前，应先用热水或蒸汽冲洗搅拌机，投料顺序为骨料、水，搅拌，再加水泥搅拌，时间应较常温时延长50%。混凝土拌和物的出机温度不宜低于10 ℃，入模温度不得低于5 ℃。

3. 混凝土养护的技术要求

(1)应根据技术经济比较和热工计算确定混凝土的养护方法。当气温较低、结构表面系数较大，蓄热法不能适应强度增长速度的要求时，可根据具体情况，选用蒸汽加热、暖棚加热或电加热等方法。

(2)用蓄热法养护混凝土时，应符合下列规定：

①根据环境条件，经过计算在能确保结构物不受冻害的条件下方可采用蓄热方法。

②应采取加速混凝土硬化和降低混凝土冻结温度的措施。

③混凝土应采用较小的水灰比。

④对容易冷却的部位，应特别加强保温。

⑤不应往混凝土和覆盖物上洒水。

(3)用蒸汽加热法养护混凝土时，除应按相关规定执行外，混凝土的升、降温速度不得超过表2.21的规定。

表2.21　加热养护混凝土的升、降温速度(℃/h)

结构表面系数(m^{-1})	升温速度	降温速度
≥6	15	10
<6	10	5

注：①大体积混凝土应根据实际情况确定；

②表面系数系指结构冷却面积(m^2)与结构体积(m^3)的比值，当采用普通硅酸盐水泥时，养护温度不宜超过80℃；当采用矿渣硅酸盐水泥时，养护温度可提高到85～95℃。

(4)用电热法养护混凝土时，一般采用电极法或电热器加热法。

①采用电极法养生时，电极的布置应保证混凝土温度均匀，加热时间为混凝土强度达到设计强度的50%时止，并应符合下列规定：

a. 加热时，混凝土的外露面应加以覆盖。

b. 采用交流电时，对于钢筋混凝土结构，一般应将电压降至50～110 V的范围内。

c. 升降温速度同蒸汽加热法。

d. 混凝土的最高温度不得超过表2.22的规定。

表 2.22 电热法养护混凝土的温度(℃)

<table>
<tr><th rowspan="2">水泥强度等级</th><th colspan="3">结构表面系数(m^{-1})</th></tr>
<tr><th><10</th><th>10～15</th><th>>15</th></tr>
<tr><td>42.5</td><td colspan="2">40</td><td>35</td></tr>
</table>

e. 在加热过程中,应观察混凝土表面的湿度,出现干燥现象时应停电,并用温水润湿表面。

f. 掺用减水剂时,应预先用试件检查电热对混凝土强度有无影响,无强度损失时,方可掺用。

②混凝土电热器加热法养生是利用工厂生产的电热器片通电加热养生。混凝土的覆盖要求同蒸汽养生,电热片的用量及布置应根据环境温度、覆盖情况及养生时间长短通过试验确定。混凝土使用电热器加热养护应注意如下事项:

a. 在养生混凝土上设置洒水装置。

b. 升、降温速度及养护要求同蒸汽养护。

c. 应设置控制温度的自动装置及用电安全保险装置,若控温装置为手工操作,应设专人值班测温,随时调节养护温度。

(5)用暖棚法加热养护混凝土时,应符合下列规定:

①暖棚应坚固、不透风,靠内墙宜采用非易燃性材料。

②在暖棚中用明火加热时,须特别加强防火、防煤气中毒措施;

③暖棚内气温不得低于 5 ℃;

④向混凝土面及模板上洒水使暖棚内保持一定的湿度。

(6)模板的拆除应符合下列规定:

①根据与结构同条件养护试件的试验,证明混凝土已达到要求的抗冻强度及拆模强度后,方可拆除模板。

②加热养护结构的模板和保温层,在混凝土冷却至 5 ℃以后方可拆除。当混凝土与外界气温相差大于 20 ℃时,拆除模板后的混凝土表面应加以覆盖,使其缓慢冷却。

(7)掺用防冻剂的混凝土养护应符合下列规定:

①在负温条件下严禁浇水,外露表面必须覆盖养护。

②养护温度不得低于防冻剂规定的温度,当达不到规定温度且混凝土强度小于 3.5 MPa 时应采取加热保温措施。

③当拆模后混凝土的表面温度与环境温度差大于 15 ℃时,混凝土表面应覆盖保温膜养护。

复习思考题

1. 简述桥梁平面控制测量的主要内容。
2. 现场浇筑桥梁结构常用的施工支架在受力和施工方面有什么特点?
3. 简述贝雷梁的构造及其在桥梁施工中的应用。
4. 混凝土运输设备有哪几类?各有什么特点?
5. 简述混凝土振动设备的种类及其适用条件?混凝土振捣时需注意什么?
6. 钢筋连接有哪几种方法?钢筋对焊的原理是什么?对焊有哪几种工艺?
7. 混凝土养护应注意什么?简述混凝土养护不当的后果。拆模要注意什么问题?
8. 混凝土的冬季施工要注意什么?

第三章 基础施工

第一节 明挖基础

一、基坑开挖

(一)无支护加固坑壁的基坑

1. 适用条件

(1)干枯的河滩、河沟,或虽然有水但经改道后,筑堤能排除地表水的河沟;

(2)地下水位低于基底,或渗透量小,不影响坑壁的稳定性;

(3)施工工期较短,基础埋置不深,基坑开挖时不影响附近建筑物的安全。

2. 基坑底平面尺寸

(1)一般情况按基础平面尺寸四周各边增加 50～100 cm 的宽度,以便在基础底面外安装基础模板,设置排水沟等;

(2)雨季施工,有基坑排水设计或基础模板设计的,依据设计需要的基坑大小而定;

(3)基础地基需要进行加固的,按设计加固范围和作业需要而定;

(4)在干旱晴天施工的坑壁垂直的无水基坑基底,可按照基础平面尺寸不必加大,直接利用垂直坑壁作为基础砌筑的外模板。

3. 基坑形式

基坑形式有垂直坑壁基坑、斜坡或阶梯形坑壁基坑、变坡度坑壁基坑。图 3.1 为采用水平挡板、立木和撑木的支护基坑形式。

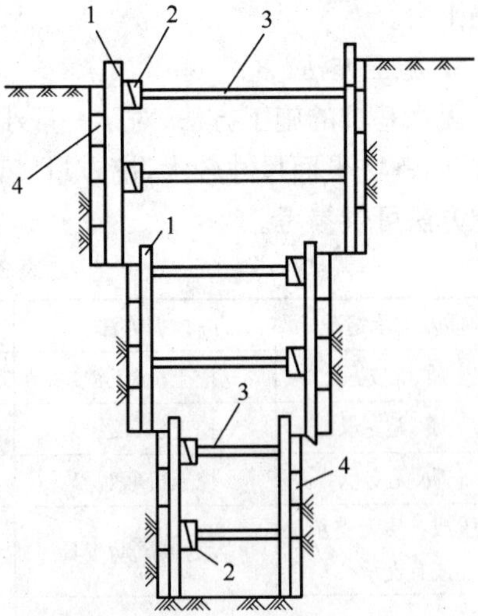

图 3.1 水平、垂直挡板混合支护

1—立木;2—楔木;3—撑木;4—水平挡板

(1)垂直坑壁基坑

对于天然湿度接近最佳含水率、构造均匀、不发生坍塌(位移、松散)或不均匀沉降的基坑,可以采用垂直基坑。

不同类型的土允许垂直坑壁深度见表 3.1,如果基坑深度超过表 3.1 规定,则可以采用斜坡或阶梯形基坑。

(2)斜坡或阶梯形坑壁基坑

基坑深度在 5 m 以内,土的湿度正常、土层构造均匀,基坑坑壁放坡坡度可参照表 3.2。

基坑深度超过 5 m 的,可参照表 3.2 的坑壁坡度适当放缓,或加做平台。土的湿度超过坑壁稳定湿度的,应采用缓于该湿度的土的天然坡度,或采用加固基坑的措施来施工。

表 3.1　无支护加固的垂直坑壁基坑容许深度

土　类	容许深度(m)
密实、中密的砂类土(充填物为砂类土)	1.00
硬塑、软塑的低液限粉土、低液限的黏土	1.25
硬塑、软塑的高液限粉土、高液限黏性土加砂砾土	1.50
坚硬的高液限黏土	2.00

表 3.2　基坑坑壁坡度

坑壁土类	坑 壁 坡 度		
	坡顶无荷载	坡顶有静荷载	坡顶有动荷载
砂类土	1∶1	1∶1.25	1∶1.5
卵石、砾类土	1∶0.75	1∶1	1∶1.25
黏质土	1∶0.33	1∶0.5	1∶0.75
极软岩	1∶0.25	1∶0.33	1∶0.67
软质岩	1∶0	1∶0.1	1∶0.25
硬质岩	1∶0	1∶0	1∶0

注:①坑壁有不同土层时,基坑坑壁坡度可分层选用,并酌设平台;

②岩石单轴极限强度小于 4.5 MPa、4.5～30 MPa 或大于 30 MPa 时,分别定为极软、软质、硬质岩。

(3)变坡度坑壁基坑

基坑穿过不同土层时,坑壁边坡可按照各层土质采用不同的坡度。当下层土质为密实黏性土或岩石时,下层可采用垂直坑壁开挖。同时在坑壁变换坡度处可根据需要设置小于0.5 m宽的平台。

4. 施工方法

无水基坑的施工方法,对于一般小桥涵的基础,可用人力施工方法;大、中桥基础工程,因基坑深,基坑平面尺寸较大,挖方量多,可用机械或半机械施工方法。表 3.3 所示的无水基坑开挖方法可供参考。

表 3.3　无水基坑开挖方法

地质及支承情况	挖掘方法	提升方法	运输方法	附　注
土质、无支承	挖土机(正铲)	挖土机(正铲)	挖土机直接装车	挖土机在坑底
土质、无支承	挖土机(反铲)	挖土机(反铲)	挖土机回旋弃土	挖土机在坑缘上
土质、无支承	挖土机(索铲)	挖土机(索铲)	挖土机回旋弃土	挖土机在坑缘上
土质或石质无支承或有支承	人力或风动工具	传送带 $H<4.5$ m	传送带接运	传送带可分设在坑底或坑上
土质或石质无支承或有支承	人力或风动工具	吊车、各种动臂吊机或摇头扒杆,携带活底吊灌	回旋弃土或直接装车	吊装机具设在坑底或坑缘,必要时可在坑上设脚手平台接运
土质无支承或有支承	吊车抓泥斗 软土(无凿双开) 硬土(有凿双开) 漂石或大砾石(四开)	抓泥斗	吊臂回旋弃土或直接装车	

续上表

地质及支承情况	挖掘方法	提升方法	运输方法	附　　注
土质或石质无支承或有支承	人力或风动工具	人力吊杆带活底木斗	吊杆回旋自动弃土或装车	
土质或石质无支承或有支承	人力或风动工具	爬坡车 有轨(石质) 无轨(土质)	爬坡车接斗车或手推车	
土质无支承或有支承	人力挖掘	铁锹向上翻弃($H<2.0$ m)	倒装远运	

5. 施工注意事项

(1)基坑开挖前应先做好地面排水工作，一般是在基坑顶缘四周向外设置排水坡，并在适当距离内设置截水沟，并且要防止渗水影响基坑坑壁稳定。

(2)坑缘边应预留护道，静载时距离基坑边缘不小于 0.5 m，动载时距离基坑边缘不小于 1.0 m。在垂直坑壁的基坑边缘设置护道时还应该适当增加护道的宽度，堆置弃土的高度不得超过 1.5 m。

(3)施工时应该随时注意观察基坑缘顶地面有无裂缝，坑壁有无松散塌落现象。一旦发生上述现象，应立即停止施工，查明原因并进行处理；严重时应该立即撤离施工人员，确保施工安全。

(4)基坑施工不可延续时间过长，自基坑开挖至基础完成的整个过程中都应该抓紧连续施工。

(5)如果采用机械开挖，挖至基坑坑底时应保留不小于 30 cm 的厚度，用人工来挖至基底设计标高。

(6)相邻基坑深度不一致时，一般按照先深后浅的顺序来施工。

(二)用挡板支护坑壁的基坑

1. 适用条件

(1)基坑坑壁土质不稳定，并有地下水影响；

(2)放坡开挖工程量过大，不符合技术经济要求；

(3)受施工场地或临近建筑物限制，不能采用放坡开挖。

2. 支护形式

常用的坑壁支撑形式有直衬板式坑壁支撑(图 3.2)、横衬板式坑壁支撑(图 3.3)、框架式支撑(图 3.4)及其他形式的支撑(如锚桩式、斜撑式、锚杆式等，如图 3.5～图 3.7 所示)。

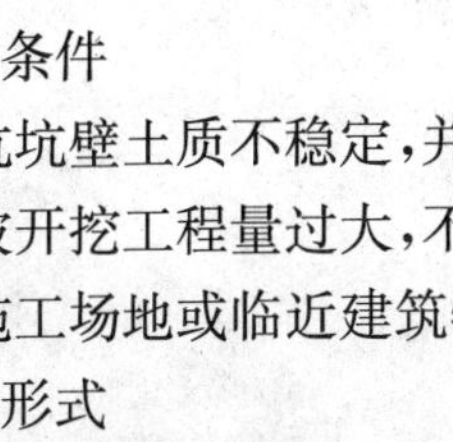

图 3.2　直衬板式支撑

图 3.3　横衬板式支撑

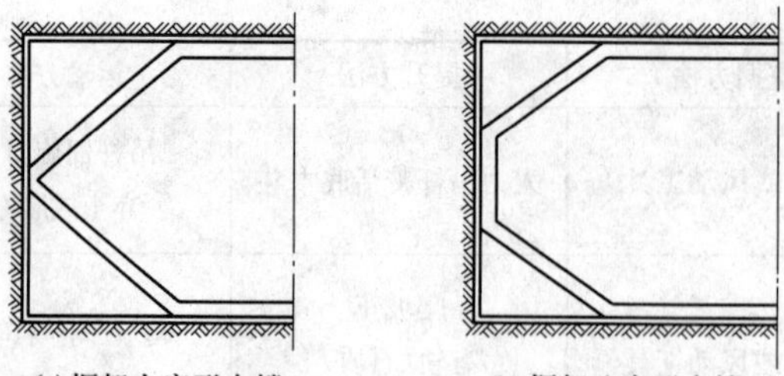
(a) 框架人字形支撑　(b) 框架八字形支撑

图 3.4　框架式支撑

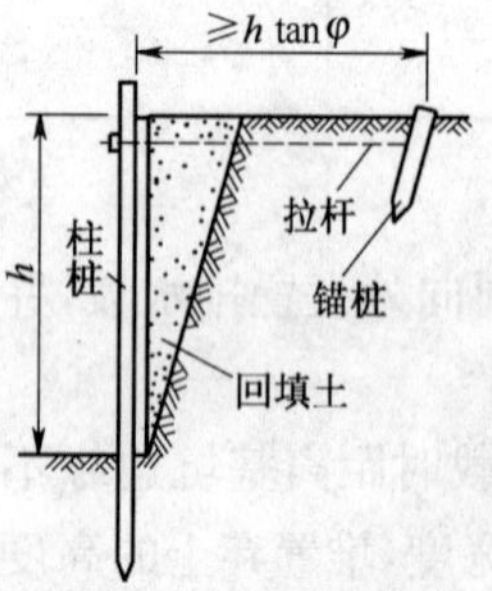

图 3.5　锚桩式支撑

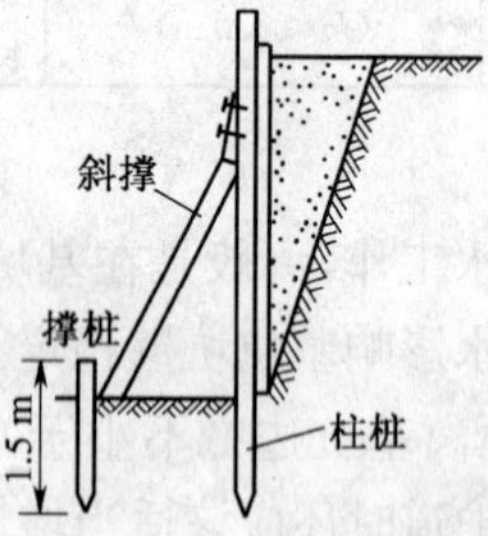

图 3.6　斜撑式支撑

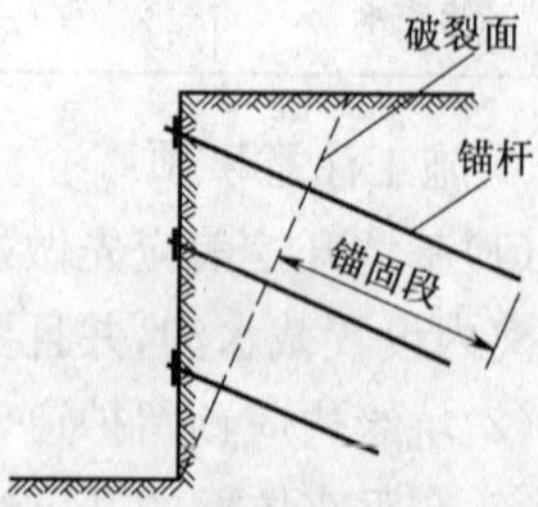

图 3.7　锚杆式支撑

坑壁有支撑的施工，按土质情况不同，可一次挖成或分段开挖，但是每次开挖深度不宜超过 2 m。

(三) 用混凝土加固坑壁的基坑

混凝土加固基坑坑壁包括混凝土或钢筋混凝土以及喷射混凝土或钢筋网喷锚混凝土等形式。

基坑平面形状有矩形、圆形、圆端矩形，其中以圆形坑壁受力较为有利。井壁有等厚度、变厚度及逐节向内收缩等形式。

混凝土护壁厚度可按下式计算：

$$d=\frac{E_a D}{2\sigma_a} \tag{3-1}$$

式中　d——护壁厚度(m)；

E_a——主动土压力(MPa)；

D——基坑直径(m)；

σ_a——混凝土早期抗压强度(MPa)。

混凝土护壁的施工方法有喷射混凝土护壁和现浇混凝土护壁两种。

1. 喷射混凝土护壁

根据经验，一般喷护厚度为 5～8 cm，一次喷护约需 1～2 h。一次喷护如达不到设计厚度，应等第一次喷层终凝后再补喷，直至要求厚度为止。喷护的基坑深度应按地质条件决定，一般不宜超过 10 m，喷护厚度可按上式计算，也可参照表 3.4 选用。基坑开挖若遇有较大渗水时，可采取下列措施：

(1) 每层开挖深度不大于 0.5 m 时，汇水坑应设在基坑中心；

(2) 开挖含水土层时，宜扩挖 0.4 m，以石料码砌扩挖部位，并在表面喷射一层 5～8 cm 厚的混凝土；

(3)对流砂、淤泥等夹层，打入小木桩，并在桩间绕缠竹筋、荆笆或挂上竹筒等后再喷射混凝土。

表 3.4 喷射混凝土护壁厚度(cm)

地质类别 \ 基坑渗水情况	无渗水	有渗水
砂(夹层)	10～15	15
亚黏土	5～8	8～10
亚砂土、卵石土、砂夹卵石	3～5	5～8

2. 现浇混凝土护壁

基坑开挖视地质稳定情况而定，一般挖深 1.0～1.8 m 即应立模浇筑混凝土。应根据掺速凝剂数量、气温条件、混凝土达到支撑强度等要求来决定拆模时间，通常在 24 h 以上便可拆模。挖一节浇一节直至基底。每次安装模板时，在上下节之间留有高 0.2 m 的浇筑口，最后用混凝土堵塞；浇筑护壁厚度视基坑大小及土质条件而定，一般厚度取 8～15 cm，必要时可采用钢筋混凝土护壁。对于圆形基坑，开挖面应均匀分布，对称施工，及时浇筑。

(四)围堰工程

在水中砌筑基础时，一般要在基坑周围预先围成一道临时性的挡水围堰，然后把围堰内的水排干，再挖基坑。如不能排水时，可在静水中进行水下施工。

(1)围堰尺寸

①堰顶高度：宜高出施工期间可能出现的最高水位(包括浪高)50～100 cm；

②围堰外形：应考虑修筑围堰期间河流断面压缩引起的水流对围堰冲刷、河床的集中冲刷及对通航、导流、农用排灌设施等的影响；

③围内面积：应能够满足基础施工等的要求；

④围堰断面：应能满足堰身强度和稳定(防止滑动、倾覆)的要求。

(2)对围堰的要求

①围堰要求防水严密，减少渗漏；

②一般在枯水期进行施工，否则应采取周密的防护措施。

(3)围堰类型及适用条件

围堰类型及适用条件见表 3.5，下面简要介绍几种常见的围堰形式。

表 3.5 围堰类型及其适用条件

围堰类型		适用条件
土石围堰	土围堰	水深≤1.5 m，流速≤0.5 m/s，河边浅滩，河床渗水性小，如外坡有防护时，流速可大于 0.5 m/s
	草(麻)袋围堰	水深≤3.0 m，流速≤1.0 m/s，河床渗水性较小或淤积较浅
	木桩竹条土围堰 竹篱围堰	水深 1.5～7 m，流速≤2.0 m/s，河床渗水较小，能打桩，盛产竹木的地区
	竹(木)围堰	水深 4 m 以内，河床难以打桩，流速较大
	堆石围堰	河床渗水性很小，流速≤3.0 m/s，石块能就地取材

续上表

围堰类型		适用条件
板桩围堰	钢板桩围堰	深水或深基坑，流速较大的砂类土、黏性土、碎石土及风化岩等坚硬的河床，防水性能好，整体刚度较强
	钢筋混凝土板桩围堰	深水或深基坑，流速较大的砂类土、黏性土、碎石河床。除用于挡水防水外还可以作为基础结构的一部分，亦可拔除周转使用，能节约大量木材
钢套箱围堰		流速≤2.0 m/s，覆盖层较薄，平坦的岩石河床，埋置不深的水中基础，也可用于修建桩基承台
双钢壁围堰		大型河流的深水基础，覆盖层较薄，平坦的岩石河床

1. 土围堰

关于土围堰的技术要求见表 3.6。其中土围堰适宜用在水浅、流速不大、河床土层为不透水的情况。土围堰最好用黏土或砂类黏土筑成。土围堰的断面一般为梯形(图 3.8)。当水流速大于 0.7m/s 时，为保证堰堤不被冲刷蚕食和减少围堰工程量，可用草(麻)袋盛土码砌堰堤边坡，称为草(麻)袋围堰(图 3.9)。草(麻)袋内装填松散黏性土，一般装至袋容量的 60%为宜，袋口用麻线或细铁线缝合。堆码在水中的土袋，可用带钩的杆子钩送就位，土袋上下层和内外层应相互错缝，尽量堆码密实整齐；可能时由潜水工配合堆码，并整理坡脚。填筑时，均应自上游开始，至下游合龙。

表 3.6　土石围堰的技术要求

分类	填料	顶宽(m)	边坡 内侧	边坡 外侧
土围堰	渗透性较小的黏土、砂黏土	1～2	1∶1.5～1∶1	1∶2～1∶3
草(麻)袋围堰	袋内装黏性土	1～2	1∶0.5～1∶0.2	1∶1～1∶0.5
	有黏性土心墙，内外侧袋内装黏性土或砂土	2～2.5		
土桩竹条土围堰	黏性土	≥水深	1∶0	1∶0
竹篱围堰	黏性土	≥水深	1∶0.2	1∶0.2
竹(木)笼围堰	笼内填石块、卵石，心墙填黏性土	≥水深	1∶0	1∶0.3
堆石土堰	内外侧堆石块、卵石，心墙填黏性土	1～2	1∶0～1∶0.5	1∶0.5～1∶1

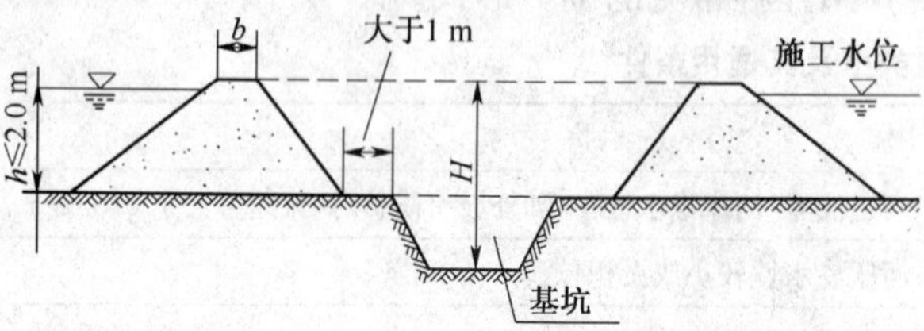

图 3.8　土围堰

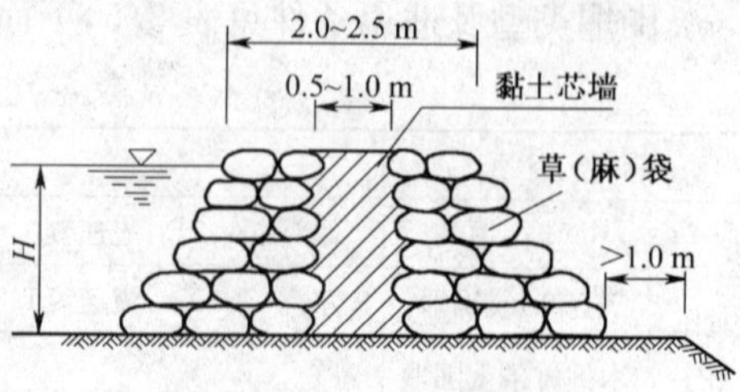

图 3.9　草(麻)袋围堰

2. 竹(木)笼围堰

在岩层裸露河底不能打桩时，或流速较大而水深在 1.5～4.0 m 时，可采用竹(木)笼围堰。

竹(木)笼围堰由竹材或方木、圆木叠成框架,内填土石构成(图 3.10)。此种围堰体积较大,需用竹(木)材料甚多,宜在盛产竹(木)地区使用。为了减少竹(木)笼围堰的竹(木)料用量,也可使用竹(木)笼架围堰。在竹(木)笼架就位后,再抛填片石,然后在外侧设置板桩墙。竹(木)笼架围堰的抗滑动和抗倾覆稳定性可按两侧无土的情况来验算,把竹(木)笼当作一个整体,当堰内排水后,竹(木)笼就受到外侧水压力 P_w 的作用,其稳定性完全依赖于自重与其中填土重(均须扣除浮力)以及所产生的摩阻力。通常,只要宽度 b 不小于 $0.6h$,围堰的稳定性就可以得到保证。

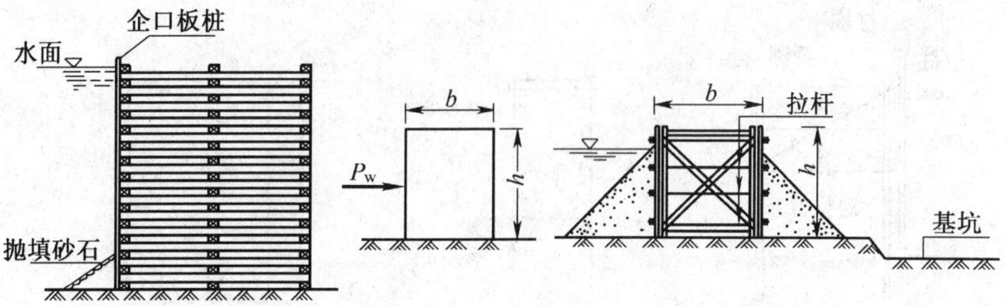

(a) 竹(木)笼围堰　　(b) 木笼架围堰

图 3.10　竹(木)笼围堰

3. 板桩围堰

板桩围堰分木板桩围堰、钢板桩围堰和钢筋混凝土板桩围堰三种,由于木板桩围堰防水效果不佳,施工也不简单,同时需要消耗大量的木材,为此近年来在实际工程中用的较少。

钢板桩围堰平面形式一般有:

(1)圆形:受力较理想、支撑结构简单,但占河床面积较大,增加河道通航困难;

(2)矩形:占河道面积较小,但受水流冲击力较大;

(3)圆端形:占河道面积较少,利于通航,同时受流水冲击力较小,但支撑结构较复杂,同时对基础开挖和墩身施工也有一定的影响。

钢板桩围堰结构可分为单层(或称单壁)和双层(或称双壁)两种。

钢板桩本身强度大,防水性能好,打入土层时穿透能力强,不但能穿过砾石、卵石层,也能切入软岩层内,因此,钢板桩的适用范围相当广。10～30 m 深的围堰,也可使用钢板桩。

钢板桩是碾压成型的,断面形式多种多样。我国常用的是德国拉森(Larssen)式槽型钢板桩。钢板桩的成品长度有几种规格(可查阅施工规范或手册),最大为 20 m,还可根据需要接长。板桩之间用锁口形式连接,图 3.11 为常见的三种锁口形状。锁口既能加强连接,又能防渗,还可作适当的转动以适应弧形围堰的需要。矩形围堰可使用特制的角桩。钢板桩堆存、运输、起吊时,应防止由于自重而引起的变形和锁口损坏。

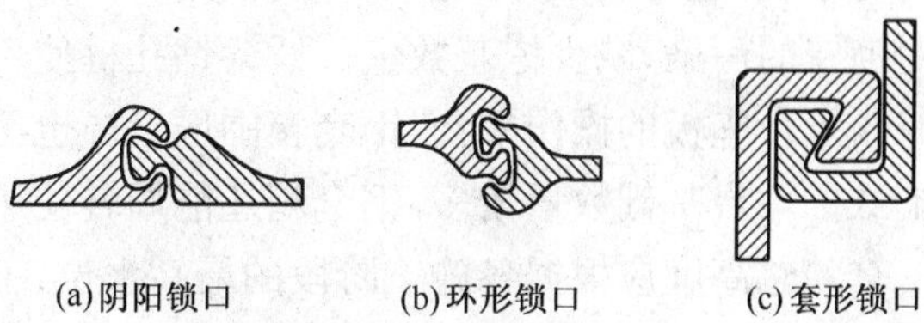

(a)阴阳锁口　(b)环形锁口　(c)套形锁口

图 3.11　钢板桩锁口形式

插打钢板桩时必须备有可靠的导向设备,以保证钢板桩垂直沉入。一般先将全部钢板桩逐根或逐组插打到稳定深度,然后依次打入至设计深度。插打的顺序按施工组织设计进行,一般自上游分两头插向下游合龙。插打前在锁口内涂以黄油、锯末等混合物,组拼桩时,用油灰和棉花捻缠,以防漏水。钢板桩顶达到设计标高时的平面位置偏差,在水上打桩时不得大于

20 cm，在陆地打桩时不得大于 10 cm。在插打过程中，应随时检查其平面位置是否正确，桩身是否垂直，发现倾斜应立即纠正或拔起重插。

当水深较大时，常用围囹（以钢或钢木构成的框架）作为钢板桩的定位和支撑[图 3.12(a)]。即先在岸上或驳船上拼装围囹，运至墩位定位后，在围囹内插打定位桩，把围囹固定在定位桩上，然后在围囹四周的导框内插打钢板桩。在深水处修筑围堰时，为了保证围堰不渗水或尽可能少渗水，可采用双层钢板桩围堰[图 3.12(b)]，或采用钢管式的钢板桩围堰[图 3.12(c)]。

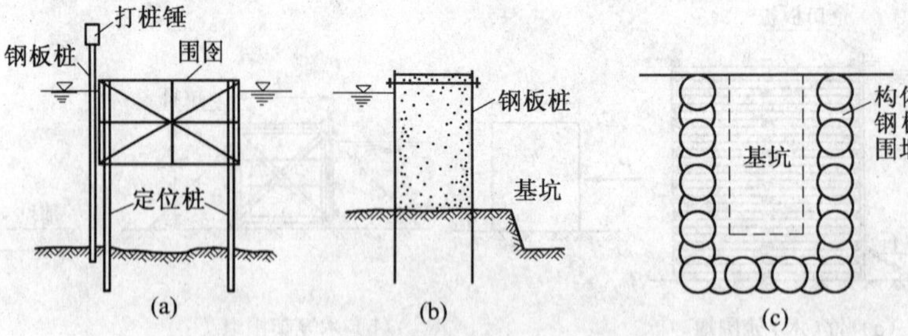

图 3.12 钢板桩围堰

钢板桩可用锤击、振动或辅以射水等方法下沉，但在黏土地基中不宜使用射水。锤击时为分布冲击力和保护桩头要使用桩帽。在插打钢板桩时，如起重设备高度不够，允许改变吊点位置，但吊点位置不得低于桩顶以下 1/3 桩的长度。围堰即将合龙时，要经常观测四周的冲淤状况，预防上游冲空、涌水或下游淤积，影响施工进程。

桥梁墩台施工完毕后，可用千斤顶、浮式起重机、振动法及双动汽锤倒打等方法，将钢板桩拔出。拔除前应向围堰内灌水，使堰内水位高于堰外水位 1.0～1.5 m。拔桩时从下游附近易于拔出的一根或一组钢板桩开始，并先锤击几次或射水稍予松动后再上拔。

4. 钢套箱围堰

钢套箱围堰适用于流速较小、覆盖层较薄、透水性较好的砂砾或岩石深水河床，埋置深度不深的水中基础，也可以用作修建桩基承台。根据工地起吊、移运能力和现场实际情况，钢套箱可制成整体式或装配式，并采取相应的措施，防止套箱接缝渗漏。

钢套箱是利用角钢、工字钢或槽钢等刚性杆件与钢板连接起来的，具有可靠的整体性和良好的防水性，也有利于分块拼装重复使用。与土石围堰相比不仅节约填筑工程量，而且还可减少对河流的污染，减少挖基数量。桥梁钻孔桩使用套箱时，还可在套箱顶搭设钻机的工作平台或修筑承台座板的操作平台，钢套箱围堰设施也可作为基础或承台施工模板使用，如果相同结构形式的墩台基础数量较多，钢套箱还能周转使用，可以节约工程费用，缩短施工工期。

套箱总高度应根据各施工阶段的最高水位、抽水最高水位、洪峰最高水位及冲刷深度、基坑需要开挖的深度以及基底地基稳定程度综合确定。

钢套箱施工工序一般分为制作、就位、下沉、清基封底和浇筑水下混凝土等几个工序。

(1)制作

为了拼装、拆卸、吊装方便，钢套箱每节高度约为 2.5 m，一般采用 3～5 mm 薄钢板制作而成，长约 2.5～4.0 m、宽 1.0～1.5 m。模板四周采用∟75×75 或∟100×100 角钢焊接作为骨架，中间用∟75×75×6 角钢或槽钢焊接成肋条，其间距可根据强度需要确定。钢模板可制成中间模板和转角用模板两种以方便拼装，模板设 5～8 mm 防水橡胶垫圈，用 ϕ22 螺栓连接。有时钢套箱可做成上小下大，设约2%的倒坡，以利于起吊，便于基础混凝土完成后围堰能整体拆除。

(2)就位和下沉

钢套箱安装之前应先因地制宜按受力要求在施工点四角打设定位桩，边打边测量，符合要求后再在其顶部加设纵梁形成操作平台。利用四角设置的定位桩，用吊车配合，将钢套箱分块吊装，拼装成型，将钢管支撑用 $\phi22$ 螺栓联结于侧面钢模的横肋上，检查各连接节点螺栓是否拧紧，支撑是否牢固，以防抽水时出现事故。然后通过起吊设备，将钢套箱缓慢下沉就位。

下沉套箱之前，应先清除河床表面障碍物，对于渗透系数较小的河床，可采用不封底套箱，当套箱位于基岩时，应整平岩面；如果基岩岩面倾斜，可先采用钻探探清倾斜角度或根据潜水工探测资料，将套箱底部做成与岩面相同的坡度，以增加套箱的稳定并减少渗漏。

(3)清基封底

要解决好套箱底部与土或岩层接触面不密合产生的渗漏，需要由潜水工将套箱与岩面间隙部分的泥砂软层清除干净，然后在套箱脚堆码一圈沙袋，作为封堵砂浆的内模，再用1∶1水泥砂浆填堵套箱脚与砂袋之间的空隙来增强封堵效果，防止清基时砂砾涌入套箱内。可采取水下挖基、吸泥机或静水挖抓泥砂等方法清基。

5. 双壁钢围堰

当河床覆盖层较薄，下卧层为密实的大漂石或岩层，不能采用钢板桩围堰，或需要在坑内爆破等不宜设立支撑时，或单壁钢围堰套箱难以保证结构刚度时，也可采用双壁钢围堰。双壁钢围堰能承受较大压力，适用于大型河流中的深水基础。

双壁钢围堰的施工一般分为制作、浮运就位、着床下沉、清基封底和围堰拆除等。

(1)制作

双壁钢围堰是由槽钢、角钢以及扁钢焊接或部分螺栓连接，构成平面为矩形或圆形的双层骨架，底部设刃脚；再用钢板制成内外壁基本板块和隔舱板，然后组拼成能够满足水深和受力要求的双壁钢围堰。

围堰的范围和总高度，应根据河道水文地质和工程需要确定，同时结合工地运输、起吊等设备的综合能力确定组拼方案。

(2)浮运就位

在选定制作底节地点、作场地处理时，就要考虑好下水方案。同时底节浮运宜选择有利的水位，就位后需向围堰各仓内对称均匀加水，使底节平稳下沉，下沉到一定高度后随即拼装接高，此后继续加水，随下随接高，直至各节全部拼装完毕。

(3)着床下沉

着床前如围堰刃脚下的河床面受水流冲刷呈现高低不平时，可从围堰内偏上游的范围内抛填一定数量的碎石，以减少局部冲刷，使河床平整。如刃脚处仍有部分悬空时，可用辅助设备使刃脚全部着地。

(4)清基封底

在围堰着床后，首先在围堰四周外侧堆砌一圈土袋，在刃脚内侧灌筑水下混凝土堵漏，其方法与钢套箱围堰相似，然后用吸泥机清底。清底经检验合格后才能进行封底或浇筑混凝土。

二、基坑排水及水中挖基

(一)基坑排水

基坑排水有以下几种方法：

(1)集水坑排水法:除严重流沙外,一般情况均可采用;

(2)井点排水法:基坑土质不好,地下水位较高,用集水坑排水有流沙涌泥现象产生时,可采用井点排水以降低水位;

(3)板桩法、沉井法:适用于基坑较深,土质渗透性较大的基坑;

(4)帷幕法:将基坑周围土用冻结法、硅化法、水泥灌浆法、沥青灌浆法等处理成封闭不透水的帷幕。

1. 集水坑排水法

开挖基坑如有渗水时,可以沿坑底四周基础范围以外挖集水沟和集水坑,使坑壁渗水沿四周集水沟汇合于集水坑,然后用水泵排出,使基坑中间挖土部分处于无水状态,当挖至接近水位时,可反复加深集水沟和集水坑,经常保持坑底和水沟底有一定高差,见图3.13。

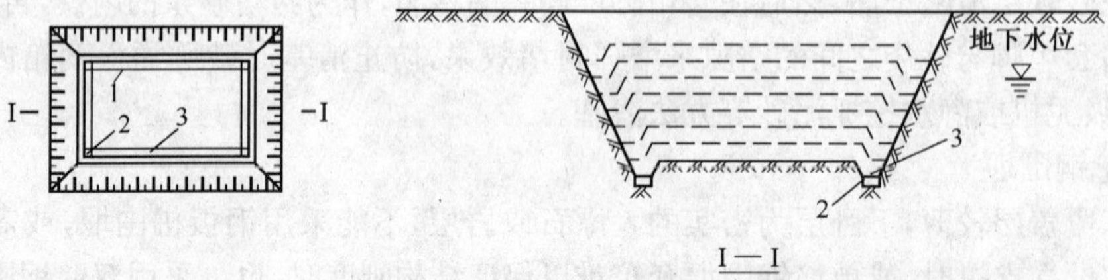

图 3.13 坑内明沟排水

1—基础边线;2—集水井;3—排水沟

2. 井点排水法

当土质较差有严重流砂现象,地下水位较高,挖基较深,坑壁不易稳定,用普通排水方法难以解决时,可采用井点排水法。井点排水适用于渗透系数为0.5~150 m/d的土壤,尤其在2~50 m/d的土壤中效果最好。降水深度一般可达4~6 m,二级井点可达6~9 m,超过9 m时应选用喷射井点或深井点法。具体可视上层的渗透系数、要求降低地下水位的深度及工程特点等,选择适宜的井点排水法和所需设备。各种井点法的适用范围参见表3.7。井点法排水示意图见图3.14。

表 3.7 各种井点法的适用范围

序号	井点类别	土层渗透系数(m/d)	降低水位深度(m)
1	轻型井点	0.1~80	≤6~9
2	喷射井点	0.1~50	8~20
3	射流泵井点	0.1~50	≤10
4	电渗井点	0.1~0.002	5~6
5	管井井点	20~200	3~5
6	深水泵	10~80	>15

用井点法降低土层中地下水位时,应尽可能将滤水管埋设在渗水性较好的土层中,并应在水位降低的范围内设置水位观测孔;对整个井点系统应加强维修和检查,以保证不间断地进行抽水;还应考虑到水位降低区域构筑物受降水影响而可能产生的沉降。为此要做好沉降观测,必要时需采取防护措施。

井点排水法因需要设备较多，施工布置较复杂，费用较大，应进行技术经济比较后采用。在桥涵基础中多用于城市内挖基。

(二)水中挖基

1. 水中挖基适用条件

(1)基坑土质不好，如果采用排水挖基有可能产生涌砂或涌泥现象，严重影响坑壁的稳定时；

(2)当基坑土质渗水量过大，已超过现有排水能力，基坑抽水不干时。

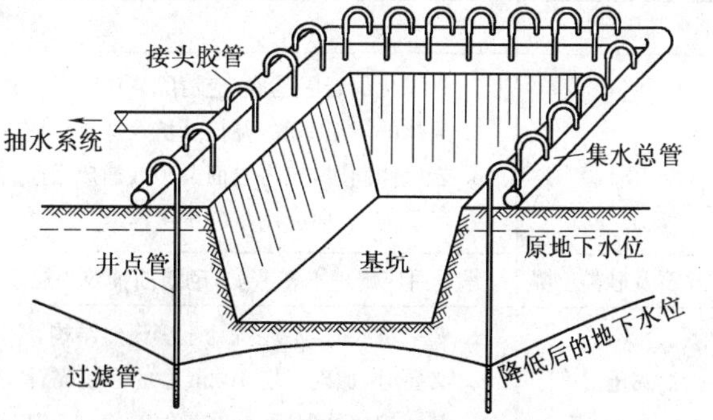

图 3.14 井点排水法布置示意图

2. 水中挖基一般方法

一般采用水力吸泥机、水力吸石筒、空气吸泥机等，也可以采用抓泥斗、挖掘机等水中挖基。

三、基底检验

基础是隐蔽工程，在基础浇筑前应按规定检验基坑施工是否符合设计要求。一般在基坑开挖并处理完毕后，首先由施工人员自检并报请检验，确认合格后填写地基检验表。经检验签证的地基检验表由施工单位保存作为竣工交验资料；未经签证，不得砌筑基础。检验的目的在于：确定地基的容许承载力大小、基坑位置与标高是否与设计文件相符，以确保基础的强度和稳定性，不致发生滑移等病害。

基底检验的主要内容应包括：检查基底平面位置、尺寸大小，基底标高；检查基底土质均匀性，地基稳定性及承载力等；检查基底处理和排水情况；检查施工日志及有关试验资料等等。一般基底平面周线位置允许偏差不得大于 20 cm，基底标高不得超过 ±5 cm(土质)、+5 cm～−20 cm(石质)。

基底检验根据桥涵大小、地基土质复杂情况(如溶洞、断层、软弱夹层、溶岩等)及结构对地基有无特殊要求等，按以下方法进行：

(1)小桥涵的地基，一般采用直观或触探方法，必要时进行土质试验。特殊设计的小桥涵对地基沉陷有严格要求，且土质不良时，宜进行荷载试验。对经加固处理后的特殊地基，一般采用触探或作密实度检验等。

(2)大、中桥和填土 12 m 以上涵洞的地基，一般由检验人员用直观、触探、挖试坑或钻探(钻探至少 4 m)试验等方法，确定土质容许承载力是否符合设计要求。对地质特别复杂，或在设计文件中有特殊要求，或虽经加固处理又经触探、密实度检验后尚有疑问时，需进行荷载试验，确认符合设计要求后，方可进行基础结构物施工。

四、地基处理

天然地基上的基础是直接靠基底土壤来承担荷载的，故基底土壤状态的好坏，对基础及墩台上部结构的影响极大，不能仅检查土壤名称与容许承载力大小，还要进行基底处理工作，为土壤更有效地承担荷载创造条件。基底处理方法视基底土质而异，表 3.8 汇总了一般的处理方法，可供参考。

表 3.8 一般的处理方法

基底地质	处理办法
岩层	1. 未风化的岩层基底，应清除岩面碎石、石块、淤泥、苔藓等； 2. 风化的岩层基底，开挖基坑尺寸要少留或不留富余量，灌筑基础圬工时，将基底填满，封闭岩层； 3. 岩层倾斜时，应将岩面凿平或凿成台阶，使承重面与重力线垂直，以免滑动； 4. 砌筑前，岩面应用水冲洗干净
碎石及砂类土壤	承重面应修理平整夯实，砌筑前铺筑一层 2 cm 厚的浓稠水泥砂浆
黏土层	1. 铲平坑底时，不能扰动土壤天然结构，不得用土回填； 2. 必要时，加砌一层 10 cm 厚的夯填碎石，碎石面不得高出基底设计标高； 3. 基坑挖完处理后，应在最短时间砌筑基础，防止暴露过久变质
湿陷性黄土	1. 基底必须有防水措施； 2. 根据土质条件，使用重锤夯实，换填、挤密桩等措施进行加固，改善土层性质； 3. 基础回填不得使用砂、砾石等透水土壤，应用原土加夯封闭
软土层	1. 基底软土小于 2 m 时，可将软土层全部挖除，换以中粗砂、砾石、碎石等力学性能较好的填土，分层夯实； 2. 软土层厚度较大时，应布置砂桩(井)穿过软土层，上层铺砂垫层
冻土层	1. 冻土基础开挖宜用天然或人工冻结法施工，并应保持基底冻层不融化； 2. 基底设计标高以下铺设一层 10～30 cm 粗砂或 10 cm 贫混凝土垫层作为隔热层
溶洞	1. 暴露的溶洞应用浆砌片石、混凝土填充，或填砂砾石后，压水泥浆充实加固； 2. 检查有无隐蔽溶洞，在一定深度内钻孔检查； 3. 有较深的溶沟时，也可用钢筋混凝土盖板或梁跨越，亦可改变跨径避开
泉眼	1. 插入钢管或做木井，引出泉水与圬工隔离，以后用水下混凝土填实； 2. 在坑底凿成暗沟，上放盖板，将水引出至基础以外的汇水井并抽出，圬工硬化后停止抽水

软土及软弱地基承压力小、沉降量大，进行处理时，可根据软土层的厚度及其物理力学性质、承载力大小、施工期限、施工机具和材料供应等因素，因地制宜、就地取材，采取换填土、砂砾垫层、袋装砂井、排水塑料板桩、生石灰桩、真空预压及粉体喷射搅拌法等处理方法。

五、基础圬工砌筑

为了方便施工和保证施工质量，明挖基坑中的基础施工应尽可能地使基底处于无水的情况下浇砌基础。通常的基础施工可分为无水砌筑、排水浇砌及水下灌筑三种情况。为保证及时浇砌基础，避免基底土质变差，基础结构物的用料应在挖基完成前准备好。

排水砌筑的施工要点是：确保在无水状态下砌筑圬工；禁止带水作业及用混凝土将水赶出模板外的灌筑方法；基础边缘部分应严密隔水；水下部分圬工必须待水泥砂浆或混凝土终凝后才允许浸水。

一般只有在排水困难时采用水下灌筑混凝土。基础圬工的水下灌筑分为水下封底和水下直接浇筑基础两种。前者封底后仍需排水再砌筑基础，封底只是起封闭渗水的作用，其混凝土只作为地基而不作为基础本身，适用于板桩围堰开挖的基坑(图 3.15)。

1. 水下封底混凝土的厚度

封底之后，要从基坑内排干水。这时基底面上受到向上作用的水压力 P_w(图 3.15)。封

底混凝土在 P_w 的作用下，可视为周边支承的板，其最小厚度 x 应能保证混凝土板有足够的强度。同时，四周板桩同封底混凝土组成一个浮筒，该浮筒的自重应能保证不被浮起。如图 3.15 所示，在封底混凝土的隔离体上作用的外力有：底面处的浮力、自重以及封底混凝土与钢板桩接触面上的黏着力和摩擦力，其静力平衡方程式为：

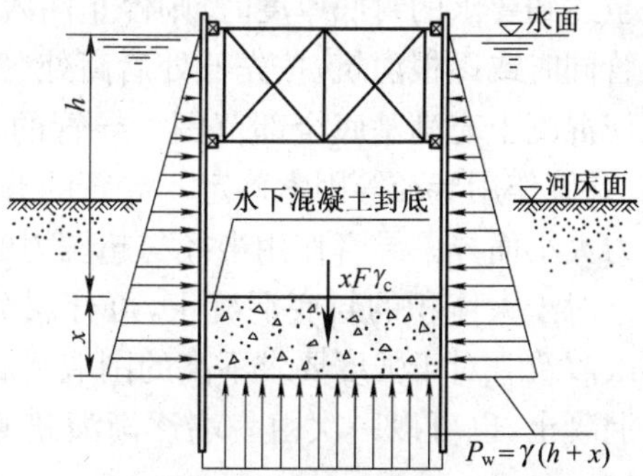

图 3.15　封底混凝土厚度的计算图式

$$xF\gamma_c+ux\tau=\gamma_w(h+x)F \tag{3-2}$$

式中　F——封底混凝土面积(m^2)；

γ_c——混凝土容重(kN/m^3)；

u——封底混凝土周长(m)；

h——抽水深度(m)；

τ——水下混凝土与钢板桩间的单位黏着力(MPa)，可根据实际情况确定；

γ_w——水的容重(kN/m^3)。

由式(3-2)可求得最小封底厚度 x。在估算时也可不考虑混凝土与板桩间的黏着力，偏于安全地取：

$$x=\gamma_w h/(\gamma_c-\gamma_w) \tag{3-3}$$

式(3-3)估算出的封底厚度 x 值，当其与基坑短边的比值较小时，可将封底混凝土作为四周自由支撑的双向板计算其最大弯拉应力是否小于混凝土的容许弯拉应力值。

水下封底混凝土的质量不易控制，故封底厚度不能完全按公式计算决定，还应参照实际经验。为满足防渗漏的要求，封底混凝土的最小厚度一般为 2 m 左右。

2. 水下混凝土的灌筑方法

现今桥梁基础施工中使用最普遍的是垂直移动导管法(图 3.16)，混凝土经导管输送至坑底，并迅速将导管下端埋没，随后混凝土不断地输送到被埋没的导管下端从而迫使先前输送到的但尚未凝结的混凝土向上或向四周推移。随着基底混凝土的上升，导管亦缓慢地向上提升，

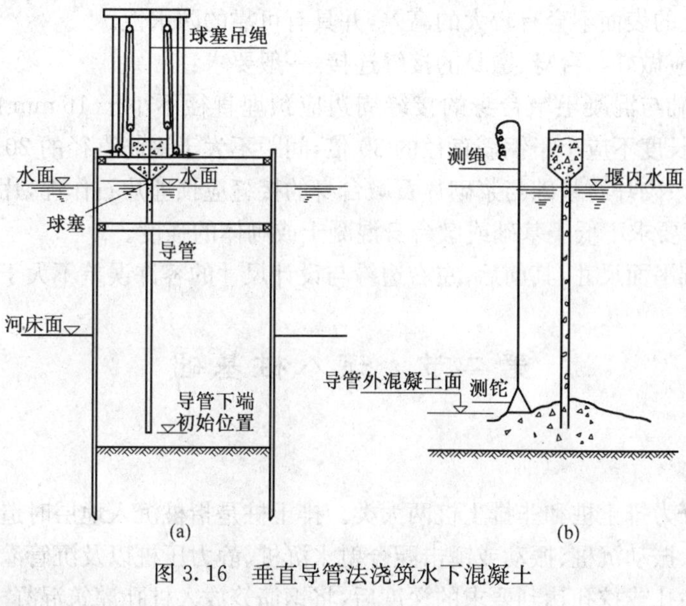

图 3.16　垂直导管法浇筑水下混凝土

直至达到要求的封底厚度时，则停止注入混凝土，并拔出导管。当封底面积较大时，宜用多根导管同时或逐根灌筑，按先低处后高处、先周围后中部次序并保持大致相同的标高进行，以保证使混凝土充满基底全部范围。导管的根数及在平面上的布置，可根据封底面积、障碍物情况、导管作用半径等因素确定。导管的有效作用半径则因混凝土的坍落度大小和导管下口超压力大小而异。导管作用半径与超压力的关系参见表 3.9。

对于大体积的封底混凝土，可分层分段逐次灌筑。对于强度要求不高的围堰封底水下混凝土，也可以一次由一端逐渐灌筑到另一端。

表 3.9 导管半径与超压力关系

导管作用半径(m)	最小超压力(kPa)
4.0	250
3.5	200
3.0	150
<2.5	75

在正常情况下，所灌筑的水下混凝土仅其表面与水接触，其他部分的灌筑状态与空气中灌筑无异，从而保证了水下混凝土的质量。与水接触的表层混凝土，可在排干水而外露时予以凿除。

采用导管法灌筑水下混凝土要注意以下几个问题：

(1)导管应试拼装，球塞应通过试验，施工时严格按试拼的位置安装。导管试拼后，应封闭两端，充水加压，检查导管有无漏水现象。为保证拆卸时中断灌筑时间最短，导管各节的长度不宜过大，连接应可靠而又便于装拆。

(2)粗骨料粒径以 20～40 mm 为宜，以使混凝土有良好的流动性。坍落度应不小于 18 cm 且倾向于用大一些。水泥用量比空气中同等级的混凝土增加 20%。

(3)在任何情况下不得中断灌筑，保证灌筑工作的连续性。在灌筑过程中，应经常测量混凝土表面的标高以便正确掌握导管的提升量。导管下端务必埋入混凝土内，埋入深度一般不应小于 0.5 m。

(4)要综合考虑对混凝土质量要求、水头大小、浇筑面积大小、基底有无障碍物以及混凝土拌和机的生产能力等因素来决定水下混凝土的流动半径。通常，流动半径在 3～4 m 范围内能够保证封底混凝土的表面不会有较大的高差，并具有可靠的防水性。

浇筑基础时，应做好与台身、墩身的接缝连接，一般要求：

(1)混凝土基础与混凝土墩台身的接缝周边应预埋直径不小于 16 mm 的钢筋或其他铁件，埋入与露出的长度不应小于钢筋直径的 30 倍，间距不大于钢筋直径的 20 倍。

(2)混凝土或浆砌片石基础与浆砌片石墩台身的接缝应预埋片石作榫，片石厚度不应小于 15 cm，片石的强度要求不低于基础或墩台身混凝土或砌体的强度。

施工后的基础平面尺寸，其前后、左右边缘与设计尺寸的容许误差不大于±50 mm。

第二节 沉入桩基础

一、概 述

桩的类型可分为排土桩和非排土桩两大类。排土桩是指桩沉入地层时造成土层土体位移的桩，如锤击沉桩、振动沉桩、振动或锤击配合射水沉桩、静力压桩以及沉管灌筑桩等。非排土桩是指在地层中钻孔或挖孔达到要求的深度后，将钢筋笼放入桩孔灌筑混凝土的桩，如钻孔灌筑桩、挖孔桩和钻埋大直径空心桩等。

排土桩的优点：

(1)桩身材料在沉入地层前可以进行检查，能确保桩的质量；

(2)位移桩多为预制桩，桩身质量有保证，适用于有侵蚀性的土层和软土及淤泥质黏土层；

(3)沉管灌筑桩内的配筋，不受桩的操作和施工等应力控制，钢管可以回收重复利用，可以节约大量钢材，且易于调整桩长；

(4)在地层变化复杂地区，沉入桩在施工中容易控制桩的轴力，以减少桥梁墩台不均匀沉降。

排土桩的缺点：

(1)沉桩时要引起桩临近土体的隆起或下沉及侧向位移，可能会影响临近建筑物的安全，需要采取预防措施；

(2)施工时锤击或振动沉桩的噪声大，影响附近环境；

(3)桩长受运输和桩架高度影响，常常需要接桩，增加施工难度；

(4)沉桩设备笨重，搬运、拆装麻烦，增加施工工作量；

(5)遇较大的卵石、漂石时，阻碍桩的下沉，施工困难。

桩按材料分类有木桩、钢筋混凝土桩、预应力混凝土桩与钢桩。桥梁基础中应用较多的是钢筋混凝土桩和预应力混凝土桩两种。按制作方法分为预制桩和钻(挖)孔灌筑桩；按施工方法分为锤击沉桩、振动沉桩、射水沉桩、静力压桩、就地灌筑桩与钻孔埋置桩等，前四种又统称为沉入桩。应该依据地质条件、设计荷载、施工设备、工期限制及对附近建筑物产生的影响等来选择桩基的施工方法。

二、桩的构造和制作

(一)钢筋混凝土桩

1. 钢筋混凝土方桩的构造

钢筋混凝土方桩(包括矩形桩)的实心桩和空心桩的构造见图 3.17。

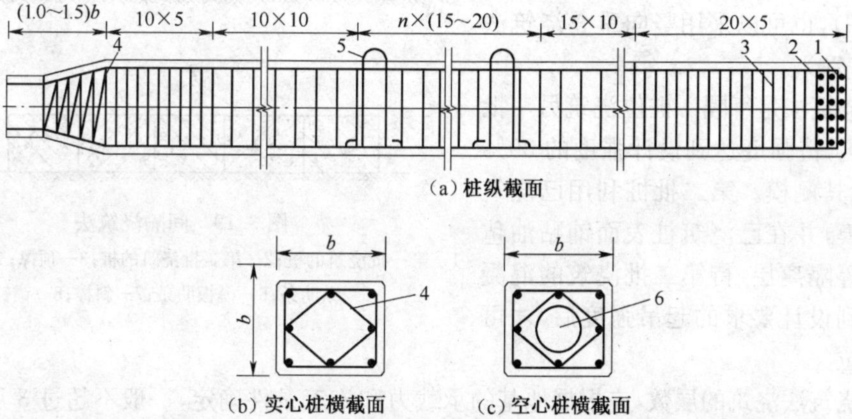

(a) 桩纵截面

(b) 实心桩横截面　　(c) 空心桩横截面

图 3.17　预制钢筋混凝土方桩构造(cm)

1—桩头钢筋网；2—主钢筋；3—$\phi 6$ 箍筋；4—$\phi 6$ 螺旋筋；5—吊环(一般可不设)；6—柱的空心

注：n 为箍筋间距数

一般预制混凝土(包括钢筋混凝土与预应力混凝土)空心方桩的截面尺寸为 450 mm×

450 mm、500 mm×500 mm、550 mm×550 mm、600 mm×600 mm 等，空心直径为 240 mm、270 mm、300 mm、3 600 mm。

桩身的纵向主钢筋直径一般为 14～22 mm，桩钢筋截面占桩身横截面面积的 1%～3%，横向钢筋的直径一般为 6 mm，间距布置大致如图 3.17。

钢筋混凝土方桩桩靴见图 3.18，长度约为(1.0～1.5)b(b 为桩的边长)，如果需要穿入硬层时，宜取用较大值。

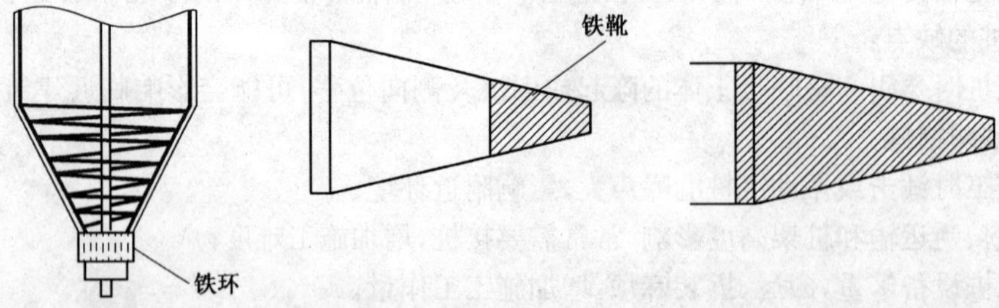

(a) 桩尖设有铁环的桩靴　(b) 桩尖部分用铁靴　(c) 桩尖全部用钢板制成的桩靴

图 3.18 钢筋混凝土方桩桩靴

2. 钢筋混凝土方桩的制作

钢筋混凝土方桩制作要点如下：

(1)工地预制桩场地

选择场地时应该考虑的因素有吊运设备的安装、拆卸和运输便道的布置，并应根据地基及气候条件做好排水设施，以免场地浸水沉陷，导致桩发生变形。地基应整平夯实，其上铺一层砾料，再铺 5 cm 的素混凝土，压光抹平。工地预制时可以采用钢模板制作。

(2)浇筑方法

为了节约场地面积和便于蒸汽养护，可以采用横向成排支模，以间隔法浇筑制桩(图 3.19)，也可以采用竖向重叠浇筑法支模(图 3.20)。

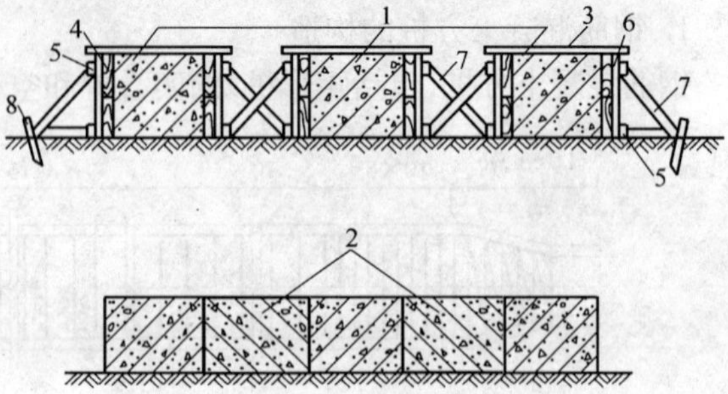

图 3.19 间隔浇筑法

1—第一批浇筑的桩；2—第二批浇筑的桩；3—顶撑；4—侧模版；5—纵肋条；6—模板肋条；7—斜撑；8—锚钉

间隔浇筑法是每隔一桩位浇筑另一批桩的混凝土，待强度达到设计强度的 30% 以后，拆除其侧模。第二批桩利用已浇筑桩作为侧模，并在已浇筑桩表面铺贴油毡或塑料布等隔离层，待第二批浇筑的混凝土强度达到设计要求的起吊强度后，才可以起吊就位。

重叠浇筑法浇筑的层数，应根据地基的承载力和施工条件确定，一般不超过 3 层，支模方法有长木条支模和短木条支模两种，见图 3.20。

(3)钢筋

桩的主筋宜采用一整根，如需接长时，宜采用对接头接触焊接，焊接处的强度应不低于钢筋本身的强度，同时相邻钢筋的接头位置应互相错开，其距离不小于钢筋直径的 30 倍，且不小于 50 cm，在同一截面中的钢筋接头数不应超过主筋总数的 25%。

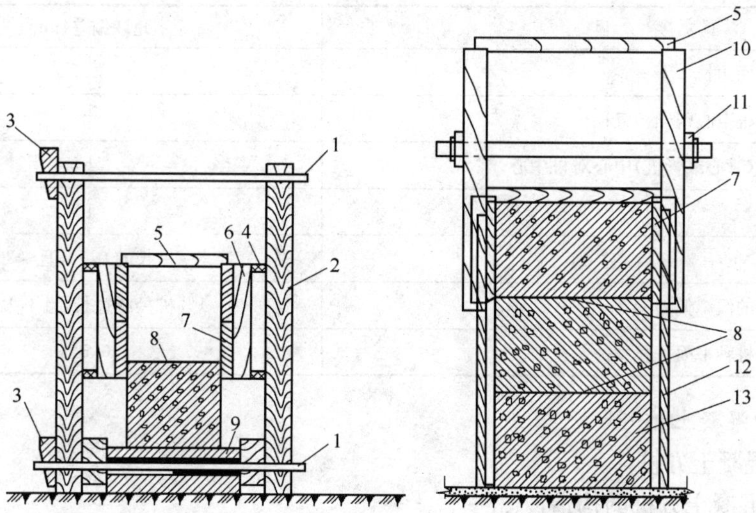

(a) 长木条支模 (b) 短木条支模

图 3.20 重叠浇筑法支模

1—钢筋箍;2—长夹条;3—硬木楔;4—横挡;5—临时撑木;6—拼条;7—侧模板;8—隔离层;9—底模板;10—短夹木;11—螺栓;12—支脚条;13—已浇筑桩

(4)钢筋混凝土方桩缺陷的限制规定

①桩身裂缝

a. 横向裂缝宽度不得大于 0.2 mm 深度不得大于 10 mm;多边形桩裂缝长度不得大于其内切直径的 1/2,方桩不得超过边长的 1/2。

b. 横向裂缝每米不得超过 5 处。

c. 不允许有纵向裂纹。

②桩端附近混凝土不得有蜂窝、掉角及露筋。

③用小锤轻敲桩身,如声音沙哑时,应凿开检查,小洞可用同级水泥砂浆修补,大洞及断裂者不得使用。

(5)钢筋混凝土方桩的允许偏差见表 3.10 和表 3.11。

表 3.10 桩的钢筋骨架的允许偏差

项 目	允许偏差(mm)
纵向钢筋间距	±5
箍筋间距或螺旋筋螺距	0,−20
纵向钢筋保护层	±5
桩顶钢筋网片位置	±5
纵向钢筋底尖端的位置	±5

表 3.11 预制钢筋混凝土桩和预应力混凝土桩的允许偏差

项 目	允许偏差(mm)
混凝土强度(MPa)	符合设计要求
长 度	±50

续上表

项目		允许偏差(mm)
横截面	横截面边长	±5
	空心桩空心(管心)直径	±5
	空心(管心或管桩)中心对桩中心	±5
桩尖对桩纵轴线		10
桩轴线的弯曲矢高		桩长的0.1%且≤20
桩顶面与桩纵轴线的倾斜偏差		1%桩径或边长,且不大于3
接桩的接头平面与桩轴平面垂直度		0.5%

(二)预应力混凝土桩

1. 预应力混凝土方桩

(1)预应力混凝土方桩的构造

预应力混凝土桩包括实心和空心两类,其长度为10~38 m(图3.21)。预应力混凝土桩的预应力钢筋一般采用冷拉钢筋,其直径一般为16 mm、20 mm、22 mm和25 mm。

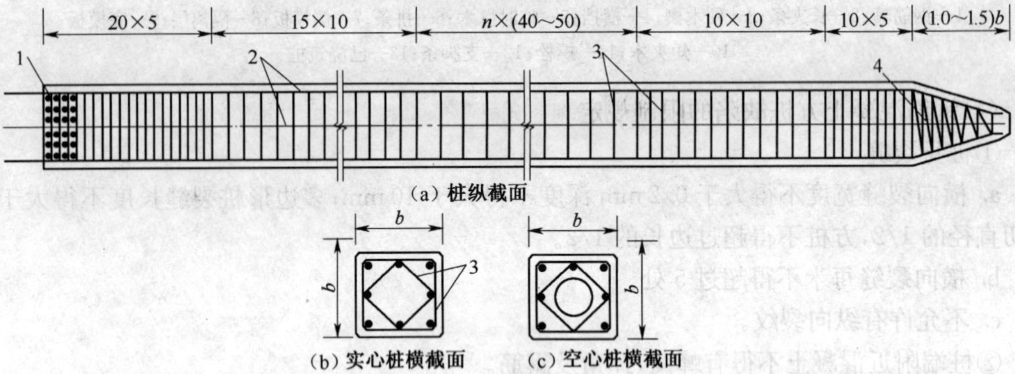

图3.21 预制预应力钢筋混凝土方桩构造(cm)

1—桩头钢筋网;2—预应力钢筋;3—ϕ6 箍筋;4—螺旋筋

注:n为箍筋间距数

预应力混凝土桩的主要优点是用钢量少,抗裂性好,桩身可加长,承载力也可提高。

(2)预应力混凝土方桩的制作

一般是采用长线台座先张法制作预应力混凝土方桩,如墩式台座法,它是利用土的抗力来承担台座的张拉反力;又如压柱式台座法,它是采用施工现场预制的混凝土桩等拼装成压柱式台座,利用压柱的抗力来承担台座的张拉力。

采用先张法预制桩,要注意下列事项:

①长线台座张拉好预应力钢筋而不能及时浇筑混凝土时,应将已张拉好的钢筋放松到张拉力的70%,待浇筑混凝土时,再张拉到100%的张拉力。应尽量减少钢筋张拉与混凝土浇筑两道工序间的温差,避免浇筑混凝土时由于气温升高而增加预应力损失,或由于气温降低使钢筋发生冷断事故。

②必须连续浇筑混凝土,不得中断,更不得留有施工缝。

③方桩的空心部位配制与直径相适应的特制胶囊,并采取有效措施防止浇筑混凝土时胶

囊上浮及偏心。

预应力混凝土方桩制作不允许有如下缺陷：

①不得有裂缝；

②桩表面不得有超过 5 mm 深的蜂窝、麻面、气孔，蜂窝、麻面、气孔在每个面上所占的面积总和不得超过该面积的 0.5%，并不得过分集中；

③沿边缘棱角破坏深度不得超过 5 mm，每 10 m 长边棱上只允许 1 处破损，桩身的边棱破坏总长不得超过 500 mm；

④空心方桩浇筑后表面不得有气孔，混凝土表面在终凝前应进行压实抹光。

2. 预应力混凝土管桩

(1)预应力混凝土管桩的构造

预应力混凝土管桩国内已有定型生产，直径一般为 400 mm 或 550 mm，管壁厚 80～100 mm，每节长 8～10 m 不等。丰台桥梁厂生产的预应力混凝土管桩的桩靴和管节的构造见图 3.22 和图 3.23。

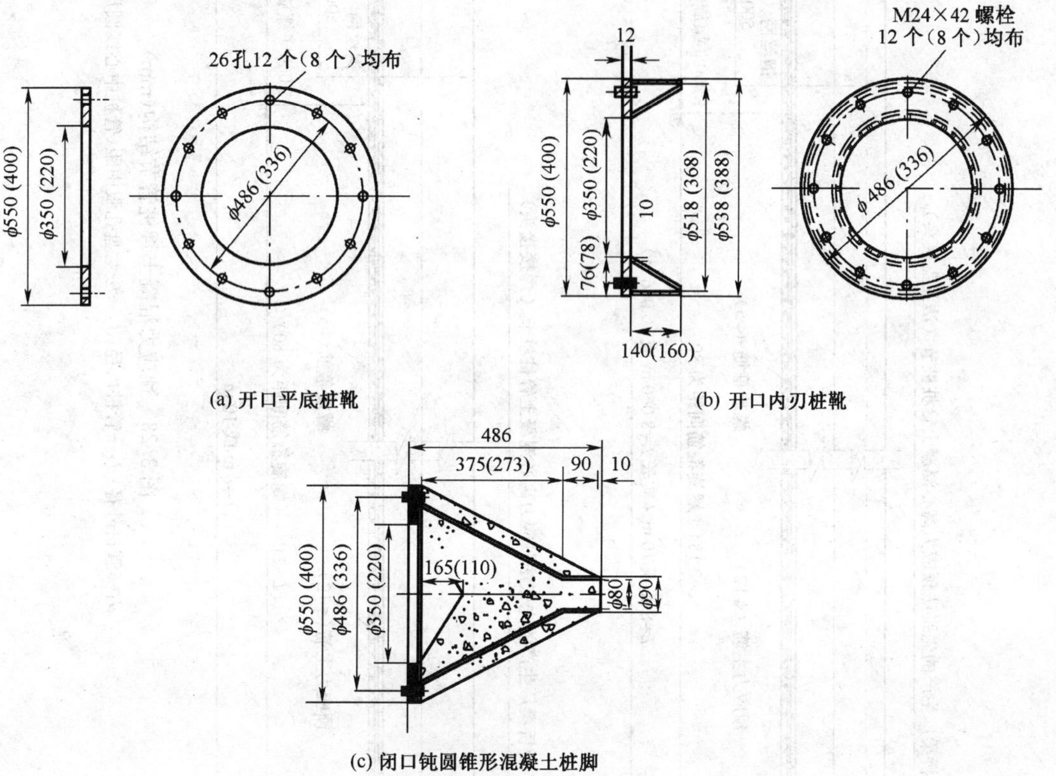

(a) 开口平底桩靴　(b) 开口内刃桩靴　(c) 闭口钝圆锥形混凝土桩脚

图 3.22 预应力混凝土管桩桩靴结构(mm)

注：①开口平底桩脚适用于较坚硬的地层，如砂层、砂卵石层。

②开口内刃桩脚适用于打穿坚硬的土层，如紧密砂层、砂卵层层以至风化岩层。

③闭口钝圆锥型混凝土桩脚适用于一般土、砂层。

④图中括号外数字适用于 ϕ550 管桩，括号内数字适用于 ϕ400 管桩。

(2)预应力混凝土管桩的制作

预应力混凝土管桩的预制，一般由工厂用离心旋转法制作。所用混凝土的强度一般为

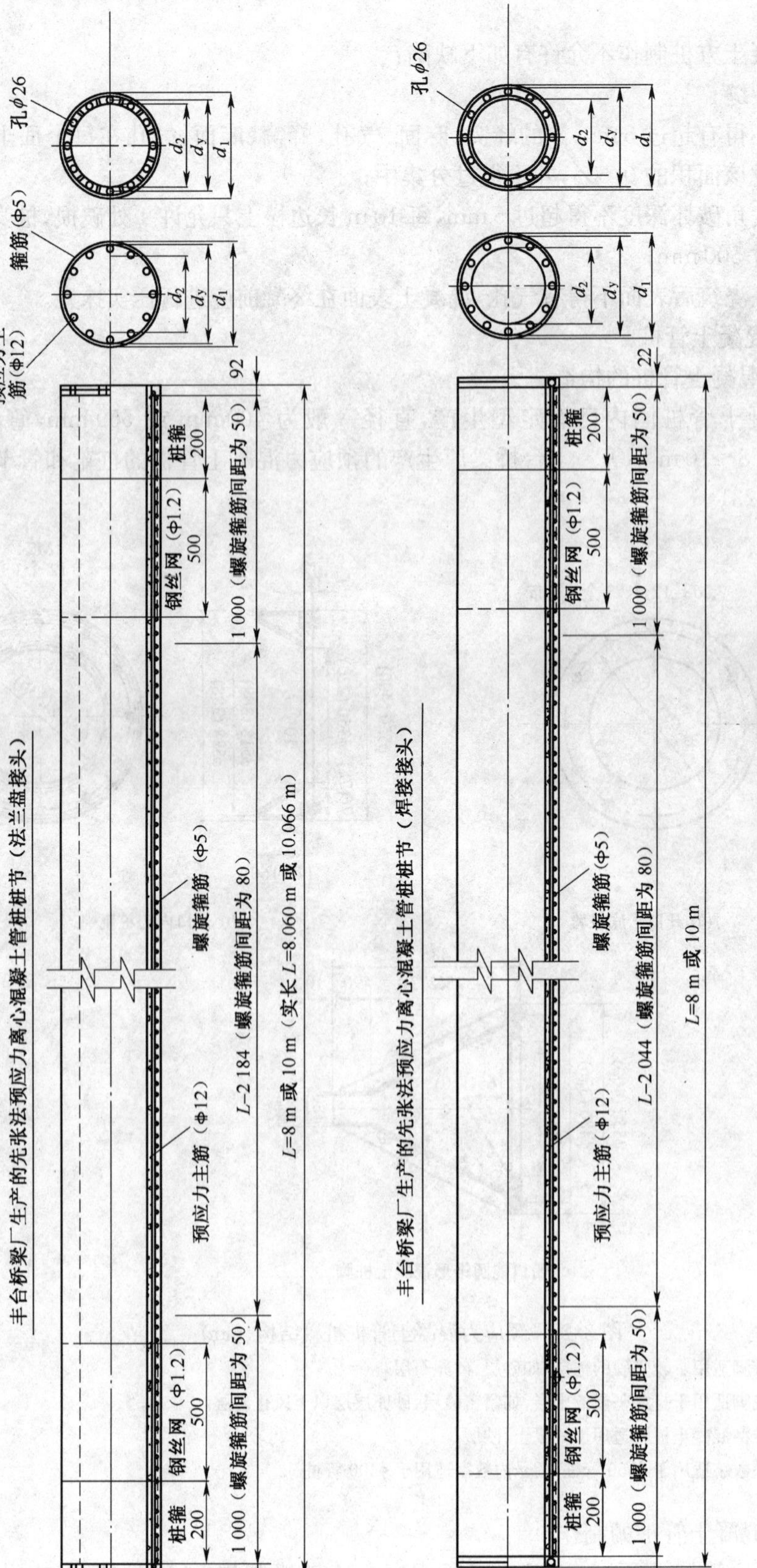

图 3.23　预应力混凝土管桩管节结构(mm)

d_1—管桩外径；d_2—管桩内径；d_y—法兰盘孔眼中距(管桩中心线圆周直径)

45 MPa。

(三)钢　　桩

钢桩多数作为支承桩，其优点是易于按要求的长度截断且易于拼接。沉入钢桩一般较容易，尤其是在非黏性土中沉入钢桩比沉入混凝土桩容易。沉桩时，对土的扰动也比混凝土桩小得多。但在软黏土中沉入钢桩时，如果黏土里含有碎石和漂石，要保持细长钢桩的垂直度，常常较困难。

钢管桩的直径一般为 250～1 200 mm，管壁厚为 8～20 mm，长度可达 46 m，直径小于 450 mm 者，可采用锥形桩鞋，较大者可采用开口桩鞋(图 3.24)。

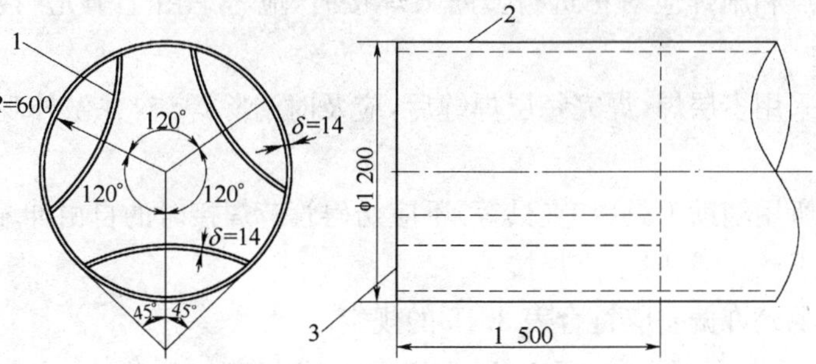

图 3.24　钢管桩底部弧形板结构

1—弧形钢板；2—钢管桩；3—桩底

钢管桩的质量，可近似按照下式计算：

$$W=0.024\,66t(D-t)$$

式中　D——外径(mm)；

t——壁厚(mm)；

W——每米质量(kg)。

直径为 250～300 mm 的小型钢管桩，可使用无缝钢管。长大的钢管桩，可采用在工厂焊制的纵缝焊接管。

钢管桩的分段长度不宜大于 15 m，并考虑施工条件及地质条件等综合确定。

焊接管的管节外形尺寸允许偏差见表 3.12；管节对口拼接时，相邻管节的管径偏差见表 3.13，相邻管节对口的板边高差应符合表 3.14 的规定。

表 3.12　管节外形尺寸的允许偏差

偏差部位	允许偏差(mm)
周长	±0.5%×周长，且≤10
管端椭圆度	0.5%D，且≤5
管端平整度	2
管端平面倾斜	小于 0.5%D，且≤4

注：D—外径。

钢管桩焊接应符合设计要求，设计无要求时，除应符合施工规范有关规定外，还应注意下列事项：

表 3.13 相邻管径允许偏差

管 径(mm)	相邻管节的管径偏差(mm)
≤700	≤2
>700	≤3

表 3.14 相邻管节对口板边的允许偏差

板 厚δ(mm)	相邻管节对口板边高差(mm)
δ≤10	<1.0
10<δ≤20	<2.0
δ>20	<δ/10,且≤3

(1)焊接前,应将焊缝上下 30 mm 范围内的铁锈、油污、水汽和杂物清除干净。

(2)焊前将焊丝、焊条、焊剂烘干。

(3)焊接定位点和施焊应对称进行。露天焊接时,应考虑由于阳光照射所造成的桩身弯曲。

(4)钢管桩应采用多层焊,焊完每层焊缝后,应及时清除焊渣,并做外观检查,每层焊缝的接头应错开。

(5)管节拼接所用辅助工具(如夹具等)不应妨碍管节焊接时的自由伸缩。

(6)当气温低于-10 ℃时不宜焊接。

(7)焊缝处外观允许偏差应符合表 3.15 的规定。

表 3.15 焊缝外观允许偏差

缺陷名称	允许偏差
咬 边	深度不超过 0.5 mm,累计总长度不超过焊缝长度的 10%
超 高	3 mm
表面裂缝、未熔合、未焊透	不允许
弧坑、表面气孔、夹渣	不允许

钢管桩成品外形尺寸的允许偏差应符合表 3.16 的规定。

表 3.16 钢管桩外形尺寸的允许偏差

项 目	允许偏差(mm)
桩长偏差	+3000
桩纵轴线的弯曲矢高	桩长的 0.1%且≤30

(四)预制桩的吊运和堆放

1. 吊运

预制混凝土桩吊运时,桩身强度应达到设计强度的 70%,达到设计强度 100%后方可运输。如需提前吊运,应根据吊点布置,验算合格后方可起吊。预制混凝土桩吊点一般不设吊环,起吊前应标出起吊点的位置,用钢丝绳捆绑,捆绑处应加麻布、木块保护,防止损坏桩的表面和棱角。吊点位置偏差不应超过设计位置 20 mm。起吊时注意使各吊点同时受力,缓慢起吊。吊点位置见图 3.25 所示。

搬运时,可采用平板拖车或前后托架拖车,见图 3.26 所示。

搬运时其支点位置应与吊点位置一致,偏差不得大于 20 mm。

2. 堆放

堆放场地应靠近沉桩地点,以便减少二次搬运。堆放场地应平整坚实,做好必要的防水措

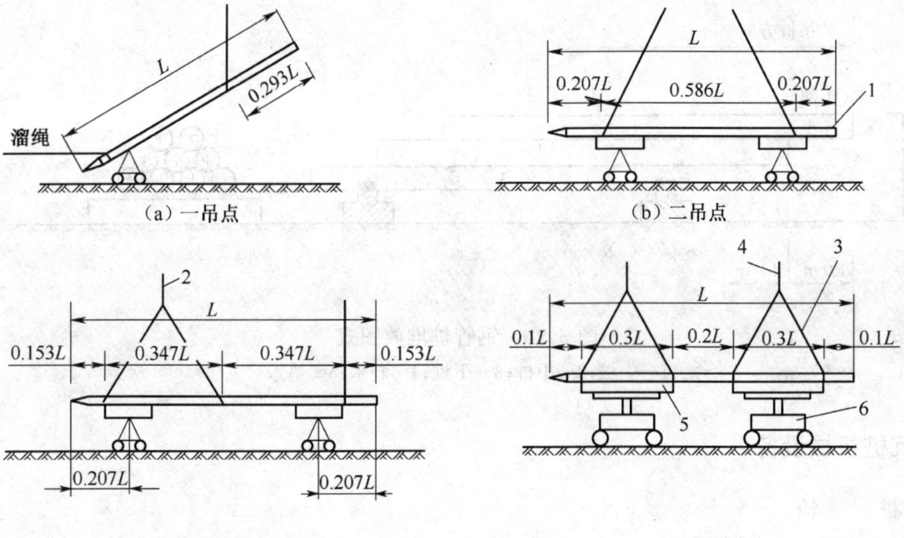

图 3.25 吊桩点的位置

1—桩；2—吊索；3—下吊索；4—上吊索；5—铁架车；6—转盘

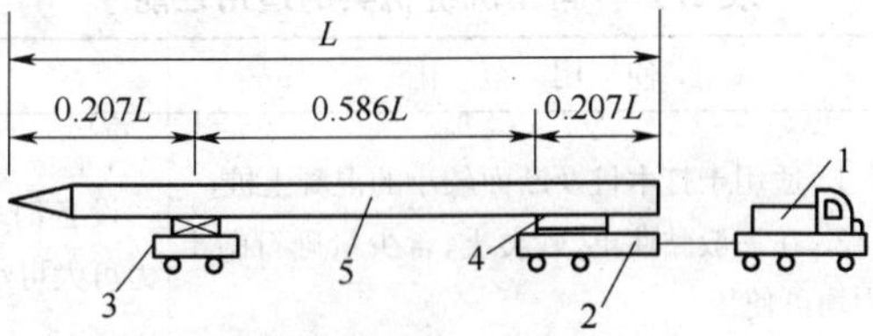

图 3.26 托架拖运桩示意图

1—卡车；2—拖车；3—托架拖车；4—活动转盘；5—桩

施，防止湿陷和不均匀沉降。

不同类型和尺寸的桩应该考虑使用的先后顺序，分别堆放。堆放支点位置应与吊点位置相同，偏差不得超过 20 mm。当桩需要长期堆放时，为避免桩身挠曲，可采用多支点堆放，各支点垫木应均匀放置，并且在相同的水平面上。多层堆放时每层垫木应位于同一垂直面上。混凝土管桩堆放层数应满足：对于直径 400 mm 的管桩，最高可堆放 6 层，对于直径 550 mm 的管桩不宜超过 4 层，堆放图见图 3.27。钢管桩的堆放：直径 900 mm 的钢管桩可放置 3 层，直径 600 mm 的钢管桩可放置 4 层，直径 400 mm 的钢管桩可放置 5 层，堆放图见图 3.28。

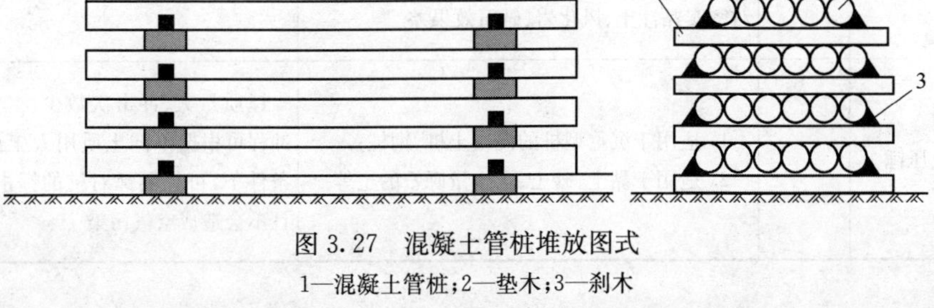

图 3.27 混凝土管桩堆放图式

1—混凝土管桩；2—垫木；3—刹木

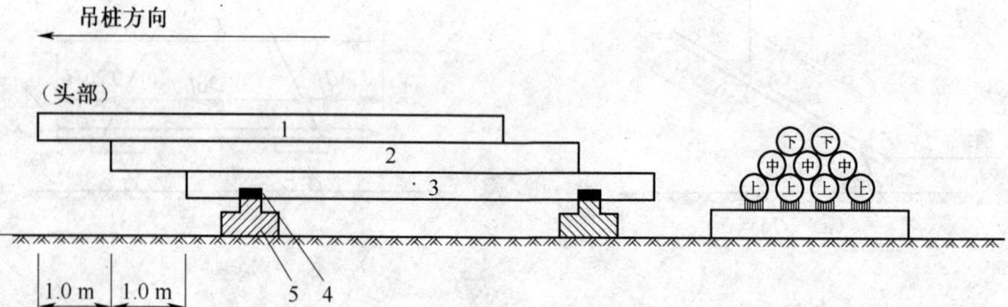

图 3.28 钢管桩堆放图式

1—上桩；2—中桩；3—下桩；4—剁木；5—垫木

三、沉桩机械设备

(一)桩　　锤

1. 桩锤的类型

桩锤可分为坠锤、单动气锤、双动气锤、柴油锤、振动锤和液压锤等，各种桩锤使用范围、优缺点及构造见表 3.17。

表 3.17 常用沉桩机具的适用性能

顺序	桩锤种类	构造图	使 用 范 围	优 缺 点
1	坠锤	图 3.29	1. 适用于打木桩及断面较小的混凝土桩； 2. 在一般黏性土、砂类土、含少量砾石的土中均可使用	设备简单，使用方便，能调整落距，冲击力可大可小，但速度慢，效率低
2	单动气锤	图 3.30	适用于打各种桩	气锤冲程短，对桩头不易损坏，起落速度快，效率较高
3	双动气锤	图 3.31	1. 适用于打各种桩（包括斜桩）； 2. 使用压缩机可用于打水下桩； 3. 可做拔桩机	冲击次数多，冲击力较大，工作效率较高，可不用桩架打桩，但设备笨重，移动不方便
4	柴油锤	图 3.32	1. 适用于打各种桩及钢板桩； 2. 不宜在过软或过硬的土质中打桩	附有桩架、动力设备，机架轻，移动方便，燃料消耗少，沉桩效率高
5	振动锤	图 3.33	1. 适用于打各种桩； 2. 不宜于打斜桩及有接头的木桩； 3. 宜用于松散砂土、亚黏土、黄土和软土，对密实黏性土、风化岩、砾石效果差	沉桩速度快，施工操作简易安全，能辅助拔桩
6	液压锤		1. 适用于沉重型桩的混凝土桩、钢桩； 2. 适用于黏土、砂土、含少量砾石的土等	锤质量大、冲击次数少、工作效率高，其冲程可根据不同土质用人工调整，在一定条件下，可控制锤对桩的锤击力，噪声小，且不会造成空气污染

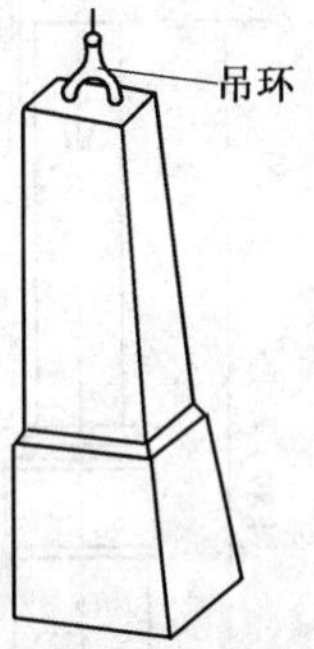

图 3.29　坠锤

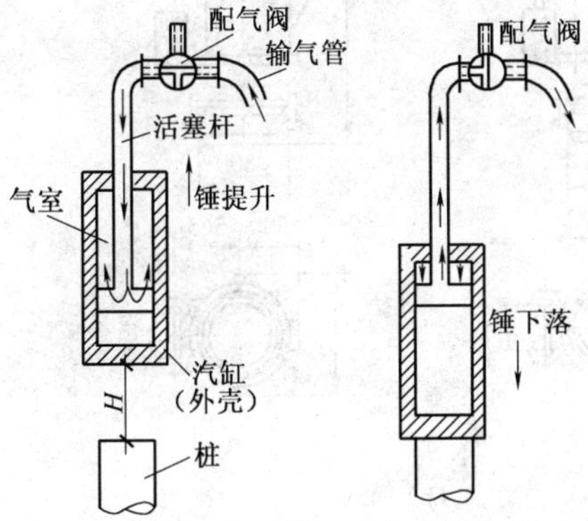

图 3.30　单动气锤

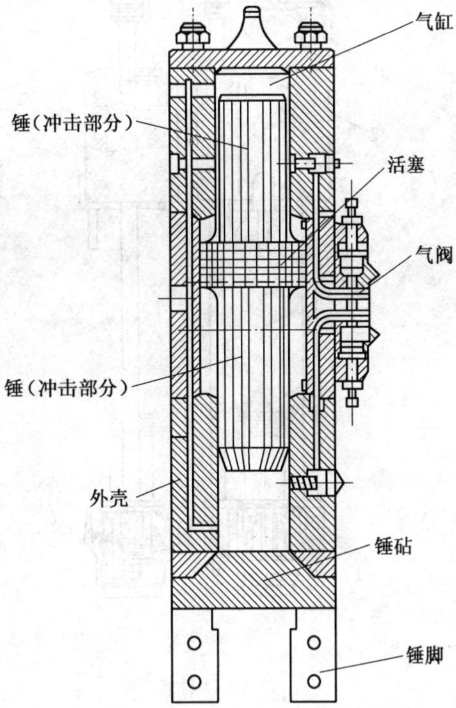

图 3.31　双动气锤

2. 桩锤的选择

(1)坠锤、单动气锤、双动气锤和柴油锤的选择

①按锤的冲击能选择

根据单桩的设计荷载估算桩锤需要的冲击能，可按照式(3-4)计算：

$$E \geqslant 250P \tag{3-4}$$

式中　E——锤的一次冲击能(kN·m)；

P——单桩的设计荷载(kN)。

估算锤需要的冲击能 E 后，再用式(3-5)计算其适用系数是否符合要求：

$$K = \frac{Q+q}{E} \tag{3-5}$$

式中　K——适用系数(计算的适用系数 K 值，对于双动气锤及柴油机锤不宜大于 4.0；单动气锤不宜大于 3.5；对于坠锤不宜大于 2.0)；

Q——桩锤重力(kN)；

q——桩重，包括送桩、桩帽及桩垫的重力(kN)。

下沉钢板桩、I 型、H 型钢桩及配合射水下沉各种桩时，上述系数可提高 50%。

凡是使用锤击法沉桩时，原则上都是重锤低击。为了充分发挥锤击的效率，在选用单动气锤或坠锤时，其质量最好为桩质量的 1.5～2.0 倍。如果超过 2 倍时，可以调整落锤的高度。

②按锤质量与桩质量的比值选择

根据桩的类型和锤质量与桩质量的比值，按照表 3.18 选择桩锤。

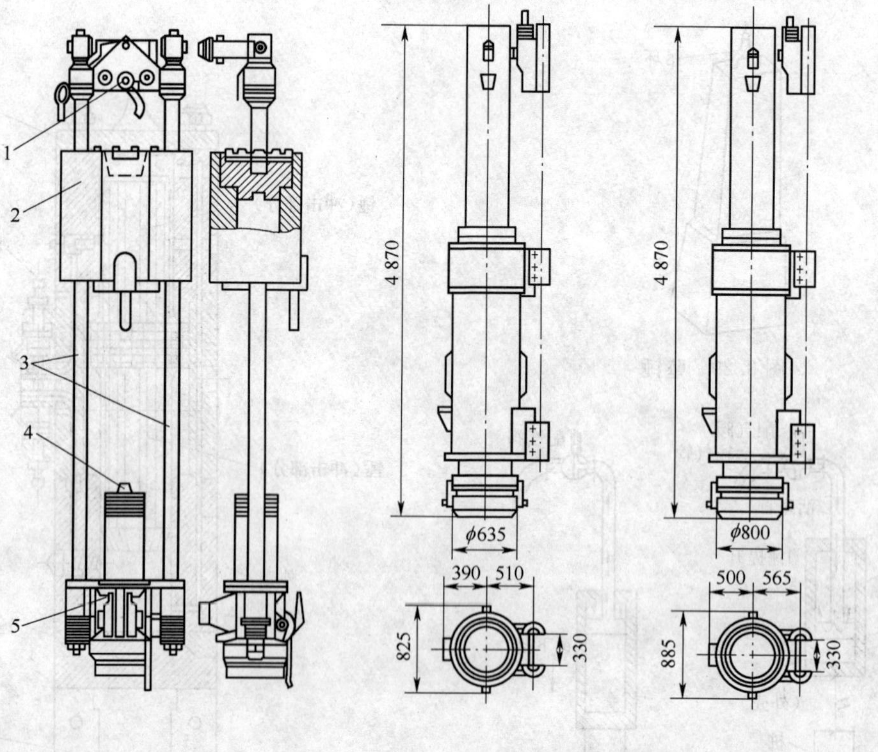

（a）杆式　　（b）筒式

图 3.32　柴油锤(单位:mm)

1—钩架;2—气缸;3—管状导杆;4—活塞;5—桩帽

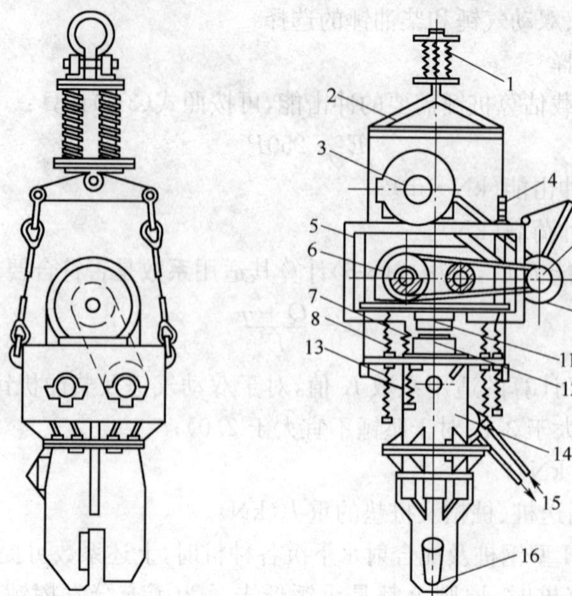

（a）振动锤构造原理示意　　（b）振动冲击锤构造示意

图 3.33　振动锤

1—缓冲器;2—吊环;3—电动机;4—压轮;5—支架;6—振动箱;7—强振动弹簧;8—工作弹簧;9—离合器;10—三角传动带;11—上锤砧;12—下锤砧;13—底座;14—液压夹头;15—通油缸;16—机管

表 3.18 锤重与桩重的比值

桩的类别	锤的类别			
	单动气锤	双动气锤	柴油机锤	坠锤
钢筋混凝土桩	0.4～1.4	0.6～1.8	1.0～1.5	0.35～1.5
木桩	2.0～3.0	1.5～2.5	2.5～3.5	2.0～4.0
钢板桩	0.7～2.0	1.5～2.5	2.0～2.5	1.0～2.0

(2)振动锤选择

振动锤的振动力 F_V 应能克服桩在振动下沉中土的摩擦力 F_R：

$$F_V > F_R \tag{3-6}$$

土的摩擦力 F_R 可按式(3-7)计算：

$$F_R = fuL \tag{3-7}$$

式中 F_R——土的摩擦力(kN)；

L——桩的入土深度(m)；

u——桩的周边长度(m)；

f——土单位面积的动摩擦力(kN/m²)，可按照表 3.19 估算。

表 3.19 土单位面积的动摩擦力

砂性土		黏性土	
标准贯入击数	f	标准贯入击数	f
0～4	10	0～2	10
4～10	15	2～4	15
10～30	20	4～8	20
30～50	25	8～15	25
＞50	40	15～30	40
		＞30	50

振动锤的振动力 F_V 可按式(3-8)计算：

$$F_V = 0.04n^2M \tag{3-8}$$

式中 F_V——振动锤的振动力(kN)；

n——振动锤转速(r/s)；

M——振动锤偏心力矩(N·m)。

但偏心矩 M 还应满足：

$$M = AW \tag{3-9}$$

式中 A——振幅，在软土地基中 $A \geqslant 0.007$ m，在其他地基中 $A \geqslant 0.011$ m；

W——桩和锤的总重力(kN)。

(二)桩架及辅助设备

1. 桩架

桩架是沉桩的主要设备，可以用钢、木结构组拼而成，其主要作用是装吊桩锤和桩，控制桩锤的运动方向。

桩架的主要组成有：

(1)导杆和导向架，其作用是控制锤的运动方向。

(2)起吊装置。

(3)撑架,用于支撑导杆和起吊装置。

(4)地盘,用于承托其上构件和移动装置。

桩架因施工对象和使用锤型的不同基本可分为两大类:自行移动式桩架和非自行移动式桩架。自行移动式桩架又可分为履带式、导轨式和轮胎式三种;非自行移动式又分为简易木桩架、导杆木桩架和双面导杆木桩架、直立式桩架等。

使用桩架时应注意下列事项:

(1)拆拼桩架应按照安全规程操作,保护好杆件和零件,并按使用程序堆放;若长期不使用时,应在拆除后整修涂油,保管好备用。

(2)木桩架刚性较差,所有螺栓在沉桩过程中应经常检查,如有松动应及时拧紧;杆件如有损坏应立即修复或更新。

(3)凡使用圆楞在平台上移动桩架时,应注意控制桩顶缆风的松紧,并检查平台上有无障碍物。

(4)凡设在冰面上的桩架轨道或桩架的平台底座,其最下层的枕木或方木应浇水使之与冰面结成一体,以免滑动。

2. 桩帽

桩帽的主要作用是在沉桩时减少锤的冲击强度和偏心,桩帽构造如图 3.34 所示。

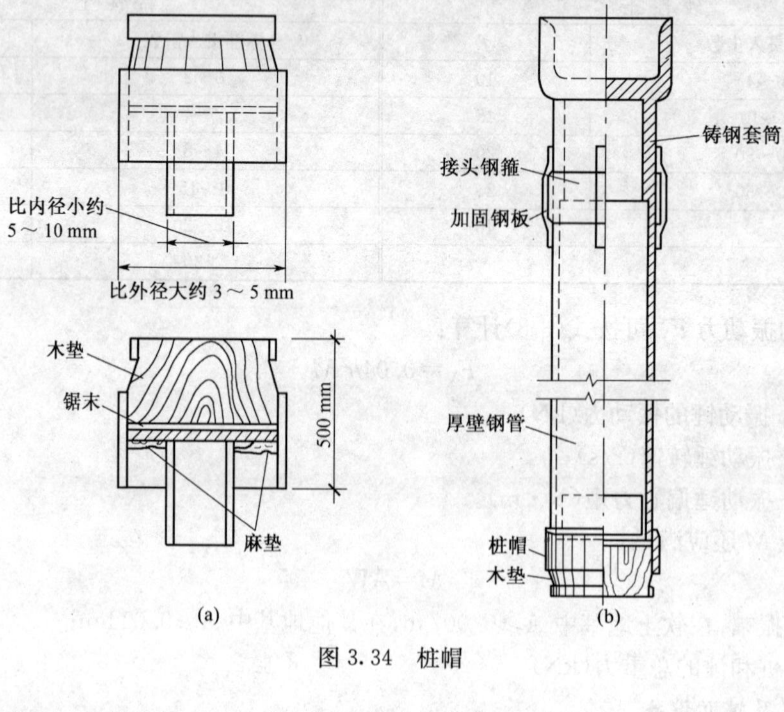

图 3.34 桩帽

四、沉桩施工

(一)沉桩的一般施工工序

沉桩的一般施工工序见图 3.35。

(二)沉桩顺序

在一个基础沉入较多的桩时,会把基底以下的土挤密或土隆起,如果采用从基础四周向内沉桩的方法,则越往中间沉,基底以下的土越挤得密实,沉桩难度越大。因此沉桩顺

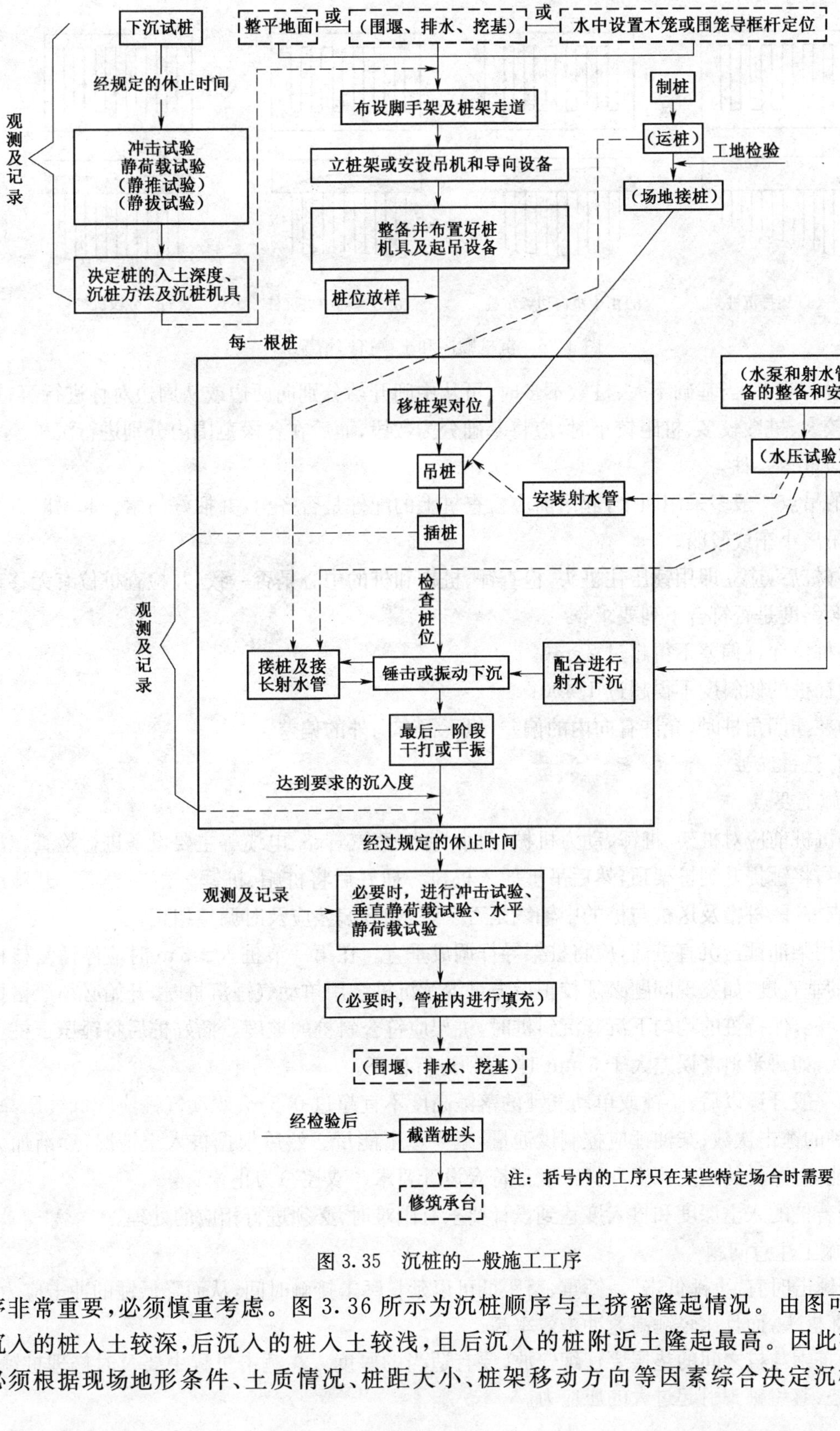

图 3.35 沉桩的一般施工工序

序非常重要，必须慎重考虑。图 3.36 所示为沉桩顺序与土挤密隆起情况。由图可知，先沉入的桩入土较深，后沉入的桩入土较浅，且后沉入的桩附近土隆起最高。因此沉桩时必须根据现场地形条件、土质情况、桩距大小、桩架移动方向等因素综合决定沉桩的顺序。

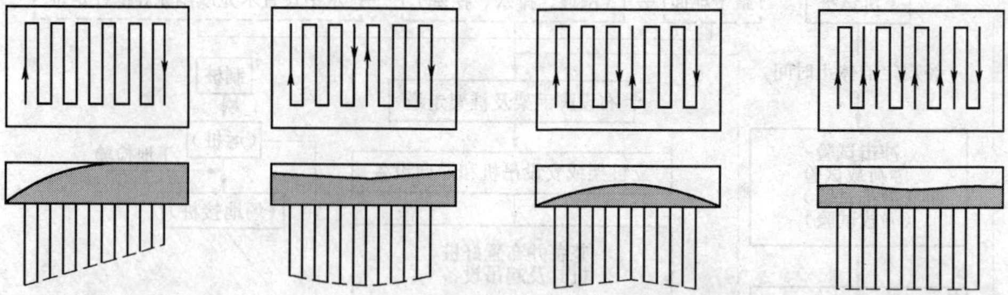

(a)逐排沉桩　(b)由中央向边缘沉桩　(c)由边缘向中央沉桩　(d)分段沉桩

图 3.36　沉桩顺序和土壤挤密情况

一般情况下，当基础不大、桩数不多时，可从中间开始分别向两边或从周边对称进行沉桩；当基础较大、桩数较多、桩距较小时，应将基础分为数段，而后在各段范围内分别进行沉桩。

(三)吊 插 桩

桩的吊点一般多采用两个，起吊前应检查桩上的配件是否齐全，并捆好吊索。起吊时桩身应平稳吊离小车或驳船。

插好桩后，应立即用锤压住桩头，检查锤、桩帽和桩的中心是否一致，并检查桩位有无移动及桩的倾斜度是否符合下列要求：

(1)桩位允许偏差不得超过 2 cm；

(2)插桩的倾斜度不得超过 1/400；

(3)在插四角桩时，允许有向内的偏差，但不得有向外的偏差。

(四)锤击沉桩

1. 施工要点

(1)沉桩前应对桩架、桩锤、动力机械、射水管路、蒸汽管路、电缆等主要设备进行检查。沉桩开始时，将锤提升到桩架顶，然后吊桩插入桩位。插好后将桩帽、桩锤轻落在桩顶。开锤前应再检查桩锤、桩帽及送桩与桩的中轴线是否一致，如有偏差应及时调整纠正。

(2)用柴油锤击沉直桩前，应将桩架导杆调成垂直。在第一节桩入±3 m 时应停锤复核桩架导杆的垂直度，如发现问题必须校正后方可继续沉桩。用单动气锤沉桩时，开始必须严格控制锤的动能，保持桩的均匀下沉。沉斜桩时，桩架应符合斜桩的坡度。插好桩后将锤压于桩上复测一次，如每米斜度误差大于 3 mm 时，必须进行校正。

(3)一般开锤以后，坠锤或单动气锤的落锤高度不宜超过 0.5 m；双动气锤应降低气压，减少每分钟的锤击次数；柴油锤应控制供油量，减少锤击能量。然后根据桩入土情况，逐渐加大冲击动能，直至桩的入土深度和贯入度都符合设计要求（“双控”）为止。

(4)若桩的入土深度和贯入度达到设计要求有困难时，必须进行相应的处理。

2. 施工注意问题

(1)锤击时宜“重锤低击”。锤重、落距低可以延长锤击接触时间，从而降低锤的冲击应力，避免损坏桩头，而且比轻锤高速冲击效率高。

(2)桩帽与桩之间的垫层要仔细安放，要有适当的厚度。在锤击过程中要及时修理桩锤、更换桩垫，避免桩头引起过大的压应力。

(3)不得采用大能量的锤击施工，特别是桩尖进入硬层，贯入度变小时，容易造成桩头和桩身的损伤。

(4)锤击时应注意桩顶的压应力，避免损坏桩头。

(5)锤击时要注意桩的疲劳。当锤击次数越多，锤击频率越高时，桩的强度降低就越大，因此须控制单桩的锤击次数。

(6)当桩穿过软土层后突然进入硬土层，或穿过硬土层后进入软土层，沉桩应力会发生变化，前者会产生大的压应力，后者会产生拉应力。因此必须注意观察，严格操作，否则容易打坏桩。

(7)锤击时应严格控制桩的垂直度。桩身不垂直，除了桩顶会产生集中应力外，桩身还要受到压弯联合作用，使桩处于复杂受力状态。

3. 锤击沉桩的停锤控制标准

(1)如果设计桩尖标高处为硬塑黏性土、碎石土、中密以上的砂土或风化岩等土层时，应根据贯入度变化并对照地质资料，确保桩尖已沉入该土层，同时贯入度达到控制贯入度时方可停锤。

(2)当贯入度已达到控制贯入度，而桩尖标高未达到设计标高时，应继续锤入 0.10m 左右(或锤击 30～50 次)，如无异常变化即可停锤；若桩尖标高比设计标高高很多时，应报有关部门研究确定。

(3)设计桩尖标高处为一般黏性土或其他松软土层时，应以标高控制，贯入度作为校核。当桩尖已达设计标高，而贯入度仍较大时，应继续锤击，使其接近控制贯入度。

(4)在同一桩基中，各桩的最终贯入度应大致接近，而沉入深度也不宜相差过大，避免基础产生不均匀沉降。如因土质变化太大，致使各桩贯入度或沉桩深度相差过大时，应报有关部门研究，另行制定停锤标准。对于特殊设计的桩，如桩尖设计标高有高有低时(如拱桥的桥台桩等)，应按设计要求处理。

(五)振动沉桩

低频率的振动锤可以下沉重型的混凝土桩和大直径钢管桩。在软塑性黏性土或饱和的砂类土中，桩入土深度小于 15 m 时，仅用振动锤即可下沉。振动配合射水下沉混凝土管桩的施工方法如下：

(1)沉桩开始时，可仅由桩的自重和射水沉桩。

(2)吊装振动锤和桩帽与桩顶法兰盘连接牢固。在射水下沉缓慢或不下沉时，可开动振动锤并同时射水使其下沉。振动持续一段时间后，当桩下沉趋于缓慢或桩顶大量涌水时，停止振动，只射水下沉。经过一定时间后再振动。如此交替下沉，沉至接桩高度时，拆去振动锤和输水管，先接长水管再接桩，重新装上振动锤，继续沉桩。

(3)沉桩至设计标高适当距离时，将射水管提升至桩内，停止射水，进行干振，将桩沉至设计标高。注意最后下沉速度不大于试桩的最后下沉速度。

(4)一个基础内的桩全部下沉完毕后，为了避免先沉入的桩周土被邻近桩下沉射水破坏，影响承载力，应将全部基桩再复振一次，使之达到合格要求。

(5)每根桩的下沉应一气呵成，不可中途停顿，以免桩周围的土恢复强度。为此要求接桩、接输水管和停水干振的间歇时间尽可能短。

(六)射水沉桩

射水施工方法的选择应视土质情况而异，在砂夹卵石层或坚硬土层中，一般以射水为主，锤击或振动为辅；在亚黏土或黏土中，为避免降低承载力，一般以锤击或振动为主，以射水为辅，并应适当控制射水时间和水量。下沉空心桩时，一般用单管射水。当下沉较深或土层较密实时，可用锤击或振动，配合射水。下沉实心桩时，将射水管对称地装在桩的两侧，并能沿着桩身上下自由移动，以便在任何高度上都能射水冲土。必须注意，不论采取何种射水施工方法，在沉入最后阶段（至设计标高 1～1.5 m）时，均应停止射水，单用锤击或振动沉入至设计深度。对湿陷性黄土地层，除设计有特殊规定外，不宜采用射水沉桩。预制的钢筋混凝土桩或预应力混凝土桩以射水配合沉桩时，宜用较低落距锤击，避免因射水后，桩尖支承力不足，桩身产生超过允许的拉应力。

射水沉桩的设备包括：水泵、水泥、输水管路（应减小弯曲，力求顺直）和射水管等。射水管在桩内的长度应为桩长（L_1）、射水嘴伸出桩尖外的长度（L_2）和射水管高出桩顶以上高度（L_3）之和，即 $L=L_1+L_2+L_3$。射水管的布置见图 3.37，具体需根据实际施工需要的水压与流量而定。水压和流量与地质条件、选用的桩锤、振动机具、沉桩深度和射水管直径、数目等有关，一般是在沉桩施工前经试桩后予以选定。

射水沉桩的施工要点是：吊插基桩时要注意及时引送输水胶管，防止拉断与脱落；基桩插正立稳后，压上桩帽桩锤，开始用较小水压，使桩靠自重下沉。初期应控制桩身不使下沉过快，以免阻塞射水管嘴，并注意随时控制和校正桩的方向；下沉渐趋缓慢时，可开锤轻击，沉至一定深度（8～10 m）已能保持桩身稳定后，可逐步加大水压和锤的冲击动能；沉桩至距设计标高一定距离时停止射水，拔出射水管，进行锤击或振动使桩下沉至设计要求标高。

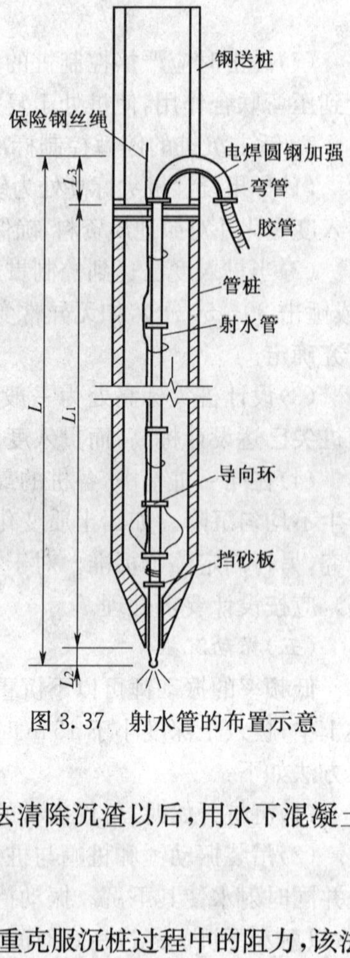

图 3.37　射水管的布置示意

若采用中心射水法沉桩，要在桩垫和桩帽上留有排水通道，防止射水从桩尖孔返入桩内，产生水压，造成桩身胀裂。管桩下沉到位后，如设计要求以混凝土填芯时，应用吸泥等方法清除沉渣以后，用水下混凝土填芯。

（七）静力压桩

静力压桩是指采用静压力将桩压入土中，即以压桩机的自重克服沉桩过程中的阻力，该法适用于高压缩性黏土或砂性较轻的亚黏土层。沉桩速度视土质状况而异。

静力压桩的准备工作包括：根据地质钻探、静力触探或试桩资料估算压桩阻力；选用压桩设备，但应注意使设计承载力大于压桩阻力的 40%；对压桩施工用辅助设备及测量仪器进行检查校定等。压桩作业开始后，应尽可能连续施工，减少停顿次数和时间，以免产生过大的启动阻力。桩尖接近设计标高时，应严格控制压桩进程。当遇到插桩初压，桩尖即有较大走位和倾斜时，或沉桩过程中桩身倾斜或下沉速度加快，以及压桩阻力突然剧增或压桩设备倾斜等情况时，应暂停施压，分析原因，及时处理。

五、承台施工

承台底面埋设在有足够承载力的土层上，并能排干水时，可按照明挖基础施工方法进行施工。

承台底面埋设在软弱的土层上，在能排干水的情况下，可采用夯填 10～30 cm 厚砂砾或碎石垫层，使之符合设计承台底面标高后，立即浇筑承台混凝土。

在浅水区修建承台时，可设围堰防水、排水，按明挖基础的围堰基础施工方法进行施工。

承台底面设置在河床以上的水中时，可采用套箱模板、吊箱围堰等方法修建承台。

1. 用驳船起吊套箱模板修筑承台

沉桩完毕后，潜水工在桩上搭好一个平面尺寸比承台稍大的钢木平台，其高度刚好位于承台底面处，然后把岸上制好的外围和承台外围相同的钢筋混凝土套箱模板，用两艘有龙门架起重设备的驳船吊运到桩位，并沉放在钢木平台上。就位后在套箱模板内灌筑 50 cm 厚水下混凝土封底，待其凝固后，抽水、绑扎钢筋，浇筑承台混凝土，如图 3.38 所示。

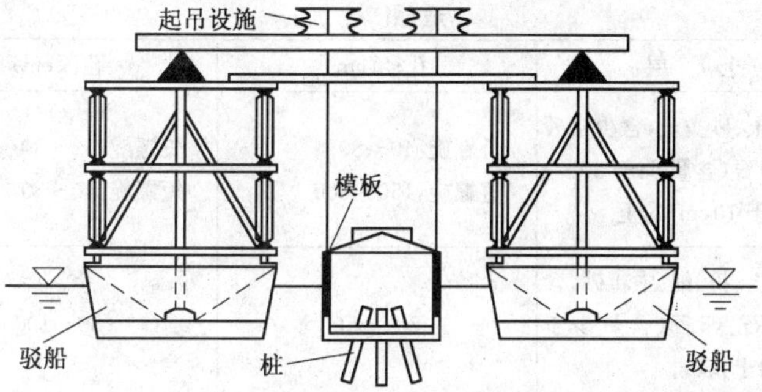

图 3.38 用驳船起吊套箱模板的承台施工

2. 用脚手架起吊套箱模板修筑承台

在水不是很深的时候，可在承台两侧搭设脚手架，并在其上拼装套箱模板，然后将其沉放在事先固定在桩上的水平支架上。在支架上安放预制的钢筋混凝土板作为承台底面的模板，灌筑 0.8 m 厚的水下混凝土封底。待混凝土凝固后，抽水、绑扎钢筋，浇筑承台混凝土，如图 3.39 所示。

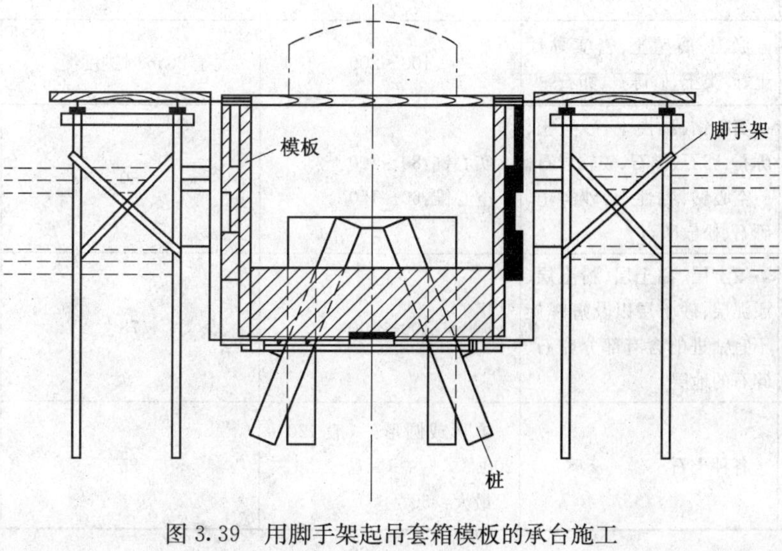

图 3.39 用脚手架起吊套箱模板的承台施工

第三节 钻(挖)孔桩基础

一、概 述

钻(挖)孔灌筑桩是指采用不同的钻(挖)孔方法，在地层中按要求形成一定形状(断面)的井孔，达到设计标高后，将钢筋骨架吊入井孔中，再灌筑混凝土(有地下水时灌筑水下混凝土)，形成桩基础的一种施工工艺。

根据井孔中土(钻渣)的取出方法不同，钻孔分为：螺旋钻孔、正循环回转钻孔、反循环回转钻孔、潜水钻机钻孔、冲抓钻孔、钻斗钻成孔和挖孔等。各种钻(挖)孔方法适用范围见表3.20。

表3.20 各种钻(挖)孔方法适用范围

钻孔方法	适用范围			泥浆作用
	土 层	孔径(cm)	孔深(m)	
螺旋钻孔	黏性土、砂类土，含少量砂砾石、卵石(含量少于30%，粒径小于10 cm)的土	长螺旋:40～80 短螺旋:150～300	长螺旋:12～30 短螺旋:40～80	干作业，不需要泥浆
正循环回转钻孔	黏性土，粉、细、中粗砂，含少量砾石、卵石(含量少于20%)的土，软岩	80～250	30～100	悬浮钻渣并护壁
反循环回转钻孔	黏性土、砂类土，含少量砾石、卵石(含量少于20%，粒径小于钻杆直径的2/3)的土	80～300	用真空泵时孔深小于35 m，用空气吸泥机时孔深可达65 m，用气举式吸泥机可达120 m	护壁
潜水钻孔	淤泥、腐殖土、黏性土、稳定的砂类土，单轴抗压强度小于20 MPa的软岩	非扩孔型:80～300 扩孔型:80～655	标准型:50～80 超深型:50～150	正循环浮悬钻渣，反循环护壁
冲抓钻孔	淤泥、腐殖土、密实黏性土、砂类土、砂砾石、卵石	100～200	大于20 m时进度慢	护壁
冲击钻孔	实心钻：黏性土、砂类土、砾石、卵石、漂石、较软岩石； 空心钻：黏性土、砂类土、砾石、松散卵石	实心锥:80～200 空心锥:60～150	50	浮悬钻渣并护壁
钻斗钻孔	填土层、黏土层、粉土层、淤泥层、砂土层以及短螺旋不宜钻进的含有部分卵石、碎石的地层	100～300	78	干作业时不需要泥浆
挖孔	各种土石	方形或圆形：一般120～200 最大:350	25	支撑护壁不需要泥浆

二、准备工作

钻孔的准备工作主要有桩位测量及放样、平整施工场地、布设道路、设置供水供电系统、制作和埋设护筒、制作钻架、泥浆备料和调制、沉淀出渣和钻孔机具的准备。

(一)场地准备

钻孔场地的平面尺寸应按桩基设计的平面尺寸、钻机数量和钻机底座平面尺寸、钻机移位要求、施工方法以及其他配合施工机具设施的布置情况决定。

施工场地或工作平台的高度应考虑施工期间可能出现的最高水位或潮水位，并高出最高水位 0.5～1.0 m。

施工场地应按不同情况进行整理：

1. 场地为旱地时，为避免产生不均匀沉陷，应平整场地，清除杂物，换除软土，夯打密实。钻机底座不宜直接置于不坚实的填土上。

2. 场地为陡坡时，可用枕木或木架搭设坚固稳定的工作平台。

3. 场地为浅水时，宜采用筑岛方法。当水不深，流速不大，根据技术经济比较采用截流或临时改河方案有利时，也可改水中钻孔为旱地钻孔方案。

4. 场地为深水或淤泥层较厚时，可搭设水上工作平台。工作平台可用木桩、钢筋混凝土桩或钢管桩做基桩，用木料、型钢、万能杆件、贝雷桁架片或其他材料搭设顶面纵横梁和支撑架。平台应能支撑钻孔机械、护筒加压、钻孔操作以及灌筑水下混凝土时可能发生的全部重力，要有足够的刚度，保持稳定性，并考虑洪水季节能使钻机顺利进入和撤出场地。

5. 如场地为深水，但水流平稳，水位升降缓慢时，钻机可设在组合船舶或浮箱上，但必须锚固稳定，以免造成偏位、斜孔或其他事故。

6. 当场地为深水，流速较大，但河床平顺或可以整理平顺时，可采用钢丝网水泥薄壁浮运沉井。沉井就位后，灌水、下沉、落床，然后在其顶面搭设工作平台，在底部开孔，安设护筒。

7. 在采用钢板桩围堰时，平台的平面设计应考虑插打钢板桩和沉放导向架的实际需要。

(二)护　　筒

1. 护筒的种类

护筒是可重复使用的设备，故在构造上要求坚固耐用，便于安装、拆除，不漏水。根据所用材料，主要分为木护筒、钢筋混凝土护筒和钢护筒三种。

2. 护筒的作用

护筒的作用是固定桩位，引导钻头(锥)方向，隔离地面水以免其流入井孔，保护孔口不坍塌，并保证孔内水位(泥浆)高出地下水或施工水位一定高度，形成静水压力(水头)，以保护孔壁免于坍塌等。

3. 护筒的一般要求

(1)用钢板或钢筋混凝土制成的埋设护筒，应坚实不漏水；护筒入土较深时，宜以压重、振动、锤击并辅以筒内除土等方法沉入。

(2)护筒内径应比桩径稍大。护筒长度在 2～6 m 范围时，有钻杆导向的正、反循环回转护筒的内径宜比桩径大 20～30 cm，无钻杆导向的正、反潜水电钻和冲抓、冲击钻的护筒内径宜比桩径大 30～40 cm；深水处的护筒内径应比桩径至少大 40 cm。

(3)护筒顶端高度：

①当采用反循环回转方法钻孔时，护筒顶端应高出地下水位2m以上，使护筒内水头产生20kPa以上的静水压力。

②采用正循环回转方法钻孔时，当地质良好、不宜塌孔时，护筒顶端的泥浆溢出口底边宜高出地下水位1～1.5m以上；当地质不良、容易塌孔时，应高出地下水位1.5～2m以上。

③采用其他方法钻孔时，护筒顶端宜高出地下水位1.5～2m。

④当护筒处于旱地时，除了满足①～③项外，护筒顶端还应高出地面0.3m。

⑤孔内有承压水时，护筒顶端应高出稳定后的承压水位2m以上，若承压水位不稳定或稳定后承压水位高出地下水位很多时，应先作试桩，鉴定在承压水地区采用钻孔灌筑桩的可能性。

⑥处于潮水影响的地区时，护筒顶端应高于最高水位1.5～2m以上，并必须采用稳定护筒内的水头措施。

(4)护筒的埋置深度：

①旱地或浅水处，对于黏性土护筒埋置深度不小于1～1.5m，砂类土应将护筒周围0.5～1m范围内的土挖除，夯填黏性土至护筒底0.5m以下。

②冰冻地区护筒应埋入冻层以下0.5m。

③对于深水及河床软土、淤泥层较厚时，护筒埋置深度尽可能深入到不透水的黏性土内1～1.5m；河床下无黏性土时，应沉入到大砾石、卵石层内0.5～1m；河床为软土、淤泥、砂类土时，护筒底埋置深度要能防止护筒内水头降低产生涌砂现象。

④有冲刷影响的河床，护筒应埋入局部冲刷线以下1～1.5m。

(5)护筒接头处要求耐拉压、不漏水且内部无突出物；灌筑桩完成后，钢护筒和钢筋混凝土护筒除设计另有规定外，一般应拆除。

(6)在干处或浅水筑岛时，护筒可按一般方法实测定位；在深水沉入护筒时应采用导向架等设备定位，并保持竖直，导向架应有足够的强度和稳定性。

(7)护筒平面位置的偏差一般不得大于5cm，护筒倾斜度的偏差不大于1%。

(三)泥浆制备

1. 泥浆的作用

钻孔泥浆由水、黏土和添加剂组成。在钻孔中，由于泥浆的密度大于水的密度，故护筒内同样高的水头，泥浆的静水压力要比水的大。由于静水压力的作用，泥浆在井孔壁形成一层泥皮，阻隔孔内外渗流，保护孔壁免于坍塌。另外，泥浆还有悬浮钻渣的作用，使钻进正常进行。在冲击和正循环回转钻进中，悬浮钻渣的作用更为重要。

2. 泥浆的性能要求

(1)密度：泥浆的密度增大时，在钻孔中对孔壁的侧压力也相应增大，孔壁也越趋稳定，悬浮携带钻渣的能力越强。但是密度过大，其孔壁上的泥皮也增厚，这就增加了泥浆原料的消耗，而且会给清孔和灌筑混凝土造成困难。另外，泥浆密度加大，意味着泥浆固体颗粒含量加大，会对钻具产生较大的磨损，同时降低钻进速度。

(2)黏度：指液体或混合液体运动时，各分子或颗粒之间产生的内摩擦力。黏度大的泥浆，产生的孔壁泥皮厚，对防止翻砂、阻隔渗漏有利，悬浮携带钻渣能力强，对正循环回转钻有利。但黏度过大，则容易“糊钻”，影响泥浆泵的正常工作，增加泥浆净化的困难，影响钻进速度。黏度过小，钻渣不宜悬浮，泥皮薄，对防止翻砂、渗漏不利。

(3)静切力：是指静止的泥浆受外力作用开始流动所需要的最小力，又称滑动静应力，它表示泥浆结构的强度，以破坏 1 cm^2 面积上的泥浆颗粒结构所需的力表示。泥浆静切力要适当，太大则流动阻力大，沉淀池中的泥浆钻渣不易沉淀，影响净化速度，使泥浆相对密度过大，钻进速度降低；太小则悬浮钻渣效果不好，钻进速度也会降低，若因故停钻，钻渣容易下沉，造成积渣埋钻事故。

(4)含砂率：指泥浆内所含的砂和黏土颗粒的体积百分比。泥浆含砂率大时，会降低黏度，增加沉淀，容易磨损泥浆泵和水管摇头、钻锥等钻具；停钻时容易造成埋钻、卡钻事故。

(5)胶体率：指泥浆静止后，其中成悬浮状态的黏土颗粒与水分离的程度，以百分比表示。胶体率高的泥浆，黏土颗粒不易沉淀，悬浮钻渣能力高，否则反之。

(6)失水率：又叫失水量或渗透量，是指泥浆在钻孔内受内外水头压差的作用而在一定时间内渗入地层的水量，以 mL/30 min 为单位。泥浆失水率越小，则它的胶体率越大。

3. 泥浆制备

黏土以水化快、造浆能力强、黏度大的膨胀土或接近地表经过冻融的黏土为好，但应尽量就地取材。

泥浆调制前，应先把黏土尽量打碎，使在搅拌中易于成浆，缩短搅拌时间，提高泥浆质量。

搅拌可以采用机械搅拌、人工搅拌和钻锥搅拌。搅拌时，先将定量的清水加入搅拌鼓，然后慢慢加进与水量相应的黏土，并开动机器搅拌。

4. 制备泥浆的水质和设备要求

(1)要求使用不纯物含量少的水，当不能用自来水时，应事先进行水质检查，以保证泥浆质量。

(2)当制备泥浆的水不能确保时，需另外准备 10～20 m^3 的清水或泥浆储存设备。

(3)为清洗机械设备，宜准备管径 25 mm、流量 50 L/min 的给水设施。

(4)为使钻孔中的泥浆重复使用，应准备水泵和储存钻；为处理清洗机械设备的废水，需设置水沟和沉淀池。

(5)废泥浆应用罐车送到处理场进行处理，不得在施工现场就地排放。

三、施工工艺

钻孔灌筑桩的施工工序很多，因成孔方法不同和现场情况各异，施工工艺流程也不完全相同。根据各地的实践经验，钻孔灌筑桩施工的工艺流程如图 3.40 所示。

(一)成孔工艺

1. 螺旋钻机成孔

(1)钻机就位；

(2)钻进；

(3)停止钻进，读取测绳读数，确定钻孔深度；

(4)提起钻杆；

(5)测孔径、孔深和桩孔水平与垂直偏差；

(6)成孔质量检查；

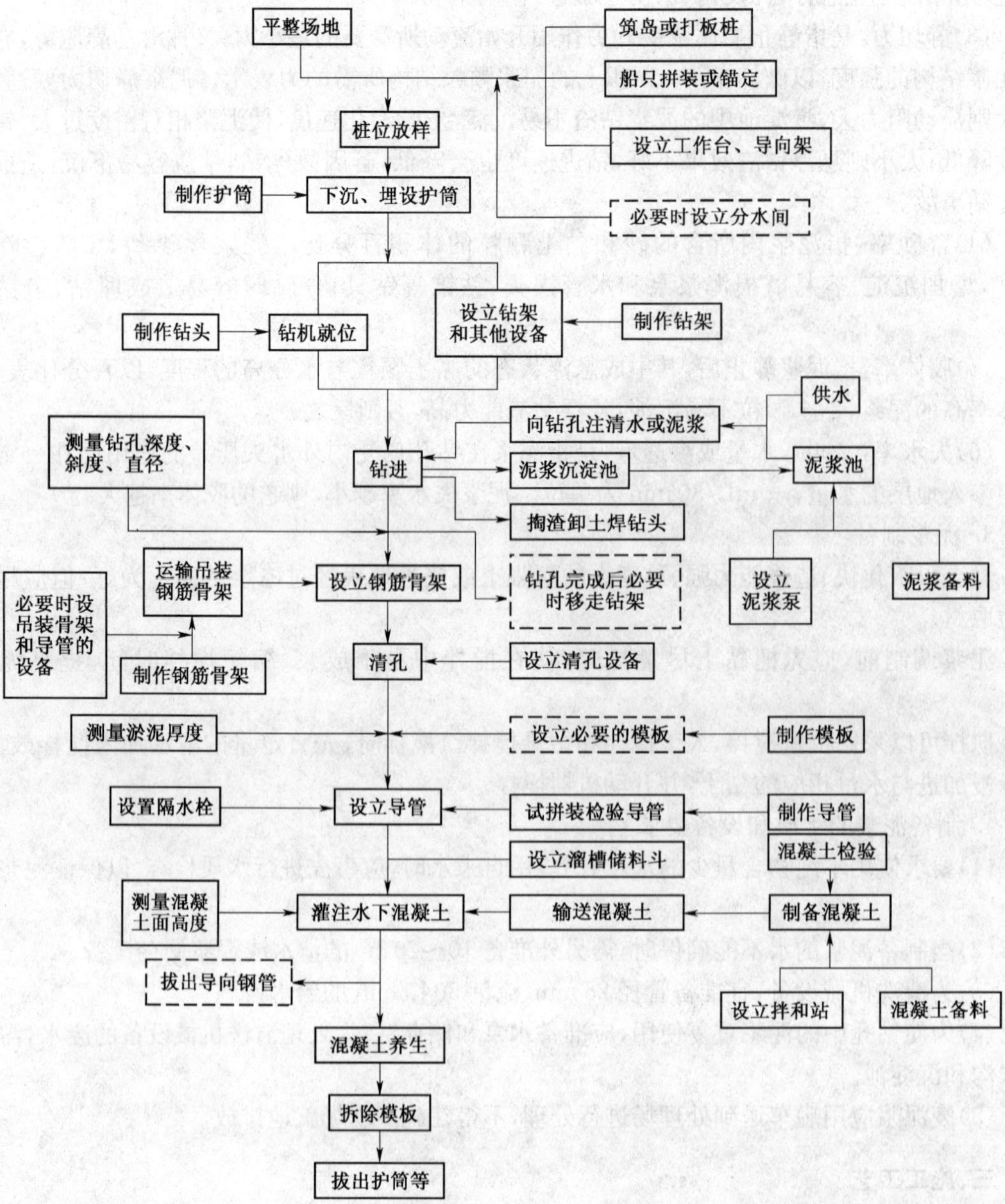

图 3.40　钻孔灌筑桩工艺流程(虚线方框表示有时采用的工序)

(7)盖好孔口盖板;

(8)钻机移位;

(9)复测孔深和虚土厚度,确认可否转入下一道工序。

长螺旋钻机成孔程序示意图见图 3.41。

2. 正循环回转法成孔

正循环回转法(图 3.42)的工作特点是:电动机将动力经皮带传送至转盘旋转设备,带动中心的空心钻转动,将扭转动力传递到钻锥。另用泥浆泵将泥浆经空心钻杆压入孔底并使之在钻杆外上升,将钻渣悬浮出孔外,同时,泥浆也起护壁作用。

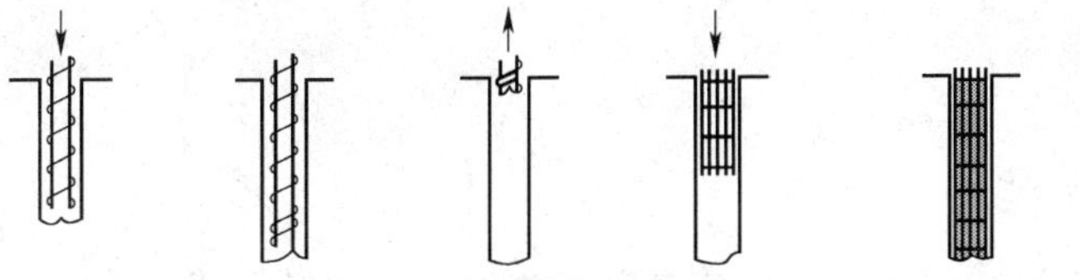

图 3.41　长螺旋钻机成孔程序示意图

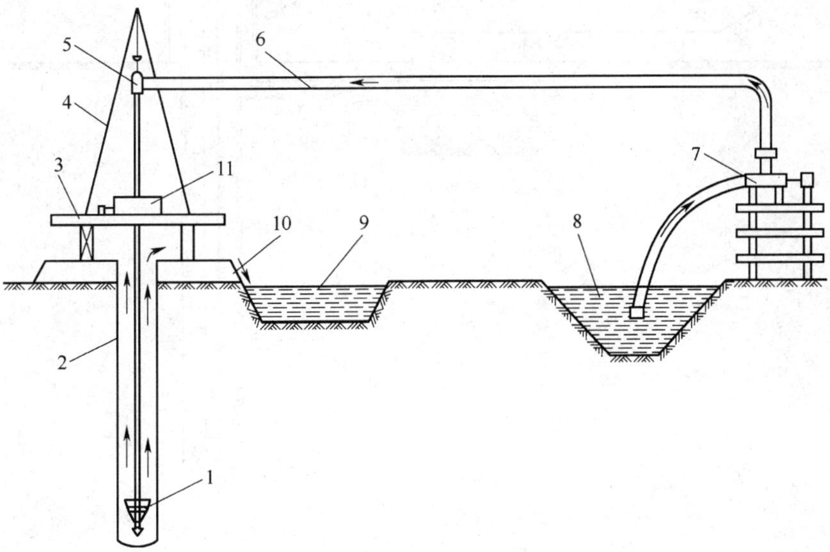

图 3.42　正循环回转钻孔示意

1—钻锥；2—护筒；3—工作平台；4—钻架；5—水龙头(摇头)；6—高压胶管；7—泥浆泵；8—储浆池；9—沉淀池；10—土台；11—磨盘钻孔

3. 反循环回转成孔

其工作特点正好与正循环相反，泥浆由储浆池流入或注入钻孔，在孔底同钻渣混合，再用真空泵或吸泥泵配合或在空气吸泥机、水力喷射泵的吸力作用下，混合物进入钻机的进渣口，由钻杆内腔吸上，再从出水控制阀经胶管排泄到沉淀池，净化后到储浆池循环使用(图 3.43)。

4. 潜水钻机成孔

潜水钻机的种类较多，其成孔工艺大体相同：

(1)先将起吊潜水钻机的龙门吊机或吊车安装就位，并使主吊钩竖直对准桩位中心；

(2)安装潜水电钻、卷扬机、泥浆泵电缆；

(3)安装钻锥、潜水电钻和钻杆；

(4)将钻锥、电钻吊入护筒内，关好钻架底铁门，启动泥浆泵或吸浆泵，稍微吊起钻锥，使电钻空转；

(5)根据钻杆进尺放松电缆线，不可过多；

(6)接长钻杆时，先停止电钻转动，提升钻杆，泥浆继续循环，按照正循环或反循环方法接长一节钻杆，放下电钻，钻锥继续钻进。

钻进时应注意以下事项：

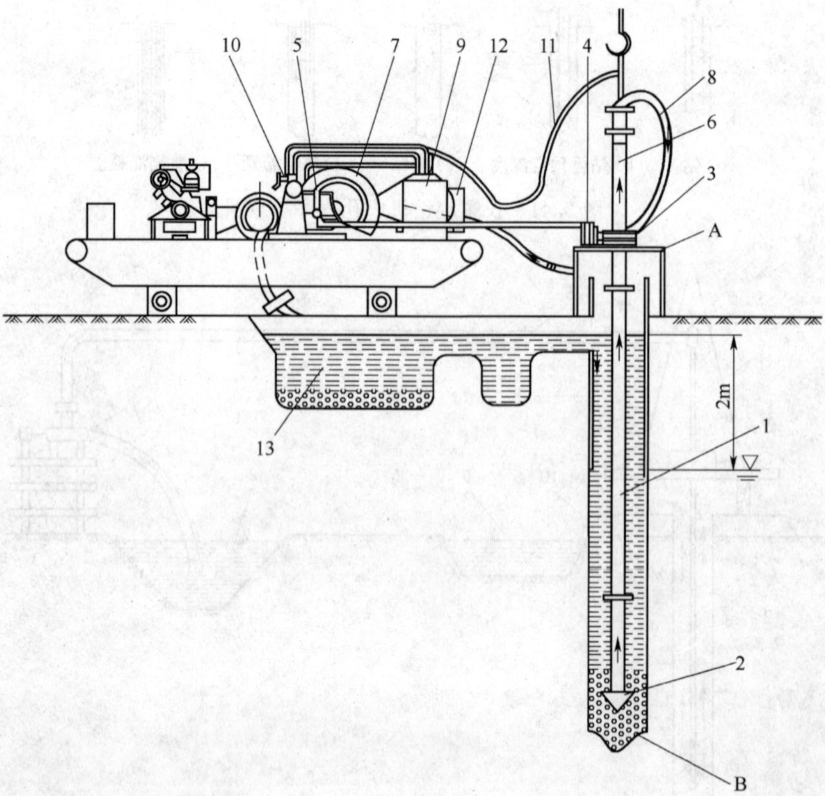

图 3.43　泵吸式反循环回转钻孔示意

1—钻杆;2—钻锥;3—转盘;4—液压电动机;5—油压泵;6—方型传动杆;7—泥浆泵;8—吸泥胶管;9—真空罐;10—真空泵;11—真空胶管;12—冷却水槽;13—泥浆沉淀池;A—井盖;B—井底

(1)为了防止潜水电钻杆折断或其他原因而掉入孔中,应在电钻上加焊吊环,系一保险钢丝绳;

(2)电缆和进浆胶管上应用油漆标明尺度,便于和钻杆上所标尺度相校核;

(3)在钻进时,电流一般控制在钻机设计的范围内,如果电流突然上升说明电钻超负荷,应将电钻上提,相应收回电缆线及进浆胶管,并应设自动跳闸装置,以便因钻进遇阻导致电流大大超过负荷时能自动停钻;

(4)应根据土质情况控制电钻进尺。

5. 冲抓钻机成孔

冲抓钻机成孔分无套管成孔法和有套管成孔法。下面简单介绍有套管冲抓钻机成孔步骤:

(1)埋设第一节套管;

(2)用锤式抓斗挖掘,同时边摇动套管边把套管压入土中;

(3)连接第二节套管,重复工序(2);

(4)依次连接、摇动和压入其他节套管,直到套管下到桩端持力层为止;

(5)挖掘完毕后立即测量挖掘深度,确认桩端持力层,然后清除孔底虚土。

6. 冲击钻机成孔

(1)机具布置:随所用的钻机类型而异。

(2)开孔:开孔时应先在孔内灌筑泥浆。

(3)用正式钻机正常钻进时,需要注意以下事项:

①冲程应根据土层情况分别规定;

②在通过漂石或岩层时,如表面不平整,应先投入黏土、小片石,将表面垫平,再用十字形钻锥进行冲击钻进,防止发生斜孔、坍孔事故;

③要注意均匀地送放钢丝绳的长度。

(4)掏渣:破碎的钻渣,有一部分和泥浆一起被挤进孔壁,大部分靠掏渣筒清除孔外。

(5)分级钻进:为适应钻机负荷能力,在钻大孔时,可分级扩钻达到设计孔径。

(6)检孔:钻进中须用检孔器检孔。检孔器用钢筋笼做成,其外径等于设计孔径,长度为孔径的4～6倍。每钻进4～6 m,或接近、通过易缩孔土层或更换钻锥前,都必须检孔。

7. 钻斗钻机成孔

(1)安装钻头钻机;

(2)钻头着地,旋转,开孔;

(3)当钻头被旋转挤压充满泥沙后,将其提升上来,同时监视井孔水位变化情况,随时灌浆(或补水)保持水头;

(4)旋转钻机,将钻头中的泥沙倾斜到翻斗车上;

(5)关闭钻头的活门;

(6)降落钻头;

(7)埋置导向护筒,灌入泥浆护壁;

(8)将侧面铰刀安装在钻头内侧,开始钻进;

(9)钻孔完毕后,进行第一次清孔,并测定深度;

(10)测定孔壁;

(11)插入钢筋笼和导管后,进行第二次清孔,排除孔底沉渣。

(二)成孔检查

钻孔灌筑桩在成孔过程中及终孔后以及灌筑混凝土前,均需对钻孔进行阶段性的成孔质量检查,检查的主要内容包括:孔径和孔形检测、孔深和孔底沉渣检测、桩孔垂直度检测、桩位检测等。

(1)孔径和孔形检测

孔径检测应在桩孔成孔后、下入钢筋笼前进行。孔径检测是利用根据设计桩径制作的检孔器进行的。图3.44所示为用六根硬质木条铰接而成的可活动框架井径检孔器,图3.45为伞形孔径测定仪。

(2)孔深和孔底沉渣检测

孔深和孔底沉渣普遍采用标准锤检测。对于斜桩的孔深和孔底沉渣,使用测锤检测时误差较大且精度较低,可以采用超声波检查孔底沉渣厚度等。

(3)桩孔垂直度检测

垂直度检测方法常见有以下几种:

①钻杆测斜法:将带有钻头的钻杆放入孔内到底,在孔口处的钻杆上装一个与孔径或护筒

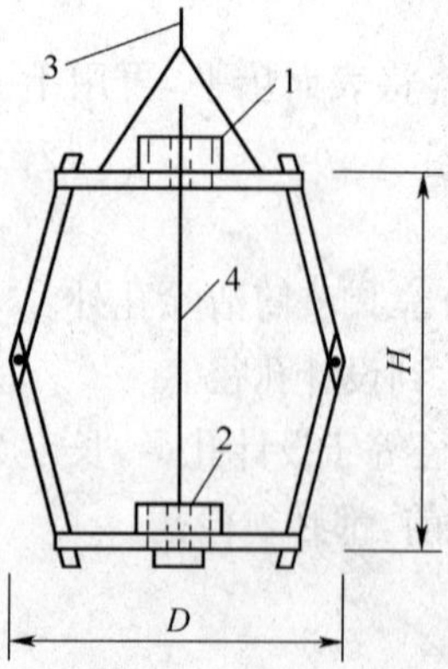

图 3.44 井径检孔器

1、2—压重铁块；3、4—测绳

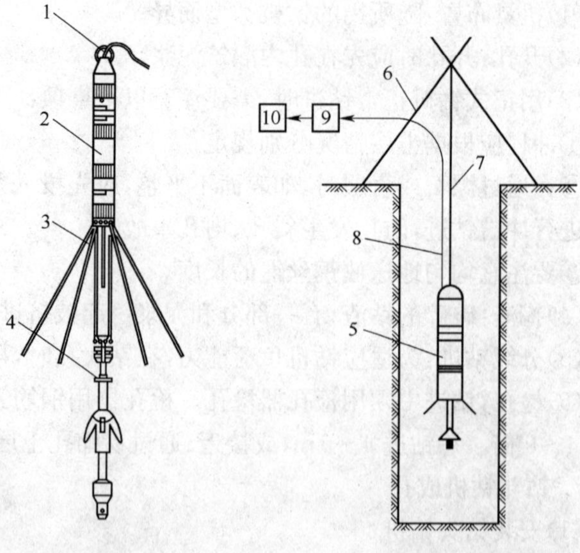

（a）测头　　（b）孔径测定仪检测装置

图 3.45 伞形孔径测定仪

1—电缆；2—密封筒；3—测腿；4—锁退装置；5—测头；6—三脚架；7—钢丝绳；8—电缆；9—放大器；10—记录仪

内径一致的导向环，使钻杆柱保持在桩孔中心线位置。然后将带有扶正圈的钻孔测斜仪下入钻杆内，分点测斜。

②圆球检测法：在孔口沿钻孔直径方向设一标尺，标出中点和桩孔中心，将圆球系于测绳上，量出滑轮到标尺中心点距离 H。将圆球慢慢放入孔底，待测绳静止不动后，读出测绳在标尺上的偏距 e，计算出桩孔垂直度，图 3.46 为圆球检测法示意图。

（4）桩位检测

钻孔桩的实际桩位因受施工中各种因素的影响，可能会偏离原设计桩位，因此要对全部桩进行复测，并在复测平面图上标明实际桩位坐标。

（三）清　孔

1. 清孔目的

清孔的目的是抽换原钻孔内的泥浆，降低泥浆的密度、黏度、含砂率等指标，清除钻渣，减少孔底沉淀厚度，防止桩底沉淀土过厚而降低桩的承载力。尤其是采用大直径钻孔桩时，在施工中彻底清除孔底沉淀土对充分发挥桩底原土层的支撑力，提高大直径钻孔桩竖直承载力尤为重要。

清孔还为灌筑水下混凝土创造良好条件，使测深正确、灌筑顺利，确保混凝土质量，避免出现断桩之类的重大工程质量事故。

2. 清孔方法

清孔方法应根据设计要求、钻孔方法、机械设备和土质情况决定。常见的清孔方法有：抽浆法清孔、换浆法清孔、掏渣法清孔、喷射法清孔、用砂浆置换钻渣法清孔等。

抽浆清孔法比较彻底，适用于各种钻孔方法的摩擦桩、支撑桩和嵌岩桩。但是孔壁易坍塌的钻孔使用抽浆法清孔时，应注意防止坍塌。

对于正循环回转钻进来说，换浆法不需要另加机具，且孔内仍为泥浆护壁，因此不易坍孔。缺点是清孔不彻底，混凝土质量较难保证，而且清孔时间长。而采用其他方法钻孔时，不易采用换浆法清孔。

喷射法清孔是在灌筑混凝土前，对孔底进行高压射水或射风数分钟，使沉淀物漂浮后，立即灌筑水下混凝土。该方法常在其他方法清孔或清孔过程中配合使用。钻孔工作完毕后，由于有拆卸钻杆、钻头、下钢筋骨架及导管等工序，沉淀厚度可能会增加，导致导管无法插到底，故常用喷射法，将沉淀冲起漂浮。

3. 清孔的质量要求和检查方法

(1)清孔的质量要求

对于摩擦桩，应满足：

①孔底沉淀土的厚度不得大于设计规定值；

②清孔后的泥浆性能指标：含砂率不大于 2%，相对密度为 1.03～1.10，黏度为 17～20 s，胶体率大于等于 98%。

对于支承桩，宜采用抽浆法清孔，并清理至吸泥管出清水为止。灌筑混凝土前，孔底沉淀厚度不大于设计规定。

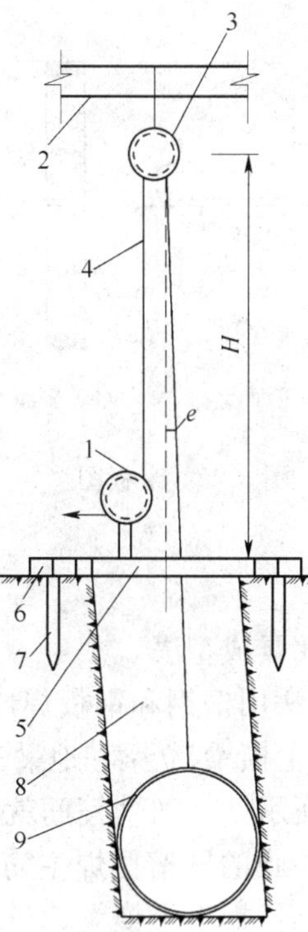

图 3.46　圆球检测法示意图

1—导向滑轮；2—横梁；3—滑车；4—钢绳；5—标尺；6—木桩；7—定位桩；8—桩孔；9—圆球

(2)沉淀土厚度的检测方法

沉淀土厚度的测算基准面：用平底钻锥和冲击、冲抓锥时，沉淀土厚度从锥头或抓锥底部所到达的孔底平面算起；用底部带圆锥的笼式锥头时，沉淀土厚度从锥头下端的圆锥体高度的中点标高算起。

检测方法有：取样盒检测方法、测锤法、电阻率法、电容法和声呐法。

(四)钢筋骨架

1. 钢筋骨架制作

钢筋骨架的制作方法有卡板成型法、支架成型法、胎具成型法、箍筋成型法和加劲筋成型法等。

(1)卡板成型法

用 2～3 cm 厚的木板(或薄钢板)制成两块半圆卡板。按照主筋位置，在卡板边缘凿出支托主筋的凹槽，槽深等于主筋直径的一半。制作骨架时，每隔 3 m 左右放一块卡板，把主筋纳入凹槽，用绳扎好；再将螺旋筋或箍筋套入，并用钢丝将其与主钢筋绑扎牢固。然后松开卡板与主筋的绑绳，卸去卡板，随即将主筋同螺旋筋或箍筋点焊。卡板构造见图 3.47。

(2)支架成型法

支架由固定和活动支架两部分组成。用 3～4 cm 厚的木板，按骨架的设计尺寸，做成半圆的固定支架。在支架的周围边缘，按照主筋位置凿出支托主筋的凹槽。固定支架用两根 4 cm×10 cm 的支柱固定支架，如图 3.48 所示。制作时，把主筋逐根放入凹槽，然后将箍筋按设计位置放在骨架外围，弯绕成圆箍，并与主筋点焊连接。焊接好箍筋后，把活动支架和固定支架的连接螺栓拆除，从骨架两端抽出活动支架，最后将骨架从固定支架上吊走。

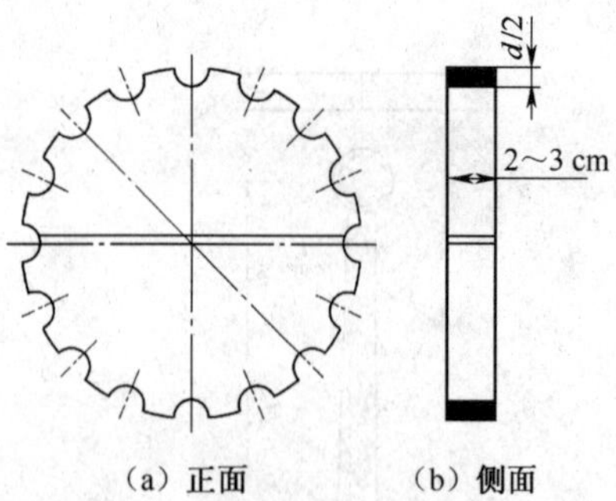

图 3.47 卡板图

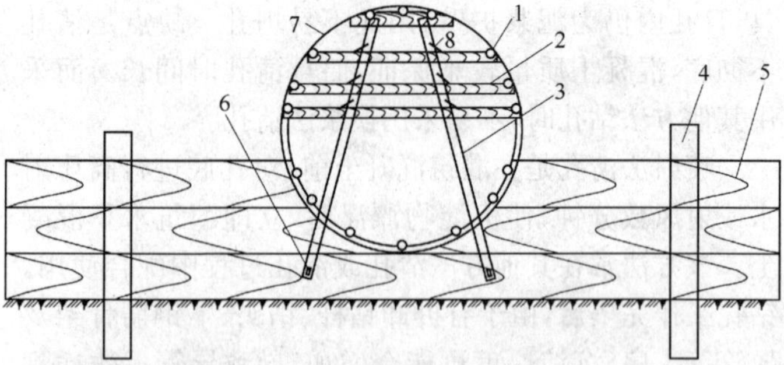

图 3.48 支架

1—主钢筋；2—横木条；3—竖向木条；4—支柱；5—固定支架；6—螺栓；7—箍筋；8—铁钉

(3)胎具成型法

该方法用槽钢和钢板焊成组合胎具，每组胎具由上横梁、立梁和地梁三部分组成，如图 3.49 所示。将加劲箍筋就位于每道胎具同侧，按胎膜的凹槽摆焊主筋和箍筋。全部焊接完成后，拆下上横梁、立梁，滚出钢筋骨架，然后继续下一节骨架的焊接。

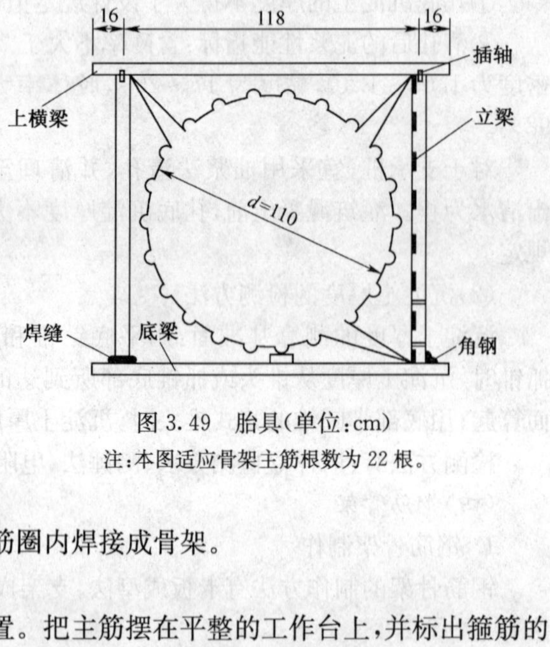

图 3.49 胎具(单位:cm)

注:本图适应骨架主筋根数为 22 根。

(4)箍筋成型法

按照钢筋骨架的外径制作一块样板，将箍筋围绕样板弯制成箍筋圈。在箍筋圈上标出主筋位置，同时在主筋上标出箍筋位置。然后在水平的工作平台上，在主筋长度范围内，放好全部箍筋圈，将两根主筋伸入箍筋圈内，按钢筋上标注位置的记号互相对准，依次扶正箍筋并一一焊好，再将其余的主筋穿进箍筋圈内焊接成骨架。

(5)加劲筋成型法

按照设计尺寸做好加劲筋圈，标出主筋位置。把主筋摆在平整的工作台上，并标出箍筋的位置。焊接时，使加劲筋上任一主筋的标记对准主筋中部的加劲筋标记，扶正加劲筋，用木制直角板校正加劲筋与主筋的垂直度后点焊。在一根主筋上焊接好全部加劲筋后，用机具或人工转动骨架，将其余主筋逐根焊好，然后吊起骨架放在支架上，套入盘筋，按设计位置布好螺旋筋并绑扎于主筋上，点焊牢固。

钢筋骨架保护层厚度一般为 6～8 cm，设计有规定时，应以设计为准。可用下列方法设置保护层：

(1)绑扎混凝土预制块

混凝土预制垫块为 15 cm×20 cm×8 cm，靠钻孔壁的方向制成弧面，靠骨架的一面制成平面，并有十字槽。纵向为直槽，横向为曲槽，其曲率同箍筋曲率。槽的深度和宽度，以能容纳箍筋和主筋为度，如图 3.50 所示。垫块在钢筋骨架上的布置依据钻孔土层变化而定，一般沿钻孔竖向每隔 2m 左右设置一道，每道沿圆周对称地设置 4 块。

该方法的优点是预制块同孔壁的接触面积大，制作简单，设置方便；缺点是预制块用钢丝绑扎在骨架上，容易碎落。

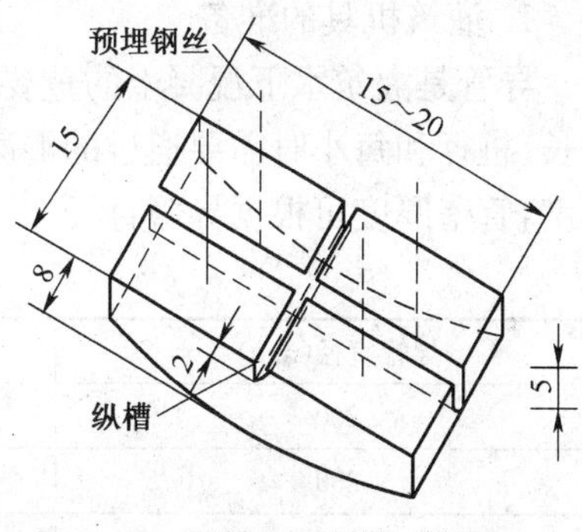

图 3.50　混凝土预制块(单位:cm)

(2)焊接钢筋混凝土预制垫块

钢筋混凝土预制块形状同上，不同的是在十字槽底部埋设一根直径为 6～8 mm 的钢筋，以便能分别焊接在主筋和箍筋上。其布置同上，该法的特点是混凝土预制块较牢固。

(3)焊接钢筋“耳朵”

钢筋“耳朵”用断头钢筋(直径不小于 10 mm)弯制而成，长度不小于 15 cm，高度不小于 8 cm，焊接在骨架主筋外侧，如图 3.51 所示。其布置间距同上，该方法克服了上述两方法的缺点，但是与孔壁接触面小，容易陷入孔壁中，因此需要加密一些。

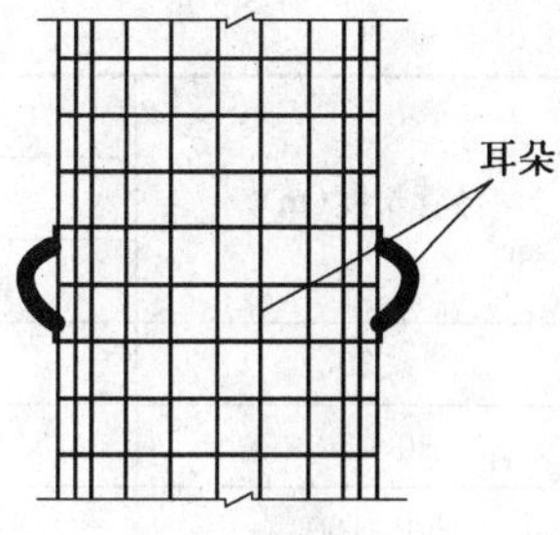

图 3.51　钢筋“耳朵”

(4)钢垫环

钢垫环是用短钢板或扁钢筋制成(厚度 5 mm 以上、宽约 10 cm)，直接焊接在主筋上，也可以用其他废料加工而成。每个长度一般在 40 cm 左右，在骨架上每隔一定距离焊接一个，每个断面可对称焊接 4 个，钻孔土层松软时也可增加。这种钢垫环使用效果较好，但是不宜采用钢筋或较窄的钢带制作钢垫环。

(5)用导向钢管控制保护层厚度

该方法借助于骨架就位时用的导向钢管来设置保护层。钢管在平面上的布置视钻孔大小而定，一般不少于 4 根。

2. 钢筋骨架的运输和起吊就位

(1)骨架的存放和运输

骨架在制作完成以后，必须存放在平整、干燥的场地上。存放时，每个加劲筋与地面接触处都应垫上等高的木方，以免粘上泥土。存放时按照各节段排好次序，便于使用时按顺序装运。在骨架每个节段上都要挂上标志牌，写明墩号、桩号和节号。骨架存放还要注意防雨、防潮。

骨架的运输要求是：无论采用什么方法运输，都不得使骨架变形。骨架运输分两种情况：一种是有围堰平台的，以平车直接运入；另一种是有水上平台的，从平台上船，再运至施工现场。运输工具一般为带托架的平车或胶轮车。在场内运输时，若受地形或运输工具的限制，也可用人工抬运。

(2)骨架的起吊和就位

钢筋骨架可利用钻机塔架、汽车吊、龙门吊、人字扒杆、独脚扒杆或缆索起吊。为了保证起吊时不变形，宜采用两点吊，第一点设在骨架的下部，第二点设在骨架长度的中点到上三分点之间。

(五)灌筑水下混凝土

水下混凝土工程施工可采用直升导管法、箱袋法、铺石灌浆法和混凝土泵输送法等。直升导管法在实际施工中采用的比较多，下面简单进行介绍。

1. 灌筑机具的准备

导管是灌筑水下混凝土的重要工具，可用钢板卷制焊成或采用无缝钢管制成。其直径按桩长、桩径和每小时需要通过的混凝土数量决定，可按表 3.21 选用。为了保证导管的强度和刚度，管壁厚度可根据导管直径、总长度和制成方法按表 3.22 选用。

表 3.21 导管直径表

导管直径(mm)	通过混凝土数量(m^3/h)	桩径(m)
200	10	0.6～1.2
250	17	1.0～2.2
300	25	1.5～3.0
350	35	>3.0

表 3.22 导管壁厚表

导管长度(m)	导管壁厚(mm)			
	导管直径 200～250 mm		导管直径 300～350 mm	
	钢板卷制	无缝钢管	钢板卷制	无缝钢管
<30	3	8	4	10
30～50	4	9	5	11
50～100	5	10	6	12

导管使用前和使用一个时期后，除应对其规格、质量和拼接构造进行认真地检查外，还需做拼接、过球和水密、承压、接头、抗拉等试验。

导管顶部应设置漏斗，其上设溜槽、储料斗和工作平台。储料斗和漏斗高度除应满足导管拆卸等操作需要外，并应在灌筑到最后阶段时，不影响导管内混凝土桩的灌筑高度。在钻孔桩桩底低于钻孔中水面时，漏斗底口应比水面至少高出 4～6 m。在桩顶高于钻孔中水面时，漏斗底口应比桩顶至少高出 4～6 m。

储料斗的作用是储放首批浇筑的混凝土，或是将运输来的可能离析了的混凝土倒入其中，在拌匀后经溜槽送入漏斗。

混凝土的运输时间和距离应尽量缩短，以迅速、不间断为原则，防止在运输中产生离析。详细要求见混凝土工程中的相关规定。

2. 水下混凝土的灌筑

(1)灌筑水下混凝土是钻孔桩施工的重要工序，应特别注意。钻孔应经成孔质量检验合格后，方可开始灌筑工作。

(2)灌筑前，对孔底沉淀厚度应再进行一次测定。如厚度超过规定，可用前述喷射法向孔底喷射 3～5 min 水或气，使沉渣悬浮，然后立即灌筑首批水下混凝土。

(3)剪球、拔栓或开阀，将首批混凝土灌筑入孔底后，立即测探孔内混凝土面高度，计算出导管埋置深度，如符合要求，即可正常灌筑。如发现导管内大量进水，表明出现灌筑事故，应按事故处理方法进行处理。

(4)灌筑应连续进行，严禁中途停工。在灌筑过程中，要防止混凝土拌和物从漏斗顶溢出或从漏斗外掉入孔中，使孔内泥浆因含有水泥而变稠，致使测探沉淀物厚度不准确。灌筑过程中，应注意观察管内混凝土下降和孔内水位上升情况，及时测量孔内混凝土面高度，正确指挥导管的提升和拆除。导管提升时应保持轴线竖直和位置居中，逐步提升。

(5)在灌筑过程中，当导管内混凝土不满、含有空气时，后续混凝土要徐徐灌入，以免在导管内形成高压气囊，挤出管节间的橡皮垫，导致导管漏水。

(6)当混凝土面升到钢筋骨架下端时，为防止钢筋骨架被混凝土顶托上升，可采用以下措施：

①尽量缩短混凝土的灌筑时间，防止混凝土顶面上升进入钢筋骨架时混凝土的流动性过小，也可以采用缓凝剂、粉煤灰等增大其流动性。

②当混凝土面接近和初进入钢筋骨架时，应使导管底口处于钢筋笼底口 3 m 以下和 1 m 以上处，并徐徐灌筑混凝土，以减少混凝土从导管底口出来后向上的冲击力。

③当孔内混凝土进入钢筋骨架 4～5 m 以后，适当提升导管，减小导管埋置长度，以增加骨架在导管口以下的埋置深度，从而增加混凝土对钢筋的握裹力。

(7)为确保桩顶质量，在桩顶设计标高以上应加灌一定高度，以便灌筑结束后将此段混凝土清除。增加的高度，可按孔深、成孔方法和清孔方法确定，一般不宜小于 0.5 m，长桩不宜小于 1 m。

(8)在灌筑混凝土时，每根桩应该至少留取 2 组试件，桩长 20m 以上者至少 3 组；桩径大、浇筑时间长的不少于 4 组。如换工作班时，每个工作班都应制取试件。试件进行标准养护，强度测试后填写试验报告，强度不合要求时，应及时提出报告，采取补救措施。

复习思考题

1. 桥梁工程中的基础形式有哪几种？其确定原则是什么？
2. 简述明挖基础施工中基坑不加固的条件，在什么情况下应对开挖后的基坑进行护壁加固？护壁加固的方式有哪些？
3. 简述基坑排水的种类及其适用条件。
4. 简述基础施工中水中围堰的形式及其适用条件。
5. 简述钢板桩围堰的结构特点及施工方法。
6. 简述双壁钢围堰的结构特点和施工方法。
7. 锤击沉桩在选择桩锤重量时应考虑哪些因素？
8. 水中桩基施工一般采用什么方法？试说明各自的适用条件。
9. 简述钻孔桩基础施工的主要顺序，其中制备泥浆和埋设护筒的作用是什么？
10. 简述挖孔桩的适用条件和施工要点。
12. 沉箱由哪些主要部分构成？各部分的主要作用是什么？

第四章 梁式混凝土桥梁施工

梁式混凝土桥梁包括简支梁桥、连续梁桥、悬臂梁桥以及连续—刚构桥等。从受力范畴分析，梁式桥是以受弯为主的结构，是一种古老而简单实用的桥型。梁式桥构造简单、施工方便、工期短、造价低，且维修容易，除特大跨度桥梁外，是设计中优先考虑的结构体系，应用甚广。梁式混凝土桥梁根据使用期间是否容许开裂又分为钢筋混凝土梁式桥与预应力混凝土梁式桥两大类，钢筋混凝土简支梁仅适用于小跨度的桥梁，为了提高简支梁的跨越能力，常采用预应力混凝土结构。梁式桥施工方法包括支架现浇法、整孔(片)架设安装法、顶推法以及悬臂施工法等。本章主要介绍预应力混凝土简支梁制作(架设安装)、混凝土简支梁整孔(片)架设安装以及连续梁(刚构)桥等的施工方法。

第一节 预应力混凝土简支梁制作

与非预应力的钢筋混凝土相比，预应力混凝土具有抗裂性高、耐久性好、自重轻、材料省、造价低，能应用于较大跨度结构等优点。

预应力混凝土梁常见施工方法按预应力施加时间分为先张法和后张法；按张拉方法分为机械张拉和电热张拉。

先张法是在张拉台座或钢模上首先张拉预应力钢材，达到要求的控制应力后用夹具将预应力钢材临时固定，然后浇筑混凝土的施工方法。

后张法是先制作构件(或块体)，在梁体构件内部预先留出孔道，待构件混凝土达到设计规定的强度(一般不低于混凝土设计强度的70%)后，再往预留孔道内穿入预应力钢材，施加预应力，张拉到控制预应力后，用锚具将预应力钢材锚固起来，然后进行孔道压浆和封锚，完成后张法的全部工作。

一、预应力钢材加工

(一)影响预应力钢材下料长度的因素

(1)张拉方法：先张法、后张法及电热张拉法等不同的张拉方法对预应力钢材在构件外预留的长度要求不同；

(2)构件类型：包括构件长度、孔道直曲、孔道长度、一端张拉还是两端张拉等；

(3)夹具的类别：各种夹具的长度、不同的锚夹方法，需要的预应力钢材长度不同；

(4)张拉机具类别：各种张拉机具所需要预留出的预应力钢材长度不同；

(5)预应力钢材类别：钢筋需要冷拉就需要考虑冷拉率、弹性回缩率；有的还需要对焊接长度考虑接头需要的预留量；

(6)垫板厚度：包括垫板的数量及各块垫板的厚度。

(二)预应力钢材下料长度计算

1. 粗钢筋下料长度计算

(1)两端用螺丝端杆锚具

预应力钢材的成品长度：　$L_1=l+2l_2$

预应力钢筋部分的成品长度：　$L_0=L_1-2l_1$

预应力钢筋部分的下料长度：　$L=\frac{L_0}{1+\gamma-\delta}+nl_0$

式中　L_1——预应力钢材的成品长度(cm)；

L_0——预应力钢材中钢筋部分的成品长度(cm)；

L——预应力钢材中钢筋部分的下料长度(cm)；

l——构件孔道长度或台座长度(cm,包括横梁在内)；

l_1——螺丝端杆或锥形端杆长度(cm)；

l_2——螺丝端杆或锥形端杆伸出构件外的长度(cm)；

γ——钢筋冷拉伸长率(%,由实验确定)；

δ——钢筋冷拉回缩率(%,由实验确定)；

l_0——每个对焊接头的压缩长度(cm)；

n——对焊接头个数。

用拉伸机张拉时：

张拉端　$l_2=2H+h+0.5$　(cm)

锚固端　$l_2=H+h+1.0$　(cm)

用电热法张拉时：　$l_2=H+b+0.5$　(cm)

式中　H——螺母高度；

h——垫板厚度；

b——电热夹具宽度。

(2)一端用螺丝端杆,一端用帮条(或镦头)锚具

$$L_1=l+l_2+l_3$$

$$L_0=L_1-l_1$$

$$L=\frac{L_0}{1+\gamma-\delta}+nl_0$$

式中　l_3——帮条或镦头锚具长度(cm,包括垫板厚度 h)。

2. 钢筋束或钢绞线束下料长度计算

(1)用JM12型锚具以YC60型穿心式千斤顶在构件上张拉时,其下料长度计算如下：

两端张拉：　$L=l+2l_4$

一端张拉：　$L=l+l_4+l_5$

式中　l_4——张拉端预应力钢筋伸出构件外长度,当采用YC60型千斤顶时不小于60 cm；

l_5——非张拉端预应力钢筋伸出构件外长度,取8 cm。

(2)用XM型锚具及相应配套千斤顶在构件上张拉时,钢绞线束伸出孔道长度,张拉端为84 cm,非张拉端为20 cm,下料长度计算如下：

两端张拉：　$L=L_0+168$

一端张拉：　$L=L_0+84+20=L_0+104$

3. 钢丝束下料长度计算

(1)采用锥形螺杆锚具以及拉杆式千斤顶在构件上张拉时下料长度的计算。

钢丝束成品长度： $L_1=l+2l_2$

钢丝束下料长度 L： $L=L_1-2l_1+2(l_6+a)+\Delta$

式中 l_6——锥形螺杆锚具的套筒长度(cm)；

a——钢丝伸出套筒的长度，取 2 cm；

Δ——应力下料后的弹性回缩值(cm)。

(2)采用锥形锚具以及锥锚式千斤顶张拉时下料长度计算。

一端张拉： $L=l+l_7+l_8+\Delta$

两端张拉： $L=l+2l_7+\Delta$

式中 l_7——张拉端钢丝束伸出构件的长度(包括垫板厚度、锚具长度、千斤顶端部至夹盘尾部长度及钢丝外露出夹盘的长度，一般不少于 70～80 cm)；

l_8——固定端钢丝束伸出构件外的长度(包括垫板、锚具、钢丝外露锚具的长度，一般不小于 10 cm)。

4. 后张法自锚钢筋束或刻痕钢丝束下料长度计算

(1)用螺杆销片夹具或螺杆锥形夹具时： $L=l+30$ (cm)

(2)用螺杆墩头夹具时： $L=l+20$ (cm)

5. 长线台座预应力钢材下料长度计算

(1)长线台座整根预应力钢材下料长度计算

预应力钢材的成品长度： $L_1=l+l_4$

预应力钢材的下料长度： $L=\dfrac{L_1}{1+\gamma-\delta}+nl_0$

(2)长线台座分段下料长度的计算

预应力钢材成品长度： $L_1=l+2l_2$

预应力钢筋部分的成品长度： $L_0=L_1-2l_1-(n-1)l_9$

预应力钢筋部分的下料长度： $L=\dfrac{L_0}{1+\gamma-\delta}+nl_0+2ml_{10}$

式中 m——钢筋分段数；

l_9——钢筋连接器中部分的长度(cm)；

l_{10}——每个镦头的压缩长度(cm)。

二、预应力混凝土简支梁先张法制作

先张法是在张拉台座或钢模上首先张拉预应力钢材，达到要求的控制应力后用夹具将预应力钢材临时固定，然后浇筑混凝土的预应力施工方法。采用这种方法时，当混凝土达到一定强度(一般不低于设计强度的 70 %)后才能进行预应力放张。预应力钢材放张后，通过混凝土和预应力钢材间的黏结力，使混凝土构件具有预应力。

先张法适用于预制厂或现场集中成批生产的各种中、小型预应力混凝土构件，与后张法比较，具有如下优点：

(1)多在长线台座上成批生产，生产效率高，容易保证构件质量；

(2)预应力钢材依靠与混凝土间的黏结力自锚，不需要锚具，张拉时所用的夹具可以重复使用，也不需要压力孔道和压浆，因此可以节约材料、劳动力和降低成本；

(3)预应力通过预应力钢材与混凝土间的黏结力直接传递，应力控制准确，整体性好，抗裂性好。

先张法的缺点为：

(1)需要用固定的生产台座，占地面积较大，采用钢模时一次性投入较大；

(2)在预制厂集中生产时，构件须运送到现场，长大构件和重型构件的生产和运输受到一定的限制；

(3)为减少温度应力损失，采用蒸汽养护混凝土时，需要采用费工的两阶段养护方法。

先张法施工有台座法和流水机组法。采用流水机组法时，构件在移动式的钢模中生产，钢模按照流水作业方式通过张拉、灌筑、养护等各个固定机组完成每道工序。流水机组法可加快生产速度，但需要大量的钢模板和较高的机械化程度，而且需配合蒸汽养护，因此适用于工厂内预制定型构件。采用台座法时，制梁施工的各道工序全部在固定台座上进行。台座法不需要复杂机械设备，施工适用性强，故应用较广。下面重点介绍台座、预应力筋线形、预应力张拉、混凝土灌筑、预应力筋放张等工艺。

(一)台　　座

台座的承力结构形式多种多样，按基本原理可分为两大类：一类为压柱式，包括轴心压柱式、偏心压柱式、墩柱式、梭形等几种形式；另一类为底板承压式。

1. 压柱式台座

压柱式台座的主要特点为在台座两侧设传力柱，承受水平张拉荷载。根据传力柱的受力特点，又可分为轴心压柱式台座和偏心压柱式台座。

(1)轴心压柱式台座

轴心压柱式台座的受力特点为张拉荷载合力中心与压柱的中心相重合(图 4.1)。这种台座具有受力直接明确、承载力大、工程量小、节约材料等优点，是先张梁台座的最早形式，尤其适用于小型预制场。为解决传力柱较高，对绑筋、灌筑、拆模等造成的不便，可将传力柱顶降至与地面同一标高，形成地槽形式，以利于施工。

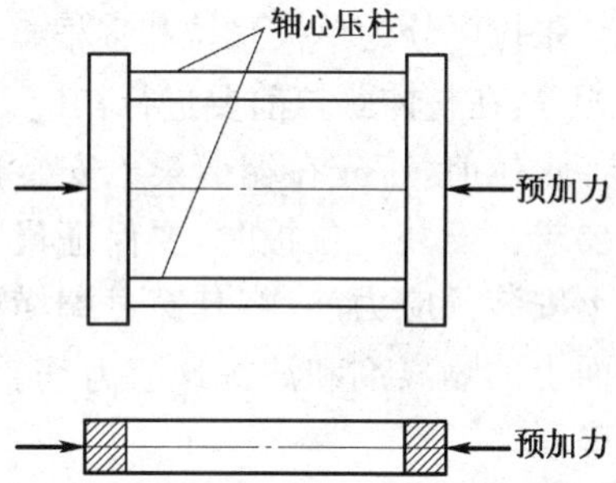

图 4.1　轴心压柱式台座示意图

(2)偏心压柱式台座

偏心压柱式台座的构造特点是将压柱标高降至接近地面平齐，并在压柱端部设牛腿，水平张拉荷载则作用于牛腿，通过牛腿传至压柱(图 4.2)。

这种台座承载力大，但是在相同张拉荷载下采用偏心受压形式将导致压柱截面增大或配制钢筋增加。为平衡偏心荷载对台座的倾覆力矩，常在台座端部增设平衡重结构，如平衡梁或平衡板等，较适合于固定预制厂。

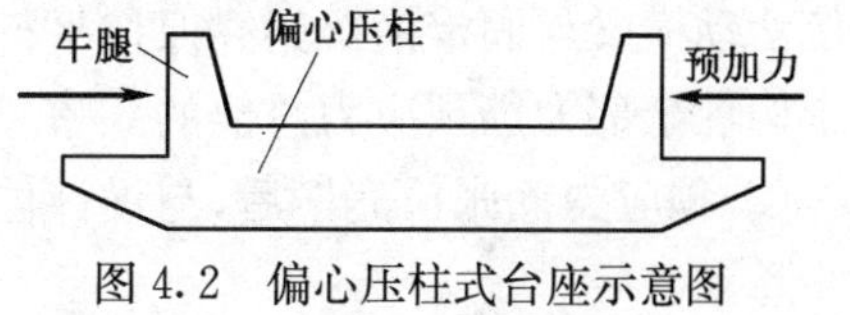

图 4.2　偏心压柱式台座示意图

(3)墩柱式台座

墩柱式台座将牛腿和端节压柱分开，中间设置传力铰。牛腿下伸与重力墩连成整体。压柱由偏心受压转为轴心受压，使压柱高度降低，具有结构合理，承载能力大，施工方便，降低材料消耗等优点。

(4)梭形台座

梭形台座为整体偏心压柱结构，采用牛腿承受张拉荷载，传力柱在端节处向内弯折，在端节处用较短的端横梁连成整体，压柱处于双向偏心受压状态。梭形台座具有整体性好和可免除大型钢端横梁等优点。该台座为整体式结构，只适于固定预制工厂。

2. 底板承压式台座

底板承压式台座的主要特点是利用台座底板来代替传力柱承受水平张拉荷载，结构简单，受力明确。通过刚度很大的前横梁，把集中荷载转化为对底板的均布荷载。通过在立柱后下方设置重力墩来平衡重力，与立柱形成整体。适用于固定预制厂或现场预制量较多的预制厂。

先张法施工的主要设备是台座，它要承受预应力钢材张拉时的全部张拉力，必须具有足够的强度、刚度和稳定性。

(二)预应力筋的线形

从适应简支梁内力沿梁长变化的角度出发，预应力筋的线形以折线或曲线形为好。但是，从制造工艺简单的角度出发，预应力筋的线性以直线为好。目前，国内绝大多数先张梁的力筋线形都采用直线。

(三)预应力筋的张拉

预应力筋的张拉工作，必须严格按照设计要求和张拉操作规程进行。张拉设备主要为各类液压拉伸机。

张拉可分为单根张拉和多根整批张拉两种。多根整批张拉是为了使每根力筋的初应力基本相等，在整体张拉前要进行初应力的调整，调整时应力一般取张拉应力的10％～15％。

张拉前，应先在端横梁上安装预应力筋的定位钢板，同时检查其孔位和孔径是否符合设计要求。安装定位板时，要保证最下层和最外侧预应力筋的混凝土保护层尺寸。进而在台座上安装预应力筋，将其穿过端横梁和定位板后用锚具固定在板上。穿筋时应注意不碰撞台面上的隔离剂和沾污预应力筋。长线同时生产几根梁时，梁与梁间的钢筋可用连接器临时串联。

通过油压表可显示出预应力筋的控制张拉力。理论上将油压表读数乘以千斤顶油缸活塞面积就可得到张拉力的大小，但由于油缸与活塞之间存在摩阻损失，实际张拉力要小于理论计算值。另外，油压表本身也有误差。因此，事前要用标准压力计和标准油压表，分级测定所用的千斤顶的校正系数 K_1 和油压表的校正系数 K_2。

通常采用超张拉的方法可以减少预应力筋的应力松弛损失。根据力筋种类不同，张拉程序略有不同，应按照设计要求或相应的施工规程进行：

(1)同时张拉多根预应力筋时，应预先调整初应力，使相互之间的应力一致；张拉过程中，应使活动横梁与固定横梁始终保持平行，并应抽查力筋的预应力值，其偏差的绝对值不得超过一个构件全部力筋预应力总值的5％。

(2)预应力筋张拉完毕后，与设计位置的偏差不得大于5 mm，同时不得大于构件最短边长的4％。

(3)预应力筋的张拉应符合设计要求，设计无规定时，其张拉程序可按表4.1的规定进行。

(4)张拉时，预应力筋的断丝数量不得超过表4.2的规定。

(四)预应力钢筋的放张及切割

(1)预应力筋放张时的混凝土强度应达到设计规定值，设计未规定时，不得低于设计强度的75％。

表 4.1　先张法预应力筋张拉程序

预应力筋种类	张拉程序
钢　筋	0→初应力→1.05σ_{con}（持荷 2 min）→0.9σ_{con}→σ_{con}（锚固）
钢丝、钢绞线	0→初应力→1.05σ_{con}（持荷 2 min）→0→σ_{con}（锚固）
	对于夹片式等具有自锚性能的锚具： 普通松弛力筋 0→初应力→1.03σ_{con}（锚固） 低松弛力筋 0→初应力→σ_{con}（持荷 2 min 锚固）

注：①表中 σ_{con} 为张拉时的控制应力值，包括预应力损失值；

②超张拉数值超过规定的最大超张拉应力限值时，应按该条规定的限制张拉应力进行张拉；

③张拉钢筋时，为保证施工安全，应在超张拉放张至 0.9σ_{con} 时安装模板、普通钢筋及预埋件等。

表 4.2　先张法预应力筋断丝限制

类　别	检查项目	控制数
钢丝、钢绞线	同一构件内断丝数不得超过钢丝总数的	1%
钢　筋	断　筋	不容许

(2)预应力筋的放张顺序应符合设计要求，设计未规定时，应分阶段、对称、相互交错地放张。在力筋放张之前，应将限制位移的侧模、翼缘模板或内模拆除。

(3)多根整批预应力筋的放张，可采用砂箱法或千斤顶法。用砂箱放张时，放砂速度应均匀一致；用千斤顶放张时，放张宜分数次完成。单根钢筋采用拧松螺母的方法放张时，宜先两侧后中间，并不得一次将一根力筋松完。

(4)钢筋放张后，可用乙炔—氧气切割，但应采取措施防止烧坏钢筋端部。钢丝放张后，可用切割、锯断或剪断的方法切断；钢绞线放张后，可用砂轮锯切断。长线台座上预应力筋的切断顺序，应由放张端开始，逐次切向另一端。

(五)误差、安全技术和注意事项

1. 先张法施工的容许误差见表 4.3。

表 4.3　先张预应力筋制作安装允许偏差

项　目		允许偏差(mm)
镦头钢丝同束长度相对差	束长＞20 m	L/5 000 及 5
	束长 6～20 m	L/3 000
	束长＜6 m	2
冷拉钢筋接头在同一平面的轴线偏位		2 及 1/10 直径
力筋张拉后的位置与设计位置之间偏位		4%构件最短边长及 5

2. 安全技术

(1)台座两端应有防护措施。张拉时，沿台座长度方向每隔 4～5 m 应设一个防护架。人员不得站在台座两端或进入台座；

(2)当预应力钢筋张拉到控制张拉应力，宜停 2～3 min 再打紧夹具或拧紧螺母，此时操作人员应站在侧面。

3. 注意事项

(1)应先张拉靠近台座截面重心的预应力钢筋，防止台座承受过大的偏心受压力；

(2)张拉时,张拉方向应与预应力钢筋在同一条直线上。

(四)混凝土灌筑和养护

预应力混凝土梁的灌筑工作,除了因所用强度等级较高而在配料、制备、浇筑、振捣和养护等方面更应严格要求外,基本操作与钢筋混凝土结构相仿。一般采用蒸汽养护来加快台座周转速度。此外,在台座内每条生产线上的构件,其混凝土必须一次连续灌筑完毕;振捣时,应避免碰击预应力筋。

(五)预应力筋放张

预应力筋的放张是先张法生产中的一个重要工序。放张方法选择得好坏和操作是否正确,将直接影响构件的质量。

预应力筋的放张,必须待混凝土养护达到设计规定的强度(一般为混凝土强度等级的70%~80%)以上才进行。放张过早会造成较多的预应力损失(主要是收缩与徐变),或因混凝土与钢筋的黏结力不足,而造成预应力弹性收缩滑动和在构件端部出现水平裂缝的质量事故。放张过迟,则影响台座和模板的周转。放张操作时速度不应过快,应尽量使构件受力对称均匀。只有待预应力筋被放张后,才能切割每个构件端部的钢筋。

放张预应力筋的方法有:千斤顶放张,砂筒(箱)放张,滑楔放张,螺杆、张拉架放张。

1. 千斤顶放张

当混凝土达到规定强度后,重新安装千斤顶将钢筋张拉至能够扭松螺帽时止,随着固定螺帽的扭松,逐渐放张千斤顶,让钢筋慢慢回缩。当逐根放张预应力筋时,应严格按照有利于梁受力的顺序分阶段放张。通常自构件两侧对称地向中心放张,以免较后一根钢筋断裂时使梁承受较大的水平冲击作用。分阶段放张的次数,应视张拉台座至梁端外露钢筋长短而定,较长时分阶段次数可以少一些,过短时次数应增多。

2. 砂筒放张

在张拉预应力筋之前,在承力架(或传力柱)与横梁间各放置一个灌满(约 2/3 桶身)烘干的细砂子的砂筒(图 4.3)。张拉时砂筒内的砂子被压实,需要放张预应力筋时,可将出砂口打开,使砂子慢慢地流出,活塞徐徐顶入,直到张拉应力全部放张为止。

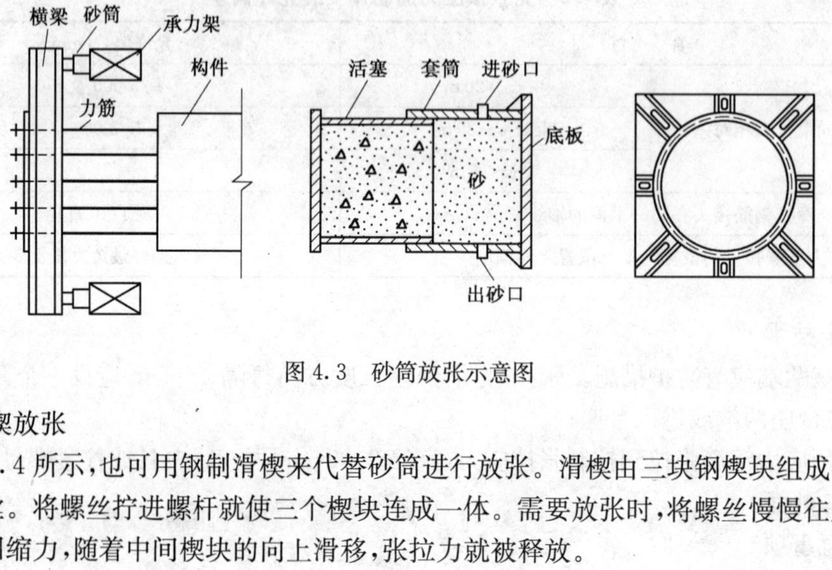

图 4.3 砂筒放张示意图

3. 滑楔放张

如图 4.4 所示,也可用钢制滑楔来代替砂筒进行放张。滑楔由三块钢楔块组成,中间一块上装有螺丝。将螺丝拧进螺杆就使三个楔块连成一体。需要放张时,将螺丝慢慢往上拧松,由于钢筋的回缩力,随着中间楔块的向上滑移,张拉力就被释放。

4. 螺杆、张拉架放张

在台座的固定端，设置锚固预应力筋的螺杆和张拉架(图 4.5)。放张时，拧松螺杆上的螺帽，钢筋慢慢回缩，张拉力即被释放。

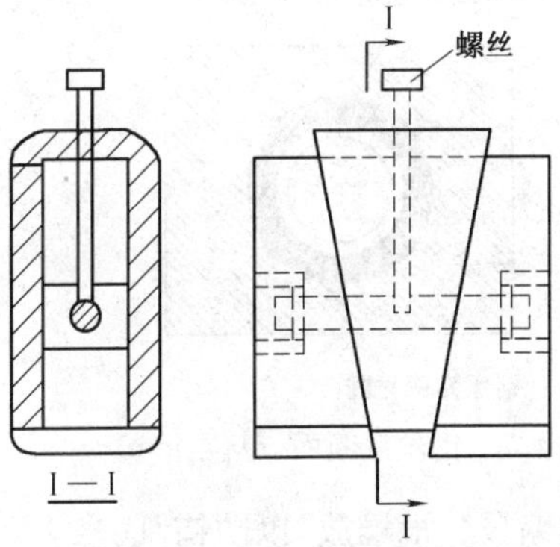

图 4.4　钢滑楔

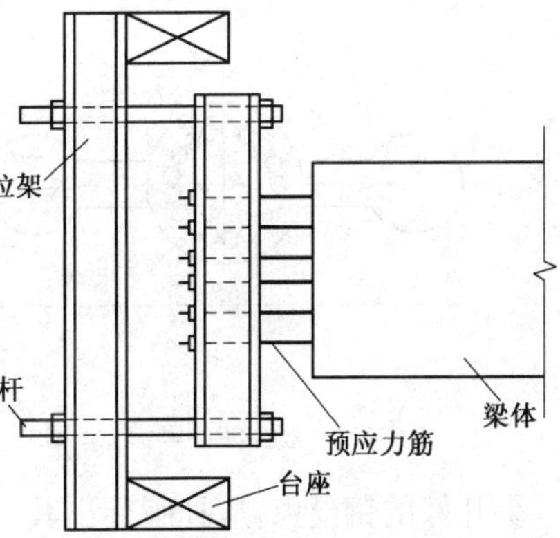

图 4.5　螺杆、张拉架放张示意图

三、预应力混凝土简支梁后张法制作

后张法工序较先张法复杂，构件上耗用的锚具和预埋件等增加了用钢量和制作成本，但此法不需要强大的张拉台座，便于在现场施工，而且又适用于配制曲线形预应力筋的大型和重型构件的制作，因此目前在铁路、公路桥梁上得到广泛的应用。

后张法预应力混凝土桥梁常用高强碳素钢丝束、钢绞线和冷拉Ⅲ、Ⅳ级粗钢筋作为预应力筋。对于跨径较小的 T 形梁，也可采用冷拔低碳钢丝作为预应力筋。

1. 高强钢丝束的制备

钢丝束的制作包括下料及编束工作。高强碳素钢丝都是盘圆状，若盘径小于 1.5 m，则下料前应先在钢丝调直机上调直。对于在厂内先经矫直回火处理，且盘径为 1.7 m 的高强钢丝，一般不必整直就可下料。如发现局部存在波弯现象，可先在木制台座上用木槌整直后再下料。下料前除应抽样试验钢丝的力学性能外，还要测量钢丝的圆度。对于直径为 5 mm 的钢丝，其正负容许偏差为＋0.8 mm 和－0.4 mm。

调直好了的钢丝要成直线存放。如果须将钢丝盘起来存放时，其盘径应不小于钢丝直径的 400 倍，否则钢丝将发生塑性变形而又弯曲。

钢丝的下料长度应为：

$$L=L_0+L_1$$

式中　L_0——构件混凝土预留孔道长度；

　　　L_1——固定端和张拉端(或两个张拉端)所需要的钢丝长度。

当构件的两端均采用锥形锚具、双作用或三作用千斤顶张拉钢丝时，其工作长度一般可取 140～160 cm。当采用其他类型锚具及张拉设备时，应根据实际需要，计算钢丝工作长度。

对于采用锥形螺杆锚具的钢丝束，应保证每根钢丝下料长度相等，这就要求钢丝在应力状态下切断下料。

为了防止钢丝扭结，必须进行编束。编束时，可将钢丝对齐后穿入特制的梳丝板(图 4.6)，使其排列整齐。然后一边梳理钢丝一边每隔 1.0～1.5 m 衬以长 3～4 cm 的螺旋衬圈或短钢管，并在设衬圈处，用 2 号铁丝缠绕 20～30 道捆扎成束。图 4.7 表示用 24ϕ5 钢丝配合锥形锚编制的钢丝束断面。这种制束工艺对防锈、压浆有利，但操作较麻烦；另一种编束方式是每隔 1.0～1.5 m 先用 18～20 号铅丝将钢丝编成帘子状。然后每隔 1.5 m 设置一个螺旋衬圈，并将编好的帘子绕衬圈围成圆束。

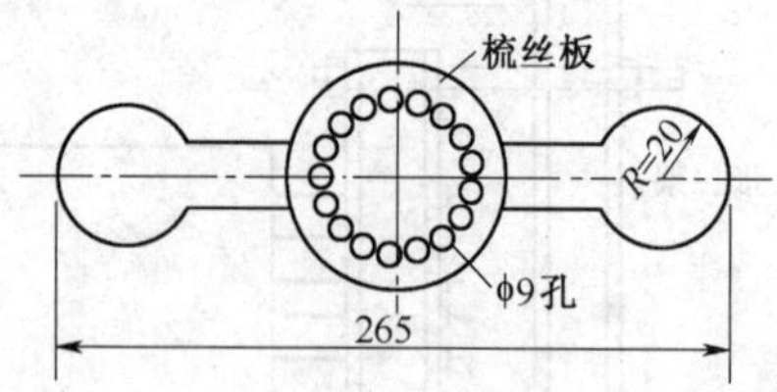

图 4.6 梳丝板(单位:mm)

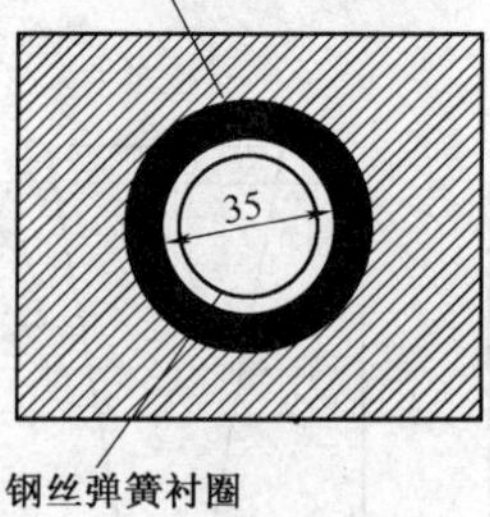

图 4.7 钢丝束断面(单位:mm)

绑扎好的钢丝束，应挂牌标出其长度和设计编号，并按编号分批堆放，以防错乱。

当采用环销锚锚具时，钢丝宜先绑扎成小束而后绑扎成大束。绑束完毕后，在钢丝束的两端按分丝的要求，将钢丝束分成内外两层，并分别用铅丝编结成帘状或做出明显的标示，以防内外层钢丝交错张拉。

2. 钢绞线束的制备

钢绞线是用若干根钢丝围绕一根中心芯丝绞捻而成的。如 7φ5 钢绞线系由 6 根直径为 5 mm的钢丝围绕成 1 根直径为 4.15～4.20 mm 的钢丝扭结后，经低温回火处理而成。出厂时缠于圆盘上。使用时按需要长度下料。

钢绞线束的下料长度由孔道长度和工作长度决定。

钢绞线的下料方法有氧气—乙炔切割法、电弧熔割法和机械切割法三种。

钢绞线在编束前应进行预拉。钢绞线的成束，也可采用与钢丝束编扎相同的方法，即用 18～20 号铅丝每隔 1～1.5 m 绑扎一道。当采用专门穿束机时，钢绞线不需预拉和编束。

3. 孔道形成

在浇筑梁体混凝土前，预应力梁须在预应力筋的设计位置预先安放制孔器，以便在梁体制成后在梁内形成孔道。在进行预应力工艺时，即可将预应力筋穿入孔道，然后进行张拉和锚固。

孔道形成包括制孔器的选择、安装、抽拔以及通孔检查工作。

制孔器的种类有埋置式和抽拔式两类。

埋置式制孔器主要有铁皮管和铝合金波纹管，塑料波纹管也已在工程中应用。埋置式制孔器在梁体制成后将留在梁内，形成的孔道壁对预应力筋的摩阻力小，但它们加工成本高，使用后也不能回收。铁皮管用薄铁皮制作，安放时分段连接。这种制孔器制作时费人工，速度慢，在接缝和接头处容易漏浆，造成以后穿束和张拉的困难。波纹管由铝合金片材用制管机卷制而成，横向刚度大，不易变形，不会漏浆，纵向也便于弯成各种线形，与构件混凝土的黏结也较好，故比较常用。塑料波纹管的应用越来越广泛，它的优点是抗腐蚀性好；能防止氯离子侵入；不导电，可防电流腐蚀；强度高，不怕踩压；耐疲劳性好等。

抽拔式制孔器即利用制孔器预先安放在预应力束的设计位置上，待混凝土强度达到抽拔要求后将其拔出，构件内即形成孔道。这种方法制孔的优点是，制孔器能够周转使用，应用较广。常用的抽拔式制孔器(俗称抽拔管)有以下三种：

(1)橡胶管制孔器。分夹布胶管和钢丝网胶管两种。通常选用具有 5～7 层夹布的高压输水(气)管作为制孔器，要求管壁牢固，耐磨性能好，能承受5 kN以上的工作拉力，并且弹性恢复性能好，有良好的挠曲适应性。

预应力混凝土T梁的预留孔道长度一般在25 m以上，而胶管的出厂长度却不到25 m，考虑到制孔器安装和抽拔的方便，常采用专门的接头。接头要牢固严密，防止灌筑混凝土时脱节或进浆堵塞。

胶管内如利用充气或充水来增加刚度时，管内压力不得低于500 kPa。充气(水)后胶管的外径应符合孔道直径的要求。为增加胶管的刚度和控制位置的准确，需在橡胶管内置一圆钢筋(称芯棒)。

(2)金属伸缩管制孔器。这是一种用金属丝编织成的可伸缩网套，具有压缩时直径增大而拉伸时直径减小的特性。为了防止漏浆和增强刚度，网套内可衬以普通橡胶衬管，再插入圆钢或5 mm钢丝束芯棒。

(3)钢管制孔器。这是用表面平整光滑的钢管焊接制成的，焊接接头应磨平。钢管制孔器抽拔力大，但不能弯曲，仅适用于短而直的孔道。混凝土浇筑完毕后，要定时转动钢管。

无论采用何种制孔器，都应按设计规定或施工需要预留排气、排水和灌浆用的孔眼。

制孔器可由人工或机械逐根地或用机械分批地进行抽拔。抽拔完毕后，应用通孔器检查孔道。

4. 穿钢丝束

当梁体混凝土的强度达到设计强度的70%时，可进行穿束张拉。穿束前为确保孔道畅通，可用空压机吹风等方法清理孔道内的污物和积水。穿束工作一般采用人工直接穿束。工地上也有借助一根45 m长钢丝作为引线，用卷扬机牵引较长的束筋进行穿束。穿束时，钢丝束从一端穿入孔道。钢丝束在孔道两头伸出的长度要大致相等。

目前也有专门的穿束机，将钢绞线从盘架上拉出后套上护头从孔道的一端快速地(大约为3～5 m/s)推送入孔道，当套有护头的束前端穿出孔道另一端时，按规定长度截断(用电动切线轮)，再将新的端头套上护头穿第二根。直至穿完一束规定的根数。

5. 张拉设备

张拉设备包括千斤顶、高压油泵和油压表。

千斤顶是直接对预应力钢筋或钢丝束施加张力的机具。千斤顶类型与锚具类型有关。三作用千斤顶适用于张拉采用锥形锚具的钢丝束。油压表显示施加预拉力过程中千斤顶油缸的油压大小，也代表预加力的大小，它直接影响预应力构件的质量和安全生产。在预应力施工中，为保证油压表读数有足够的准确度，并确保使用安全与不易损坏，一般均选用精度不低于1.5级的弹簧管油压表。其表面最大读数应为实际使用读数的1.5～2.0倍。

6. 张拉工艺

张拉前须做好千斤顶和压力表的校验，计算与张拉吨位相应的油压表读数和钢丝伸长量，确定张拉顺序并进行清孔、穿束等工作；对千斤顶和油泵进行仔细检查以保证各部分不漏油和正常工作；画出油压表读数和实际拉力的标定曲线，确定预应力筋(束)预应力值和油压表读数间的直接关系。

后张法构件长度或跨度不小于25 m时，可采用两端同时张拉的工艺。短构件可采用一端张拉，非张拉端用死锚头。

各钢丝束的张拉顺序，应对称于构件截面的竖直轴线，同时考虑不使构件的上下缘混凝土应力超过允许值。

张拉时钢筋或钢丝应力用油压表读数来控制，同时测量伸长量作校核。根据应力与伸长的比例关系，实测的伸长量与计算的伸长量相差不应大于5%。

7. 孔道压浆和封锚

压浆的目的是防护预应力筋(束)免于锈蚀，并使它们与构件相黏结而形成整体。

压浆是用压浆机(拌和机加水泥泵)将水泥浆压入孔道，使孔道从一端到另一端充满水泥浆，并且不使水泥浆在凝结前漏掉。为此需在两端锚头或锚头附近的构件上，设置连接带阀压浆嘴的接口和排气孔。为提高压浆效果，真空压浆法已在工程实践中得到应用。

水泥浆内往往掺入塑化剂(或掺铝粉)增加水泥浆的流动性。铝粉能使水泥浆凝固时微微膨胀，因而使孔道能充分填满。

压浆前先压入水冲洗孔道。然后从压浆嘴慢慢压入水泥浆。这时另一端的排气孔应有空气排出，直至有水泥浆流出为止，关闭压浆和出浆口的阀门。

施锚后压浆前须将预应力筋(束)露于锚头外的部分(张拉时工作长度)截除。压浆后将所有锚头用混凝土封闭，最后完成梁的预制工作。

第二节 混凝土简支梁整孔(片)架设安装

我国新建铁路、公路的中、小跨度普通钢筋混凝土梁和预应力混凝土梁多采用工厂预制、现场架设的方法。预制混凝土简支梁的架设，包括起吊、纵移、横移、落梁等工序。铁路桥梁更多地采用专用架桥机架设；公路桥梁重量相对轻一些，除专用架桥机外，另有多种灵活、简便的架设方法。

从架梁的工艺类别来分，有陆地架设、浮吊架设和利用安装导梁或塔架、缆索的高空架设等。每一类架设工艺中，按起重、吊装等机具的不同，又可分成各种独具特色的架设方法。

高速铁路、高速公路、轻轨交通和城市高架道路随着经济、社会的发展而蓬勃发展，桥梁结构形式也向多样化发展。高速铁路、高速公路及城市轻轨桥梁最常用的梁形之一是预制箱形截面混凝土简支梁。大型箱形预制梁的发展，也促进了大型机械化运、架梁设备的发展。同时，日新月异的机械化施工技术，也为桥梁向新型、大跨发展，提供了更广阔的空间。如今，可架设重达1000 t箱梁的架桥机已应用于工程实践。

一、架桥机架设

由于大型预制构件的大量应用，架桥机在铁路、公路中的应用十分普遍。架桥机架梁速度快，不受桥高、水深的影响。架桥机架梁时，一般需要专用的运梁设备，将梁从预制场地或桥头临时存梁地点运至架桥机尾部，但运架一体式架桥机除外。

目前，在我国使用的架桥机类型很多。既有20世纪60～70年代研制并逐渐改进的传统架桥机，也有20世纪90年代以后研制的新型、大吨位架桥机；既有国外产品，也有国内厂商研制的产品。

根据划分标准的不同，架桥机大致可以划分为以下几种：

(1)按所架设桥梁的用途划分，有公路架桥机、铁路架桥机、公铁两用架桥机及其他专用架桥机。

(2)按架梁时架桥机的受力状态划分，有悬臂式架桥机和简支梁式架桥机。悬臂式架桥机轴重大，稳定性差，现已很少采用。

(3)按架桥机组成构件的来源划分，有专用架桥机和拼装式架桥机。前者的主要构件为该型号架桥机专用；后者是由万能杆件、贝雷梁、拆装梁、军用梁等常备式构件拼装而成的。

(4)按架桥机主梁的数目划分，有单梁式架桥机和双梁式架桥机。有的拼装式架桥机横向两侧的主梁由多片拼装桁架组成，仍可认为是双梁式架桥机。由于双梁式架桥机架梁时预制梁从两个主梁中间穿过，所以也形象地将其称为穿巷式架桥机。

(5)按架桥机主梁的结构形式划分，有桁梁式、箱梁式、板梁式及蜂窝梁式等。

铁路架桥机的结构和功能伴随着我国铁路建设的发展而逐步改进，新型的架桥机不断问世。1948 年，我国铁路职工为抢修铁路，将旧钢板梁拼制成我国第一台 80 t 板梁式双悬臂架桥机，开创了我国铁路架桥机的先河。1966 年，西南铁路建设时研制成功了简支状态下架梁的单梁式 66 型架桥机，后又几经改进，但均统称为胜利型架桥机。1970～1972 年间，我国一些铁路局研制出双梁式架桥机，如燎原 130 型、红旗 130 型、井冈山 130 型等。从 1978 年起到 20 世纪 90 年代中期，随着改革开放、经济技术的发展，单梁式架桥机又有 JQ130 型、JQ160 型、DJK140 型、JD90g-130 型等问世。近年来，随着秦沈客运专线的修建，可以架设大型预制箱梁的新型架桥机相继投入使用，如 JQ600 型架桥机、下导梁式架桥机、运架梁一体式架桥机、DF450 型架桥机、SPJ450 型架桥机等。

公路架桥机早期以联合架桥机、拼装式双梁架桥机为主。近年来也发展了若干专用架桥机，如 DFⅢ型系列架桥机、JQL 架桥机等。另外，上述用于铁路的架桥机稍加改进也可架设公路梁。

图 4.8 为几种类型的架桥机。以下介绍几种铁路、公路常用架桥机的特点及架梁步骤。

(a) DF450型架桥机

(b) 下导梁式架桥机

(c) 运架一体式架桥机

(d) 韩国架桥机

图 4.8　架桥机架梁

1. 胜利型架桥机架梁

(1)结构特点

胜利型架桥机的机臂是单一的箱形截面梁，故又称为单梁式架桥机，起吊能力为 130 t，可架设跨度 32 m 的铁路简支 T 形梁。其基本特点是：机臂能做升降、水平摆动；可在隧道洞口及半径 450 m 的曲线上，连续架设跨度 32 m 以内的各种混凝土梁；不需架梁岔线；机械化程度较高，本身设有自动行驶的动力装置，既能架梁又能铺轨；一般不须使用超重车压道和特殊加固路基；能依靠自身装置装梁、自行运梁、直接喂梁；架桥机不需吊梁运行，安全性好。该机型的主要缺点是：不能使梁片一次就位；需墩上人工移梁，费时、费工，同时也降低了安全性。在胜利型基础上改进的 JQ130 型、JQ160 型、DJK140 型等，都具有机上横移梁功能。

胜利型架桥机由 1 号车(主机)、2 号车(机动平车)和龙门架三部分组成，如图 4.9 所示。

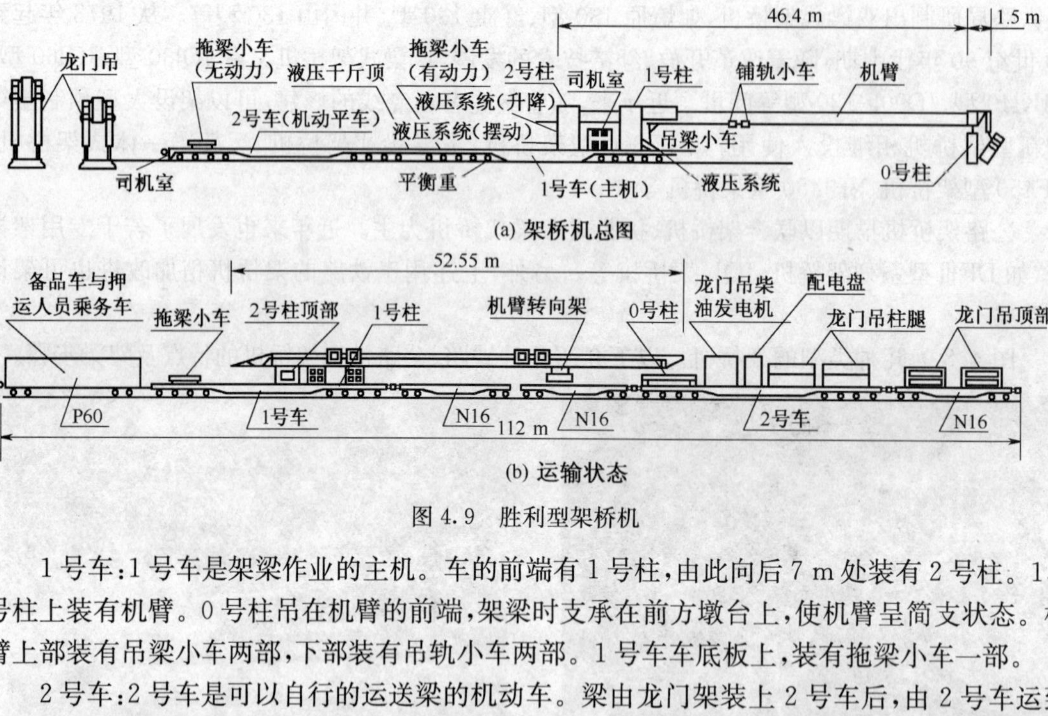

(a) 架桥机总图

(b) 运输状态

图 4.9 胜利型架桥机

1 号车：1 号车是架梁作业的主机。车的前端有 1 号柱，由此向后 7 m 处装有 2 号柱。1、2 号柱上装有机臂。0 号柱吊在机臂的前端，架梁时支承在前方墩台上，使机臂呈简支状态。机臂上部装有吊梁小车两部，下部装有吊轨小车两部。1 号车车底板上，装有拖梁小车一部。

2 号车：2 号车是可以自行的运送梁的机动车。梁由龙门架装上 2 号车后，由 2 号车运到 1 号车。2 号车底部装有一组柴油发电机组作为动力电源。在 2 号车后端的两侧，各设有一个司机室，在车辆前端两侧底部，各装有一个油压千斤顶，当梁拖运到 1 号车时用千斤顶来起落。车上还设有一台拖梁小车，拖梁时用来支承梁。

龙门架：整套设备包括两个龙门架和一组 75 kW 的移动式柴油发电机组。龙门架用来将装在运梁平车上的梁换装到机动平车上起吊。两台龙门架应设置在靠近桥位的路基上，以缩短机动平车的运距。

(2)架梁作业步骤

架梁作业全过程如图 4.10 所示。按照顺序分述如下：

①架桥机自行至桥头。架梁前，架桥机应在车站组装完毕。在半悬臂状态下(机臂回缩 13 m)与机动平车联挂，由主机控制运行至前方待架梁的桥头约 150 m 处停下。

②组装换装龙门吊。如车站的设备较好(如股道多，有吊装设备)，龙门吊的组装宜在车站组装。龙门吊组装完毕后，可骑在待架的梁片上，由机车在后面将它们一起向前顶进。

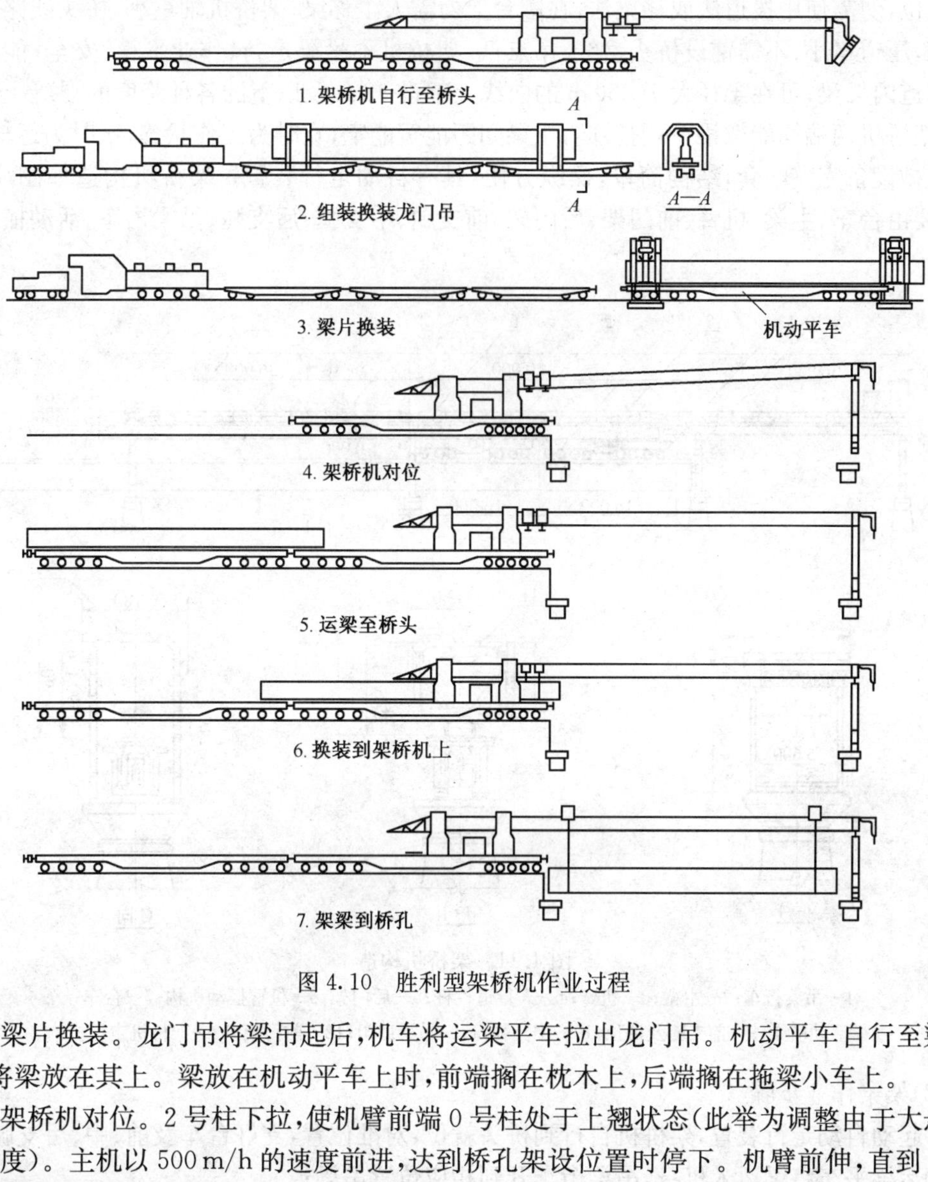

图 4.10　胜利型架桥机作业过程

③梁片换装。龙门吊将梁吊起后，机车将运梁平车拉出龙门吊。机动平车自行至梁下对位后，将梁放在其上。梁放在机动平车上时，前端搁在枕木上，后端搁在拖梁小车上。

④架桥机对位。2 号柱下拉，使机臂前端 0 号柱处于上翘状态（此举为调整由于大悬臂引起的挠度）。主机以 500 m/h 的速度前进，达到桥孔架设位置时停下。机臂前伸，直到 0 号柱达到前方桥墩上空，放下 0 号柱，2 号柱上升。

⑤运梁至桥头。利用机动平车前端的液压千斤顶将梁顶起，拆除枕木，落下千斤顶，使梁前端落在主机的拖梁小车上（有动力），后端落在机动平车的拖梁小车上（无动力）。

⑥架梁到桥孔。拖梁使梁前端到第一部吊梁小车下。用第一部吊梁小车将梁前端吊起。通过千斤顶的顶和落将梁的后端落在主机的拖梁小车上。然后由吊梁小车向前运梁。当梁后端达到第二部吊梁小车时，第二部吊梁小车再将梁后端吊起。继续前行到桥位，然后落梁。落梁后需横移梁。

2. 长征 130 型架桥机架梁

(1)结构特点

长征 130 型架桥机有两片主梁，故又称为双梁式架桥机，其最大起吊能力为 130 t。主要技术特点如下：喂梁简单，可直接从运梁平车上吊梁，桥梁不需换装。架设两片梁，能直接落梁一次就位，勿需使用拨道法或移梁法，在墩台上勿需人工移梁；架桥机轴重小，桥头线路勿需特殊加固，压道量小；不需铺设桥头岔线；吊点低，架桥机不吊梁走行，作业平稳、安全；能在隧道口及隧道内架梁；可在半径大于 350 m 的曲线上架设 32 m 及以下的各种跨度的混凝土梁和钢板梁；架桥机两端均能架梁，不需转向；主梁间距能宽能窄，宽时为工作状态，窄时为运输状态；电动机械设备完整配套，结构简单，操纵方便，具有自动走行装置。架桥机构造如图 4.11 所示，主要由台车、主梁、机臂、前门架、后门架、前支腿、中支腿、后支腿、吊梁桁车、活动横梁等组成。

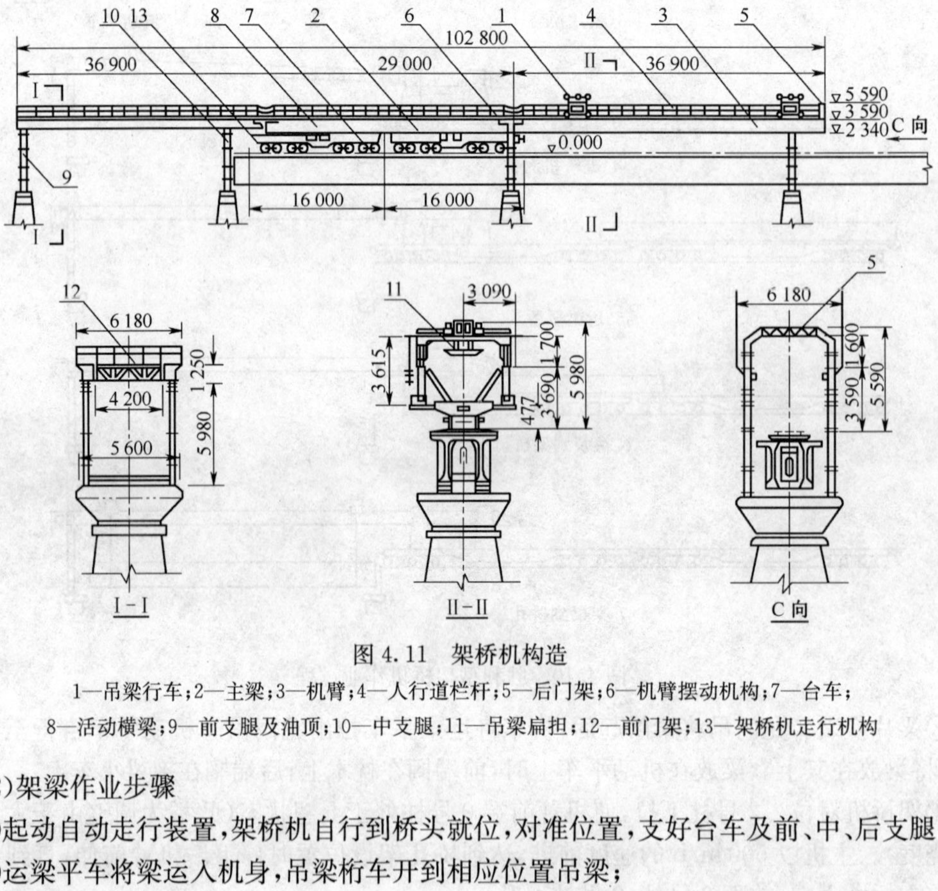

图 4.11 架桥机构造

1—吊梁行车；2—主梁；3—机臂；4—人行道栏杆；5—后门架；6—机臂摆动机构；7—台车；8—活动横梁；9—前支腿及油顶；10—中支腿；11—吊梁扁担；12—前门架；13—架桥机走行机构

(2)架梁作业步骤

①起动自动走行装置，架桥机自行到桥头就位，对准位置，支好台车及前、中、后支腿；

②运梁平车将梁运入机身，吊梁桁车开到相应位置吊梁；

③吊梁桁车吊梁运行；

④吊梁桁车对位、下落，横移小车将第一片梁落位，然后起吊扁担梁，横移、后退，继续将第二片梁对位、下落、横移、再下落、就位；

⑤架完一孔梁并铺好桥面后，缩短支腿高度，架桥机自行到下一跨继续架梁。

3. 闸门式架桥机架梁

(1)结构特点

闸门式架桥机(或称穿巷式吊机)可用于架设公路的多片简支 T 形梁(适用于桥高、水深，尤其是桥较长的情况)。架桥机主要由两根分离布置的安装梁、两根起重横梁和可伸缩的钢支腿三部分组成。安装梁用四片钢桁架或贝雷桁架拼组而成。下设移梁平车，可沿铺在已架设梁顶面的轨道行走。两根型钢组成的起重横梁，支承在能沿安装梁顶面轨道行走的平车上。横梁上设有不带复式滑车的起重小车。根据穿巷式架桥机安装梁主桁架间净距的大小，可分为窄、宽两种。窄穿巷式架桥机的安装梁主桁架净距小于T形梁肋之间的距离。因此，边梁要先吊放在墩顶托板上，然后再横移就位。宽穿巷式架桥机可以进行边梁的起吊，并横移就位。宽穿巷式架桥机如图4.12所示。

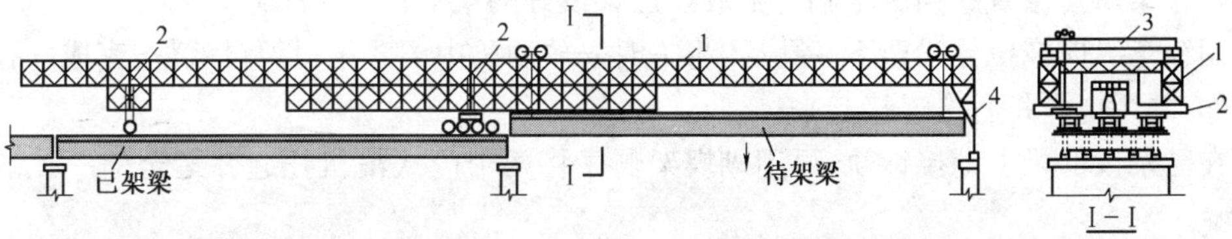

图4.12　宽穿巷式架桥机

1—安装梁；2—支承横梁；3—起重横梁；4—可伸缩支腿

(2)宽穿巷式架桥机架梁步骤：

①一孔架完后，前后横梁移至尾部做平衡重；

②架桥机沿梁顶轨道向前移动一孔位置，并使前支腿支撑在墩顶上；

③前横梁吊起T形梁，梁的后端仍放在运梁平车上，继续前移；

④后横梁也吊起T形梁，缓慢前移，对准纵向梁位后，先固定前后横梁，再用横梁上的吊梁小车横移梁就位。

4. 联合架桥机架梁(蝴蝶架架梁)

(1)结构特点

联合架桥机常用来架设中、小跨度公路简支梁，如图4.13所示。架设过程中不影响桥下通航、通车，预制梁的纵移、起吊、横移、就位都较方便。缺点是架设设备用钢量较多，但可周转使用。

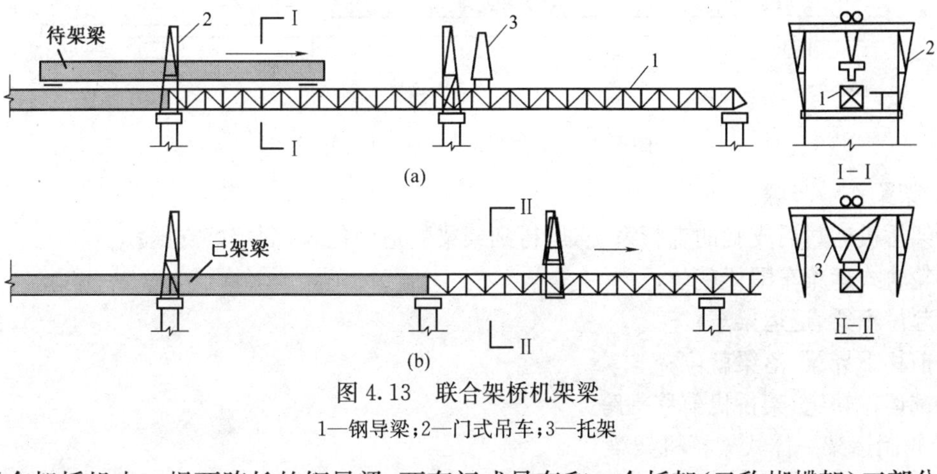

图4.13　联合架桥机架梁

1—钢导梁；2—门式吊车；3—托架

联合架桥机由一根两跨长的钢导梁、两套门式吊车和一个托架(又称蝴蝶架)三部分组成。导梁顶面铺设运梁平车和托架行走的轨道。门式吊车的顶横梁上设有吊梁用的行走小车。为了不影响架梁的净空位置，其立柱底部还可做成在横向内倾斜的小斜腿。这样的吊车俗称拐脚龙门架。钢导梁由贝雷梁装配。门式吊机由工字梁组成。蝴蝶架是专门用来托运门式吊车转移的，它由角钢组成。

(2)联合架桥机架梁作业步骤

①在桥头拼装钢导梁，梁顶铺设钢轨，并用绞车纵向拖拉导梁就位；

②拼装蝴蝶架和门式吊机，用蝴蝶架将两个门式吊机移运至架梁孔的桥墩(台)上；

③由平车轨道运送预制梁至架梁孔位，将导梁两侧可以安装的预制梁用两个门式吊机吊起，横移并落梁就位；

④将导梁所占位置的预制梁临时安放在已架设好的梁上；

⑤用绞车纵向拖拉导梁至下一孔后，将临时安放的梁由门式吊机架设就位，完成一孔梁的架设工作，并用电焊将各梁连接起来；

⑥在已架设的梁上铺接钢轨，再用蝴蝶架顺序将两个门式吊机托起并运至前一孔的桥墩上。

如此反复，直至将各孔梁全部架设好为止。

5. 下导梁式架桥机架梁

(1)结构特点

下导梁式架桥机分成上、下两个梁体，下梁为导梁，上梁为吊装梁。架设时，运梁车从后部行驶至两梁之间，此时上梁的后支腿先向上折起，然后下落后支腿于已架好的梁体上。利用钢下导梁作运输通道，用运梁车将混凝土梁运到被架桥跨上方，通过靠近支腿位置的起重小车将混凝土梁提离运梁车，运梁车退出后将下导梁往前纵移一跨，让出梁体位置，上梁吊梁小车再将梁准确落到正式支座上。

下导梁式架桥机由下导梁、主梁(上梁)、前支腿、后支腿、喂梁支腿、起重小车等组成，如图4.14所示。

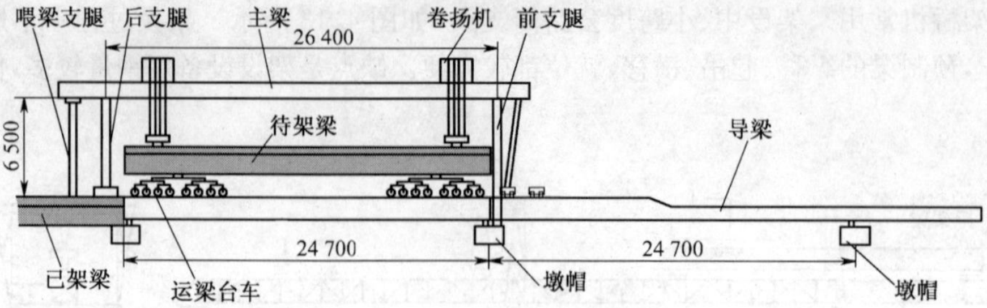

图4.14 下导梁式架桥(单位：mm)

(2)架梁作业步骤

①架桥机通过后支腿的走行系统，运行到架梁的适当位置，固定好支腿；

②轮轨式运梁车喂梁就位；

③起吊箱梁，退运梁车；

④前移下导梁，落梁就位；

⑤铺运输轨道，架桥机前移一跨。

6. 轮胎运架一体式架桥机架梁

(1)结构特点

轮胎运架一体式架桥机是集吊、运、架梁为一体的多功能桥梁施工设备。它主要由运架梁机和导梁两大部分组成。运架梁机的两组轮胎可以纵横向移动，解决了在预制场内将箱梁从存梁场(或直接从制梁台座)吊出横行的问题。

(2)意大利NICOLA生产的轮胎运架一体式架桥机架梁作业步骤

①运架梁机在制梁场取梁，运架梁机运梁；

②运架梁机前行走轮组驶到导梁滚动小车上托梁；

③导梁与桥墩锚固，运架梁机携梁沿导梁前行就位；

④稳固运架梁机，导梁前行至下一墩位；

⑤腾出落梁位置，安装桥梁支座，落梁就位；

⑥导梁后移一段距离，运架梁机前轮组驶下导梁，运架梁机退出，进行下一个循环。

二、其他常用架设方法

1. 陆地架设法

(1)自行式吊车架梁

在桥不高，场内又可设置行车便道的情况下用自行式吊车(汽车吊车或履带吊车)架设中、小跨径的桥梁十分方便。由于大型自行式吊车的逐渐普及，且自行式吊车本身有动力，采用该车架梁时架设迅速，可缩短工期，不需要架设桥梁用的其他临时动力设备，因此，一般中小跨径的预制梁(板)架设越来越多地采用自行式吊车。此法视吊装重量不同，可以采用一台吊车架设、二台吊车架设、吊车和绞车配合架设等方法。

当预制梁重量不大，而吊车又有相当的起重能力，河床坚实无水或少水，允许吊机行驶、停搁时，可用一台吊机架设安装，如图 4.15 所示。

二台吊车架梁是用二台自行式吊车各吊住梁(板)的一端，将梁(板)吊起并架设安装。此法应注意两吊车的互相配合。

吊车和绞车配合架梁时，预制梁一端用拖履、滚筒支垫，另一端用吊车吊起，前方用绞车或绞盘牵引预制梁前进。梁前进时，吊车起重臂随之转动。梁前端就位后，吊车行驶到后端，提起梁后端取出拖履、滚筒，再将梁放下就位。

(2)跨墩门式吊车架梁

在桥不太高，架梁孔数又多，沿桥墩两侧铺设轨道不困难的情况时可采用一台或两台跨墩门式吊车架梁。此时，除了吊车行走轨道外，在其内侧尚应铺设运梁轨道，或跨墩门式吊车架梁后，就用门式吊车起吊、横移，并安装在预定位置(图 4.16)。

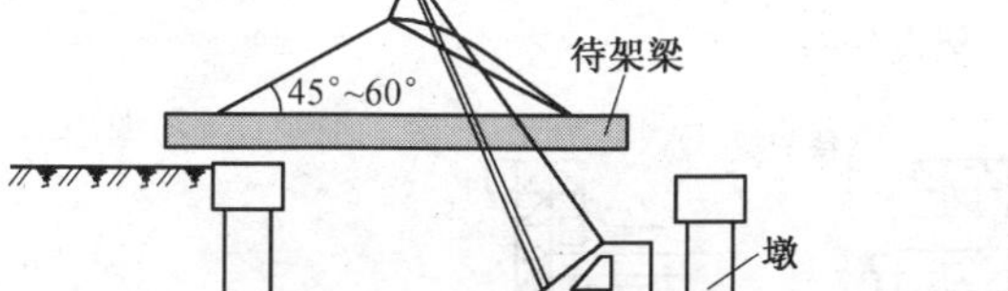

图 4.15　自行式吊车架梁

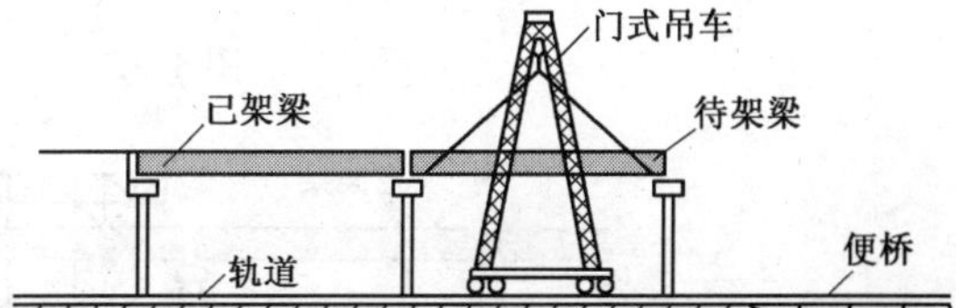

图 4.16　跨墩门式吊车架梁

在水深不超过 5 m、水流平缓、不通航的中小河流上，也可以搭设便桥并铺轨后，用门式吊车架梁。

(3)摆动式支架架梁法

本法是将预制梁(板)沿路基牵引到桥台上并稍悬出一段(悬出距离根据梁的截面尺寸和配筋确定)，在桥孔中心河床上相应预制梁(板)端下部设置人字扒杆或木排架(图 4.17)，前方用牵引绞车牵引预制梁(板)悬出端，此时排架随之摆动而到对岸。为防止摆动过快，应在梁(板)的后端用制动绞车牵引制动。

摆动式支架架梁法较适宜于桥梁高跨比稍大的场合。当河中有水时也可用此法架梁，但需在水中设一个简单小墩，以供设立木排架用。

(4)移动支架架梁法(图4.18)

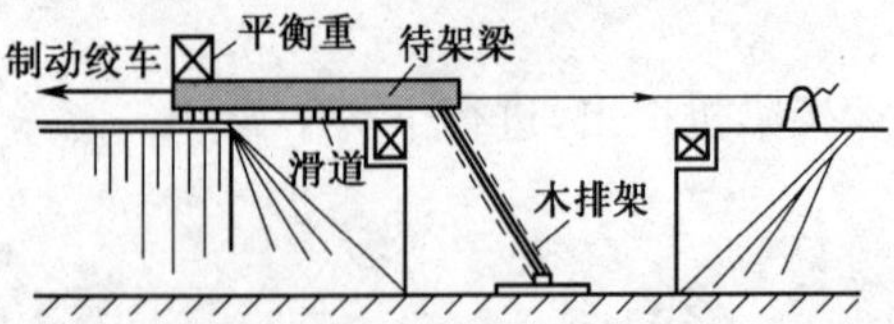

图4.17 摆动式支架架梁

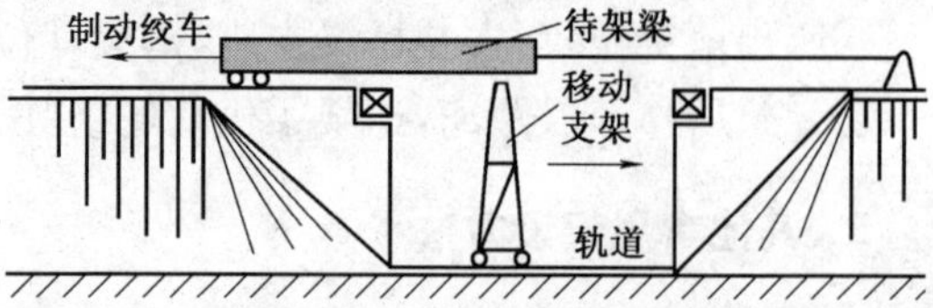

图4.18 移动式支架架设

此法是在架设孔的地面(河床)上，顺桥轴线方向铺设轨道，其上设置可移动支架，预制梁的前端搭在支架上，通过移动式支架架梁。支架将梁移运到要求的位置后，再用龙门架或人字扒杆吊装；或者在桥墩上设枕木垛，用千斤顶卸下，再将梁横移就位。

利用移动支架架设，设备虽较简单，但可安装重型的预制梁；无动力设备时，可使用手摇卷扬机或绞盘牵引移动支架进行架设。但不宜在桥孔下有水、地基过于松软的情况下使用，为保证架设安全，一般也不适宜桥墩过高的场合。

(5)浮吊架设法

①浮吊船架梁

在海上或深水河上修建桥梁时，用可回转的伸臂式浮吊架梁比较方便。这种架梁方法高空作业少，施工比较安全，吊装能力也大，工效也高，但需要大型浮吊。鉴于浮吊船来回运梁航行时间长，故一般采取用装梁船储梁后成批一起架设的方法。图4.19和图4.20为两种不同形式的浮吊。

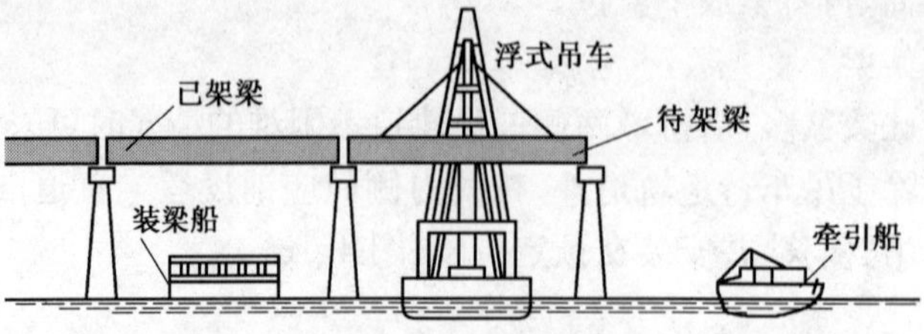

图4.19 浮吊架设(一)

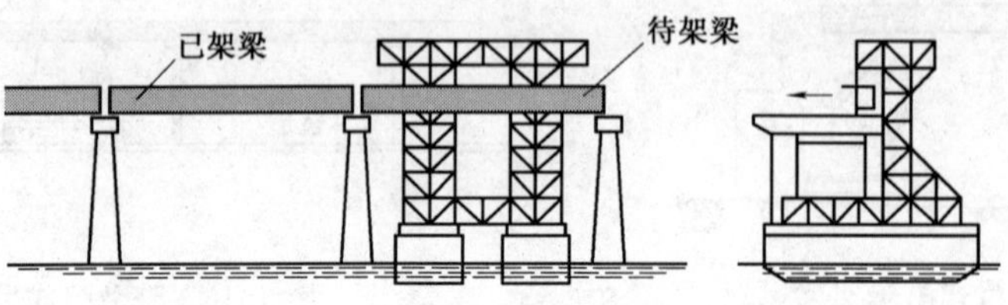

图4.20 浮吊架设(二)

浮吊架梁时需在岸边设置临时码头，移运预制梁。架梁时，浮吊要认真锚固。如流速不大，则可用预先抛入河中的混凝土锚作为锚固点。

②固定式悬臂浮吊架梁

在缺乏大型伸臂式浮吊时，也可用钢制万能杆件或贝雷钢架拼装固定式的悬臂浮吊进行架梁。

2. 高空架设法

架桥机架梁也属于高空架设法。在此简单介绍架桥机以外的高空架设法工艺特点。

(1)自行式吊车桥上架梁法

在预制梁跨径不大,重量较轻且梁能运抵桥头引道上时,可直接用自行式伸臂吊车(汽车吊或履带吊)架梁(图 4.21)。对于架桥孔的主梁,当横向尚未连成整体时,必须检算吊车通行和架梁工作时的承载能力。此种架梁方法简单方便,几乎不需要任何辅助设备。

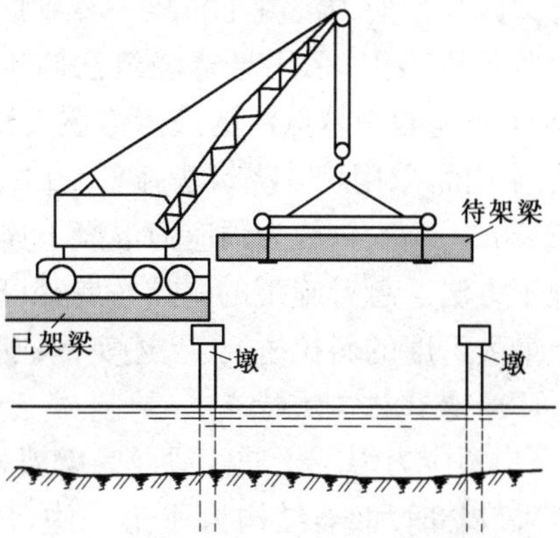

图 4.21　自行式吊车梁上架梁

(2)扒杆纵向"钓鱼"法架梁

此法是用立在安装孔墩台上的两副人字扒杆,配合运梁设备,以绞车互相牵吊,在梁下无支架、导梁支托的情况下,把梁悬空吊过桥孔,再横移落梁、就位的安装架梁法,如图 4.22 所示。

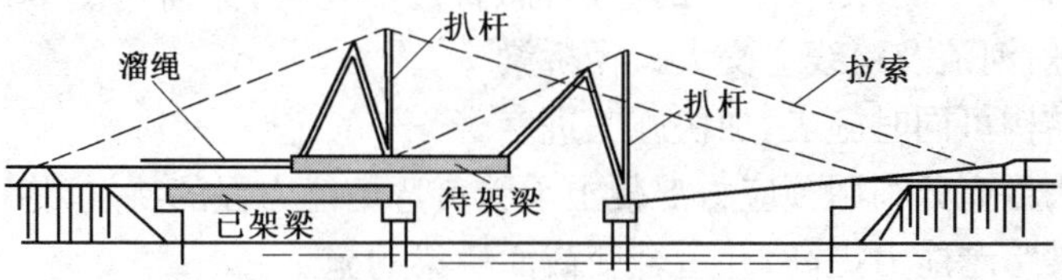

图 4.22　扒杆纵向"钓鱼"法架梁

用此法架梁时,必须根据预制梁的重量和墩台间跨径,在竖立扒杆、放倒扒杆、转移扒杆、架梁或吊着梁进行横移等各个工作阶段,对扒杆、牵引绳、控制绳、卷扬机、锚碇及其他附属设备进行受力分析和应力计算,以确保设备的安全。并且还需对各阶段的操作安全性进行检查。

第三节　连续梁桥施工

一、悬臂施工

悬臂施工也称为分段施工。悬臂施工是以桥墩为中心向两岸对称、逐节悬臂接长的施工方法。预应力混凝土桥梁采用的悬臂施工方法是从钢桥悬臂拼装发展而来。早在 1948 年,法国工程师 E・弗莱西奈在巴黎附近的马恩河上采用预制分段施工法架设了主跨为 74 m 的吕章西(Luzancy)桥,从此悬臂施工在欧洲各国得到推广采用。

我国首次采用悬臂拼装法建成的预应力混凝土 T 形刚构桥是 1964 年在河南汤阴县汤阴至治阳原窄轨铁路线上修建的五陵卫河桥,跨度为 25 m+50 m+25 m。首次采用悬臂浇筑法施工的桥梁是 1968 年底建成的柳州桥,跨越广西壮族自治区柳江,桥跨为 44.19 m+64.71 m+120 m+124 m。

我国铁路系统几乎与公路系统同步研制悬臂施工法,20 世纪 60 年代成昆铁路大会战时,旧庄河一号桥采用铰接悬臂梁结构形式,跨径为 24 m+48 m+24 m,采用悬臂拼装法施工,悬拼速度达到一昼夜一节。后来的孙水河五号大桥也采用拼接悬臂梁结构形式,跨径为 32.3 m+64 m+32.3 m,采用悬臂浇筑法施工,悬浇速度达 5～7d/节。

悬臂施工法最早主要用于修建预应力 T 形刚构桥,后来被推广用于预应力混凝土悬臂梁桥、连续梁桥、斜腿刚构桥、桁架桥、拱桥及斜拉桥等。随着桥梁事业的发展，悬臂施工法在国内外大跨径预应力混凝土桥梁中得到广泛采用。据资料统计，国内外自1952年以来100 m以上大跨径桥梁中，采用悬臂浇筑法施工的占80 %左右，采用悬臂拼装法施工的占7%左右。1988年修建的跨越珠江的广州洛溪大桥，主跨65 m+125 m+180 m+110 m，为预应力混凝土连续刚构桥，采用悬臂浇筑法施工。1995年11月竣工的湖北省黄石长江大桥，主跨162.5 m+3×245 m+162.5 m，为预应力混凝土连续刚构桥，采用悬臂浇筑法施工，创造了几孔同时合龙的施工方法。悬臂施工的斜拉桥跨径已超过1 000 m(我国苏通长江大桥达到1 088 m，是世界上最大跨度的斜拉桥)。上述实例证明，我国悬臂施工法技术水平已达到国际先进水平。

(一)悬臂施工法特点

(1)预应力混凝土连续梁及悬臂梁桥采用悬臂施工时需进行体系转换，即在悬臂施工时，梁墩采取临时固结，结构为T形刚构，合龙前，撤销梁墩临时固结，结构呈悬臂梁受力状态，待结构合龙后形成连续梁体系。

(2)桥跨间不需搭设支架，施工不影响桥下通航或行车。施工过程中，施工机具和人员等重力均全部由已建梁段承受，随着施工的进展，悬臂逐渐延伸，无需用支架作支撑。所以悬臂施工法可应用于通航河流及跨线立交人跨径桥梁。

(3)多孔桥跨结构可同时施工，加快施工进度。

(4)悬臂施工法可充分利用预应力混凝土承受负弯矩能力强的特点，将跨中正弯矩转移为支点负弯矩，使桥梁跨越能力提高，并适合变截面桥梁的施工。

(5)悬臂施工用的悬拼吊机或挂篮设备可重复使用，能降低工程造价。

(二)悬臂施工法的分类

悬臂施工法主要有悬臂拼装法和悬臂浇筑法两种。

(1)悬臂拼装法

悬臂拼装法利用移动式悬拼吊机将预制梁段起吊至桥位，然后采用环氧树脂胶及钢丝束将梁体连接起来，逐节拼装，一个节段张拉锚固后，再拼装下一节段。悬臂拼装的分段，主要取决于悬拼吊机的起重能力，一般节段长2～5 m。节段过长则自重大，需要悬拼吊机起重能力大，节段过短则拼装接缝多，工期延长。一般在悬臂根部，因截面积较大，所以节段长度相对要短一些，以后向跨中逐渐增长。

(2)悬臂浇筑法

悬臂浇筑采用移动式挂篮作为主要施工设备，以桥墩为中心，利用挂篮对称向两岸逐段浇筑梁段混凝土，待混凝土达到要求强度后，张拉预应力束，移动挂篮，进行下一节段的施工。悬臂浇筑每个节段长度一般为2～6 m，节段过长将增加混凝土自重及挂篮结构重力，而且要增加平衡重及挂篮后锚设施；节段过短则影响施工进度。应根据设备情况及工期，选择合适的节段长度。

(三)悬臂浇筑法与悬臂拼装法的比较

(1)施工进度方面

利用挂篮进行悬臂浇筑时，混凝土中加入早强剂，每个节段的施工周期通常为5～7 d。

悬臂拼装施工时，梁体预制节段可以与桥梁下部结构同时施工，拼装时仅占用吊装定位、环氧胶粘贴和穿束张拉等工序的时间。一个节段拼装时间仅1～1.5 d。

从施工进度方面比较，悬臂拼装速度比悬臂浇筑要快得多，悬臂拼装适合于快速施工。

(2)结构整体性方面

采用悬臂浇筑法施工时结构整体性较好。

采用悬臂拼装法施工时，梁体预制节段在预制场预制，本身质量较易保证，但组拼时需采用环氧胶粘接，预应力束在预留孔道中穿束张拉，比起悬臂浇筑法来说，结构整体性要差一些。

(3)施工变形控制

悬臂浇筑法施工时，施工变形易控制，可利用计算机程序逐段控制底模标高。

悬臂拼装法施工时，施工变形控制难度较大，需从施工中摸索控制办法，以达到合龙精度要求。

(4)施工适应性

悬臂浇筑施工时，遇冬季寒冷气候，混凝土养护难度较大，所以受地域季节条件影响，但不受桥下地形、水文或通航限制等影响。

悬臂拼装施工时，由于梁体预制节段在预制场预制，养生条件较好，冬季施工对环氧树脂胶接缝有一定影响。如采用干接缝则不受低温影响。但悬臂拼装时，一般需从桥下吊运梁体预制节段拼装就位，所以对桥下地形及水文等情况有一定要求。

(5)起重能力要求

悬臂浇筑法施工时，悬浇起重能力要求不高，仅起吊钢筋骨架及混凝土。

悬臂拼装法施工时，需起吊梁体预制节段，要求悬拼吊机起吊能力较大。

从上面几点分析，可以看出悬臂浇筑法具有结构整体性好，施工变形易控制，可以不受桥下地形条件限制或通航限制，所以大部分大跨径预应力混凝土桥梁均采用悬臂浇筑法施工。

(四)悬臂拼装法施工

悬臂拼装施工包括梁体节段的预制、运输、拼装及合龙。下面主要介绍预应力混凝土箱形T构桥采用悬臂拼装法施工的程序。

1. 块件预制

(1)预制方法

箱梁块件通常采用长线浇筑或短线浇筑的预制方法，桁架梁段较多采用卧式预制方法。

①长线预制

长线预制是在预制厂或施工现场按桥梁底缘曲线制作固定的底座，在底座上安装底模进行块件预制。形成梁底缘的底座有多种方法：可以利用预制场的地形堆筑土胎，经加工夯实后铺砂石层并在其上面做混凝土底板；山区有石料的地区可用石砌圬工筑成所需的梁底缘形状；地质条件较差的预制场地，需采用打短桩基础，再搭设排架形成梁底曲线，排架可用木材或型钢组成。图4.23为预应力混凝土T形刚构桥的箱梁预制台座的构造(打短桩)。

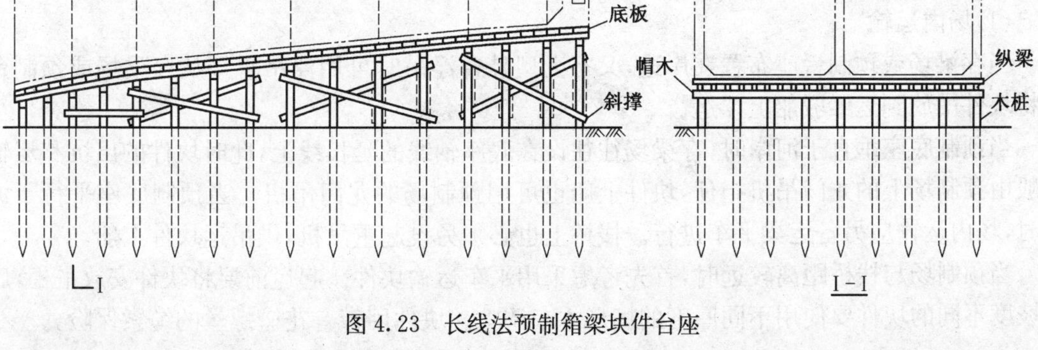

图4.23　长线法预制箱梁块件台座

箱梁节段的预制在底板上进行。模板常采用钢模，每段一块，以便于装拆使用。为加快施工进度，保证节段之间密贴，常采用先浇筑奇数节段，然后利用奇数节段混凝土的端面浇筑偶数节段。也可以采用分阶段的预制方法。当节段混凝土强度达到设计强度70%以上后，可吊出预制场地。

②短线预制

短线预制箱梁块件的施工是由可调整外部及内部模板的台车与端模架来完成的(图4.24)。第一节段混凝土浇筑完成后，在其相对位置上安装下一层模板，并利用第一节段的端面作为第二节段的端模完成混凝土的浇筑工作。

短线预制适合工厂生产，设备可周转使用，每条生产线平均五天可生产四块，但节段的尺寸和相对位置的调整要复杂一些。此法亦称活动底座法。

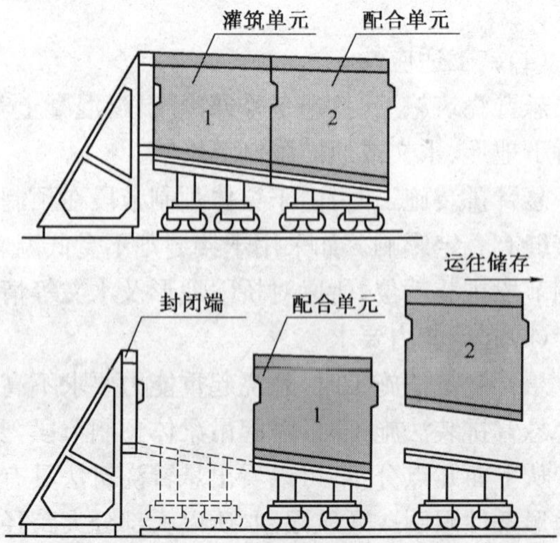

图4.24　短线预制的施工方法

③卧式预制

卧式预制要有一个较大的地坪，地坪要有足够的强度不致产生不均匀沉降。对相同的节段还可以在已预制完成的节段上安装模板进行叠制，两层构件间常用塑料布或涂机油等方法分隔。桁架梁预制节段的起吊、翻身工作要求操作细致，并注意选择吊点和吊装机具。

无论是箱梁或桁架构件的预制，都要求相邻构件之间接触密贴，故必须以前面浇筑块件的端面作为后来浇筑构件的端模，同时必须采用隔离剂(薄膜、废机油、皂类等)使块件出坑时容易从接缝处脱离。

(2)定位器和孔道形成器

设置定位器的目的是使预制梁块在拼装时能准确而迅速地安装就位。有的定位器不仅能起到固定位置的作用，而且能承受剪力，这种定位装置也称抗剪楔或防滑楔。

块件预制时，除注意预埋定位器装置外，尚需注意按正确位置预埋孔道形成器和吊点装置(吊环或竖向预应力粗钢筋)等。

2. 块件运输

箱梁块件自预制底座上出坑后，一般先存放于存梁场，拼装时块件由存梁场再运至桥位处，从存梁场至桥位处的运输方式可分为场内运输、块件装船和浮运三个阶段。

(1)场内运输

当存梁场或预制台座布置在岸边，又有大型悬臂浮吊时可用浮吊直接从存梁场或预制台座将块件吊放到运梁驳船上浮运。

当预制底座垂直于河岸时，存梁场往往设在底座轴线的延长线上，此时块件的出坑和运输一般由预制场上的龙门吊机担任，块件上船也可用预制场的龙门吊机。当预制底座平行于河岸时，场内运输应另备运梁平车进行。栈桥上也必须另设起重吊机，供吊运块件上船。

当预制场与栈桥距离较远时，首先考虑采用平车运输块件。起运前要将块件安放平稳，底面坡度不同的块件要使用不同厚度的楔形木来调整。块件用带有花篮螺丝的缆索保险。

当采用无转向架的运梁平车时，运输轨道不能设平曲线，纵坡一般应为平坡。当地形条件限制时，最大纵坡也不得大于1%。下坡运行时，平车后部要用钢丝绳牵引保险，不得溜放。

块件的起吊应配有起重扁担。每块箱梁四个吊点，使用两个横扁担用两个吊钩起吊。如用一个主钩以人字千斤起吊时，还必须配一根纵向扁担以平衡水平分力。

(2)块件装船

块件需在专用码头上进行装船。码头的主要设施是施工栈桥和块件装船吊机。栈桥的长度应保证在最低施工水位时驳船能进港起运，栈桥的高度要使在最高施工水位时栈桥主梁不被水淹，栈桥宽度要使到运梁驳船两侧与栈桥之间有不少于0.5 m的安全距离。栈桥起重机的起重能力和主要尺寸(净高和跨度)应与预制场上的吊机相同。

(3)浮运

浮运船只应根据块件重量和高度来选择，可采用铁驳船、坚固的木驳船、水泥驳船或用浮箱装配。

为了保证浮运安全，应设法降低浮运重心，开口舱面的船应尽量将块件置于船舱底板，必须置放在甲板面上时，要在舱内压重。

块件的支垫应按底面坡度用碎石子堆成，或满铺支垫或加设三角形垫木，以保证块件安放平稳。块件较大时，还应以缆索将块件系紧固定。

3. 悬臂拼装

(1)悬拼方法

预制块件的悬臂拼装可根据现场布置和设备条件采用不同的方法来实现。当靠岸边的桥跨不高且可在陆地便桥上施工时，可采用自行式吊车、门式吊车来拼装。对于河中桥孔，也可采用水上浮吊进行安装。如果桥墩很高，或水流湍急而不便在陆上、水上施工时，可利用各种吊机进行高空悬拼施工。

①悬臂吊机拼装法

悬臂吊机由纵向主桁架、横向起重桁架、锚固装置(或平衡重)、起重系、行走系和工作吊篮等部分组成，见图4.25所示。

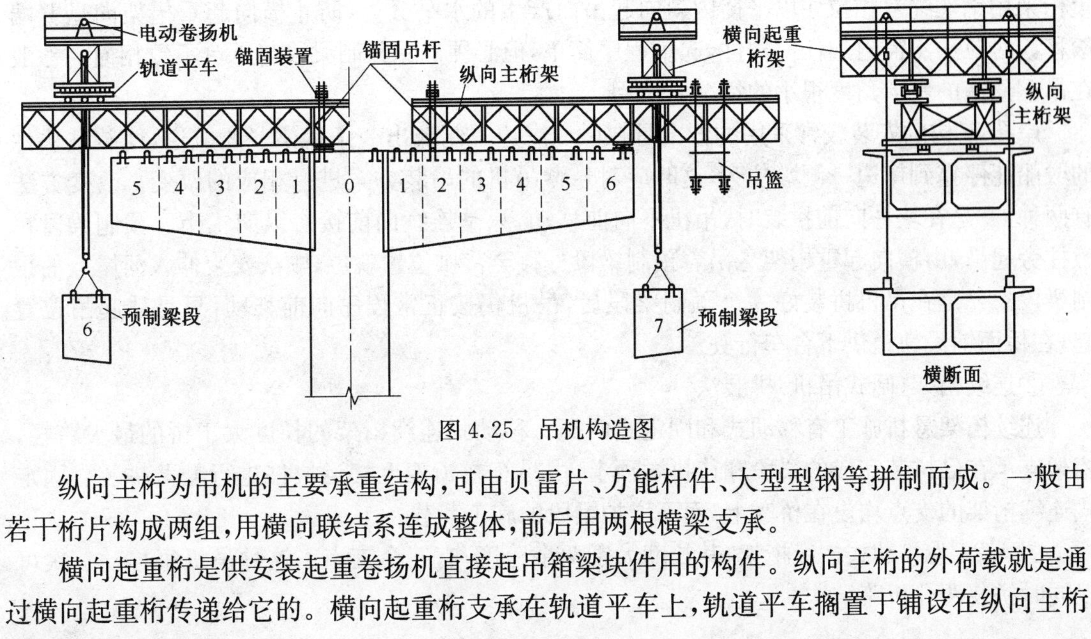

图4.25　吊机构造图

纵向主桁为吊机的主要承重结构，可由贝雷片、万能杆件、大型型钢等拼制而成。一般由若干桁片构成两组，用横向联结系连成整体，前后用两根横梁支承。

横向起重桁是供安装起重卷扬机直接起吊箱梁块件用的构件。纵向主桁的外荷载就是通过横向起重桁传递给它的。横向起重桁支承在轨道平车上，轨道平车搁置于铺设在纵向主桁上弦的轨道上，起重卷扬机安置在横向起重桁上弦。

设置锚固装置(平衡重)的目的是防止主桁架在起吊预制梁段时倾覆翻转，保持其稳定状态。对于拼装墩柱附近块件的双悬臂吊机，可用锚固装置(横梁)及吊杆将吊机锚固于零号块上，对称起吊箱梁预制梁段，不需要设置平衡重。单悬臂吊机起吊预制梁段时，也可不设平衡重，而将吊机锚固在预制梁段吊环上或竖向预应力筋的螺丝端杆上。

起重系一般由电动卷扬机、吊梁扁担及滑车组组成。起重系的作用是将由驳船浮运到桥位处的块件提升到拼装高度以备拼装。滑车组要根据起吊块件的重量来选用。

吊机的整体纵移可采用钢管滚筒在木走板上滚移，由电动卷扬机牵引。牵引绳通过转向滑车系于纵向主桁前支点的牵引钩上。横向起重桁架的行走采用轨道平车，用倒链滑车牵引。

工作吊篮悬挂于纵向主桁前端的吊篮横梁上，吊篮横梁由轨道平车支承以便工作吊篮的纵向移动。工作吊篮供预应力钢丝穿束、千斤顶张拉、压注灰浆等操作之用。可设上、下两层，上层供操作顶板钢束用，下层供操作肋板钢束用。也可只设一层，此时，工作吊篮可用倒链滑车调整高度。

这种吊机的结构较简单，使用最普遍。当吊装墩柱两侧附近块件时，采用双悬臂吊机的形式，当块件拼装至一定长度后，将双悬臂吊机改装成两个独立的单悬臂吊机(图 4.25)。但在桥的跨径不太大，孔数也不多的情况下，有的工地就不拆开墩顶桁架而在吊机两端不断接长进行悬拼，以免每拼装一对块件就要将对称的两个单悬臂吊机移动和锚固一次。

当河中水位较低，运输箱梁块件的驳船船底标高低于承台顶面标高，驳船无法靠近墩身时，双悬臂吊机的设计往往要受安装一号块件时的受力状态所控制，为了不增大主桁断面以节约用钢量，对这种情况下的双悬臂吊机必须采取特别措施，例如斜撑法和对拉法。

斜撑法即以临时斜撑增加纵向主桁的支点以改善主桁的受力状况。斜撑的下端支于墩身牛腿上，上端与主桁加强下弦杆铰接。当预制梁段从驳船上吊起并移至安全距离以后，将预制梁段临时搁置于承台上的临时支架上，再以千斤顶顶起吊机，除去斜撑，继续起吊预制梁段，内移就位。

对拉法是将横向起重桁架放置于起吊安全距离内，将块件直接由船上斜向起吊，两横向起重桁架用钢丝绳互相拉住以平衡因斜向起吊而产生的水平分力，防止横向起重桁架向悬臂端滚移。对拉法不需附加任何构件，起吊程序简单，但必须确保预制梁段与承台不致相撞。一般在吊钢丝绳的斜向角度很小的情况下使用。

岸孔 T 构的安装较常采用的方案是在墩柱岸边一侧疏出一条运梁驳船航道，使装载块件的驳船能停靠到岸边一侧墩柱旁，这时应对悬臂吊机的吊装方案进行相应的改变。改变方法有两种：一是在块件向前拼装时，吊机不向前移动，只是连续向前接拼纵向主桁。预制梁段在墩柱旁起吊，由横向起重桁架悬吊着预制梁段外移至待拼位置就位，顺次安装伸入河岸上的预制梁段。二是在吊机拼装好一个预制梁段后，吊机仍按正常程序向前移动，只是从起吊位置起，在桥面铺设轨道供下台车行驶。

②连续桁架(闸式吊机)拼装法

连续桁架悬拼施工有移动式和固定式两类。移动式连续桁架的长度大于桥的最大跨径，桁架支承在已拼装完成的梁段和待拼墩顶上，由吊车在桁架上移运块件进行悬臂拼装。固定式连续桁架的支点均设在桥墩上，而不增加梁段的施工荷载。

图 4.26 为移动式连续桁架，其长度大于两个跨度，有三个支点。这种吊机每移动一次可以同时拼装两孔桥跨结构。

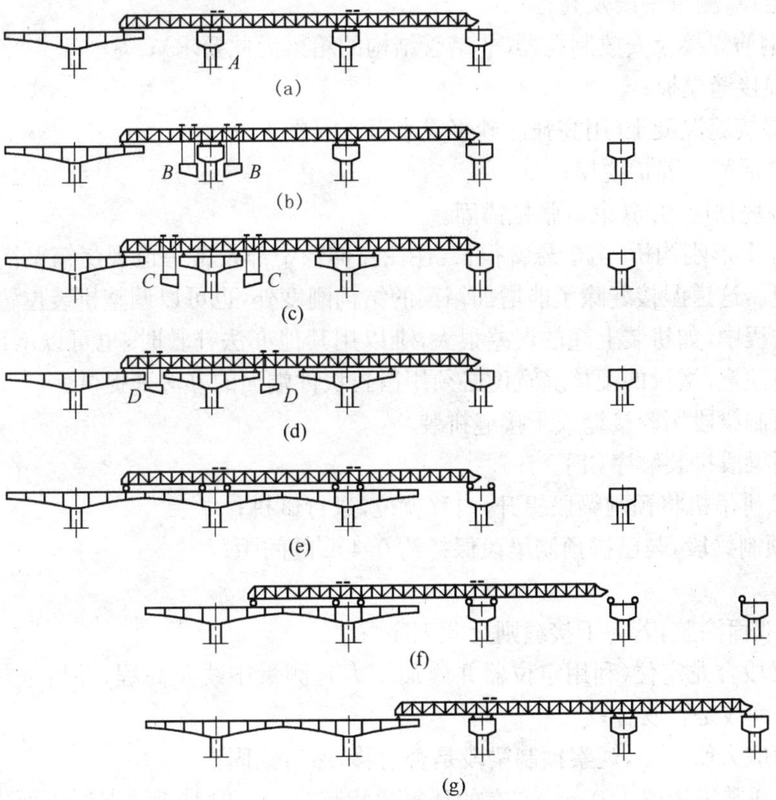

图 4.26　移动式连续桁架

③起重机拼装法

可采用伸管吊机、缆索吊机、龙门吊机、人字扒杆、汽车吊、履带吊、浮吊等起重机进行悬臂拼装。根据吊机的类型和桥孔处具体条件的不同，吊机可以支承在墩柱上、已拼好的梁段上或处在栈桥上、桥孔下。不管是利用现有起重设备或专门制作，悬臂吊机均需满足如下要求：

a. 起重能力能满足起吊最大预制梁段的需要；

b. 吊机便于作纵向移动，移动后又能固定于一个拼装位置；

c. 吊机处在一个位置上进行拼装时，能起吊预制梁段作竖向提升和纵、横向移动，以便调整预制梁段拼装位置；

d. 吊机结构简单，便于装拆。

(2)接缝处理及拼装程序

接缝有湿接缝、干接缝和胶接缝等几种。不同的施工阶段和不同的部位，采用不同的接缝形式。

①一号块和调整块用湿接缝拼装

一号块件(即墩柱两侧的第一块)，一般与墩柱上的零号块以湿接缝相接。一号块是T形刚构两侧悬臂箱梁的基准块件。T构悬拼施工时，防止上翘和下挠的关键在于一号块定位准确，因此，必须确保一号块定位的精度。定位后的一号块可由吊机悬吊支承，也可用下面的临时托架支承。为便于进行接缝处管道接头操作、接头钢筋的焊接和混凝土振动作业，湿接缝一般宽 0.1～0.2 m。

一号块件拼装和湿接缝处理的程序：

a. 块件定位，测量中线及高程；

b. 接头钢筋焊接及安放制孔器(非暗管结构的箱梁无此要求)；

c. 安放湿接缝模板；

d. 浇筑湿接缝混凝土(用高强度砂浆或小石子混凝土)；

e. 湿接缝混凝土养护脱模；

f. 穿一号块预应力筋(束)，张拉锚固。

跨度大的T形刚构桥，由于悬臂很长，往往在伸臂中部设置一道现浇箱梁横隔板，同时设置一道湿接缝。这道湿接缝除了能增加箱梁的结构刚度外，也可以调整拼装位置。

在拼装过程中，如拼装上翘的误差很大，难以用其他办法补救时，也可以增设一道湿接缝来调整。但应注意，增设的湿接缝宽度必须用凿打块件端面的办法来提供。

②其他预制梁段用胶接缝或干接缝拼装

其他预制梁段拼装顺序如下：

a. 利用悬拼吊机将预制梁段提升，内移就位，进行试拼；

b. 移开预制梁段，与已拼预制梁段保持约0.4 m的间距；

c. 穿束；

d. 涂胶(双面涂胶，若为干接缝则无此工序)；

e. 预制梁段合龙定位(利用定位器并施加压力)，测量中线及高程，并检查与预制梁段出坑前所作跨缝弹线是否吻合；

f. 张拉预应力筋(束)，观察预制梁段是否滑移，然后锚固。

块件接缝通常采用厚1.0 mm左右的环氧树脂胶接。一般对接缝混凝土面先涂底层环氧树脂底胶(环氧树脂底层胶由环氧树脂、固化剂、稀释剂按试验决定比例调配)，然后再涂加入填料的环氧树脂胶，环氧树脂胶随用随配。环氧树脂胶接缝可使块件连接密贴，提高结构的抗剪能力、整体刚度和不透水性。一般不宜采用干接缝，干接缝块件密贴性差，水汽易通过接缝浸入梁体导致钢筋锈蚀。

环氧树脂胶由环氧树脂、固化剂、增塑剂、稀释剂、填料等组成。环氧树脂胶的配方应通过试验决定。

a. 环氧树脂：一般选用分子量较低，软化点在18～22℃，工艺性能好，使用方便，可加入大量填料，能改善胶料性能的环氧树脂。

b. 固化剂：应采用无毒性，使用方便，在高湿度和低温下仍能使环氧树脂固化的固化剂，如H4环氧固化剂或T-31环氧固化剂等。

c. 增塑剂：能降低树脂的黏度，固化后增加胶体的塑性。如某些固化剂固化后环氧材料往往会发脆，所以要掺加一定数量的增塑剂。而选用T-31环氧固化剂就不必加增塑剂。

d. 稀释剂：加入稀释剂的主要作用是降低环氧树脂的黏度，增加流动性，便于施工时调配。常用的非活性稀释剂有丙酮、甲苯、二甲苯等。其用量不超过树脂用量的30%。在涂抹后应使其完全挥发，以减少对环氧树脂胶强度和抗老化性能的影响。

e. 填料：单纯环氧树脂固化后胶体的弹性模量很低，而温度膨胀系数很大，是混凝土膨胀系数的8倍，所以环氧树脂胶中通常加入填料来改善胶体性能。填料一般采用高强度水泥或洁净干燥砂。

4. 穿束及张拉

(1)穿束

T 形刚构桥纵向预应力钢筋的布置有两个特点：①较多集中于顶板部位。②钢束布置对称于桥墩。因此拼装每一对对称于桥墩块件用的预应力钢丝束须按锚固这一对块件所需长度下料。

明槽钢丝束通常为等间距排列，锚固在顶板加厚的部分(这种板俗称“锯齿板”)。加厚部分预制时留有管道(图 4.27)。穿束时先将钢丝束在明槽内摆放平顺，然后再分别将钢丝束穿入两端管道内。钢丝束在管道两头伸出长度要相等。

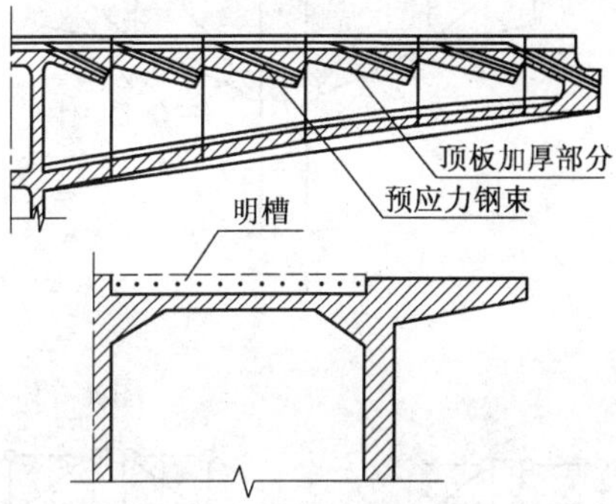

图 4.27　明槽钢丝束布置

暗管穿束难度较大，60 m 以下的钢丝束穿束可采用人工推送。钢丝束的穿入端，应点焊成箭头状并缠裹黑胶布。60 m 以上的长束穿束时可先从孔道中插入一根铁丝与钢丝束引丝连接，然后一端以卷扬机牵引，一端以人工送入。

(2)张拉

钢丝束张拉前要确定合理的张拉次序，保证箱梁在张拉过程中每批张拉的合力和位置都接近于该断面钢丝束的总拉力和重心处。

钢丝束张拉次序的确定与箱梁横断面形式、同时工作的千斤顶数量、是否设置临时张拉系统等因素有关。一般纵向预应力钢丝束的张拉次序按以下原则确定：

①对称于箱梁中轴线，钢束两端同时成对张拉；

②先张拉肋束，再张拉板束；

③肋束的张拉次序是先张拉边肋，后张拉中肋(若横断面为三根肋，仅有两对千斤顶时)；

④同一肋上的钢丝束先张拉下边的，后张拉上边的；

⑤板束的次序是先张拉顶板中部的，后张拉边部的。

5. 合龙段施工

箱梁 T 构在跨中合龙时早期多采用剪力铰使悬臂能相对移位和转动，且挠度连续。现在箱梁 T 构的跨中合龙多用挂梁连接。预制挂梁的吊装方法与装配式简支梁的安装相同，但需注意安装过程中对两边悬臂加荷的均衡性问题，以免墩柱受到过大的不均衡力矩，为此可采用以下两种处理方法：

(1)采用平衡重；

(2)采用两悬臂端部分分批交替架梁，以尽量减少墩柱所受的不平衡力矩。

此外，预应力混凝土悬臂桁架梁和桁架 T 构具有与箱梁 T 构桥基本相同的特点。不同的是单元的块件由桁架构件组成，结构自重较小，跨越能力较大，施工时拼装构件划分方案较多，悬拼方法更易适应不同吊装能力和进度的要求。下面简要介绍一下纵向及横向组拼方法。

(1)纵向分块和拼装方法

①杆件拼装：当跨径较大时，桁架的单根杆件重量就较大，尤其是靠近根部节间的上弦和下弦，可按杆件分别预制，然后拼装成整体。这时一般采用斜拉杆式桁架，拼装顺序如图 4.28 所示。这种分块和拼装方式，一般先将结点做成临时铰，以便在拼装过程中调整悬臂挠度和消除杆端恒载次应力。完工前将结点铰封死。

②三角形块件拼装：将每一节间的下弦、斜杆和前竖杆(或前斜杆)预制成三角形块件，上弦杆预制成单独块件。这时一般采用斜压杆式或三角形式桁架，拼装顺序如图 4.29 所示。

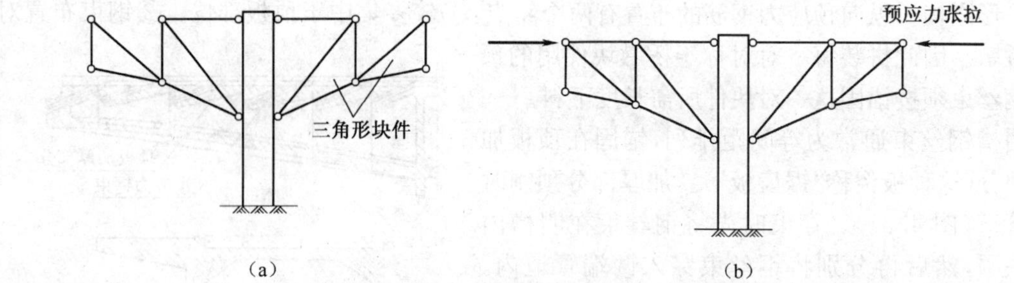

图 4.28 按杆件分块时的安装示意图

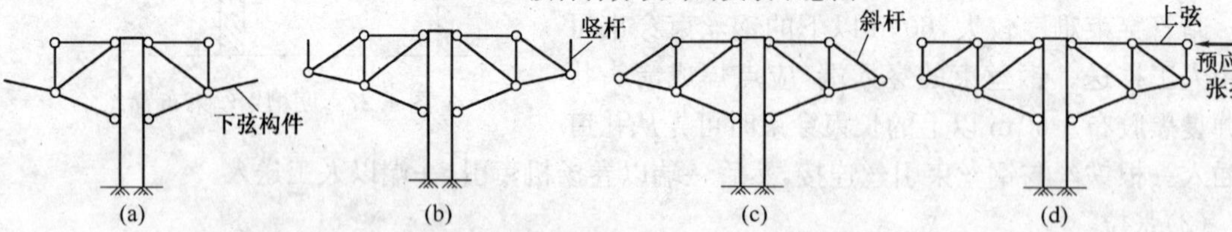

图 4.29 按三角形分块时的安装示意图

③节间块件拼装:将桁架片沿竖杆中线分割,预制构件呈四边形(图 4.30)。这时适宜采用斜压杆式桁架,拼装时将块件沿拼接缝涂胶合龙后即可进行预应力张拉。

④桁架节段拼装:将桁架分成若干段,每段包含一个以上的节间,沿竖杆中线分割或在结点附近杆段上分割,进行节段预制和拼装(图 4.31)。

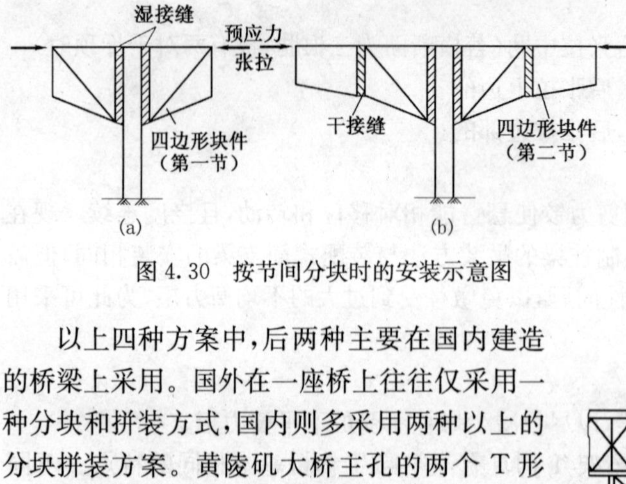

图 4.30 按节间分块时的安装示意图

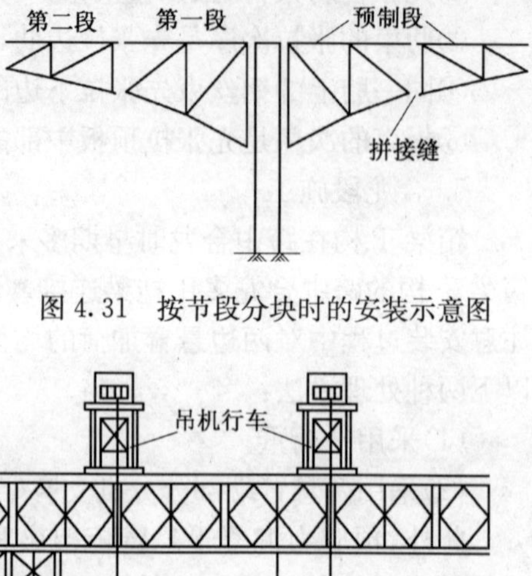

图 4.31 按节段分块时的安装示意图

以上四种方案中,后两种主要在国内建造的桥梁上采用。国外在一座桥上往往仅采用一种分块和拼装方式,国内则多采用两种以上的分块拼装方案。黄陵矶大桥主孔的两个 T 形单元的根部节间由上弦构件和三角形构件组成,拼装时构件由悬臂吊机临时支承,定位后处理湿接缝(图 4.32)。第二和第三节间分别为一个块件,其后是包含两个节间的块件,最后是包含两个节间和端牛腿的块件。

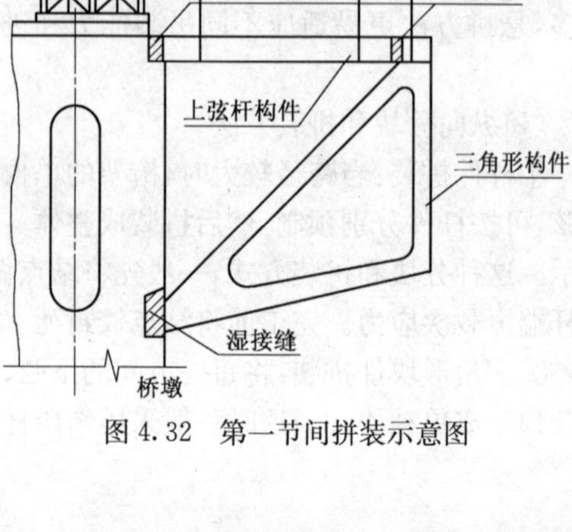

图 4.32 第一节间拼装示意图

(2)横向组拼方法

桥的横断面也有不同的组拼方法。第一种方法是把两片以上平行的桁架片节段用横向联结系连成整体后再拼装;第二种方法是把各片节段依次平行地拼装,然后用横向联结系构件连成整体;第三种方法是在拼装过程中将上、下弦分别横向连成整体的板面,腹杆采用较细的构件。我国黄陵矶大桥和河南嵩县吴村桥(图 4.33 和图 4.34)的横断面拼装属第二种方法。

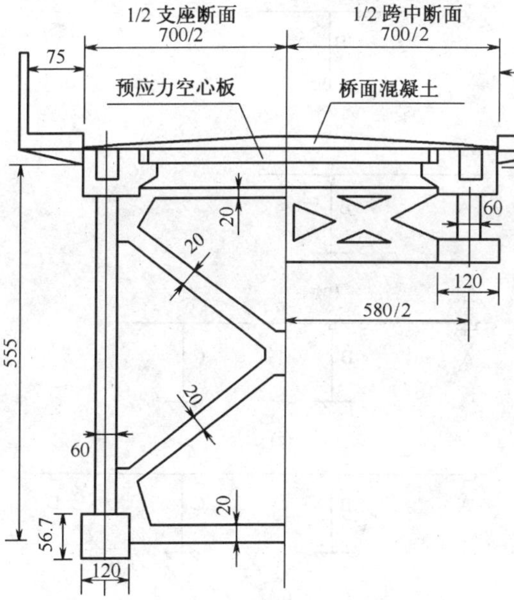

图 4.33　黄陵矶大桥横断面

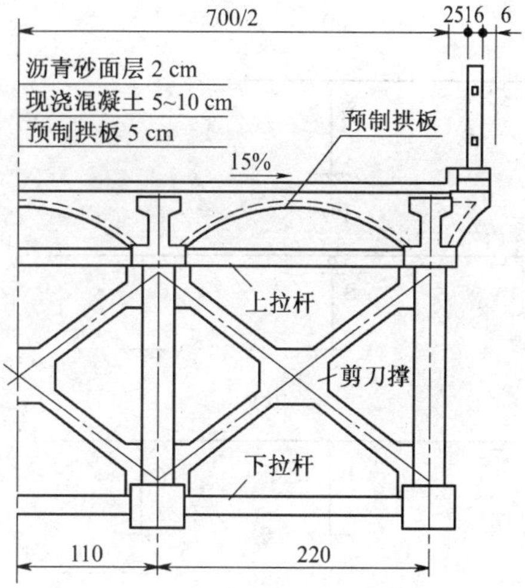

图 4.34　吴村桥横断面

预应力混凝土悬臂桁架利用布置在上弦杆件的预应力筋(束)悬拼。预应力筋(束)一般为明槽筋(束),构件之间的接缝或接头除根部第一节间与墩顶间采用湿接缝定位外,其他一般为胶接缝。需调整悬臂挠度时也可设湿接缝。调整挠度处理方法与箱梁 T 构相同。

预应力桁架 T 构悬拼用的吊机、设备也与预应力箱梁 T 构悬拼时相同。

(五)悬臂浇筑法施工

目前 80%左右的大跨径桥梁均采用悬臂浇筑法施工,通过大量实桥施工,悬臂浇筑施工工艺日趋成熟。下面按悬臂施工程序、0 号块施工、梁墩临时固结、施工挂篮、浇筑梁段混凝土、结构体系转换、合龙段施工及施工控制几个方面进行介绍。

1. 悬臂浇筑施工程序

连续梁桥采用悬臂浇筑施工时根据施工程序可分为以下三种基本方法:逐跨连续悬臂施工法、T 构－单悬臂梁－连续梁施工法、T 构－双悬臂梁－连续梁施工法。

(1)逐跨连续悬臂施工法(图 4.35)

①首先从 B 墩开始将梁墩临时固结,进行悬臂浇筑施工[图 4.35(a)];

②B 端岸跨边段合龙,B 墩临时固结释放后形成单悬臂梁[图 4.35(b)];

③从 C 墩开始将梁墩临时固结,进行悬臂浇筑施工[图 4.35(c)];

④BC 跨中间合龙,释放 C 墩临时固结,形成带悬臂的两跨连续梁,如果还有其他中间墩,可以依此类推进行施工[图 4.35(d)];

⑤最后岸跨边段合龙,完成多跨一联的连续梁施工[图 4.35(e)]。

上述逐跨连续悬臂法施工,从一端向另一端逐跨进行,逐跨经历了悬臂施工阶段,施工过程中进行了体系转换。逐跨连续悬臂法施工可以利用已建成的桥面上进行机具、设备、材料、混凝土运输,方便施工。该法每完成一个新的悬臂并在跨中合龙后,结构稳定性、刚度都有所加强，所以逐跨连续悬臂法常在多跨连续梁及大跨长桥上采用。

(2)T 构－单悬臂梁－连续梁施工法(图 4.36)

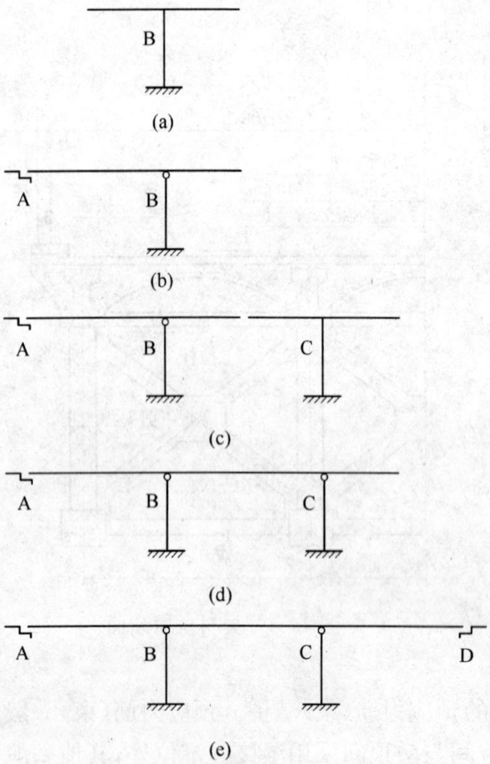

图 4.35 逐跨连续悬臂梁施工程序

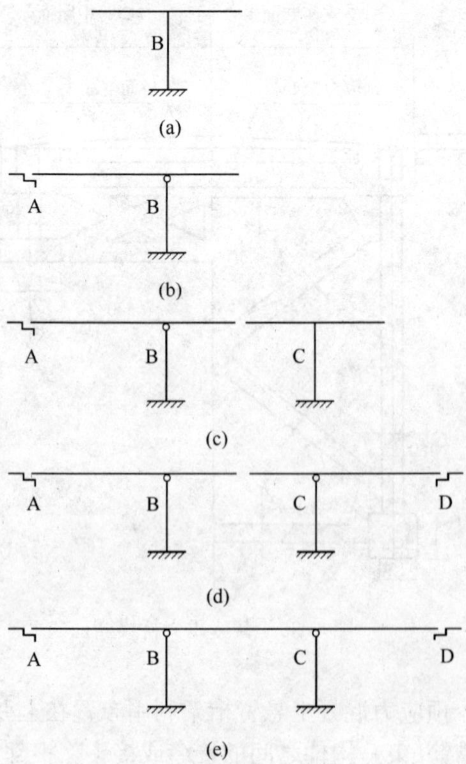

图 4.36 T 构－单悬臂梁－连续梁施工程序

①首先从 B 墩开始将梁墩固结，进行悬臂浇筑施工[图 4.36(a)]；

②岸跨边段合龙，释放 B 墩临时固结，形成单悬臂梁[图 4.36(b)]；

③C 墩进行施工，梁墩固结，进行悬臂施工[图 4.36(c)]；

④岸跨边段合龙，释放 C 墩临时固结，形成单悬臂梁[图 4.36(d)]；

⑤BC 跨中段合龙，形成三跨连续梁结构[图 4.36(e)]。

本法也可以采用多增设两套挂篮设备，B、C 墩同时悬臂浇筑施工，在两岸跨边段合龙后释放 B、C 墩临时固结，最后中间合龙，形成三跨连续梁，以加速施工进度，缩短工期。

多跨连续梁施工时可以采取几个合龙段同时施工，也可以逐个进行。本法在 3～5 跨连续梁施工中是常用的施工方法。

(3)T 构—双悬臂梁－连续梁施工法(图 4.37)

①首先从 B 墩开始将梁墩固结，进行悬臂施工[见图 4.37(a)]；

②再从 C 墩开始将梁墩固结，进行悬臂施工[见图 4.37(b)]；

③BC 跨中间合龙，释放 B、C 墩的临时固结，形成双悬臂梁[见图 4.37(c)]；

④A 端岸跨边段合龙[见图 4.37(d)]；

⑤D 端岸跨边段合龙，完成三跨连续梁施工[见图 4.37(e)]。

本方法当结构呈双悬臂梁状态时，结构稳定性较差，所以一般在大跨径或多跨连续梁中不采用上述方法。

上述连续梁采用的三种悬臂施工方法是悬臂施工的基本方法，遇到具体桥梁施工时，可从中选择合适的方法。

2. 悬臂梁段 0 号块施工

采用悬臂浇筑法施工时，墩顶 0 号块梁段采用在托架上立模现浇，并在施工过程中设置临时梁墩锚固，使 0 号块梁段能承受两侧悬臂施工时产生的不平衡力矩。

施工托架有扇形、门式等形式，托架可采用万能杆件、贝雷梁、型钢等构件拼装，也可采用钢筋混凝土构件作临时支撑。托架总长度视拼装挂篮的需要而决定。横桥托梁宽度要考虑箱梁外侧主模的要求。托架顶面应与箱梁底面纵向线形一致。

扇形托架与门式托架形式参见图 4.38 所示。

由于考虑到在托架上浇筑梁段 0 号块混凝土，托架变形对梁体质量影响很大，在设计

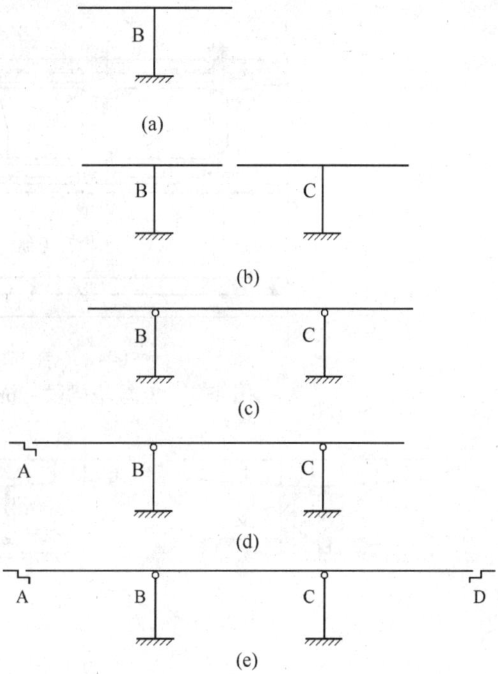

图 4.37　T 构—双悬臂梁—连续梁施工程序

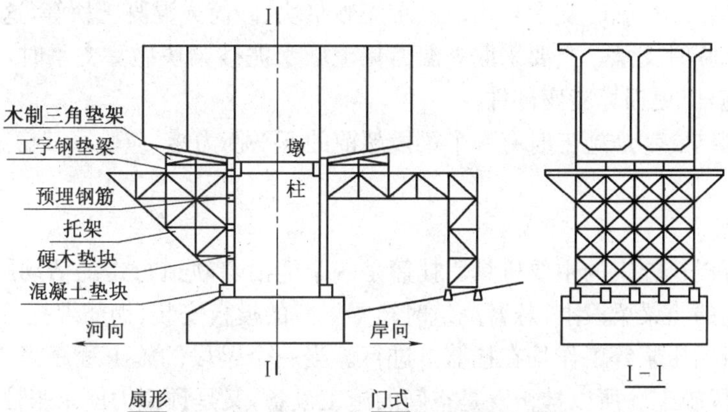

图 4.38　扇形与门式托架示意

托架时要考虑托架强度、刚度、稳定性和整体性的要求。采用万能杆件、贝雷梁、板梁、型钢等做托架时，可采取预压、抛高或调整等措施来减少或消除托架变形对 0 号块高程的影响。

3. 梁墩临时固结措施

大跨径预应力混凝土桥梁采用悬臂施工方法施工时，如结构采用 T 形刚构，因墩身与梁本身采用刚性连接，所以不存在梁墩临时固结问题。悬臂梁桥及连续梁桥采用悬臂施工方法时，为保证施工过程中结构的稳定可靠，必须采取 0 号块梁段与桥墩间临时固结或支承的措施。

临时固结措施或支承措施有下列几种形式：

(1)将 0 号块梁段与桥墩钢筋或预应力筋临时固结，待需要解除固结时切断钢筋，见图 4.39 所示；

(2)在桥墩一侧或两侧加临时支承或支墩，见图 4.40 所示；

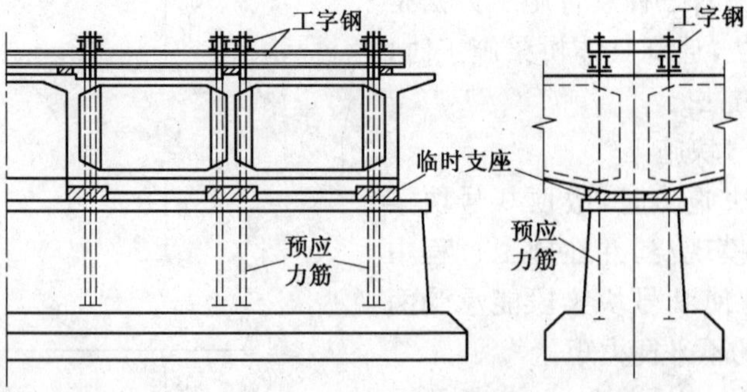

(a) (b)

图 4.39 0 号块梁段与桥墩钢筋或预应力筋临时固结

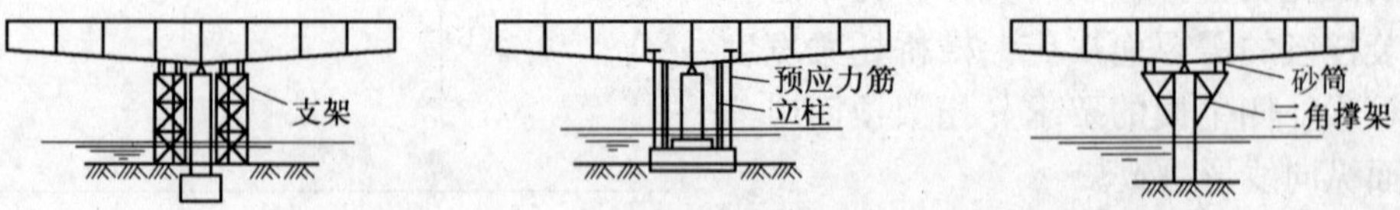

(a) (b) (c)

图 4.40 临时支撑措施

(3)将 0 号块梁段临时支承在扇形或门式托架的两侧；

(4)采用临时支承，临时支承可用硫磺水泥砂浆块、砂筒或混凝土块等，这样体系转换时可以较方便地撤除临时支承。当要采取高温熔化硫磺水泥砂梁块撤除支承时，必须在支承块之间设置隔热措施，以免损坏支座部件。

临时梁墩固结要考虑施工时有一个梁段超前的不平衡力矩，应验算其稳定性，稳定性系数不小于 1.5。

4. 施工挂篮

挂篮是悬臂浇筑施工的主要机具。挂篮是一个能沿着轨道行走的活动脚手架，挂篮悬挂在已经张拉锚固的箱梁梁段上，悬臂浇筑时箱梁梁段的模板安装、钢筋绑扎、管道安装、混凝土浇筑、预应力张拉、压浆等工作均在挂篮上进行。当一个梁段的施工程序完成后，挂篮解除后锚，移向下一梁段施工。所以挂篮既是空间的施工设备，又是预应力筋未张拉前梁段的承重结构。

(1)挂篮形式

挂篮主要有梁式挂篮、斜拉式挂篮及组合斜拉式挂篮三种。

①梁式挂篮

梁式挂篮形式如图 4.41 所示，由底模板、悬吊系统、承重结构、行走系统、平衡重、锚固系统、工作平台等部分组成。

a. 挂篮的主要受力构件是承重结构，可以采用万能杆件或贝雷梁拼，也可采用钢板梁或大号型钢作为承重结构。

b. 悬吊系统的作用是将底模板、张拉工作平台的自重及其上面的荷重传递到承重结构上，悬吊系统可采用钻有销孔的扁钢或两端有螺纹的圆钢组成。

c. 设置锚固系统装置及平衡重的目的是防止挂篮在行走及浇筑混凝土梁段时倾覆失稳。在挂篮行走时解除锚固系统，依靠平衡重作用防止行走时挂篮失稳。在进行检算时，稳定系数

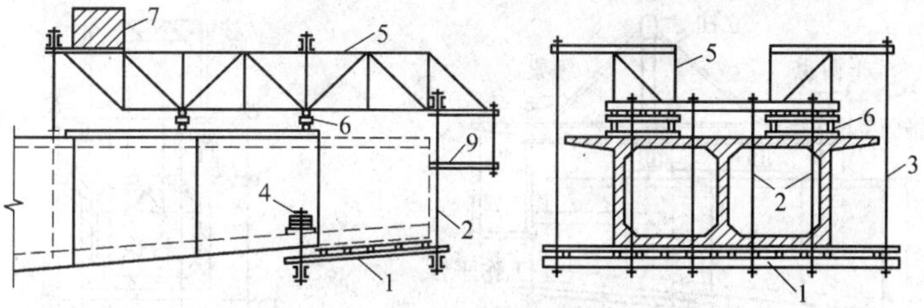

图 4.41　梁式挂篮结构简图

1—底模板；2、3、4—悬吊系统；5—承重结构；6—行走系统；7—平衡重；8—锚固系统；9—工作平台

不应小于 1.5。

d. 挂篮整体纵移采用电动卷扬机牵引，挂篮上设上滑道，也可采用聚四氟乙烯板做滑道。目前现场常在上滑道覆一层不锈钢薄板，下滑道采用槽钢，槽钢内放聚四氟乙烯板作为滑道，行走方便、安全，稳定性较好。

e. 工作平台设于挂篮承重结构的前端，用于张拉预应力束、压浆等操作。

f. 底模板供立模板、绑扎钢筋、浇筑混凝土、养生等工序用。

用梁式挂篮施工初始几对梁段时，由于墩顶位置限制，施工中常将两侧挂篮的承重结构临时联结在一起，如图 4.42(a)所示，待梁段浇筑到一定长度后，再将两侧承重结构分开，如图 4.42(b)所示。

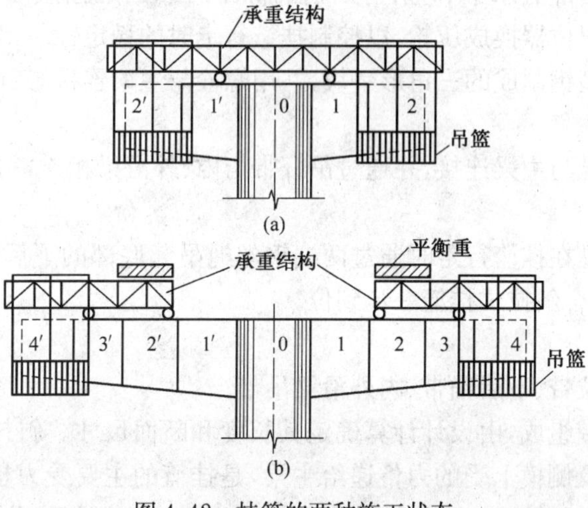

图 4.42　挂篮的两种施工状态

梁式挂篮在悬臂浇筑刚开始应用时采用较多，其特点是可以充分利用施工单位备有的万能杆件或贝雷梁作为挂篮的承重结构，挂篮本身投资较少且受力明确，施工时装拆较方便。

②斜拉式挂篮

斜拉式挂篮也称为轻型挂篮。随着桥梁跨径越来越大，为了减轻挂篮自重，并减少施工阶段增加的临时钢丝束，在梁式挂篮的基础上研制了斜拉式挂篮。

斜拉式挂篮的承重结构由纵梁、立柱、前后斜拉杆组成，具有杆件少，结构简单，受力明确，承重结构轻巧的优点。其他构造系统与梁式挂篮相似。

斜拉式挂篮构造见图 4.43 所示。

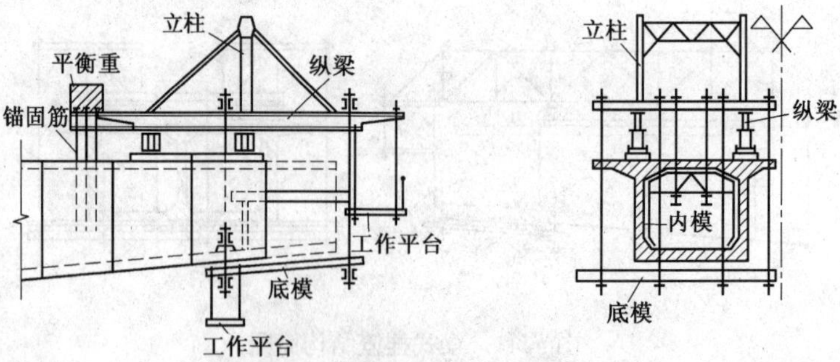

图 4.43 斜拉式挂篮简图

国内大跨径预应力混凝土连续梁桥以及 T 形刚构、连续刚构等均采用斜拉式挂篮进行悬臂浇筑施工。

③组合斜拉式挂篮

组合斜拉式挂篮是在斜拉式挂篮的基础上改进的一种新的结构形式。挂篮自重更轻，其承重比不大于 0.4，最大变形量不大于 20 mm，走行方便，箱梁段施工周期更短。目前在国内许多大桥施工中采用。

组合斜拉式挂篮构造见图 4.44 所示，构造如下。

a. 承重结构

承重结构由主梁、主上横梁、前上横梁和后上横梁组成，其作用是承受和传递斜拉带及内、外滑梁的荷重。主梁后部有水平和竖向限位器，除了可以固定挂篮位置外，还能传递施工荷载。挂篮行走时竖向限位器换成压轮，以控制挂篮行走时的稳定性。

主上横梁采用由型钢制成的三角形垫块，并用螺栓与主梁连接，其功能是将斜拉带的拉力传给主梁。

前上横梁采用螺栓与主梁连接，并通过吊杆带与内、外滑梁相连，用以支撑和固定模板，并将力传给主梁。

后上横梁的功能是在挂篮行走时通过两端钢丝绳吊起底部的下后横梁，使主梁与挂篮下部同步移动，从而使组合斜拉式挂篮一步到位。

b. 悬吊系统

悬吊系统包括斜拉带、下后锚带、内外滑梁吊带。

斜拉带由两根钢带组成，由设计计算确定其长度和断面尺寸。斜拉带上设有调节长度的销孔。斜拉带将底篮及侧模上受的力传递给主梁，是挂篮的主要受力构件之一。斜拉带也是控制挂篮高程的主要构件，即通过上端千斤顶进行微调，达到模板定位的目的。因此，斜拉带应具有足够的强度和刚度。在较宽的箱梁上，为减小下横梁的变形，可以在腹板外侧再增加两根斜拉带。

下后锚带一般有两个，其材料和断面尺寸基本与斜拉带相同，作用是固定底篮并将后横梁受的力传递到已浇筑混凝土的梁段上，通过带上的销孔来调节长度以适应底板厚度的变化，上端用千斤顶支承，以便保证新旧梁段平顺。

内、外滑梁吊带由带钢或精轧螺纹粗钢筋组成，用于支承模板，并将所受的力传递给主梁。

c. 模板系统

模板系统包括底篮、侧模、内模和底模。

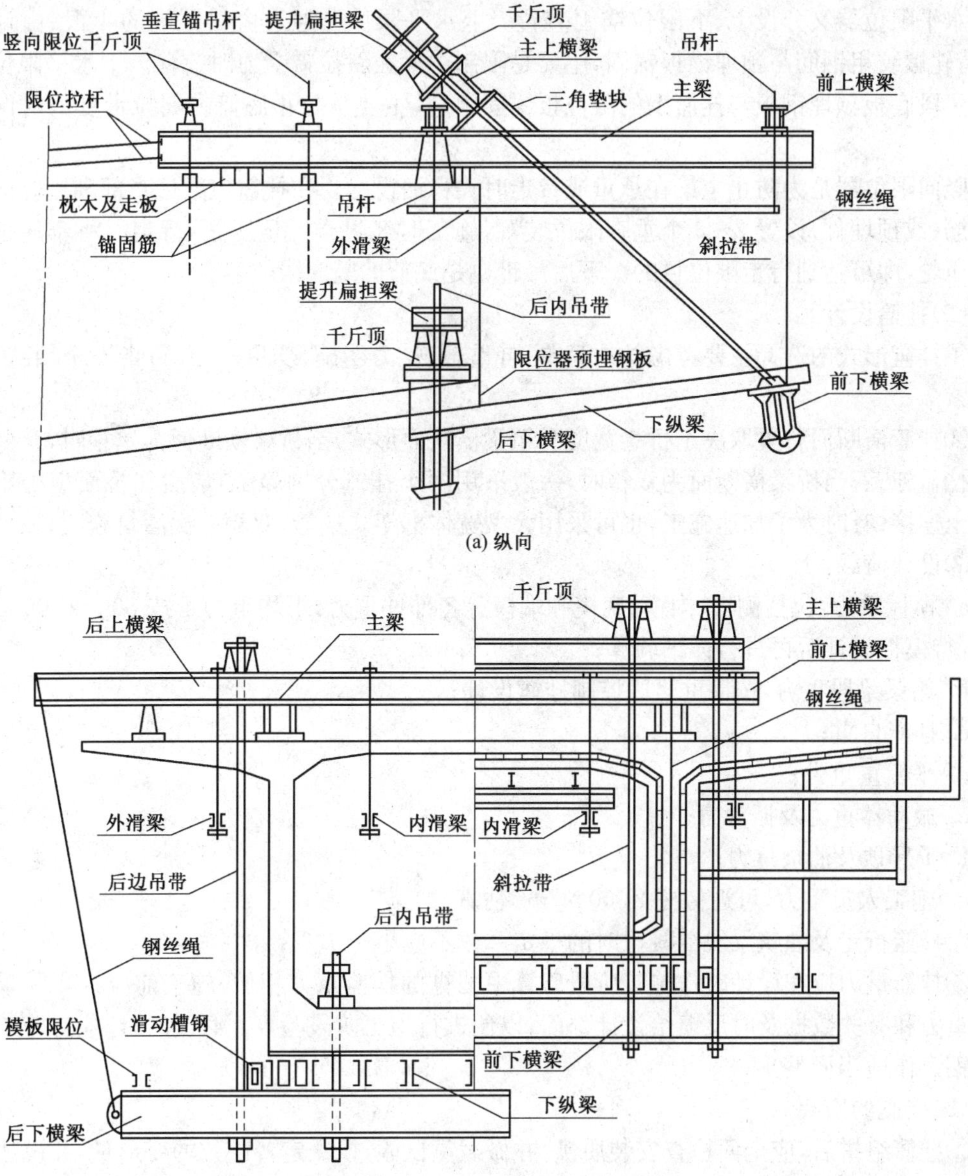

图 4.44　组合斜拉式挂篮简图

底篮由前后下横梁和若干纵梁组成，在纵梁上直接铺底模板。下横梁和纵梁之间用活动铰链相连以保证其灵活性。前、后下横梁各有两个（或四个）挂耳，与斜拉带和下后吊带连接，将施工荷载传给已浇梁段。前下横梁另设两个挂耳，用钢丝绳与主梁前端连接；后下横梁两端各设一个挂耳，用钢丝绳与后上横梁相连，以保证移动挂篮及侧模与主梁同步移动。

外侧模是用型钢杆件组成的框架，内置模板。内模采用组拼式模板。当内滑梁和托架移位后，根据箱梁变截面高度再组拼新内模。

d. 限位与锚固系统

由水平与竖向两组限位锚固装置组成。

水平限位器又分设上、下限位锚固装置。上水平限位器通过主梁尾端的 4 根(由计算确定)精轧螺纹粗钢筋与预埋锚板锚固,主要是限制主梁在斜拉带受力时前移。下水平限位器由已浇梁段底板预埋钢板与挂篮上的限位板锚固组成,主要是防止底篮在斜拉带受力时向后移动。

竖向限位器是为防止主梁在承重或行走时失稳而设的。在挂篮主梁后半部利用竖向预应力钢筋(或预埋件)设置 2~3 个垂直限位装置,施工时通过千斤顶压紧,行走时将千斤顶压板换成压轮,即可达到行走限位目的。下后吊带也是底篮的竖向限位器。

(2)挂篮设计

①挂篮形式的选择主要考虑结构简单、自重轻、受力明确、变形较小、行走安全、装拆方便等因素。

②挂篮横断面布置取决于桥梁宽度和箱梁横断面形式,当桥梁横断面为单箱时,全断面用一个挂篮施工;当桥梁横断面为双箱时,一般采用两个挂篮分别施工,最后在桥面板处用现浇混凝土连接;有时为了加速施工,也可采用大型宽体框架式挂篮,双箱一次灌筑施工。

③设计荷载:

a. 模板重力:包括侧模、内模、底模和端模等各部件重力,平均重力可按 800~1 000 N/m^2 估算,待模板设计后再进行详细验算;

b. 箱梁梁段重力,按最重梁段控制挂篮设计;

c. 挂篮自重;

d. 平衡重重力;

e. 振动器重力及振动力;

f. 千斤顶及油泵重力;

g. 施工人员重力,可近似按 2 000 N/m^2 估算。

④挂篮行走及灌筑梁段混凝土时的稳定系数不应小于 1.5。

⑤挂篮重力应和设计时作施工阶段验算中估算的挂篮重力相似,施工前应将实际采用的挂篮重力和有关数据及时反馈给设计部门,以便进行施工阶段验算。必要时,还应对施工阶段所需钢束作适当调整。

(3)挂篮的安装

①挂篮组拼后,应全面检查安装质量,并做载重试验,以测定各部位的变形量,并设法消除永久变形。

②在起步长度内梁段浇筑完成并达到要求的强度后,在墩顶拼装挂篮。有条件时,应在地面上先进行试拼装,以便在墩顶熟练有序地开展挂篮拼装工作。拼装时应对称进行。

③挂篮的操作平台下应设置安全网,防止物件坠落,确保施工安全。挂篮应四周设围护,呈全封闭状,上下应有专用扶梯,方便施工人员上下挂篮。

④挂篮行走时为了避免倾覆,须在挂篮尾部压平衡重。浇筑混凝土梁段时,必须在挂篮尾部将挂篮与梁进行锚固。

5. 悬臂浇筑梁段混凝土

当挂篮就位后,即可在上面进行梁段悬臂浇筑施工的各项作业,其施工工艺流程如图 4.45。悬臂浇筑梁段混凝土时应注意以下几点:

(1)挂篮就位后,安装并校正模板吊架,此时应对浇筑预留梁段混凝土进行抛高,以使施工完成的桥梁符合设计标高。抛高值包括施工期结构挠度、因挂篮重力和临时支承释放时支座

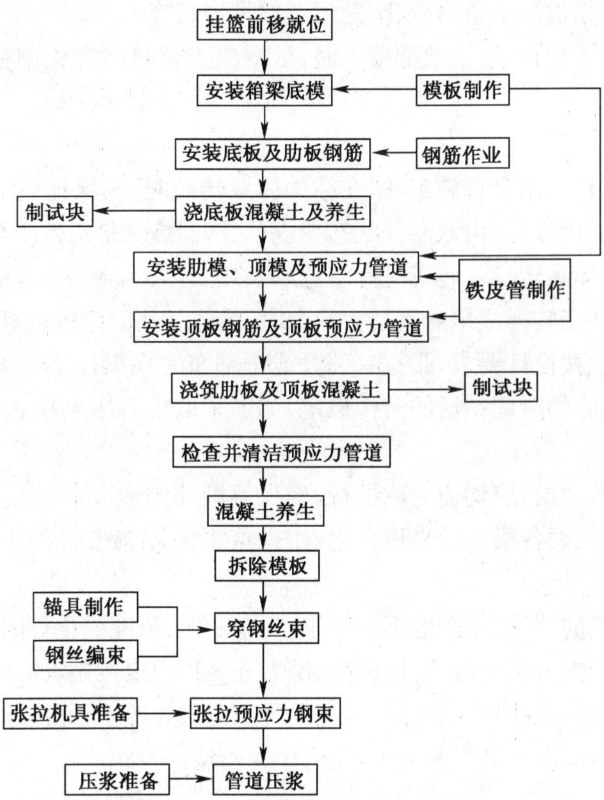

图 4.45 悬臂浇筑施工工艺流程

产生的压缩变形等。

(2)模板安装应核准中心位置及标高,模板与前一段混凝土面应平整密贴。如上一节段施工后出现中线或高程误差需要调整时,应在模板安装时予以调整。

(3)安装预应力预留管道时,应与前一段预留管道接头严密对准,并用胶布包贴,防止灰浆渗入管道。管道四周应布置足够的定位钢筋,确保预留管道位置正确,线形平顺。

(4)可以从前端开始浇筑混凝土,且尽量对称平衡浇筑。浇筑时应加强振动,并注意对预应力预留管道的保护。

(5)为提高混凝土早期强度,加快施工速度,在设计混凝土配合比时,可加入早强剂或减水剂。混凝土梁段浇筑一般 5～7 d 一个周期。为防止混凝土出现过大的收缩、徐变,应在配合比设计时按规范要求控制水泥用量。

(6)梁段拆模后,应对梁端的混凝土表面进行凿毛处理,以加强接头混凝土的连接。

(7)一般采用一次浇筑法浇筑箱梁梁段混凝土,在箱梁顶板中部留一窗口,混凝土由窗口注入箱内,再分布到底模上。当箱梁断面较大时,考虑梁段混凝土数量较多,每个节段可分二次浇筑,先浇筑底板到肋板倒角以上部分,待底板混凝土达到一定强度后,再支内模,浇筑肋板上段和顶板。接缝按施工缝要求处理。

(8)箱梁梁段分次浇筑混凝土时,为了不使后浇混凝土的重力引起挂篮变形,导致先浇混凝土开裂,可采取下列方法:

①水箱法:浇筑混凝土前先在水箱中注入相当于混凝土重量的水,在混凝土浇筑中逐渐放水,使挂篮负荷和挠度基本保持不变。

②浇筑混凝土时根据混凝土重量变化，随时调整吊带高度。

③将底模梁支承在千斤顶上，浇筑混凝土时，随混凝土重量的变化调整千斤顶，抵消挠度变形。

6. 结构体系转换

悬臂梁桥及连续梁桥采用悬臂施工法，在结构体系转换时，为保证施工阶段的稳定，一般边跨先合龙，释放梁墩锚固，结构由双悬臂状态变成单悬臂状态，最后跨中合龙，成为连续梁受力状态。这中间就存在体系转换。施工时应注意以下几点。

(1)结构由双悬臂状态转换成单悬臂受力状态时，梁体某些部位的弯矩方向发生转换。所以在拆除梁墩锚固前，应按设计要求，张拉一部分或全部布置在梁体下部的正弯矩预应力束。对活动支座还需保证解除临时固结后的结构稳定，如需采取措施限制单悬臂梁发生过大纵向水平位移。

(2)梁墩临时锚固的放松，应均衡对称进行，确保逐渐均匀地释放。在放松前应测量各梁段高程，在放松过程中，注意各梁段的高程变化，如有异常情况，应立即停止作业，找出原因，以确保施工安全。

(3)对转换为超静定的结构，需考虑钢束张拉、支座变形、温度变化等因素引起的结构次内力。按设计要求，需进行内力调整时，应以标高、反力等多种因素控制，相互校核。

(4)在结构体系转换中，临时固结解除后，将梁落于正式支座上，并按标高调整支座高度及反力。支座反力的调整，应以标高控制为主，反力作为校核。

7. 合龙段施工

合龙段施工时通常由两个挂篮向一个挂篮过渡，所以先拆除一个挂篮，用另一个挂篮走行跨过合龙段至另一端悬臂施工梁段上，形成合龙段施工支架。也可采用吊架的形式形成支架。

在合龙段施工过程中，考虑到昼夜温差，现浇混凝土的早期收缩、水化热，已完成梁段混凝土的收缩、徐变，结构体系的转换及施工荷载等因素的影响，需采取必要措施，保证合龙段的质量：

(1)合龙段长度选择。合龙段长度在满足施工操作要求的前提下，应尽量缩短，一般采用1.5～2.0 m。

(2)合龙温度选择。一般宜在低温合龙，遇夏季应在晚上合龙，并用草袋等覆盖，并加强接头混凝土养护，使混凝土早期结硬过程中处于升温受压状态。

(3)合龙段混凝土选择。混凝土中宜加入减水剂、早强剂，以便及早达到设计要求强度，及时张拉预应力束筋，防止合龙段混凝土出现裂缝。

(4)合龙段采用临时锁定措施，采用劲性型钢或预制的混凝土柱安装在合龙段上下部作支撑，然后张拉部分预应力束筋，待合龙段混凝土达到要求强度后，张拉其余预应力束筋，最后再拆除临时锁定装置。

为方便施工，也可将劲性骨架作为预应力束筋的预留管道打入合龙混凝土内，将劲性钢管安装在截面顶板和底板管道位置，钢管长度可用螺纹套管调节，两端支承在梁段混凝土端面上，并在部分管道内张拉预应力筋，待合龙段混凝土达强度要求后，再张拉其余预应力束筋。也可在合龙段配置加强钢筋形成劲性骨架。

(5)为保证合龙段施工时混凝土始终处于稳定状态，在浇筑之前各悬臂端应附加与混凝土质量相等的配重(或称压重)，加配重要依桥轴线对称加载，按浇筑重量分级卸载。如采用多跨一次合龙的施工方案，也应先在边跨合龙，同时需经计算，进行工艺设计和设备系统的优化组合。

8. 施工控制

悬臂浇筑大跨径桥梁施工过程中，由于有许多因素的影响，施工中的实际结构状态可能会偏离预定的目标，这种偏差较大时将影响结构的使用。为了使悬臂浇筑状态尽可能达到预定的目标，必须在施工过程中逐段进行跟踪控制和调整。悬臂浇筑施工控制是桥梁施工中的一个难点，控制不好，两端悬臂浇筑至合龙时，梁底高程误差会大大超出允许范围(公路桥梁挠度允许误差为 20 mm，轴线允许偏位 10 mm)，既对结构受力不利，也会因梁底曲线产生转折点而影响美观，形成永久性缺陷。

应用计算机程序进行跟踪控制的步骤为：

(1)将施工中实际结构状态信息如量测的标高、钢束张拉力、温度变化、截面应力，以及设计参数的实测值，如混凝土、钢材的容重和弹性模量、构件几何尺寸、施工荷载、混凝土的徐变系数等输入计算机程序。

(2)通过对各种量测信息的综合处理，分析得到结构的实测标高与理论标高的误差。

(3)对状态进行判断，决定是否要采取有效措施来纠正已偏离目标的结构状态。可采用调整浇筑梁段的标高，改变预应力束的张拉次序，改变张拉力等办法。

通过上述每个节段反复循环地跟踪控制调整，使结构与预定目标始终控制在很小误差范围内，最后合龙时，可达到理想目标。

(六)悬臂挠度控制

1. 悬臂施工挠度计算

悬拼施工过程中所产生的挠度，涉及梁体自重、预应力效应、混凝土徐变收缩、施工荷载等的作用。鉴于施工挠度与许多不确定因素有关(例如各段混凝土间材料性能、温度、湿度以及养护等方面的差异、各段的工期也很难准确估计)，且施工中荷载随时间变化，要精确计算施工挠度是非常困难的。

刚构悬臂梁施工阶段的挠度包括：由恒载、临时活载、预应力及混凝土收缩、徐变所产生的刚构悬臂梁的挠度；也包括由不对称恒载及风荷载引起的刚构墩柱变形所产生的附加挠度。

(1)施工过程的恒载、临时活载及预应力所产生的挠度

施工阶段恒载、临时活载及预应力所产生的刚构悬臂梁本身的挠度，目前均采用有限单元法计算，大多数专用桥梁有限元软件和部分通用有限元软件均具备各种桥梁结构施工阶段仿真分析功能，恒载由软件自动计入，临时活载则需要用户根据现场施工的实际情况输入软件计算，不再赘述。预应力引起的挠度有限元计算步骤如下：

①将空间预应力曲线投影为两个平面内的两条平面曲线；

②分别对每一平面内的曲线采用导线法或其他确定曲线的形状；

③在每一单元内根据两个投影平面内的预应力线形，计算由有效预应力引起的单元端部的等效集中荷载，以及跨间的分布荷载；

④将单元端部的集中荷载作为单元坐标系中的结点荷载，转换到结构坐标系后直接叠加到外荷载矩阵中；将跨间的分布荷载按照杆系结构有限元跨间荷载移植原理处理为等效节点荷载叠加到外荷载矩阵中。

(2)不对称恒载及风荷载引起的刚构墩柱和刚构基础变形所产生的悬臂梁挠度

不对称恒载及风荷载引起的刚构墩柱和刚构基础变形所产生的悬臂梁挠度计算问题，只

要用户根据现场实际输入不对称恒载、风荷载(风压强度)等信息,有限元软件将自动计算刚构墩柱变形对梁体的挠度影响,计算原理可参考相关资料。

(3)混凝土收缩徐变挠度计算

当大跨度混凝土桥梁采用悬臂施工方法时,每一块段的混凝土龄期短,徐变、收缩效应较为明显。同时由于悬臂施工的预应力混凝土结构在施工过程中发生体系转换时,前期结构继承下来的应力状态所产生的徐变、收缩变形增量受到后期结构的约束,导致内力重分布。如果结构不对称或悬臂施工的进度不同,则徐变、收缩发展的历程不同,使左右两半跨产生的挠度和转角不同,若不能预先较为准确地计入徐变、收缩效应,并采取相应措施,将导致合龙困难。因而,选择逼近实际的徐变、收缩计算方法,从而正确地考虑其对挠度的影响非常必要。以下介绍有限元方法计算徐变、收缩的计算原理和步骤,供参考。

①徐变、收缩的数学表达式

a. 徐变的表达

混凝土的徐变大小通常采用徐变系数 $\varphi(t,\tau)$ 来描述。我国《公路钢筋混凝土及预应力混凝土桥涵设计规范》(JTG D62—2004)采用的徐变系数表达式为

$$\phi(t,t_0)=\phi_0\cdot\beta_c(t-t_0) \tag{4-1}$$

式中 t_0——加载时的混凝土龄期;

t——计算起讫时刻的混凝土龄期;

$\phi(t,t_0)$——加载龄期为 t_0 时,计算龄期为 t 时的混凝土徐变系数 ;

ϕ_0——名义徐变系数;

$\beta_c(t-t_0)$——加载后徐变随时间发展的系数。

《铁路桥涵钢筋混凝土及预应力混凝土结构设计规范》(TB 10002.3—2005)中的徐变系数表达式为

$$\varphi(t,\tau)=\beta_a(\tau)+\varphi_d\beta_d(t-\tau)+\varphi_f[\beta_f(t)-\beta_f(\tau)] \tag{4-2}$$

$$\beta_\alpha(\tau)=0.8\left[1-\frac{f_\tau}{f_\infty}\right] \tag{4-3}$$

式中,φ_d 为滞后弹性系数,取为 0.4;$\beta_d(t-\tau)$为随时间而增长的滞后弹性应变;f_τ/f_∞ 为混凝土龄期为 τ 时的强度 f_τ 与最终强度 f_∞ 之比;$\beta_f(t)$、$\beta_f(\tau)$为随混凝土龄期而增长的滞后塑性应变,与理论厚度 h 有关;t、τ 为所要计算的徐变系数的混凝土龄期和混凝土加载龄期;φ_f 为流塑系数。$\varphi_f=\varphi_{f1}\cdot\varphi_{f2}$,$\varphi_{f1}$ 为依周围环境而定的系数,φ_{f2} 为依理论厚度 h 而定的系数,$h=\lambda=\frac{2A_h}{u}$,其中 λ 为依周围环境而定,按规范取值,A_h 为构件混凝土截面面积(mm^2),u 为与大气接触的截面周边长度(mm)。

b. 收缩的表达式

混凝土收缩应变通常表达为收缩应变终值与时间函数的乘积:

$$\varepsilon_s(t,\tau)=\varepsilon_{s,\infty}f(t-\tau) \tag{4-4}$$

式中 $\varepsilon_{s,\infty}$——收缩应变终值;

$f(t-\tau)$——收缩应变发展的时间函数,当 $t=\tau$ 时,$f(t-\tau)=0$;当 $t=\infty$时,$f(t-\tau)=1$。

我国《公路钢筋混凝土及预应力混凝土桥涵设计规范》(JTG D62—2004)采用的收缩应变表达式如下:

$$\varepsilon_s(t,t_s)=\varepsilon_{s0}\cdot\beta_s(t-t_s) \tag{4-5}$$

$$\varepsilon_{s0}=\varepsilon_s(f_{cm})\cdot\beta_{RH} \tag{4-6}$$

$$\varepsilon_s(f_{cm})=[160+10\beta_{sc}(9-f_{cm}/f_{cm0})]\times10^{-6} \tag{4-7}$$

$$\beta_{RH}=1.55[1-(RH/RH_0)^3] \tag{4-8}$$

$$\beta_s(t-t_s)=\left[\frac{\dfrac{(t-t_s)}{t_1}}{350\left(\dfrac{h}{h_0}\right)^2+\dfrac{(t-t_s)}{t_1}}\right]^{0.5} \tag{4-9}$$

式中　t——计算考虑时刻的混凝土龄期(d)；

t_s——收缩开始时的混凝土龄期(d)，可假定为 3～7 d；

$t_1=1$ d；

$\varepsilon_s(t,t_s)$——收缩开始时的龄期为 t_s，计算考虑的龄期为 t 时的收缩应变；

ε_{s0}——名义收缩系数；

β_s——收缩随时间发展的系数；

f_{cm}——强度等级 C20～C50 的混凝土在 28d 龄期时的平均立方体抗压强度(MPa)，$f_{cm}=0.8f_{cu,k}+8$MPa；

$f_{cu,k}$——龄期为 28d，具有 95%保证率的混凝土立方体抗压强度标准值(MPa)；

$f_{cm0}=10$MPa；

β_{RH}——与年平均相对湿度相关的系数，适用于 40%≤RH<90%；

RH——环境年平均相对湿度(%)；

$RH_0=100\%$；

β_{sc}——依水泥种类而定的系数，对一般的硅酸盐类水泥或快硬水泥取 5.0；

h——构件理论厚度(mm)，$h=2A/u$，A 为构件截面面积，u 为构件与大气接触的周边长度。

强度等级 C20～C50 混凝土的名义收缩系数 ε_{s0}，可按表 4.4 所列数值采用。

表 4.4　混凝土名义收缩系数 ε_{s0}($\times10^3$)

40%≤RH<70%	70%≤RH<99%
0.529	0.310

注：①本表适用于一般硅酸盐类水泥或快硬水泥配制而成的混凝土；

②本表适用于季节性变化平均温度在−20℃ ～+40℃；

③本表数值系按 C40 混凝土计算所得，对强度等级为 C50 或以上的混凝土，表列数值应乘以 $\sqrt{32.4/f_{ck}}$，式中 f_{ck} 为混凝土轴心抗压强度标准值(MPa)；

④计算时，表中年平均相对湿度 40%≤RH<70%，取 RH=55%；70%≤RH<99%，取 RH=80%。

c. 收缩应变的计算

混凝土收缩应变值可按下列步骤计算：

首先，按公式(4-9)计算从 t_s 到 t、t_s 到 t_0 的收缩应变发展系数 $\beta_s(t-t_s)$、$\beta_s(t_0-t_s)$，当计算 $\beta_s(t_0-t_s)$时，公式中的 t 均改为 t_0。其中 t 为计算收缩应变考虑时刻的混凝土龄期(d)，t_0 为桥梁结构开始受收缩影响时刻或预应力钢筋传力锚固时刻的混凝土龄期(d)，t_s 为收缩开始时(养护期结束时)的混凝土龄期，设计时可取 3～7 d，$t>t_0\geqslant t_s$。

其次，按下式计算自 t_0 至 t 时的收缩应变值 $\varepsilon_s(t,t_0)$：

$$\varepsilon_s(t,t_0)=\varepsilon_{s0}[\beta_s(t-t_s)-\beta_s(t_0-t_s)] \tag{4-10}$$

式中的名义收缩系数 ε_{s0} 按表 4.4 采用。

②徐变、收缩的应力应变方程

a. 线性叠加原理

试验研究表明，当混凝土应力不超过极限强度的 40%～50%时，混凝土徐变终极变形与初始瞬时弹性变形呈线性关系，否则呈非线性关系。在一般情况下，混凝土应力都小于 $R/2$，因而属于线性徐变，此时分批施加应力所产生的应变可以采用叠加原理。试验表明叠加原理对基本徐变符合良好，但对于包括干缩徐变的总徐变来说，由叠加原理所得出的徐变恢复一般大于实际恢复。因此，应用叠加原理对递减荷载将会产生少量偏差。虽然计算存在缺陷，叠加原理仍被普遍采用。

根据叠加原理，对于在时刻 τ_0 施加初应力 $\sigma(\tau_0)$，又在不同的时刻 $\tau_i(i=1,2,\cdots,n)$ 分阶段施加应力增量 $\Delta\sigma(\tau_i)$ 的混凝土，其在以后任何时刻 t 包括收缩应变在内的总应变可以表达为

$$\varepsilon(t,\tau_0)=\frac{\sigma(\tau_0)}{E(\tau_0)}[1+\varphi(t,\tau_0)]+\sum_{i=1}^{n}\frac{\Delta\sigma(\tau_i)}{E(\tau_i)}[1+\varphi(t,\tau_i)]+\varepsilon_s(t,\tau_0) \tag{4-11}$$

对后续应力为连续变化的情形，则可写出描述叠加原理的积分表达式：

$$\varepsilon(t,\tau_0)=\frac{\sigma(\tau_0)}{E(\tau_0)}[1+\varphi(t,\tau_0)]+\int_{\tau_0}^{t}\frac{1}{E(\tau)}\frac{\mathrm{d}\sigma(\tau)}{\mathrm{d}\tau}[1+\varphi(t,\tau)\mathrm{d}\tau+\varepsilon_s(t,\tau_0)] \tag{4-12}$$

对式(4-12)分部积分，得：

$$\varepsilon(t,\tau_0)=\frac{\sigma(t)}{E(t)}-\int_{\tau_0}^{t}\frac{\sigma(\tau)}{E(\tau)}\frac{\mathrm{d}\varphi(t,\tau_0)}{\mathrm{d}\tau}+\varepsilon_s(t,\tau_0) \tag{4-13}$$

b. 应力、应变关系的增量形式表达式

从混凝土应力—应变的线性关系和叠加原理出发，引入老化系数的概念，并假定混凝土弹性模量为常数，可推导出在不变荷载作用下，徐变、收缩导致的应变增量和应力增量之间的代数方程表达式(Tröst—Bazänt 法)。设 t_i 为计算时刻，应力与应变增量的关系式为

$$\begin{aligned}\Delta\varepsilon_{cs}(t_i,t_{i-1})=&\frac{\Delta\sigma_{cs}(t_i,t_{i-1})}{E(t_{i-1})}[1+\chi(t_i,t_{i-1})\varphi(t_i,t_{i-1})]\\&+\sum_{j=1}^{i-1}\frac{\Delta\sigma(t_j)}{E(t_j)}[\varphi(t_i,t_j)-\varphi(t_{i-1},t_i)]+\Delta\varepsilon_s(t_i,t_{i-1})\end{aligned} \tag{4-14}$$

式中 $\Delta\sigma(t_j)$——时刻 t_j 的应力增量；

$\Delta\varepsilon_{cs}(t_i,t_{i-1})$、$\Delta\sigma_{cs}(t_i,t_{i-1})$——$t_{i-1}$ 至 t_i 时间内由徐变、收缩引起的应变增量和应力增量；

$\Delta\varepsilon_s(t_i,t_{i-1})$——$t_{i-1}$ 至 t_i 时间内由收缩引起的应变增量；

$E(t_j)$——时刻 t_j 的弹性模量；

$\chi(t_i,t_{i-1})$——老化系数(按规范取值)。

其余符号意义同前。

式(4-14)考虑了混凝土弹性模量随时间的变化，还考虑了初应力和初应变形成的历史。

同理可写出截面曲率与弯矩增量之间的关系式为

$$\begin{aligned}\Delta\psi_{cs}(t_i,t_{i-1})=&\frac{\Delta M_{cs}(t_i,t_{i-1})}{E(t_{i-1})I_c}[1+\chi(t_i,t_{i-1})\varphi(t_i,t_{i-1})]\\&+\sum_{j=1}^{i-1}\frac{\Delta M(t_j)}{E(t_j)I_c}[\varphi(t_i,t_j)-\varphi(t_{i-1},t_i)]+\Delta\psi_s(t_i,t_{i-1})\end{aligned} \tag{4-15}$$

式中　$\Delta M(t_j)$——时刻 t_j 的弯矩增量；

$\Delta\psi_{cs}(t_i,t_{i-1})$、$\Delta M_{cs}(t_i,t_{i-1})$——$t_{i-1}$ 至 t_i 时间内由徐变、收缩引起的曲率增量和弯矩增量；

$\Delta\psi_s(t_i,t_{i-1})$——$t_{i-1}$ 至 t_i 时间内由收缩引起的曲率增量；

$E(t_j)$——时刻 t_j 的弹性模量；

I_c——混凝土截面的抗弯惯性矩。

其余符号意义同前。

根据弹性模量和按龄期调整的有效模量的关系：

$$E_\varphi(t_i,t_{i-1})=\frac{E(t_i,t_{i-1})}{1+\chi(t_i,t_{i-1})\varphi(t_i,t_{i-1})} \tag{4-16}$$

并设

$$\eta(t_i,t_{i-1})=\frac{E(t_i,t_{i-1})}{E(t_j)}[\varphi(t_i,t_j)-\varphi(t_{i-1},t_i)]$$

带入式(4-14)，若以 $\Delta\sigma_{cs}(t_i,t_{i-1})$ 为通过形心点的应力增量，则轴力增量可写为

$$\Delta N_{cs}(t_i,t_{i-1})=A_cE_\varphi(t_i,t_{i-1})\left[\Delta\varepsilon_{cs}(t_i,t_{i-1})-\sum_{j=1}^{i-1}\frac{\eta(t_i,t_j)}{E_\varphi(t_i,t_{i-1})}\Delta\sigma(t_j)-\Delta\varepsilon_s(t_i,t_{i-1})\right] \tag{4-17}$$

式中　A_c——为混凝土截面面积。

其余符号意义同前。

同样将 $E_\varphi(t_i,t_{i-1})$、$\eta(t_i,t_{i-1})$ 带入式(4-15)，表示为弯矩增量的形式：

$$\Delta M_{cs}(t_i,t_{i-1}) = I_cE_\varphi(t_i,t_{i-1})\left[\Delta\psi_{cs}(t_i,t_{i-1})-\sum_{j=1}^{i-1}\frac{\eta(t_i,t_j)}{E_\varphi(t_i,t_{i-1})}\Delta M(t_j)-\Delta\psi_s(t_i,t_{i-1})\right] \tag{4-18}$$

由以上公式可知，如用按龄期调整的有效模量 $E_\varphi(t_i,t_{i-1})$ 代替混凝土的弹性模量 $E(t_i,t_{i-1})$，则在第 t_i-t_{i-1} 个时间内，因徐变、收缩产生的应力或内力增量与应变增量之间具有线性关系，因而可以利用解弹性结构的方法来求解混凝土结构的徐变、收缩问题。

③单元结点力增量和结点位移增量关系的矩阵表达式

采用有限元进行徐变、收缩分析，重点是确定结构考虑徐变、收缩的刚度矩阵，以及荷载矩阵。

根据前面的讨论，如果采用基于矩阵位移法的有限元方法时，只需将刚度矩阵中的 E 用 E_φ 代替，即可形成考虑混凝土徐变、收缩效应的单元刚度矩阵。

根据有限元形成荷载矩阵的原理，如对结构中任一平面梁单元 ab 施加约束，使在第 t_i-t_{i-1} 个时间内结点变位增量保持为 0，则从式(4-17)、式(4-18)可得出结点约束产生的轴向力增量和结点弯矩增量：

$$\Delta N_{ab,cs}(t_i,t_{i-1}) =-\sum_{j=1}^{i-1}\eta(t_i,t_j)\Delta N_{ab}(t_j)-E_\varphi(t_i,t_j)A_c\Delta\varepsilon_{ab,s}(t_i,t_{i-1}) \tag{4-19}$$

$$\Delta N_{ba,cs}(t_i,t_{i-1}) =-\sum_{j=1}^{i-1}\eta(t_i,t_j)\Delta N_{ba}(t_j)-E_\varphi(t_i,t_j)A_c\Delta\varepsilon_{ba,s}(t_i,t_{i-1}) \tag{4-20}$$

$$\Delta M_{ab,cs}(t_i,t_{i-1}) =-\sum_{j=1}^{i-1}\eta(t_i,t_j)\Delta M_{ab}(t_j)-E_\varphi(t_i,t_j)I_c\Delta\psi_{ab,s}(t_i,t_{i-1}) \tag{4-21}$$

$$\Delta M_{ba,cs}(t_i,t_{i-1}) =-\sum_{j=1}^{i-1}\eta(t_i,t_j)\Delta M_{ba}(t_j)-E_\varphi(t_i,t_j)I_c\Delta\psi_{ba,s}(t_i,t_{i-1}) \tag{4-22}$$

又根据单元的平衡方程，可写出剪力的增量表达式：

$$\Delta Q_{ab,cs}(t_i,t_{i-1})=-\Delta Q_{ba,cs}(t_i,t_{i-1})=\frac{\Delta M_{ab,cs}(t_i,t_{i-1})+\Delta M_{ba,cs}(t_i,t_{i-1})}{l} \tag{4-23}$$

一般情况下，超静定结构的徐变、收缩计算中常采用平面梁单元模型，令 $\Delta\boldsymbol{F}^e$ 为单元 e(结点编号为 a、b)的结点力列矩阵；$\Delta\boldsymbol{\delta}^e$ 为单元的结点位移列矩阵。则有：

$$\Delta\boldsymbol{F}^e=[\Delta N_{ab}\quad \Delta Q_{ab}\quad \Delta M_{ab}\quad \Delta N_{ba}\quad \Delta Q_{ba}\quad \Delta M_{ab}]^T \tag{4-24}$$

$$\Delta\boldsymbol{\delta}^e=[\Delta u_a\quad \Delta v_a\quad \Delta\theta_a\quad \Delta u_b\quad \Delta \nu_b\quad \Delta\theta_b]^T \tag{4-25}$$

令 $\boldsymbol{K}^e$ 为平面梁单元的弹性刚度矩阵，则有：

$$\boldsymbol{K}^e=E_c\begin{bmatrix}\frac{A}{l} & 0 & 0 & -\frac{A}{l} & 0 & 0\\ 0 & \frac{12I_z}{l^3} & \frac{6I_z}{l^2} & 0 & -\frac{12I_z}{l^3} & \frac{6I_z}{l^2}\\ 0 & \frac{6I_z}{l^2} & \frac{4I_z}{l} & 0 & -\frac{6I_z}{l^2} & \frac{2I_z}{l}\\ -\frac{A}{l} & 0 & 0 & \frac{A}{l} & 0 & 0\\ 0 & -\frac{12I_z}{l^3} & -\frac{6I_z}{l^2} & 0 & \frac{12I_z}{l^3} & -\frac{6I_z}{l^2}\\ 0 & \frac{6I_z}{l^2} & \frac{2I_z}{l} & 0 & -\frac{6I_z}{l^2} & \frac{4I_z}{l}\end{bmatrix} \tag{4-26}$$

单元的平衡方程为

$$\Delta\boldsymbol{F}^e=\boldsymbol{K}^e\cdot\Delta\delta^e \tag{4-27}$$

如将式(4-26)中的弹性模量 E_c 用按龄期调整的有效模量 $E_\varphi(t_i,t_{i-1})$ 代替，则可得出用于求解混凝土结构因徐变、收缩效应的单元结点力增量和结点位移增量的平衡方程。

$$\Delta\boldsymbol{F}^e=\boldsymbol{K}_\varphi^e\cdot\Delta\delta^e \tag{4-28}$$

其中 $\boldsymbol{K}_\varphi^e$ 就是式(4-26)中的弹性模量 E_c 用按龄期调整的有效模量 $E_\varphi(t_i,t_{i-1})$ 代替的结果。

④有限元逐步计算的步骤和方法

a. 结构单元和计算时间的划分。将计算时间从施工开始到竣工后收缩、徐变完成，划分为若干阶段，每一阶段划分为若干时间间隔。以施工阶段的起迄时间、结构体系转换的时间、加载或卸载的时刻，作为各阶段与时间间隔的分界点。

将各阶段的已成结构划分成若干个梁单元，使每个单元的混凝土具有均一的收缩、徐变特性，整个结构理想化为通过结点相互联结的单元集合体。结点则假定位于相邻单元接触面的形心轴上。

b. 在静定结构节段，如在合龙前的悬臂施工节段，徐变、收缩只产生变形增量而不产生内力增量，亦即徐变次内力为0。这时仍可利用有限元的分析，但老化系数 $\chi_{(i,i-1)}$ 等于1。

c. 体系转换后，第 i 个时间间隔的计算步骤：

ⓐ确定各单元的初始结点力，包括上一个时间间隔终了的结点力与本时间间隔开始时新加荷载转移至各结点的等效结点荷载(其中包括预应力产生的等效结点荷载)。

ⓑ确定各单元的初始结点位移。

ⓒ在第 i 个时间间隔开始时(时刻 t_{i-1})，锁定已完成结构的所有单元的结点。

依照式(4-19)～式(4-23)求出各结点的锁定力，将这些锁定力写成增量的列矩阵形式，例

如，单元 e(结点为 a、b)在第 i 个时间间隔内的锁定力为

$$\Delta\boldsymbol{R}_i^e=[\Delta N_{ab,i}\quad \Delta Q_{ab,i}\quad \Delta M_{ab,i}\quad \Delta N_{ba,i}\quad \Delta Q_{ba,i}\quad \Delta M_{ba,i}]^T$$

ⓓ在第 i 个时间间隔终了时，即时刻 t_i，解除所有结点的锁定，对各单元施加反锁定结点力。

$$\Delta\boldsymbol{F}_i^e=-\Delta\boldsymbol{R}_i^e=-[-\Delta N_{ab,i}\quad -\Delta Q_{ab,i}\quad -\Delta M_{ab,i}\quad -\Delta N_{ba,i}\quad -\Delta Q_{ba,i}\quad -\Delta M_{ba,i}]^T$$

ⓔ单元按龄期调整的有效弹性模量 $E_{\varphi(i,i-1)}$，建立按各单元局部坐标系计算的单元的徐变换算刚度矩阵 $\boldsymbol{K}_{\varphi,i}^e$，$\boldsymbol{K}_{\varphi,i}^e$ 就是式(4-26)中的弹性模量 E_c 用按龄期调整的有效模量 $E_\varphi(t_i,t_{i-1})$ 代替的结果。

ⓕ建立按各单元局部坐标单元的平衡方程：

$$\Delta\boldsymbol{F}_i^e=\boldsymbol{K}_{\varphi,i}^e\cdot\Delta\boldsymbol{\delta}_i^e \tag{4-29}$$

ⓖ通过坐标转换，将各单元结点力增量列阵 $\Delta\boldsymbol{F}_i^e$ 组集成按结构总体坐标系下的结点荷载列矩阵 $\Delta\boldsymbol{P}_i$，将各单元的刚度矩阵 $\boldsymbol{K}_{\varphi,i}^e$ 组集成结构的徐变换算刚度矩阵 $\boldsymbol{K}_{\varphi,i}$。

ⓗ建立在总体坐标系下的结构平衡方程：

$$\Delta\boldsymbol{P}_i=\boldsymbol{K}_{\varphi,i}\cdot\Delta\boldsymbol{\delta}_i \tag{4-30}$$

解方程得按结构总坐标系计算的，在第 i 个时间间隔内的全部结点的位移增量 $\Delta\boldsymbol{\delta}_i$。

ⓘ通过坐标转换，将 $\Delta\boldsymbol{\delta}_i$ 转换成按单元局部坐标系计算的结点位移增量，其中，单元 e 的结点位移增量以 $\Delta\delta_i^{e\prime}$ 表示。$\Delta\delta_i^{e\prime}$ 即为单元 e 在第 i 个时间间隔内的实际位移增量。

ⓙ以 $\Delta\delta_i^{e\prime}$ 代回单元平衡方程，解得 $\Delta\boldsymbol{F}_i^{e\prime}$。于是，单元 e 在第 i 个时间间隔内产生的实际结点力增量 $\Delta\boldsymbol{F}_i^e$ 可按下式计算：

$$\Delta\boldsymbol{F}_i^e=\boldsymbol{K}_i^{e\prime}\cdot\Delta\boldsymbol{R}_i^e \tag{4-31}$$

ⓚ照上述计算步骤，可求得已成结构全部单元在第 i 个时间间隔内，由收缩、徐变产生的结点力增量与结点位移增量。以上述增量分别加到该时间间隔开始时有关的结点力与结点位移上，即可得出该时间间隔终了时各单元的结点力和结点位移的状态。据此，即可进入下一施工阶段的计算。

2. 安装误差的控制和纠正

在悬臂拼装阶段，影响挠度的因素主要是预应力、自重及接缝产生的弹性和非弹性变形，还有块件拼装的几何尺寸误差。

影响安装误差的因素很多，最关键的是一号块件定位和胶接缝施工。一号块定位不准，则以后拼装的各个块件均将偏离预计的位置，其偏离值与该块件距梁根部的距离成正比。胶接缝施工时胶浆涂层太厚、接缝加压不均匀，势必也会引起梁的意外上翘或下挠。为控制和纠正过大上翘或下挠，可采取如下措施：

(1)一号块定位时按计算的悬臂挠度及需设的预拱度确定位置；

(2)胶接缝的涂层应尽量薄，并在临时的均匀压力下固化；

(3)悬拼过程中发现实际悬拼上翘或下挠过大时，需认真分析原因，及时采取措施。可采取的措施按上翘或下挠程度不同大体上有：

①通过多次涂胶将胶接缝做成上厚下薄或上薄下厚的胶接层，以调整上翘度；

②在接缝上缘的胶层内加垫钢板，增加接缝厚度；

③凿打端面，将块件端面安需要凿去一层混凝土，然后涂胶拼接；

④增加一个湿接缝，即改胶接缝(或干接缝)为湿接缝，将块件调整到要求的位置。

二、支架法施工

(一)设计要求

(1)支架虽为临时结构,但它要在施工过程中承受桥梁的大部分恒载,因此从受力和使用性能上要求必须有足够的强度和刚度,同时支架的基础应可靠,构件之间的结合要紧密,并要有足够的纵、横、斜向的连接杆件,使支架成为空间稳定的整体。

(2)河道中的支架要充分考虑洪水和漂流物的影响。

(3)支架在受荷后将有变形和挠度,在安装前要进行计算,以便设置合理的预拱度,使结构的外形尺寸和标高符合设计要求。

(4)支架上要设置落架设备,落架时要对称、均匀,不应使主梁局部受力。

(5)构造和制作简单,装拆方便,要能增加周转次数。

(二)支架计算要点

(1)作用在支架上的荷裁有桥跨结构的重力、浇筑设备的重力(包括振动荷载)、风力及施工人员的重力,连同模板和支架自重。

(2)支架的各构件应按其计算图式进行强度计算,容许应力可按临时结构予以提高。

(3)支架的挠度需要验算,并小于其容许值。

(4)支架的预拱度计算包括梁自重所产生的挠度、支架受载后产生的弹性变形和非弹性变形、支架基础的沉降量等。

(5)支架落架设备的选用及受力计算。

(三)满堂支架法施工的优缺点:

(1)桥梁的整体性好,施工平稳、可靠,不需大型起重设备。

(2)施工中无体系转换。

(3)预应力混凝土连续梁桥可以采用强大预应力体系使结构构造简化,方便施工。

(4)需要使用大量施工支架,跨河桥梁搭设支架影响河道的通航与排洪,施工期间支架可能受到洪水和漂流物的威胁。

(5)施工工期长、费用高,需要有较大的施工场地,施工管理复杂。

(四)工程实例

太中银铁路线上无定河大桥中的一联跨越 210 国道,采用 32 m+48 m+32 m 连续梁形式(图 4.46)。该连续梁梁高沿纵向按二次抛物线变化,中支点梁高 3.5 m,边支点及跨中梁高 2.5 m,中跨跨中直线段长 8.4 m,边跨直线段长 12.8 m,顶板宽度 11.5 m,底板宽度 6.4 m。施工方法采用支架法施工。

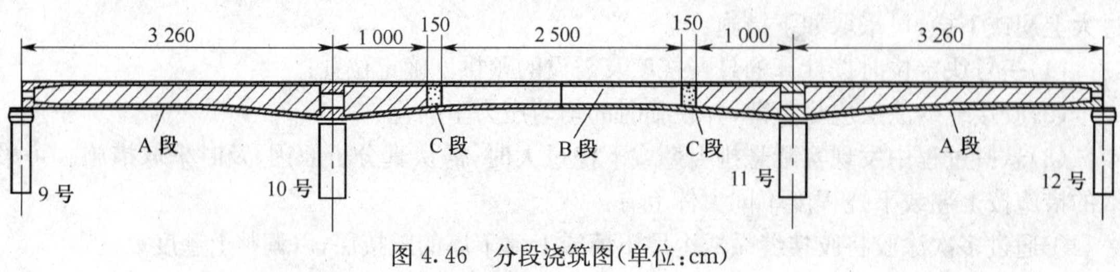

图 4.46 分段浇筑图(单位:cm)

其中支架法施工时梁部分三次进行现浇,先对称浇筑 2 个 A 块(每个 42.6 m),再浇筑 B 块(25 m),最后浇筑中跨合龙段 2 个 C 块(每个 1.5 m),如图 4.46 所示,全桥张拉完成后方可拆除底板下支架。

1. 整联连续梁施工工艺流程

临时固结→支座安装→A,B块施工→C块合龙施工→临时固结解除→全桥张拉压浆→拆除所有支架。

2. 各段施工工艺流程

受力计算→基底处理→支架搭设→底模纵横梁→底模板铺设→预压→观测报检→立外侧模及支架→绑扎腹板及底板钢筋→报检验收→立内模→绑扎顶板钢筋→清理模板内侧→报检验收→混凝土浇筑→混凝土养生竖向接缝凿毛→拆内外模→纵向预应力张拉压浆→竖向预压应力张拉压浆→横向预压力张拉压浆。

3. 支架法施工工艺要点

(1)基底处理

假定将梁部重量的120%全压在梁底板4.7 m范围内进行检算,计算每根支架的受力及对基底的承载力要求。根据本桥址处的实际地质情况,基底处理分别采用以下三种方法:原地面土碾压夯实、表面换填50 cm厚的三七灰土、原地表面铺15 cm厚C15混凝土。

(2)支架搭设

采用碗扣支架,外径48 mm,壁厚3.5 mm,支架纵横向间距60 cm,其中腹板下方间距加密为横向60 cm、纵向30 cm,水平杆步距120 cm,搭设时需为施工作业留出80 cm左右的宽度。斜撑每隔4排一道,倾角控制在45°~60°,并注意上下层搭接50 cm左右。实际计算出的每根支架受力为10 kN,小于步距120 cm时碗扣支架受力20 kN的要求。

(3)底模及纵横梁

底模采用18 mm厚的木胶板,底模下纵梁全部采用10 cm×10 cm的方木,间距30 cm;横梁用12 cm×12 cm的方木,间距60 cm。自上而下依次为底模、纵梁、横梁、支架顶托。

(4)支架预压

预压采用塑料编织袋内装豆石进行模拟压重,每袋重150 kg,受成本和场地限制,可采取分节段进行预压。压载及卸载时按要求进行报验并观测记录下沉量,以消除支架及地基的非弹性变形,并测出弹性变形,观测时需注意在梁顶观测点对应位置处的地基面上设置观测点对地基沉降进行观测。

(5)外侧模

外侧模采用15 mm厚竹胶板,方木由外向内先竖后横,竖向间距60 cm,横向间距30~40 cm。

为了加强整体稳定性,除腹板上下每75~80 cm设一道短拉筋外,还设置了两道通长拉筋。

(6)内模及底模

为加强箱内外观质量,减少钢木结合处的错牙,内模全部采用定制的整体钢模板,底模为15 mm厚竹胶板;模板下面方木在靠近桥墩处加密,间距10 cm,靠近跨中非加密区方木的间距为15 cm。

(7)端模

由于受混凝土收缩徐变及预应力张拉影响,梁端将会缩短,施工时应使端模伸出设计梁端线,伸出的距离与两边墩处支座纵向预偏量相同。

(8)钢筋绑扎及波纹管安装

钢筋绑扎顺序一般为:中隔板→底板下层网片及部分架立筋→腹板套子筋及纵向钢筋→底板波纹管→底板上层网片→腹板竖向铁管→腹板纵向波纹管→箍筋→顶板下层钢筋→纵横向波纹管→顶板上层钢筋。

波纹管安装时,接口处的毛刺必须用锉搓掉,以防止穿钢绞线时挂住;对两端低、中间高或长度大于 30 m 的波纹管,在安装时要在中间最高处设置排气管,以保证管道内压浆时全部压满。

(9)混凝土浇筑

浇筑时先浇筑腹板底部及倒角,浇筑至倒角顶面时改浇底板,然后是腹板,最后是顶板。

(10)中跨合龙

为防止浇筑合龙段 C 段后,A、B 块移动或挠曲对刚浇筑的混凝土产生拉应力,在合龙段两侧的 A、B 块端部 50 cm 处预埋了钢板箱以作为支顶后背,在 C 块浇筑前用型钢锁定。

(11)预应力穿入及张拉

钢绞线的切割必须采用砂轮切割机切割,穿入前必须用绑线逐根编成束穿入,严禁单根穿入以防相互缠绕,穿入时在端部穿入一楔形的钢块夹紧钢绞线,楔块前面系一钢丝绳或钢绞线利用卷扬机牵引穿入。

张拉工艺流程为:0→10%σ_k(作伸长量标记)→20%σ_k(测伸长量作为 0～10%时的伸长量)→100%σ_k(静停 5min)→补拉 σ_k(测伸长量)→千斤顶停止供油压(测回缩量)→锚固。

(12)压浆

预应力管道压浆采用真空辅助压浆工艺,同一管道压浆应连续进行,一次完成。

(13)封端

封端前对锚穴混凝土进行凿毛处理,并对锚具、锚垫板表面及外露钢绞线用聚氨酯防水涂料进行涂刷;在锚穴内设置钢筋网,并通过在锚垫板安装孔中拧入特制螺栓相接的方式使其与梁体连接;封端混凝土养生完成后,还要对封端处混凝土新旧混凝土接茬面再进行涂刷聚氨酯防水处理。

三、其他施工方法

连续梁桥除悬臂施工和支架施工外,常用的施工方法还有逐孔和顶推法施工。

(一)逐孔施工法

逐孔施工是中等等跨径预应力混凝土连续梁桥较常采用的一种施工方法,它使用一套设备从桥梁的一端逐孔施工。桥愈长、施工设备的周转次数愈多,其经济效益愈高。

采用逐孔施工的主要特点是在施工中能连续操作,可以使桥梁结构选择最佳的施工接头位置和合理的结构形式。同时,由于连续施工,也便于使用接长的预应力筋,不仅简化了施工操作,而且可按最优的位置布置预应力筋,节省高强材料。连续梁桥采用逐孔施工的另一特点是施工过程中结构的体系将不断转换。

逐孔施工方法主要有以下三种:第一种是将连续梁分成若干梁段,预制时对梁段先施加部分预应力,以承受自重内力,然后逐孔安装施工。主要形式有简支转连续、悬臂转连续等,也称为预制梁的逐孔施工法。第二种是将梁先预制成若干节段,使用临时支架将预制节段组拼成梁,张拉预应力筋并与完成的梁连接成整体后,移动临时支架逐孔施工,也称为移动支架法或组拼预制节段逐孔施工法。第三种是使用一孔支架和模板现场灌筑混凝土,当混凝土达到设计强度后,张拉预应力筋,然后移动支架和模板进行逐孔施工,也称为移动模架法或逐孔现浇施工法。下面简单介绍移动支架法和移动模架法。

1. 移动支架法

每孔梁分成若干预制节段,使用移动式脚手架临时支承节段自重,待本孔安装就位后,张拉预应力筋,使安装桥跨就位,然后将脚手架移至下一孔进行安装施工。

我国目前用于逐孔施工节段拼装混凝土简支梁的移动支架,主要由带导梁的长度大于两跨桥长的拼梁桁架、下托梁、叉式梁节升降装置及活动纵梁、梁节移动及调位装置、桁架拖拉滚筒等组成,如图 4.47 所示。

梁段在桥头预制,用跨桥龙门吊机将梁段吊于桥上的运梁小车上并运至支架端。通过叉式升降装置将梁段落至支架下的托梁上,待梁段拼装完毕后,张拉梁的预应力筋,即完成一孔梁的施工。然后拖拉支架前移,再进行下一孔梁的施工。

2. 移动模架法

移动模架法是使用移动式的脚手架和装配式的模板,在桥位上逐孔现浇施工。随着施工进程不断移动脚手架和模板进行连续现浇施工,因此移动模架法也称为“活动的桥梁预制厂”和“造桥机”法。这种施工方法对于桥长多孔的高架桥使用十分方便,施工速度快,机械化程度高,节省劳力,减轻劳动强度,少占施工现场,不影响桥下建筑,同时也适用于斜、弯、坡桥。从模架构造上,移动模架法可分为移动悬吊模架和移动模架两种。

移动模架的构造形式较多,其中一种构造形式由承重梁、导梁、台车和桥墩托架等构件组成。在混凝土箱形梁的两侧各设置一根承重梁,支撑模板和承受施工重力。承重梁的长度要大于桥梁跨径,灌筑混凝土时承重梁支承在桥墩托架上。导梁主要用于运送承重梁和移动模架,因此需要有大于两倍桥梁跨径的长度。当一孔梁施工完成后进行脱模卸架,由前方台车(在导梁上移动)和后方台车(在已完成的梁上移动)将承重梁和移动模架运送至下一孔,承重梁就位后导梁再向前移动,图 4.48 是我国秦沈客运专线小凌河特大桥(49 孔跨度 32m 双线简支箱梁)施工采用的移动模架构造。图 4.49 是小凌河特大桥 MZ32 型造桥机原位施工图。

(二)顶 推 法

顶推法施工的构思来源于钢桥的纵向拖拉施工法。顶推法用水平千斤顶取代了卷扬机和滑车组,用板式滑动支座取代滚筒。这些取代改善了卷扬机和滑车组在启动时造成的冲击和滚筒的线支承作用所引起的应力集中。

我国于 1974 年首先在狄家河铁路桥上采用顶推法施工,该桥为 4×40m 预应力混凝土连续梁桥。之后在 1977 年建造了广东东莞的 40m+54m+40m 三跨一联的万江桥,为我国采用顶推法施工积累了成功的经验,后来又有多座连续梁桥采用顶推法施工。

图 4.50 为采用顶推法施工的连续梁桥。

1. 顶推法施工的设计计算内容

采用顶推法施工,需要进行的施工验算主要有:

(1)各截面施工内力的计算和强度验算;

(2)顶推过程中的稳定计算,包括主梁顶推时的倾覆稳定计算和主梁顶推时的滑动稳定计算;

(3)钢索引伸量的计算;

(4)施工中临时结构的设计与计算,包括前端钢导梁的设计与计算桥墩间设置的临时支墩的设计与计算,其他临时设施(如预制台座、拉索等)的设计与计算;

(5)确定顶推设备、计算顶推力;

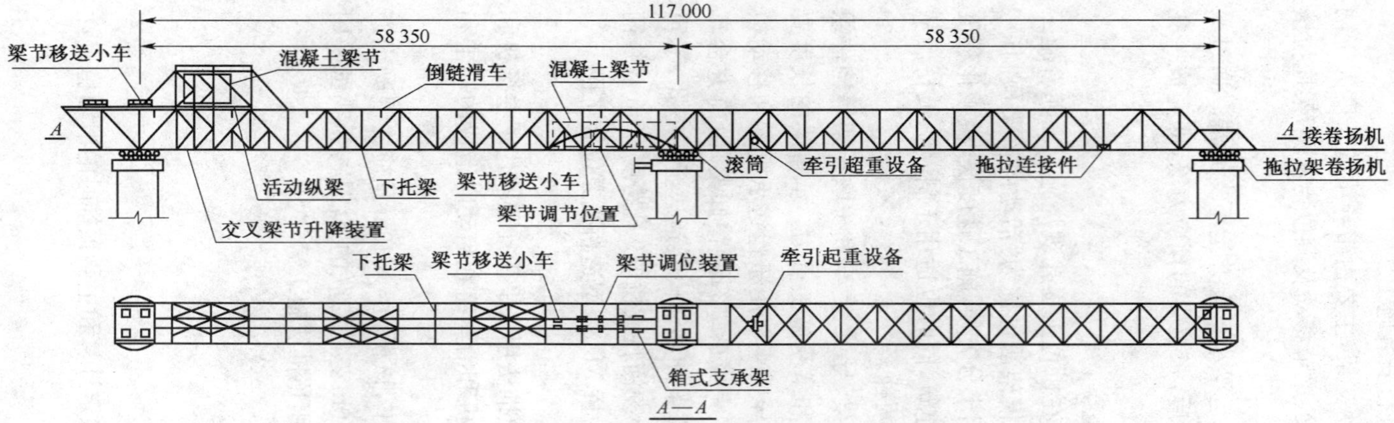

图 4.47　移动支架逐孔施工(单位:mm)

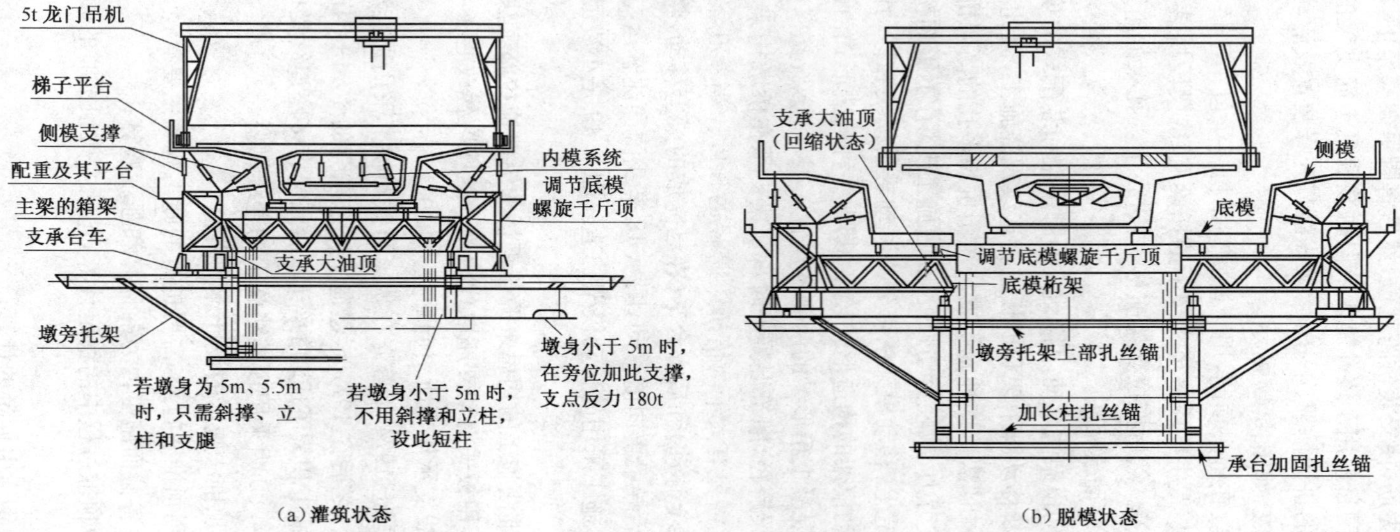

图 4.48　移动模架的构造(MZ32 型造桥机)

图 4.49 MZ32 型造桥机原位施工小凌河特大桥双线箱梁

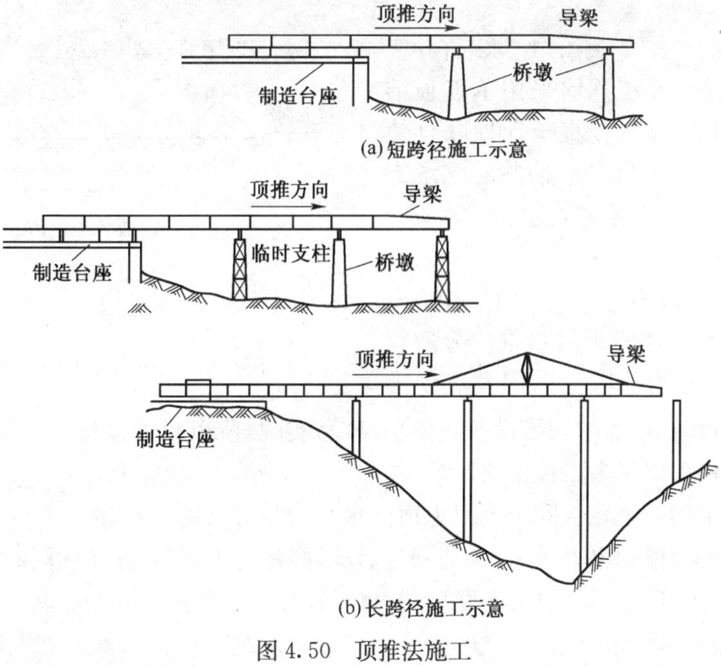

图 4.50 顶推法施工

(6)顶推过程中,桥墩台的施工验算;

(7)顶推施工时,梁的挠度计算。

2. 顶推法分类

顶推法施工的关键是顶推作业,核心问题是应用有限的顶推力将梁顶推就位。顶推施工方法多种多样,根据顶推点的数量可分为单点顶推和多点顶推。

(1)单点顶推

顶推的装置集中在主梁预制场附近的桥台或桥墩上,前方墩各支点上设置滑动支承。顶推装置分为两种:一种是由水平千斤顶通过箱梁两侧的牵动钢杆给预制梁施加顶推力;另一种是由水平千斤顶与竖直千斤顶联合作用,顶推预制梁前进(图 4.51)。单点顶推的施工程序分为顶梁、推移、落下竖直千斤顶和收回水平千斤顶的活塞杆。

滑道设置在墩上的混凝土临时垫块上,它由光滑的不锈钢板与组合的聚四氟乙烯滑块组成,见图(图 4.52)。

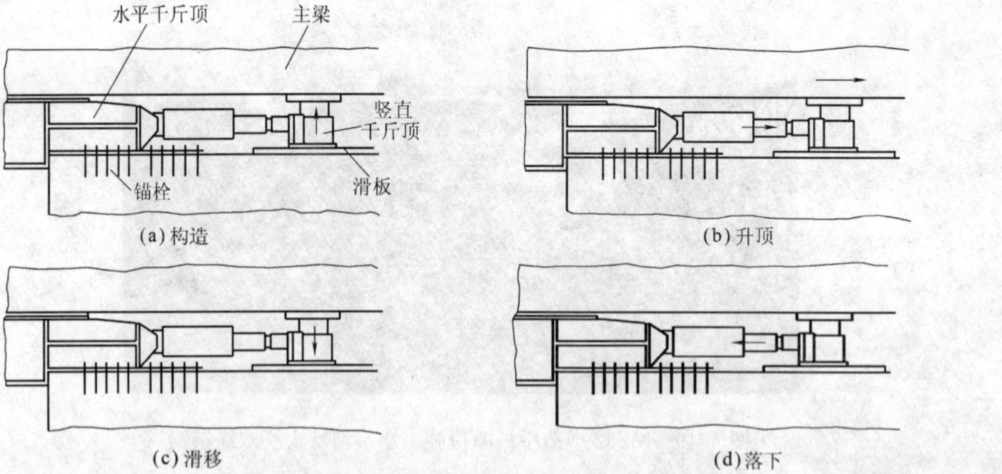

(a) 构造　(b) 升顶　(c) 滑移　(d) 落下

图 4.51　水平千斤顶与竖直千斤顶联用的装置

我国狄家河桥、万江桥均采用单点顶推法施工，将水平千斤顶与竖直千斤顶联合使用。顶推时，升起竖直顶活塞，使临时支承卸载，开动水平千斤顶去顶推竖直顶。

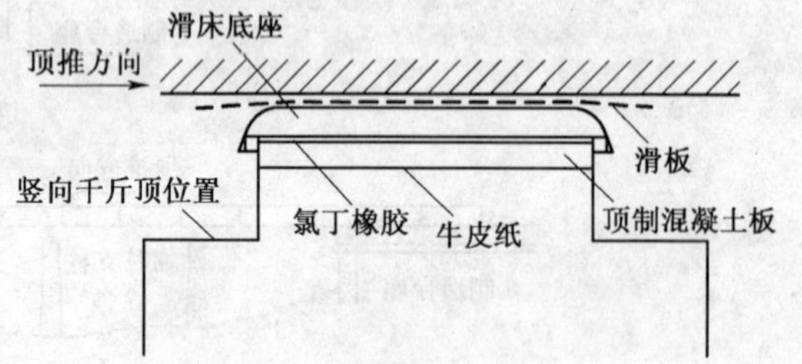

图 4.52　顶推使用的滑道装置

(2)多点顶推

在每个墩台上设置一对小吨位(400～800 kN)水平千斤顶，将集中的顶推力分散到各墩上，因此可以在柔性墩上采用多点顶推施工。同时，多点顶推所需的顶推设备吨位小，容易实现，所以我国顶推法施工的预应力混凝土连续梁桥较多地采用了多点顶推法。

多点顶推施工的关键在于同步。因为顶推水平力是分散在各桥墩上的，一般均需通过中心控制室控制各千斤顶的出力大小，保证同时启动，同步前进，同时停止和同时换向。

多联桥的顶推，可以分联顶推，通联就位，也可连在一起顶推。对于多联一并顶推时，多联顶推就位后，可根据具体情况设计解联、落梁及形成伸端缝的施工方案。如两联顶推，第二联就位后解联，然后第一联再向前顶推就位，形成两联间的伸缩缝。

3. 顶推施工中的几个问题

(1)确定分段长度

顶推法制梁有两种方法，一种是在梁轴线的预制场上连续预制，远段顶推；另一种是在工厂制成预制块件，运送到桥位连接后进行顶推。在第二种情况下，必须根据运输条件决定节段的长度和重量，一般不超过 5m，此种方法增加了现场的接头工作，需要大型起重、运输设备，因此顶推施工多以现场预制为主。

(2)节段的预制工作

节段的预制对桥梁施工质量和施工速度起决定作用，由于预制工作固定在同一个位置上进行周期性生产，所以完全可以仿照工厂预制桥梁的条件设临时厂房、吊车，使施工不受气候影响，减轻劳动强度，提高工效。

(3)顶推施工中的横向导向

为了使顶推能正确就位,施工中的横向导向是不可缺少的。通常在桥墩台上主梁的两侧各安置一个横向水平千斤顶,千斤顶的高度与主梁的底板位置平齐,由墩(台)上的支架固定千斤顶位置。在千斤顶的顶杆与主梁侧面外缘之间放置滑块,顶推时千斤顶的顶杆与滑块的聚四氟乙烯板形成滑动面,顶推时由专人负责不断更换滑块。顶推时的横向导向装置如图 4.53 所示。

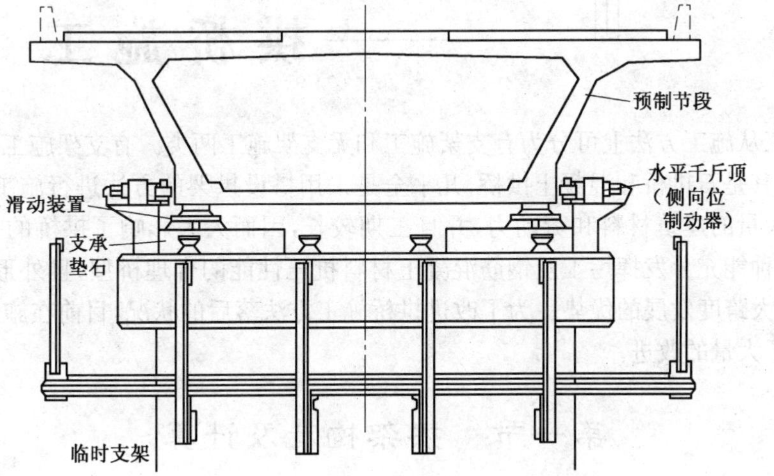

图 4.53　顶推施工的横向导向装置

横向导向千斤顶在顶推施工中一般只控制两个位置,一个是在预制梁段刚刚离开预制场的部位,另一个设置在顶推施工最前端的桥墩上,因此梁前端的导向位置将随着顶推梁的前进不断更换。施工中如发现梁的横向位置有误而需要纠偏时,必须在梁顶推前进的过程中进行调整。对于曲线桥,由于超高而形成单面横坡,横向导向装置应比直线桥的导向装置强劲,且数量要增加,同时应注意在顶推时,内外弧两侧前进的距离不同,要加强控制和观测。

复习思考题

1. 制梁模板应符合哪些要求?
2. 模板有几种类别?各类模板的构造有什么特点?
3. 箱梁内模的构造应如何适应拆装方便的要求?
4. 模板设计计算荷载有哪些?
5. 简述桥梁上部结构施工中预制安装法和现场灌筑法的种类。
6. 简述泵送混凝土的特点及施工要点。
7. 预应力张拉锚固设备有哪几类?各有什么特点?
8. 当混凝土的供应不能及时满足时,梁体混凝土浇筑可采用什么方法?
9. 先张法预应力混凝土梁的制梁台座有哪几种?各有什么优缺点?
10. 如何保证后张梁预应力筋孔道的精确位置?抽拔橡胶管制孔应注意什么?
11. 简述国内常用架桥机的发展历程。
12. 简述悬臂施工方法的分类及其特点,悬臂拼装法和悬臂灌筑法各有什么特点?
13. 简述悬臂灌筑法挂篮的类型及构造,合龙段施工应注意哪些问题?
14. 悬臂拼装施工中梁段预制有哪些方法?试述其适用情况和接缝处理方法。
15. 逐孔施工方法有哪些?各种施工方法的特点是什么?
16. 顶推施工方法中的临时设施有哪些?顶推法施工过程中,需要进行的施工验算有哪些?

第五章 拱桥施工

拱桥施工从施工方法上可分为有支架施工和无支架施工两类。有支架施工是拱桥施工的主要方法，尤其是石拱桥和混凝土拱桥，几乎全是采用搭设拱架的方法进行施工的，但这种方法需要耗费大量的建筑材料和劳动力，并且工期较长，因而大大影响了拱桥的推广使用。然而，拱桥是一种能充分发挥圬工及钢筋混凝土材料抗压性能的合理桥型，且外形美观，维修费用低，具有向大跨度发展的优势。为了改进拱桥施工方法落后的状况，目前在施工方法和机具设备方面做了大量的改进。

第一节 拱架构造及计算

拱架是有支架施工必不可少的辅助结构，在拱桥的整个施工期间，它用来支承全部或部分拱圈及上部结构的重量，并保证拱圈的形状符合设计要求。拱架的设计和施工都比较复杂，是拱桥施工成败的关键。拱架要有足够的强度、刚度和稳定性，同时拱架又是一种临时结构，因此又要求它构造简单、拆装方便、节省材料并能重复使用，以加快施工进度，减少施工费用。

一、拱架的形式和构造

从桥址的地形和地质条件以及材料供应和经济等方面考虑，拱架可采用不同的设计与施工方法。按所用材料区分，拱架有木拱架、钢拱架、竹拱架、竹木拱架及“土牛拱胎”等，按拱架形式区分拱架有满布式拱架、有中间支承的墩架式拱架和常备式拱架等。

1. 满布式拱架

满布式拱架的优点是施工可靠、技术简单，木材和铁件规格要求较低；缺点是木材用量大，木材及铁件的耗损率也较高。在水深流急、漂流物较多及要求通航的河流上不能采用。

满布式拱架通常由拱架上部（简称拱架或拱盔）、卸拱设备、拱架下部（支架或脚手架）三部分组成。

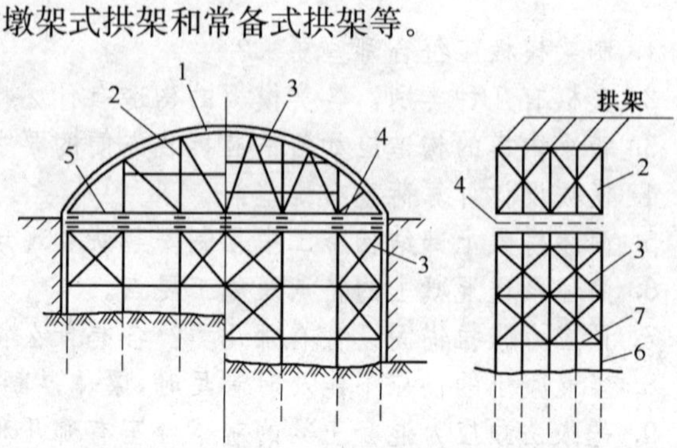

图 5.1 桁架拱构造

1—弓形木；2—立柱；3—斜撑；4—落拱设备；5—水平拉杆；6—桩木；7—水平夹木

拱架上部是由立柱、斜撑和拉杆等组成的拱形桁架（图 5.1）。在斜撑上钉以弧形垫木以满足拱腹的曲线要求，通常将斜撑和弧形垫木合称为弓形木（梳形木）。弓形木支承在立柱或斜撑上，跨度为 1.5～2.0 m，弓形木上放置横梁，间距为 0.6～0.7 m，上面再纵向铺设 30～50 mm 厚的模板，如图

5.2(a)所示。

拱架横向间距较密时，可不设横梁，直接在弓形木上铺设模板，如图5.2(b)所示。拱架下面的水平拉杆为系杆。拱架节点应构造简单，避免采用复杂的节点和接头形式，同时连接处要紧密，以保证拱架在荷载作用下变形最小且变形曲线圆顺。满布式拱架常用的节点构造如图5.3所示。

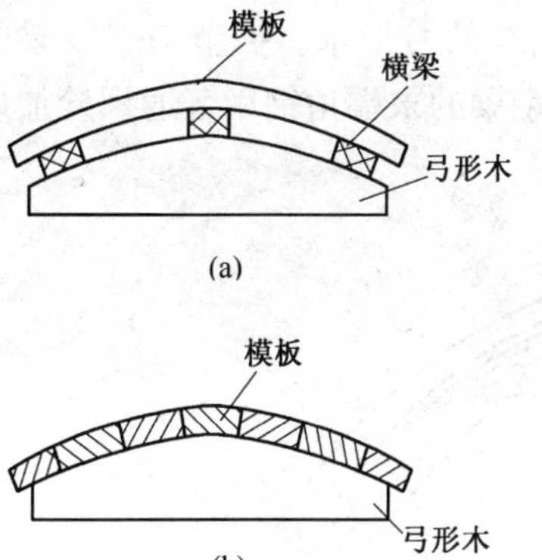

图5.2　弓形木

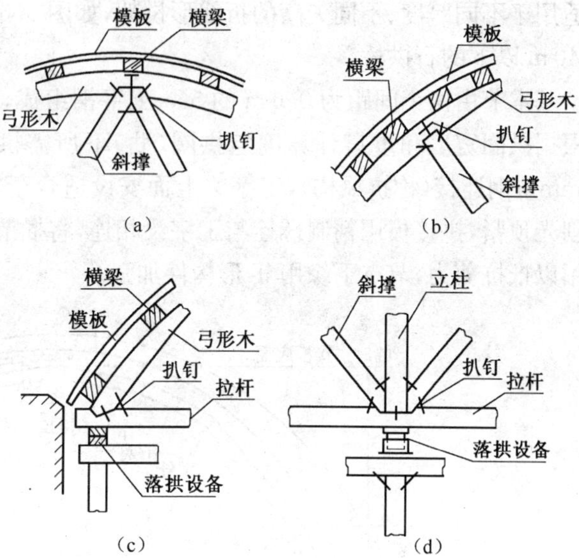

图5.3　拱架节点构造

拱架下面为支架，其构造与要求同一般脚手架。拱架与支架间，应设卸落拱架的设备，如砂筒、木马、木楔或千斤顶等。

每一拱肋下应有1至2榀拱架，拱圈之下则视拱圈宽度和重量大小，可设多榀。拱架之间，要有充分的纵向和横向连接系(斜夹木或水平夹木)，如图5.1(b)所示。

大中跨度桥梁施工已不采用木质满布式拱架，但在个别小桥特别是拱涵上仍继续使用。

2. 墩架式拱架

通航河流需预留一定的桥下净空或在水深、桥高以及其他不适宜采用满布式脚手架的条件下，可采用有中间支承的墩架式拱架。墩架式拱架用少数框架式支架加斜撑来代替数目众多的立柱，材料用量较立柱式拱架少，构造也不复杂，且能在桥下留出适当的空间，是实际施工中较常用的一种形式(图5.4)。

图5.5为用工字梁及墩架做成的拱架。工字梁的跨度可达12～15 m，间距1 m左右，用纵向及横向连接系支承。这种拱架可利用常备式构件拼装，节省木材及劳动力，且桥下净空较宽。

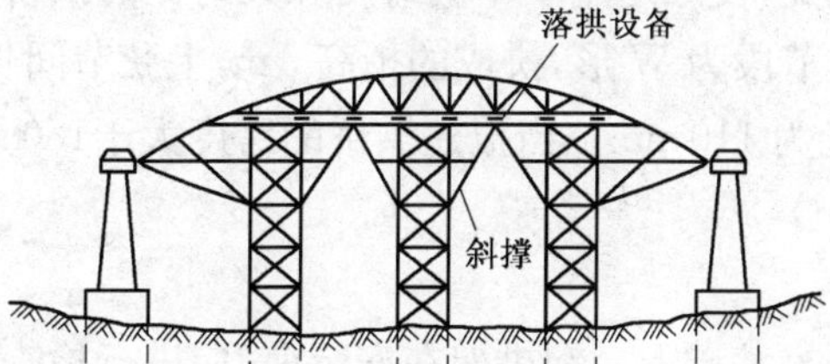

图5.4　墩架式拱架

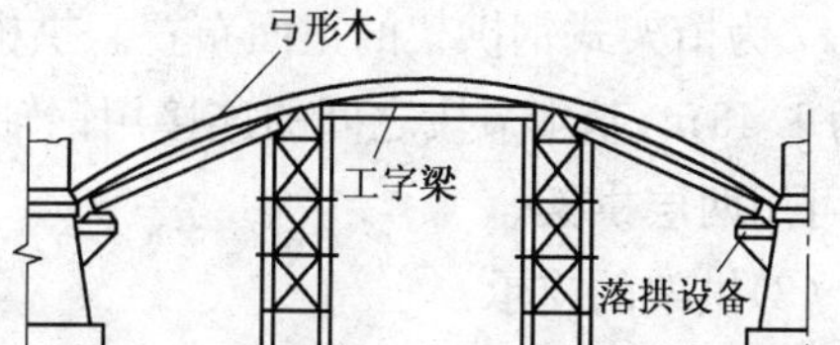

图5.5　工字梁及墩架做成的拱架

3. 常备式拱架

我国现有两种常备式钢拱架:工字梁拱式拱架和桁架式拱架。

(1)工字梁常备式拱架

这种拱架的基本节段分为Ⅰ、Ⅱ、Ⅲ号,长度分别为 5.0 m、4.5 m 及 3.0 m,楔形插节为Ⅳ号,插节上缘长 0.34 m,下缘长 0.17 m。选用Ⅰ～Ⅲ号节段及相互间插入 1 至 2 个插节,可拼成适用于不同跨度、不同矢高的折线形拱架,如图 5.6 所示。工字梁常备式拱架可用于建造跨度 40 m 以下的石拱桥。

基本节由两个间距为 0.6 m 的 55a 工字钢组成,用 75 mm×75 mm×8 mm 的角钢连接。可根据拱圈宽度和重量计算确定拱圈(肋)下所需拱架片数,多片之间用 80 mm×90 mm×10 mm角钢连接(称抗风构),工字梁上面安设适合于拱圈曲线的弓形木。插节与工字梁的末端刨光顶紧,拼接板用精制螺栓与工字梁相连,将插节与工字梁的末端角钢用普通螺栓加以连接用以抵抗剪力,节点下缘用 T 形构件加强。

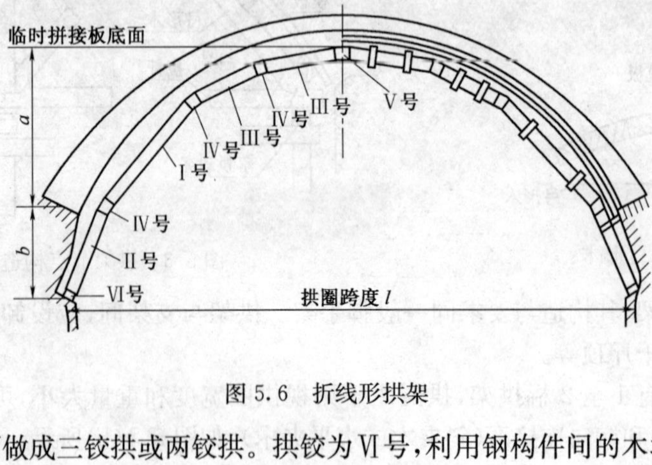

图 5.6 折线形拱架

工字梁拱架可做成三铰拱或两铰拱。拱铰为Ⅵ号,利用钢构件间的木填板受不均匀力的压缩起铰作用,拱顶铰(Ⅶ号)的构造与拱脚铰相似,上设抗风夹板,使拱架在横向风力作用下能保持稳定。

落架设备可置于拱顶或拱脚,如置于拱顶,则拱顶铰改用落架设备(Ⅴ号)。拆拱时松开中央螺栓,中间木楔被挤出,拱架下落。

(2)桁架式常备钢拱架

拱架由单榀拱形桁架构成,榀与榀之间距离可为 0.4 m 或 1.9 m,桁架榀数由桥跨宽度及重量决定,可分为三铰、两铰或无铰拱架。拱架的基本构件是预制常备式的,拱顶和拱脚的构件及下弦杆配件、铰、落架设备等则可按桥跨形式装配,使之适用于不同跨度和矢跨比的拱桥。图 5.7 为桁架式钢拱架的正面布置。拱桁架的基本节段为 W 形,拼成的桁高 3 m,上弦节间长度为 1.45 m,基本节段之间的连接用钢轴,钢轴直径为 110 mm。当拟建拱桥的跨度大于180 m时,可用两层拱架。

(3)拱架的支承

为避免下沉,特别是不均匀下沉,拱架应置于可靠基础上。钢拱架在安装前,应进行检查,在支承面上仔细抄平、调整标高,同时复测中线和跨度,确认无误后才可进行安装。图 5.8 为几种可供选用的拱架支承形式。

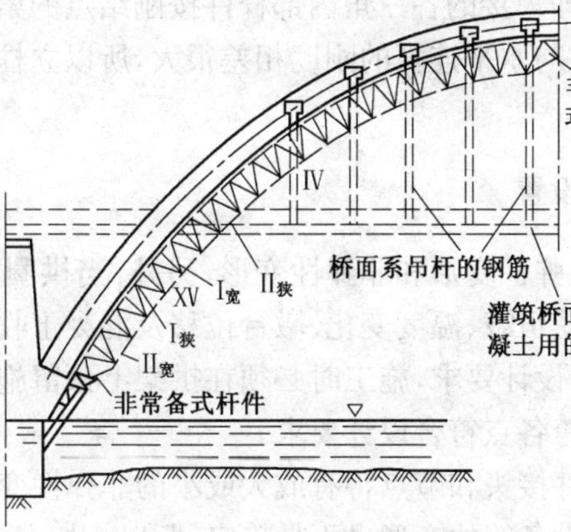

图 5.7　桁架式钢拱架

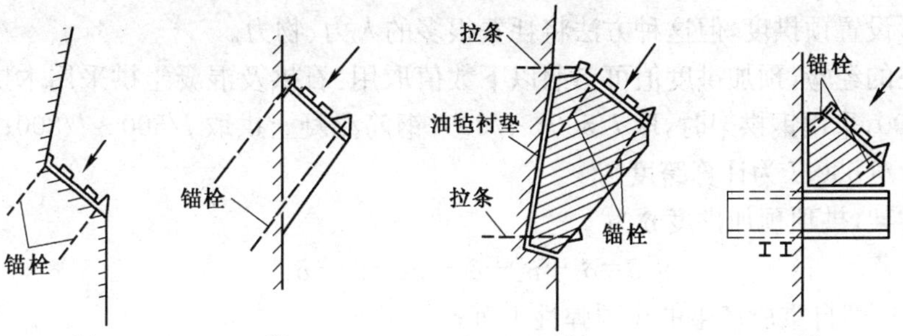

图 5.8　拱架支承形式示意图

二、拱架计算

1. 计算荷载

(1)拱架自重。拱架、弓形木、横木及模板等的自重,可假定在水平面上均匀分布。

(2)拱圈(肋)圬工重量。此部分为活载,其加载部位和先后次序应使拱架弯曲变形最小。当拱圈(肋)采用分环(层)灌筑时,可考虑先期合龙的底环与拱架共同受力,此时拱架所承受的拱圈重量一般可按全重的 60 %～70 %估算。

(3)施工人员及小型机具设备的重量。按拱架水平投影 2 kN/m² 计,对单根杆件,还应按 1.5 kN 集中力检算。

(4)大型施工机械重量,按实际重量计算。

(5)横向风力。按当地最大风力计,无实测资料时,可按 1 kN/m² 计。受风面积为拱架轮廓面积乘系数 0.4～0.5,受风时的抗倾覆稳定系数不小于 1.3。

拱架是临时性结构,应按施工手册或建筑结构规范计算。

2. 计算方法

(1)在计算拱架荷载时,可不考虑拱块和模板间的摩阻力,拱块部分重量可由下一拱块逐次传至拱脚的作用,而采取偏于安全的假定,即拱块全部重量均由拱架承受。

(2)在拟定内力分析计算模型时,考虑到拱架结构横向是对称的,且基本上是承受恒载,可按平面结构进行计算。

(3)根据拱架杆件的受力形式、连接方式和相对刚度等进行单元类型的选择:例如铁路军用梁可按刚铰混合刚架处理，即焊接的各三角内部杆件按刚结点的梁单元处理，而各三角之间是销接的按铰结点处理。立柱与水平连杆的刚度相差很大，所以立柱采用梁单元，而水平和斜向连接杆件按杆单元处理。

三、拱架预拱度的计算与设置

拱架在承受荷载后将产生弹性变形和非弹性变形，另外，当拱圈灌（砌）注完毕，强度达到要求而卸落拱架后，拱架也将受恒载、温度变化、墩台位移及混凝土收缩、徐变等的影响而产生弹性下沉。为了使拱轴线符合设计要求，施工时必须在拱架上预留施工预拱度，以便能抵消这些可能发生的垂直变形，使桥跨各点符合设计要求。

在荷载作用下，拱架的杆件接头和节点将有或大或小的非弹性变性，拱架上的木结构如木垛、横梁、底模板、斜梁和落架设备等的变形也不易确定，所以一切有关变形的计算都只能是非常粗略的。对要求很精确的建筑拱度，只有在拱架上预先加上拟承受的荷载，消除拱架变形，按拱自身变形设置预拱度，但这种方法将耗费很多的人力、物力。

根据以往的经验，预加拱度值可参照以下数值取用：石拱及混凝土拱采用木拱架时，预拱度值可取 $l/500$；采用钢拱架时，取 $l/500 \sim l/600$；钢筋混凝土拱取 $l/600 \sim l/800$；无支架吊装可取 $l/300 \sim l/1\,000$（l 为计算跨度）。

对于钢拱架，拱顶预加拱度 δ 为

$$\delta=\delta_1+\delta_2+\delta_3+\delta_4+\delta_5+\delta_6$$

式中 δ_1——拱圈自重所产生的拱顶弹性下沉；

δ_2——拱圈因温度变化和混凝土收缩产生的拱顶弹性下沉；

δ_3——拱架的跨中挠度；

δ_4——木质结构部分（如弓形木、横木及模板等）的非弹性压缩量；

δ_5——砂筒砂的压缩量；

δ_6——墩台水平位移引起的拱顶下沉，一般可略去不计。

下面介绍拱和拱架在荷载作用下变形的估算公式：

1. 拱圈自重所产生的拱顶弹性下沉

拱的弹性下沉（挠度）可用弹性荷载法求算，也可根据图形用比例关系求得，由图 5.9 可知：

$$s^2=(l/2)^2+f^2 \tag{5-1}$$

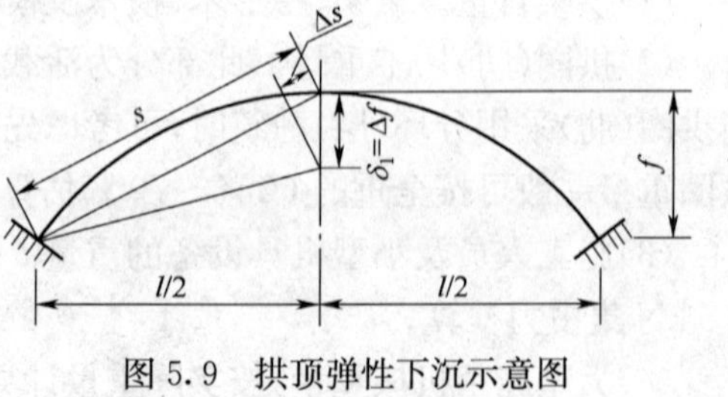

图 5.9 拱顶弹性下沉示意图

因 l 为常数，将式(5-1)微分可得：

$$\delta_1=\Delta f=\frac{s\cdot\Delta s}{f}$$

$$\Delta s=s\cdot\frac{\sigma}{E}$$

$$\delta_1=\frac{s^2}{f}\cdot\frac{\sigma}{E}=\frac{(l/2)^2+f^2}{f}\cdot\frac{\sigma}{E} \tag{5-2}$$

式中 s、l、f——半拱的弦长、拱的跨度和矢高；

σ——拱圈恒载产生的水平压应力，其值为：

$$\sigma=\frac{H_g}{A_{l/4}\cdot\cos\varphi_{l/4}}$$

式中　H_g——恒载水平推力；

$A_{l/4}$，$\varphi_{l/4}$——$l/4$ 截面的面积和倾角。

2. 拱圈由于温度降低与混凝土收缩产生的拱顶弹性下沉

$$\delta_2=\frac{(l/2)^2+f^2}{f}\cdot\alpha\cdot\Delta t \tag{5-3}$$

式中　α——拱圈材料线膨胀系数；

Δt——拱合龙时的温度与最低温度之差，再加上混凝土收缩的换算温度。

3. 拱架的跨中挠度

在均布荷载下，梁式及拱式拱架的跨中挠度可根据结构形式分别按下列各式计算：

等截面钢板梁
$$\delta_3=\frac{5}{384}\frac{ql^4}{EI_m} \tag{5-4}$$

变截面钢板梁
$$\delta_3=\frac{5}{384}\frac{ql^4}{EI_m}\left(1+\frac{3a}{25}\right) \tag{5-5}$$

变截面桁架
$$\delta_3=\frac{5}{384}\frac{ql^4}{EI_m}\left(1+\frac{3a}{25}\right)\mu \tag{5-6}$$

等截面轴压板拱及桁架
$$\delta_3=\frac{1}{96}\frac{ql^4}{EA}\left[8+3\left(\frac{l}{f}\right)^2\right] \tag{5-7}$$

式中　q——均布荷载；

I_m——跨度中央的最大截面惯性矩；

A——截面面积；

a——系数，其值为 $a=(I_m-I_0)/I_0$，I_0 为梁端截面惯性矩；

l——桁架的跨度；

μ——由于腹杆变形而增加的挠度系数，对于平行弦的桁架，其值如表 5.1 所示。

表 5.1　挠度增加系数

h/l	1/12	1/10	1/8	1/7
μ	1.2	1.27	1.35	1.40

注：h 和 l 为桁架的高度和跨度。

4. 木质结构部分的非弹性压缩量

木质结构部分的非弹性压缩主要由接头、接榫等的局部变形而产生，每个接缝的变形值估计为：顺木纹相接为 2 mm，横木纹相接为 3 mm，木料与金属或木料与圬工相接为 2 mm，故

$$\delta_4=2K_1+3K_2+2K_3 \tag{5-8}$$

式中　K_1——顺纹木料接头数目；

K_2——横纹木料接头数目；

K_3——木料与金属或木料与圬工的接头数目。

5. 砂筒砂的压缩量

一般假设 200 kN 压力时，砂筒的非弹性压缩量为 4 mm，400 kN 压力时砂筒的非弹性压

缩量为 6 mm，砂子未预先压实者为 10 mm。

拱顶铰采用木垫板、木楔或砂筒所产生的挠度为

$$\delta_5=(10\sim20)\cdot\frac{s}{f} \tag{5-9}$$

式中 s、f——半拱的弦长和矢高。

6. 墩台水平位移所引起的拱顶下沉

当拱桥矢跨比较小而桥墩又相当高时，需要计算此项挠度下沉，如图 5.10 所示。因此时 s 为常数，故将式(5-1)微分可得

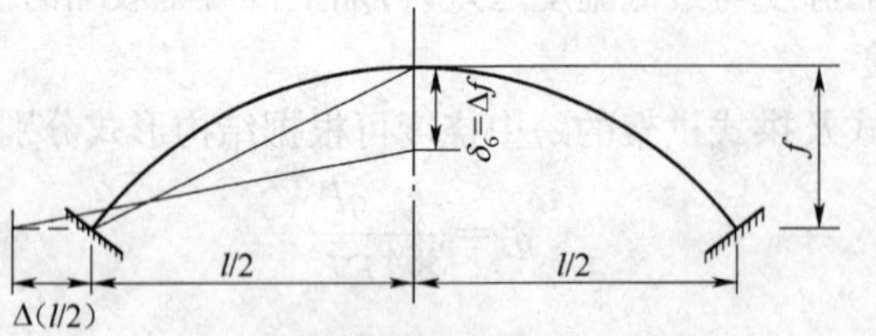

图 5.10 墩台水平位移所产生的拱顶下沉示意图

$$\delta_6=\Delta f=\frac{l\cdot\Delta(l/2)}{2f} \tag{5-10}$$

式中 $\Delta(l/2)$——拱脚的水平位移，负号表示 Δf 与 $\Delta(l/2)$ 异号。

将以上各项变形按实际组合，即可得拱架在拱顶处的挠度总和，也就是拱顶应设的预拱度。由于影响预拱度的因素很多，不可能算得很准确，实际施工时，应根据计算值并结合实际经验作必要的调整。卸落拱架设备(楔形木或砂筒)设置于拱脚处时，砂筒被压缩 δ_5 值后，拱架各节点均应下沉 δ_5，即拱脚及拱架各节点均有 δ_5 预加拱度值，另外还应加 δ 的分配值($\delta=\delta_1+\delta_2+\delta_3+\delta_4+\delta_5+\delta_6$)。

7. 预拱度的设置

当计算出拱顶挠度后，可按二次抛物线公式将拱度分配到其余各节点上(图 5.11)。

$$y=\frac{4\delta}{l^2}x(l-x)$$

式中 y——纵坐标；

x——横坐标；

l——净跨度；

δ——预加拱度总量。

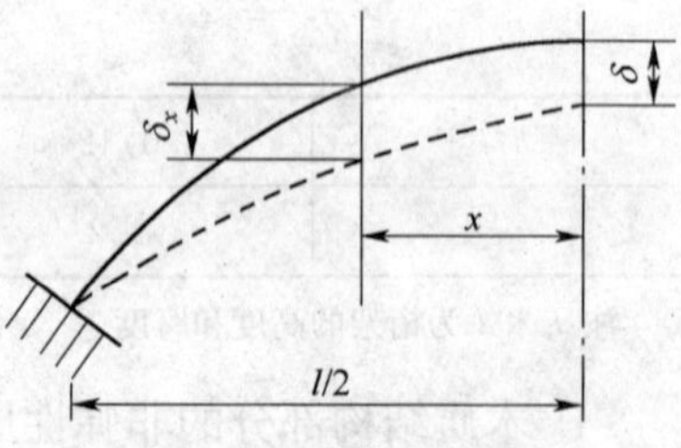

图 5.11 预拱度的设置

跨度在 20 m 以下的小拱桥可按直线比例分配。

对于无支架或早期脱架施工的悬链线拱，施工实践证明，裸拱圈的挠度曲线呈“M”形，即拱顶下挠而在两边 $l/8$ 处上升，如果仍按抛物线分配预拱度，将会使 $l/8$ 处的拱轴线偏离设计拱轴线更远。因此就有用降低拱轴系数 m 来设置预拱度的方法。即以 $f+\delta$ 为新矢高，而将原设计的拱轴系数 m 降低一级或半级为新的拱轴系数 m'，重新计算各点坐标作为施工放样的坐标。这样的结果，实际上是在拱顶加正值，在 $l/8$ 处预留负值(图 5.12)，待拱在施工中产生“M”变形后，刚好符合(或接近)设计拱轴线。

若拱架的挠度有突变点，最好把这些点的挠度也计算出来(图 5.13)。拱架安装固定后，安装弓形木是调整拱圈模板高程的最后工序，要求弓形木顶的高程容许误差不应大于 1/1 000

计算跨度,也不应超过＋30 mm 或－10 mm。

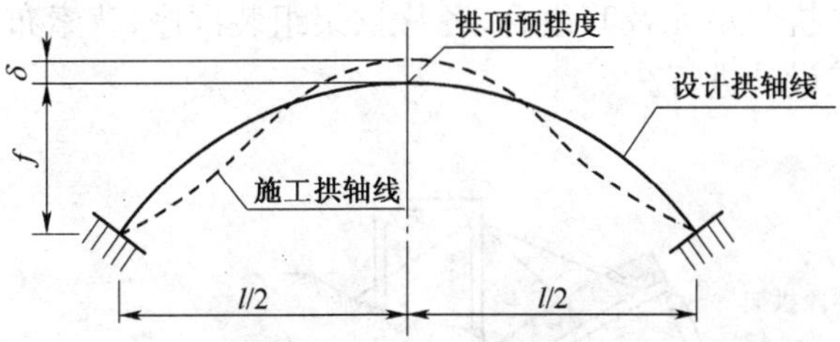

图 5.12　拱在施工中产生的"M"变形

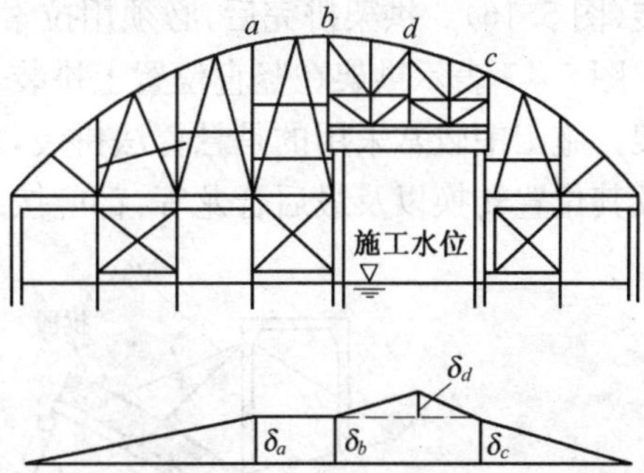

图 5.13　拱架挠度图

第二节　拱架制造与安装

为了使拱架具有准确的各部尺寸,在制作拱架前,要在样台上放出拱架大样。应当注意,放出的拱架大样应计入预拱度。放出大样后,就可制作杆件的样板,以便按样板进行杆件的加工。

杆件加工完毕后,一般需进行试拼(1～2 片),根据试拼情况,对构件作局部修改后,即可在桥孔中进行安装。

满布式拱架一般是在桥孔中逐杆进行安装,三铰式钢拱架可采用整片吊装的方法安装,安装时应随时进行测量,以保证设计尺寸的准确,同时应注意安全。在风力较大的地区,拱架需设置风缆索,以增强稳定性。

无中间支承的拱架安装方法,视跨度大小和施工场地情况分很多种。对于大跨度的钢拱架,一般多采用悬臂法逐节拼装(图 5.14),也可先从桥墩台两端各悬拼一部分(约 1/4 跨长),

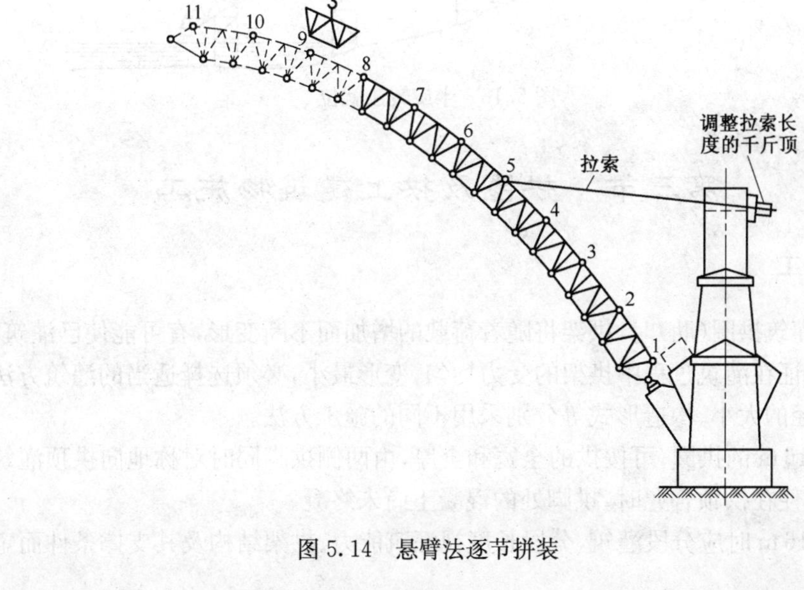

图 5.14　悬臂法逐节拼装

然后将在谷底拼装的中间半跨度拱架吊升就位安装(图 5.15),还可利用浮船将拱架浮运就位安装(图 5.16)。拱架拼完后,必须用拉索拉紧,以承受其自身的推力。

图 5.17 表示拱架在竖直位置上拼装,然后旋转至设计位置。图 5.18 是用半旋转法架设拱架。施工中较常采用的是悬臂法拼装,悬臂拼装单元及其组合、各片拱架组装次序、背索布置及其位置转换以及最后合龙等,都应按施工设计进行。

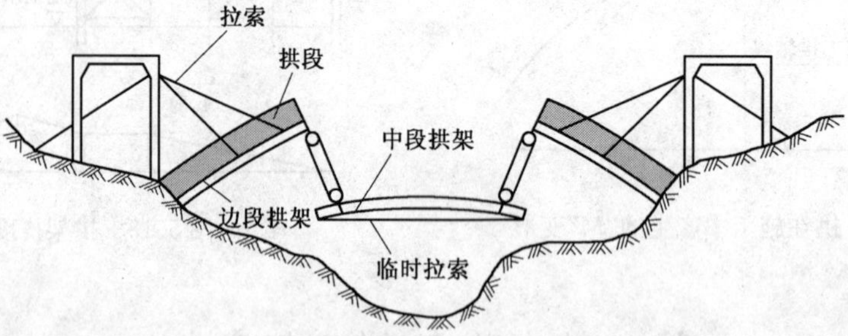

图 5.15 吊升就位安装

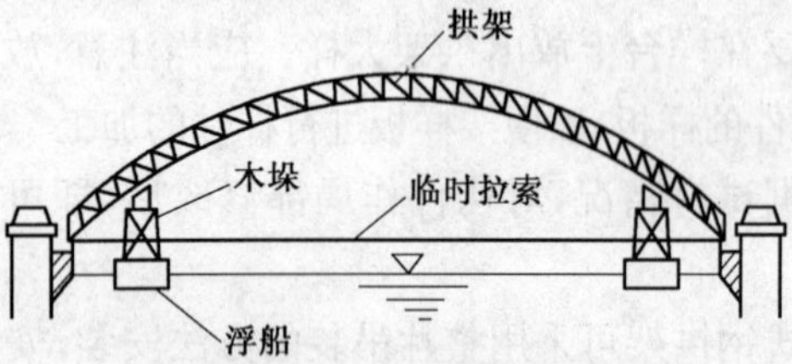

图 5.16 浮运就位安装

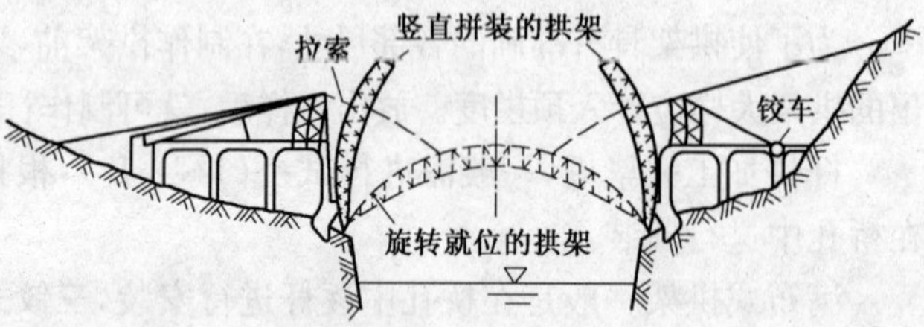

图 5.17 竖转就位

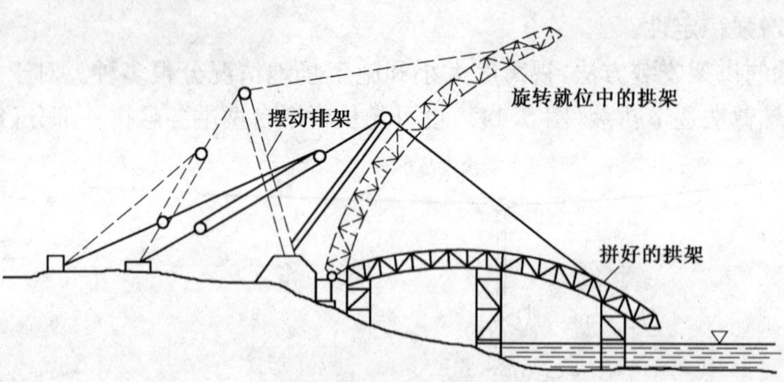

图 5.18 半旋转法就位

第三节 拱圈及拱上建筑物施工

一、拱圈施工

在拱架上灌筑拱圈(肋)时,拱架将随着荷载的增加而不断变形,有可能使已灌筑混凝土产生裂缝,为了保证在灌筑过程中拱架的受力均匀,变形最小,必须选择适当的灌筑方法和工序。一般可根据跨径的大小、构造形式等分别采用不同的施工方法。

跨度小于 16 m 的拱圈,可按拱的全宽和全厚,由两侧拱脚同时对称地向拱顶灌筑,速度要尽可能地快,以便在拱顶合龙时,拱脚处的混凝土尚未终凝。

跨度大于 16 m 时应分段灌筑,分段长度视灌筑能力、拱架结构及其支撑条件而定,一般每段长度5～12 m。分段施工可使拱架变形较均匀,并可避免拱圈的反复变形。分段的位置与拱架的受力和结构形式有关,通常设置在拱架挠曲线有转折及拱圈弯矩比较大的地方,如拱顶、拱脚及拱架的节点处。分段间应预留空缝或闭合楔,闭合楔要考虑施工方便但是不宜过长,待拱圈各段灌筑完成后再进行闭合楔的灌筑。分段时对称灌筑的顺序一般如图 5.19 所示。

大跨度箱形或工字形截面拱肋,在分段的同时还可以采用分层施工。分层施工时,灌筑好一层合龙成拱,并达到设计强度的 30%以上时,方可灌筑次一层的混凝土。若要使前灌层与拱架共同支承后灌层的重量,则先灌层须达到设计强度后再灌筑上面一层,这样第一层拱圈能起拱的作用,参与拱架共同受力,可大大减少拱架的设计荷载。同时,分层施工合龙快,能保证施工安全。

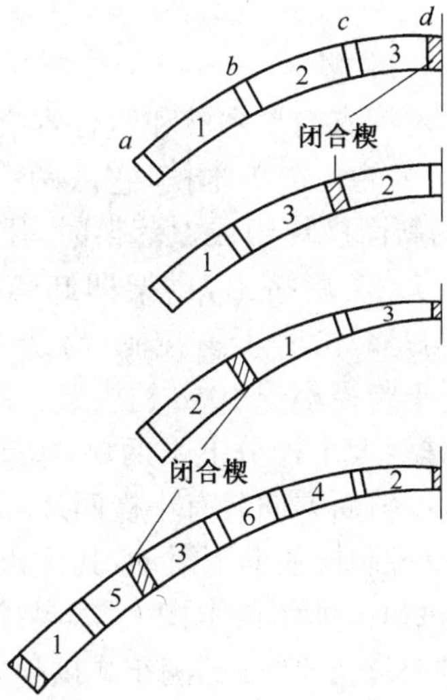

图 5.19 拱圈灌筑顺序

分段混凝土应一次灌筑完成,不得中断。分层灌筑时应处理好各层间混凝土的连接。两相邻拱段之间应留间隔槽(闭合楔),间隔槽和拱段的结合面应与拱轴线相垂直,间隔槽的宽度宜为 0.5～1.0 m。

各拱段混凝土全部灌完且相邻拱段混凝土强度达 70%以上并至少养护 7 昼夜后,方可灌筑间隔槽。灌筑封顶间隔槽时,合龙温度应按设计规定办理,设计无规定时,宜在气温接近年平均温度时进行。

对于石拱桥拱圈的砌筑也可参照以上原则和办法进行。拱石岩面应与拱轴线垂直,并按样板准确加工。跨度小于或等于 10 m 的拱圈,砌筑时可在拱脚及拱顶两侧设置空缝,跨度大于 10 m 的拱圈应分段施工。跨度 38 m 及以上的拱圈可采用分段砌筑。分段间的空缝应用半干砂浆填塞;跨度大于 15 m 的拱圈,拱脚附近的空缝用铸铁隔垫填塞,其余空缝可用 C20 以上的砂浆隔垫填塞。空缝可同时填塞或由拱脚至拱顶逐一对称填塞,填塞空缝砂浆达到设计强度的 50%后,即可进行封顶合龙。

二、拱上建筑的施工

拱上建筑的施工,在拱架未拆除时,应在拱圈合龙、混凝土强度达到设计强度 30%以上时进行。当拱架先松离拱圈,后进行拱上建筑施工时,应在混凝土强度达到设计强度 70%后进行。

为避免主拱圈产生过大的不均匀变形,拱上建筑的施工应由拱脚至拱顶对称均衡地进行。实腹式拱上建筑,当侧墙灌筑好以后,再填筑拱腹填料。空腹式拱桥一般是在腹拱墩灌筑完后就卸落拱架,然后再对称均衡地砌(灌)腹拱圈,以免腹拱圈由于主拱圈不均匀下沉而开裂。

在多孔连续拱桥中,当桥墩不是按单向受力墩设计时,应注意相邻孔间的对称均衡施工,避免承受过大的单向推力。

第四节 拱架卸落

拱架在混凝土灌(砌)期间,支承拱圈的全部重量,混凝土达到一定强度后即可拆除。拱架所支承的重量应逐渐转移到混凝土拱自身上,不能将拱架突然拆除,或仅将其某一部分拆除。所以在安装拱架时,应预先将落架设备安放在适当位置,如满布式拱架应安放在拱架立柱下面，拱式拱架应安放在拱铰的位置上。

一、落架设备

专门的落架设备能保证拱架能按设计要求均匀下落，常用的落架设备有木楔、砂筒、千斤顶等。

1. 木楔

木楔有简单木楔和组合木楔两种形式。图 5.20(a)为一简单木楔，它由两块带 1：6～1：10 的斜面楔块组成。落架时，用锤轻轻敲击木楔小头，楔块挤出，拱架即卸落。它的构造简单，但是敲击时不易控制，易造成不均匀下落，常用于跨径小于 10 m 的拱架。图 5.20(c)为双向木楔，大木楔分上下两块，滑动面为 1：4；在大木楔斜面方向装有小楔两片，滑动斜面为 1：20，以控制楔块向下滑动，其优点是承载能力较图 5.20(a)所示的木楔大，容易控制，卸落方便，曾用于跨径 30 m 的满布式拱架。

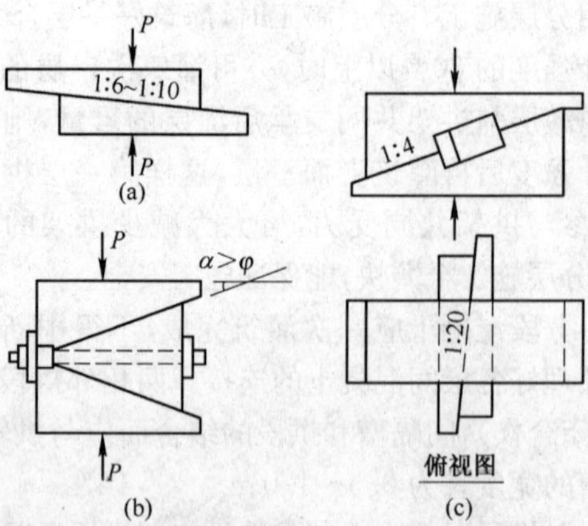

图 5.20　木楔示意图

组合木楔[图 5.20(b)]由三块楔形木块和拉紧螺栓组成，卸架时，只需扭松螺栓，楔木就徐徐下降。组合木楔构造简单而完善，可用于跨度较大的满布式拱架和拱式拱架，楔块的斜角应大于楔块间的摩擦角 φ。拉紧螺栓中的内力按下式计算：

$$Z=2P\cdot\tan(\alpha-\varphi)$$

式中　P——作用于木楔的荷载。

2. 砂筒

图 5.21 所示的砂筒是一种较完善的落架设备，降落均匀，构造简单，且承载能力较大，可用于 50 m 以上的满布式拱架和 30 m 以上的拱式拱架。

砂筒用钢板制造，内装烘干的砂子(直径不大于 2 mm)，上部装顶心(木制或混凝土制)，顶心和筒壁间填沥青防潮。拔出筒底泄砂孔木塞，砂即流出，根据砂子的泄出量可控制拱架卸落高度，并使拱架均匀下降而不受震动。我国曾用直径 0.86 m 的砂筒卸落 170 m 跨径的混凝土箱形拱桥拱架，效果较好。

顶心直径可根据砂的容许承压应力确定，即：

$$d=\sqrt{\frac{4P}{\pi[\sigma]}}$$

式中　$[\sigma]$——砂的容许承压应力，可用 10 MPa。

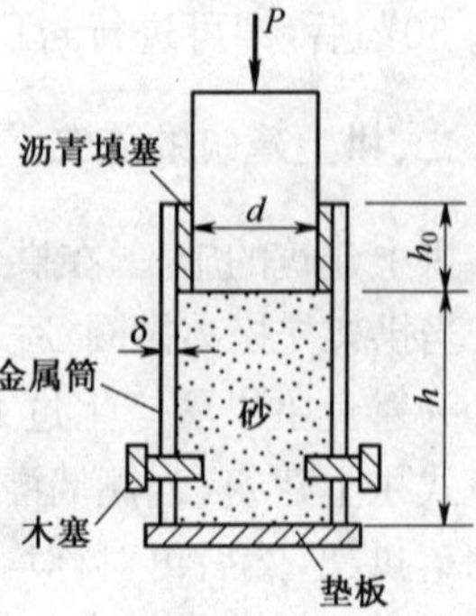

图 5.21　砂筒示意图

砂筒内径 $d_1=d+20$ mm。

筒壁的厚度可按以下办法确定：筒壁所受环向拉力为 $Q=\frac{\sigma d_1 h}{2}$，其中 $\sigma=\frac{4P}{\pi d^2}$。筒壁应力为 $\sigma_1=\frac{Q}{(h+h_0-d_2)\delta}$，其中 d_2 为泄砂孔直径。

由此可确定筒壁厚度为

$$\delta=\frac{Q}{h+h_0-d_2}\cdot[\sigma_1]$$

式中　$[\sigma_1]$——钢材容许应力。

3. 千斤顶

用千斤顶卸落拱架常与内力调整同时进行，多用于大跨度拱桥的建造。其落架方法是利用拱顶处的千斤顶将两个半拱撑开，拱顶上升，当它的上升高度达到拱在自重下的挠度与拱的弹性挠度之和时，拱架荷载被解除，拱架即可卸落。千斤顶将拱顶撑开至预定距离后，应首先连接拱顶处钢筋，随后用快凝混凝土将千斤顶之间的空隙填满，达到要求强度后即可拆卸千斤顶，再用混凝土填封安置千斤顶的部位。

二、落架程序

当落架设备降落时，拱因逐渐支承荷载而产生挠度下沉，但拱架却因荷载的卸除恢复弹性变形而相对上升。因此必须预先计算落架设备须降落多少才能使拱架脱离拱圈。设 h 为落架设备所需的总降落高度，则

$$h=y+\delta+c$$

式中　y——安放落架设备处拱在自重下的挠度；

δ——拱架的弹性变位；

c——拆除拱架所需的净空，约为 3～15 cm。

为了保证拱在落架时不受损坏，拱架应缓慢而平顺地降落，以便使原有拱架所支承的重量逐渐转移到拱上，因此要研究落架的顺序。卸架的顺序一般从拱顶(拱顶处总降落高度最大)向拱脚对称分阶段进行。通常分三阶段，每阶段降落量为 $\Delta h=h/3$，图 5.22 为有中间支承的

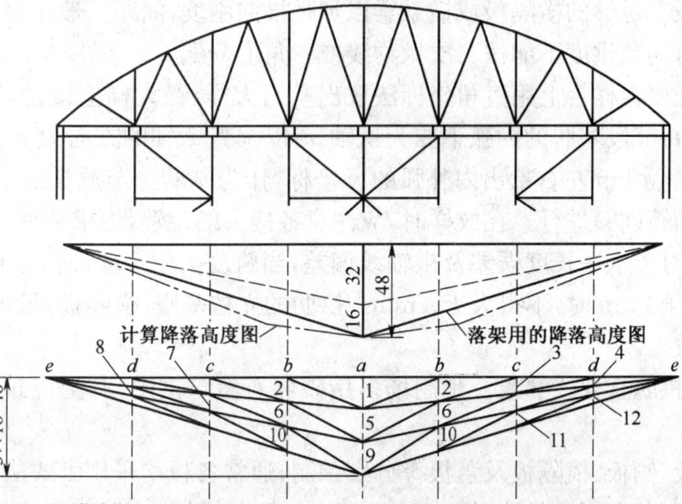

降落顺序	d	c	b	a	b	c	d
1				16			
2			12		12		
3		8				8	
4	4						4
5				16			
6			12		12		
7		8				8	
8	4						4
9				16			
10			12		12		
11		8				8	
12	4						4
降落顺序	降落高度(mm)						

图 5.22　拱架落架顺序示例

拱架落架顺序。

多孔拱桥施工时，还应考虑相邻孔间的影响，若桥墩设计容许承受单孔施工荷载，就可单孔卸落，否则应多孔同时卸落拱架，以免桥墩因不能承受单向推力而产生过大的位移。

拱架卸落宜在白天气温较高时进行。

第五节　拱桥的无支架施工

无支架施工方法常用在峡谷或水深流急的河段或通航河流要满足航运需要，以及采用有支架方法施工将会遇到很大困难或很不经济的情况下。拱桥无支架施工的方法有无支架吊装、悬臂拼装、悬臂灌筑及转体法施工等。

一、无支架吊装

无支架吊装的施工要点是：首先进行拱肋（箱）或拱桁的分节段或分片预制，然后移运、吊装，在拱箱合龙后进行拱上结构和桥面的施工，整个工作都可在无支架条件下进行。

1. 构件的设计与预制

应适当选择无支架吊装拱桥的拱轴系数 m，m 值愈大，裸肋的压力线与拱轴线偏离愈大，裸肋所受的偏心弯矩也愈大，常导致裸肋合龙后开裂。拱桥的 m 值一般不宜超过 3.5。

吊装施工的成败关键在于保证基肋（指拱肋、拱箱或桁架拱片）有足够的强度和稳定性，因此，基肋截面宜采用刚度大而轻的形式，如倒 T 形、槽形和箱形等，其尺寸的选择应考虑稳定性。基肋之间应设有足够的横隔板或横系梁以加强横向刚度，间距一般不超过 3～5 m。

无支架施工时的预拱度不能按二次抛物线或三角形分配。

预制基肋首先要在样台上用直角坐标法放出基肋大样，在大样上按设计要求分出基肋的吊装节段，然后以每节段基肋的内弧下弦为拱轴 x，以垂直 x 轴的方向为 y 轴，用此 x、y 直角坐标系在 x 轴上每隔 1 m 左右量出内外弧的 y 坐标，作为基肋分节放样的依据。基肋的预制均分别按各节段的箱（肋）进行。在放样时，应注意各接头的位置，力求准确，以减少安装困难。放样精度的要求：对于水平长度误差及拱轴线偏差，当跨度大于 20 m 时，不得大于 1/5 000 计算跨度；当跨度小于 20 m 时，不得大于 4 mm。拱肋的立柱基座、横隔板、吊环、扣索环等位置，应在放样时一并放出。

为便于起吊，拱肋宜立式灌筑。预制场多用砂卵石填筑拱胎，其上浇筑一层 50 mm 厚的混凝土面层。

拱箱可分底板、侧板、横隔板及盖板等分别预制，通常各板均采用卧式法预制，侧板长度可为两横隔板间距离，其上下缘长度差应计算确定，一般上缘短 50 mm，下缘短 90 mm 左右，以便能组装成折（曲）线形。拱箱可在节段底模上进行组拼。先在拱胎面上放出拱箱边线，并分出横隔板中线，两侧钉好铁钉，为便于拱箱底板混凝土脱胎，可在拱胎面上铺油毛毡或塑料薄膜一层，然后铺设底板钢筋（纵、横钢筋），将侧板与横隔板安放就位，并绑扎好接头钢筋，浇筑底板混凝土及接缝混凝土，组成开口箱。根据设计要求，若为闭口箱吊装时，可在开口箱内立顶板的底模，绑扎顶板钢筋，浇筑顶板混凝土，组成闭口箱（顶板也可预制拼装）。待达到设计强度后即可移运拱箱，进行下一节段拱箱的预制工作。

2. 构件吊装

构件拼装最常用的是缆索起重机，也可采用吊车或扒杆等设备。吊装前应复测各孔中线、起拱线高程、孔跨及拱座斜面倾角等，并在拱座处标出拱肋中线。

吊装应自一孔桥的两端向中间对称进行。吊装可采用分段单基肋合龙成拱的方法，跨度较大(如大于 70 m)时，应采用双基肋或多基肋合龙，此时基肋与基肋间的横系梁或横隔板必须紧随拱段的拼装即时焊接，只有在横联临时连接后，方可拆除两肋的起重索和扣索。吊装时，每段拱肋须待下端连接并设置好扣索及风缆后，方可拆除起重索，并使上端高于设计位置 50～100 mm。顶段吊运就位，在达到要求位置时，两端拱肋逐渐松索与顶段进行合龙。拱肋合龙每次松索均应认真观测中线与水平，控制并调整拱轴线平面位置和各接头高程，防止发生不对称变形。每次松索量宜小，接头的垂直升降每次不宜超过 10 mm。松索应按拱脚段、次拱脚段、顶段先后顺序进行。接头施焊应上下游对称同时进行，避免拱肋向一侧弯曲。合龙精度要求拱肋中线偏差不大于 10 mm，接头实际高程与设计高程误差不大于 20 mm。

基肋吊装合龙成拱后，后续各工序的施工对工程质量和施工安全有重大影响。施工步骤不当(例如安排的工序不合理，拱顶或拱脚的压重不恰当，左右半拱施工进度不平衡，加载不对称等)会导致拱轴线的不均匀变形，使基肋开裂，严重的会造成倒塌事故，因此，对施工程序必须做出合理的设计。

合理的施工程序要使各施工阶段拱肋各截面都能满足强度和稳定的要求，并在保证施工安全和工程质量的前提下，尽量减少施工工序，便于操作。计算截面一般应包括拱顶、拱脚、跨度的 1/8 及跨度的 1/4 截面。为了简化计算，也可只验算拱顶、拱脚和跨度的 1/4 截面。根据强度及挠度计算情况，调整施工加载顺序，或增减施工阶段直到符合要求为止。这一计算工作往往要反复多次。

多孔连续拱桥，要注意相邻孔的施工协调，防止桥墩出现过大变形。

施工过程中，还应监测控制拱轴线的变化。拱肋的变形可以反映出施工过程中的应力变化，所以应随时用加载过程的实测挠度值与理论计算值进行对照，如实测值过大或出现不对称变形等异常现象时，应查明原因，采取措施，及时调整施工程序。

挠度的实测值与计算值，有时会出现相差较悬殊的情况，其原因可能是在计算截面刚度 EI 时，未考虑到拱肋在施工过程中出现裂缝的实际情况，以及计算采用的弹性模量与实际不一致，因此计算的挠度值宜在施工过程中结合实测挠度值加以校核和修正。另外，温度变化也将对拱肋挠度产生影响，所以还应校正由温度变化引起的挠度变化。

施工中如无规定施工顺序时，就应由拱脚至拱顶对称施工。

3. 桁架拱桥的施工特点

桁架式拱桥是一种适合装配施工的理想桥型。桁架拱桥的施工过程为：桁架拱片及构件预制、拱片安装、桥面板(或微弯板)铺设等。

桁架拱片的桁架段可采用卧式预制，而实腹段构件采用立式预制。拱片预制放样时，应计入上下边缘的预拱度，拱顶预拱度一般可取跨度的 1/1 200～1/1 600，其余各点的预拱度，则由拱顶预拱度按直线分配至各点。拱片预制既可采用整片方法预制，也可先预制腹杆(斜杆、竖杆)，然后将两端伸出的钢筋与弦杆钢筋一起绑扎后，再灌筑弦杆混凝土。

拱片安装方法有无支架安装和有支架安装两种。对卧式预制的拱片在吊离台座时，应注意平衡和振动，以免发生横向开裂。

在跨度较小或桥梁高度不大、水深较浅时，可采用有支架安装法。支架应设在拱片接头位置处，一般为双排架(图 5.23)，第一片就位的拱片应用斜撑临时固定，以后就位的各片可用横撑与前片暂时联结，直到安上横向联结系构件后方可拆除。

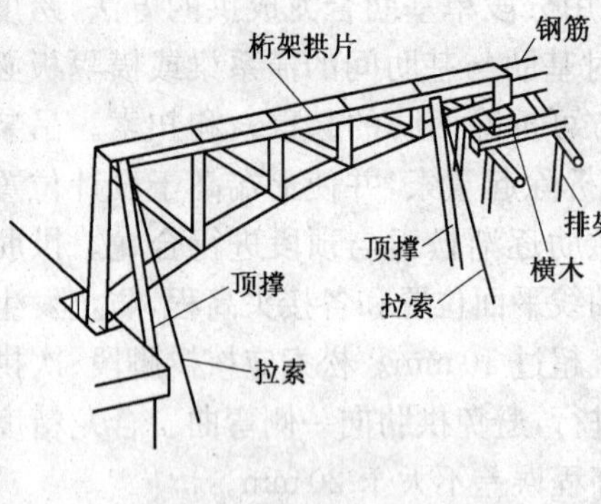

图 5.23 双排桁拱架

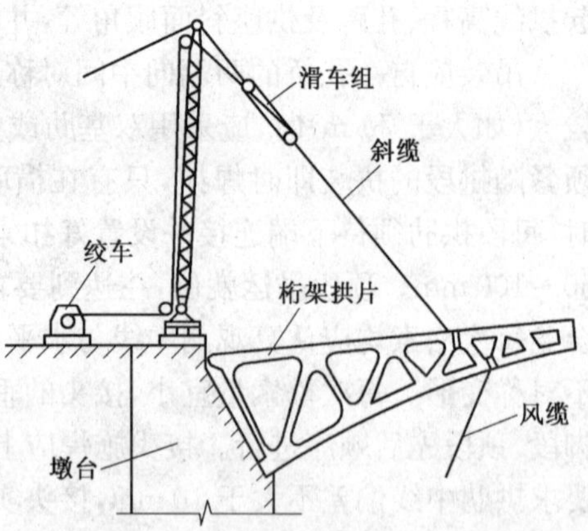

图 5.24 用塔架斜缆安装桁拱

无支架安装可采用塔架斜缆安装法或多吊机安装法。塔架斜缆安装是在墩台安设塔架，桁架拱片吊装后用斜缆（扣索）和风缆稳定，再安装实腹段，一般合龙后即可松去斜缆（图 5.24），移动塔架，进行下一片的安装。

多吊机安装就是指一片桁架拱片的各个预制段各用一台吊机吊装，一起就位合龙，待接头完成后，再松索，进行下一片的安装。这种方法工序少、进度快，但至少需三台吊机。在多孔、大跨度的桁架拱桥中，或当起重吊装能力有限，预制构件重量不能太大时，可将桁架拱片分成下弦杆构件和一些三角形构件预制，并采用先安装拱肋（下弦杆），合龙后再在其上安装三角形构件的方法，即拱肋式安装法（图 5.25）。

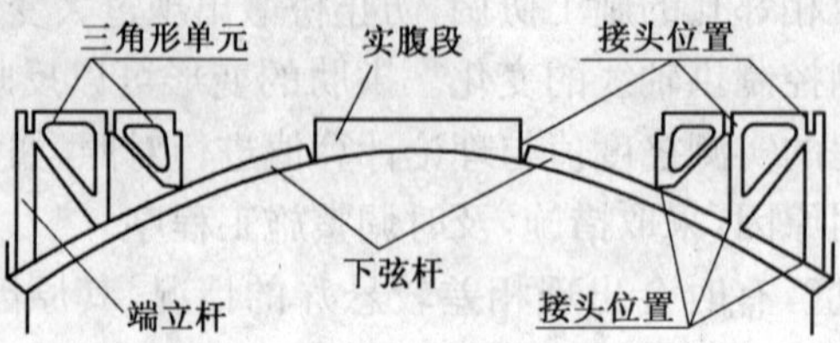

图 5.25 拱肋式安装法

无支架安装必须防止横向失稳。为此，在安装过程中，除及时安装横向联结系外，还应采取严格的临时固定措施，如及时加设斜撑、风缆、木夹板等。对于连续桁架拱桥，还应注意邻孔间的施工均衡性，以免桥墩承受过大的单向推力。

二、悬臂灌筑和悬臂拼装

拱桥悬臂施工方法的要点是：将基肋、立柱、临时斜杆（拉或压杆）及上拉杆（可利用行车道梁或用临时的上拉杆）组成桁架，并用拉杆或缆索将其锚固于台后，然后向跨中悬臂逐节施工，最后于拱顶合龙，根据基肋的制作方式，悬臂施工法分为悬臂灌筑与悬臂拼装两大类。拱桥悬臂施工方法的出现，大大提高了拱桥与其他桥型的竞争能力。

1. 悬臂灌筑法

1974 年日本首次成功地采用悬臂灌筑法建成了一孔跨径 170 m，矢高 25.5 m 的变截面四次抛物线两铰拱桥（外津桥）。该桥拱圈为双室箱，拱顶宽 8 m，拱脚宽 16 m，采用专用吊篮，结合使用斜拉钢筋的斜吊式悬臂灌筑法施工，主要施工步骤如图 5.26 所示。首先在用斜拉筋扣吊的钢支架（格构梁）上就地灌筑第一节段拱箱（拱脚段，长 15 m），以后各段均用吊篮从左右

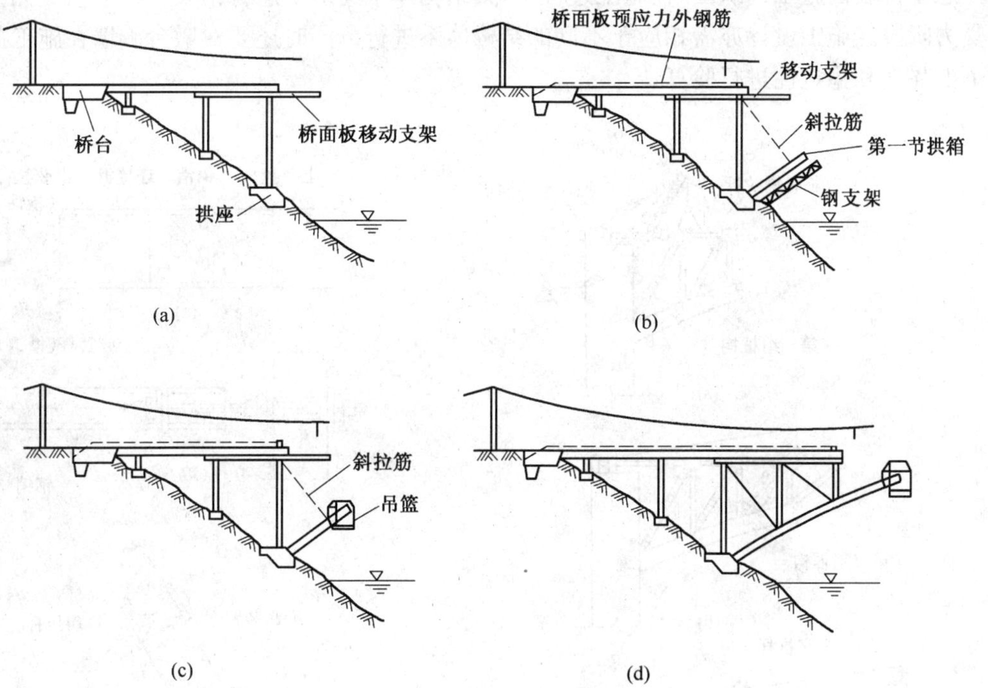

图 5.26　悬臂灌筑法主要施工步骤

两岸悬臂灌筑施工，每节长约 3.5 m，重 60 t(约 10 d 一个周期)，全桥共 140 个节段。在拱圈节段中设预应力粗钢筋，以承受自重悬臂弯矩。施工至立柱部位时，用临时斜拉杆及上拉杆将立柱、拱圈组成桁架，立柱就地灌筑。空心桥面板利用钢支承梁整跨就地灌筑，它比拱圈和立柱的灌筑错后一个立柱节间。斜拉杆可以用钢丝束或预应力粗钢筋，通过布置在桥面板上的临时拉杆传至岸边的地锚上(也可利用岸边桥墩作地锚)。施工中应重视的问题是斜拉钢筋的拉力控制、锚固和地锚设计，预拱度的控制和混凝土质量控制等。

2. 悬臂拼装法

图 5.27 表示悬臂拼装的一种方法，它是将拱圈的各个组成部分(侧板、上下底板)和拱上立柱等预制成拼装构件，然后按分段(一般分 3～7 段)组拼成桁架拱片，再用横系梁和临时风构将两个桁架拱片组装成框构，每节框构整体运至桥孔，由两端向跨中逐段悬臂拼装。悬伸出去的拱体通过上弦拉杆和锚固装置固定在墩台上，保持稳定。

拱肋是整体吊装的，所以刚度大，稳定性好，施工安全，但是构件预制、组装工序多，框架整体运输困难。

悬臂拼装的另一种方法是将拱圈的各个组成部分(如箱形截面的底板、腹板、顶板)分别在拱圈上先悬臂组拼成拱圈，然后利用立柱与临时斜杆和上拉杆组成桁架体系，逐节拼装，直至合龙。我国已用这种方法建成了许多跨度 40 m 以上的公路拱桥。

为了拆卸方便，拼装时所用的上弦拉杆一般可用钢丝束或型钢制作，工具式拉杆用螺栓(或钢销)连接[图 5.28(a)]。拉杆与桥墩台(立柱)之间的锚固，可根据拉力大小选择安全可靠的锚固装置，图 5.28(b)为其中的一种形式。

斜压杆一般为钢筋混凝土矩形杆件，为了便于周转使用，需使斜压杆工具化，通常可在其下端设置卸落架设备。

悬臂拼装法施工的拱圈，在施工过程中，其结构体系经历了悬臂桁架—桁架拱—无铰拱三个受力阶段。施工设计亦需相应于不同的结构体系进行。同时还要对墩台胸墙在施工荷载作用下的强度和稳定性进行验算。

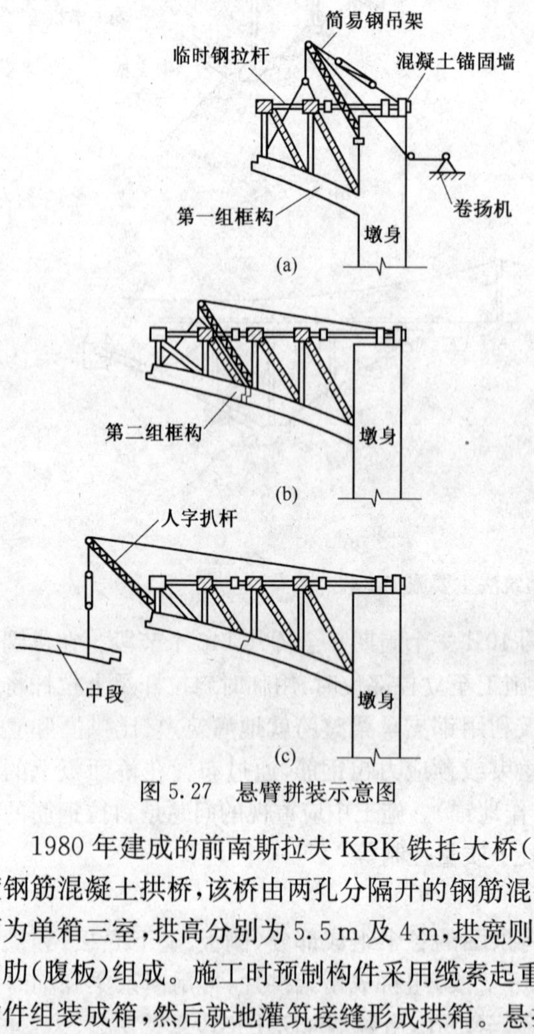

图 5.27 悬臂拼装示意图

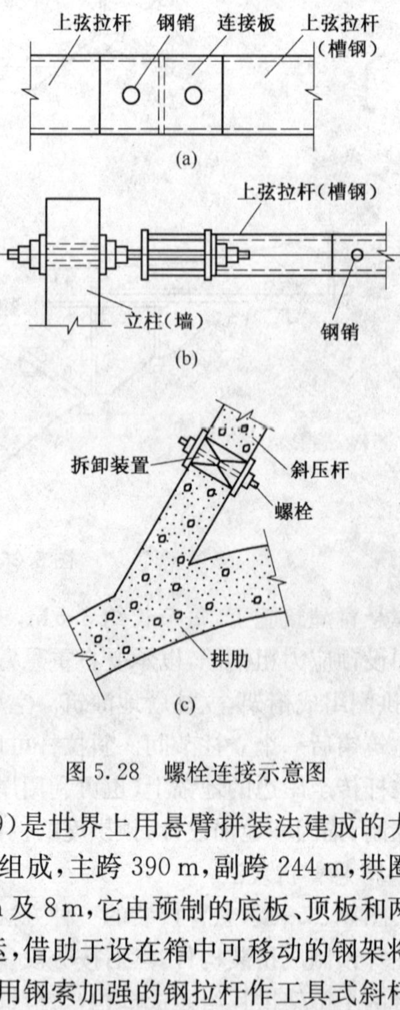

图 5.28 螺栓连接示意图

1980 年建成的前南斯拉夫 KRK 铁托大桥(图 5.29)是世界上用悬臂拼装法建成的大跨度钢筋混凝土拱桥，该桥由两孔分隔开的钢筋混凝土拱组成，主跨 390 m，副跨 244 m，拱圈截面为单箱三室，拱高分别为 5.5 m 及 4 m，拱宽则为 13 m 及 8 m，它由预制的底板、顶板和两片中肋(腹板)组成。施工时预制构件采用缆索起重机吊运，借助于设在箱中可移动的钢架将各构件组装成箱，然后就地灌筑接缝形成拱箱。悬拼中采用钢索加强的钢拉杆作工具式斜杆和上弦杆，以便与拱上立柱和主拱圈一起形成临时悬臂桁架。施工时从两端向跨中逐段延伸直至跨中合龙。具体步骤是：首先进行中室箱的组装[图 5.29(a)和 5.29(b)]。中室箱在预制时将顶板、底板及腹板按 5 m 一节分别预制，各构件间的接头及每 5 m 一节的箱间接头采用现浇混凝土，钢筋接头为套环式连接，箱节间接缝宽度较大，但全拱圈不设横隔板。立柱用滑升模板就地灌筑。拱圈拼装到立柱部位时，即加设临时斜拉杆及临时上拉杆，将拱圈、立柱组成桁架。如此不断地向跨中悬臂延伸，在中室箱悬拼施工若干节段后，即开始灌筑边室箱的上下翼板[图 5.29(d)中所示的第Ⅱ步]，以增加悬臂桁架下弦的刚度，待中箱合龙后，组装边腹板预制构件，并现浇接头混凝土，完成全箱[图 5.29(d)中的第Ⅱ、Ⅳ步]。中室箱的拱顶处，布置有 48 个 300 t 千斤顶，两边箱室各设置 16 个 300 t 千斤顶，用以调整拱圈内力。施工中共用钢拉杆 563 t，缆索 265 t。拱上建筑为跨度 33 m 的预应力混凝土简支梁，借助移动式钢支承梁现场灌筑。

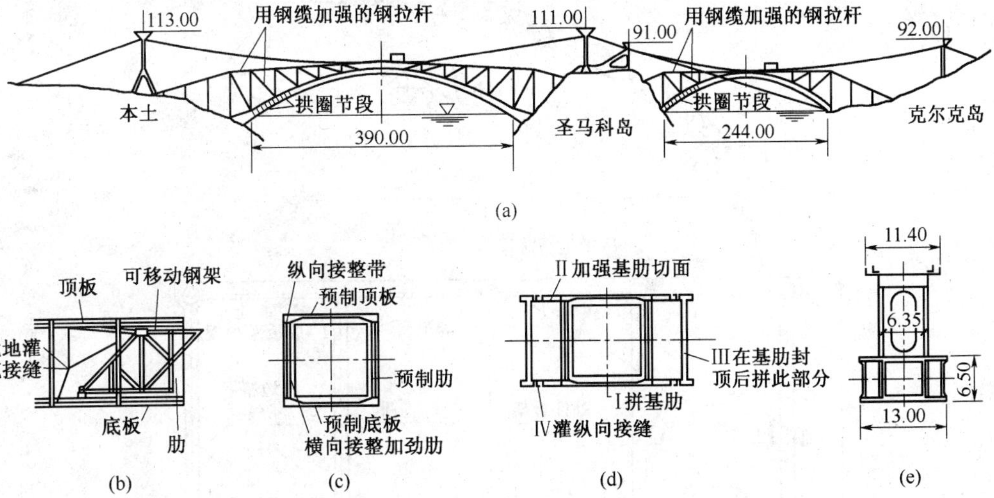

图 5.29 KRK 铁托大桥施工示意图(单位:mm)

三、其他悬臂施工方法

1. 塔架斜拉索法

这是国外最早使用的大跨度钢筋混凝土拱桥无支架施工方法。要点是:在拱脚墩台处安装临时的钢塔架或钢筋混凝土塔架(图 5.30),用斜拉索一端拉住拱圈节段,另一端与塔架连接,这样逐节向跨中悬臂架设(或灌筑),直至拱顶合龙。图 5.30 中拱脚段 45 m 采用在钢支架上现浇混凝土,其余段为悬拼。

2. 劲性骨架法

劲性骨架法是用劲性材料(角钢、槽钢、钢管等)拼装成拱式钢骨架,作为施工时的钢拱架,然后在钢拱架上灌筑混凝土,并将这些钢骨架作为受力钢筋的一部分埋入拱肋(拱圈)混凝土中,形成钢筋混凝土拱。这种方法可以减少施工设备的用钢量,整体性好,拱轴线易于控制,施工速度快,但用钢量大且需用型钢较多。

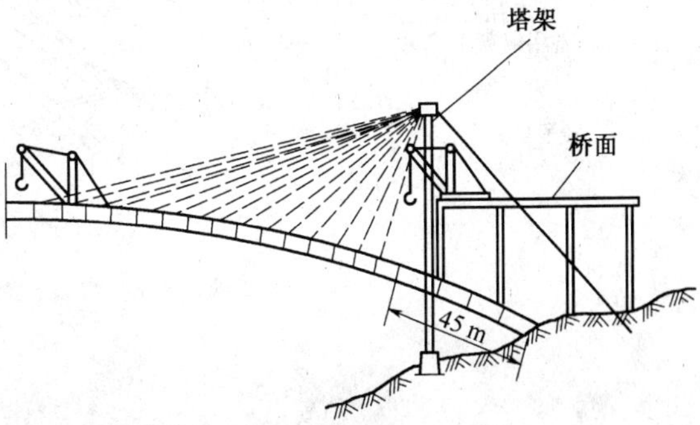

图 5.30 钢筋混凝土塔架

万县长江大桥即是采用劲性骨架法施工的。该桥是上承式钢筋混凝土拱桥,跨度 420 m,矢高 84 m,拱圈为单箱三室,高 7 m,宽 16 m,顶板、底板厚 400 mm,腹板厚 300 mm。劲性骨架为 10 根 16 Mnϕ400 mm×16 mm 的钢管,内填混凝土作弦杆,用角钢作腹杆和连接系组成五片拱形桁架(图 5.31)。钢管拱桁架由缆索吊机悬臂拼装合龙后,在钢管内填筑混凝土,形成所需要的劲性骨架,再在其上悬挂模板逐步分环(层)灌筑拱圈混凝土。先灌筑的混凝土达到规定的设计强度后,作为承载结构的部分与骨架共同承受后灌筑混凝土的重量。

钢管混凝土拱可作为劲性骨架的一种特殊形式,钢管拱肋在混凝土灌筑时起拱架作用,但不再外包混凝土。

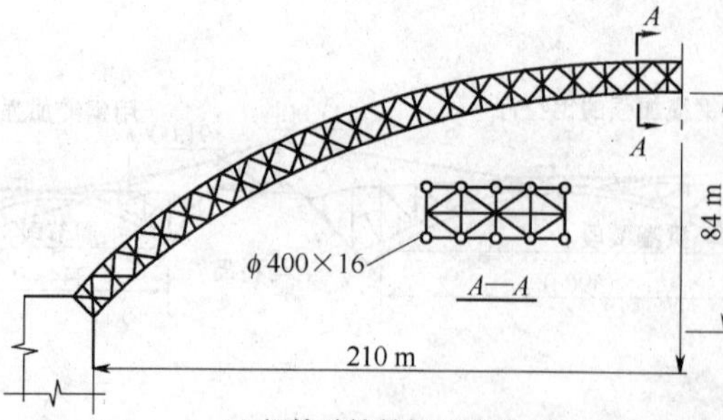

(a) 钢管劲性骨架示意图

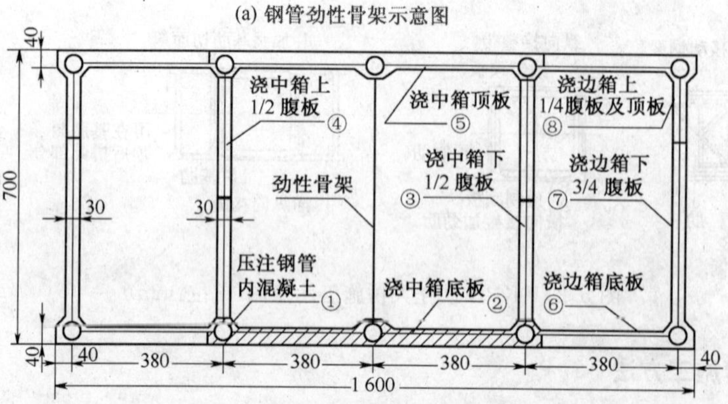

(b) 拱圈混凝土横向浇筑程序图

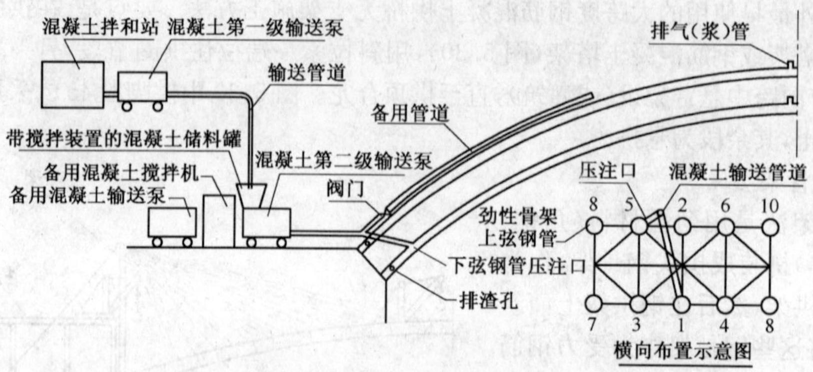

(c) 劲性骨架钢管混凝土浇筑示意图

(d) 万县长江大桥成桥照片

图 5.31 万县长江大桥

第六节　钢管混凝土拱桥施工

钢管混凝土拱桥是以钢管为拱圈外壁，在钢管内浇筑混凝土，使其形成由钢管和混凝土组成的拱圈结构。由于管壁内填满混凝土，提高了钢管壁受压的稳定性，钢管内的混凝土受钢管的约束，提高了混凝土的抗压强度和延性。钢管的重量轻，刚度大，吊装方便，同时钢管的较大刚度可以作为拱圈施工的劲性支架。钢管本身就是模板，钢管混凝土拱桥断面尺寸较小，使结构感到很轻巧，钢管外壁涂以色彩美丽的油漆，使拱桥建筑造型极佳。由于有上述这些优点，钢管混凝土拱桥很快得到推广应用。

一、钢管混凝土拱桥概况

四川省旺苍县东河大桥跨径为 115 m，桥面总宽为 15 m。该桥为下承式钢管混凝土系杆拱桥，每根拱肋由两根直径为 800 mm、壁厚为 10 mm 的钢管组成。两根钢管上下放置构成哑铃形断面，拱肋高 200 cm。钢管中距 120 cm，两根钢管之间以钢板联结。钢管拱肋安装采用缆索吊装，钢管内浇筑 C30 混凝土。吊杆采用精轧螺纹钢筋，系杆采用由碳素钢丝组成的预应力钢束，系杆的预应力钢束锚于拱脚桥面处。1991 年在广东省高明市建成第二座钢管混凝土拱桥。高明大桥跨越广东省西江，西江水面宽 1 km，大桥全长 1116 m，其中二孔通航孔为跨径 100 m 的中承式钢管混凝土拱桥，其余 11 孔为跨径 70 m 的装配式上承式钢筋混凝土肋拱，桥面宽 12 m。钢管拱肋断面为哑铃形，钢管直径 75 cm，拱肋高度 200 cm。钢管拱肋采用缆索吊装施工。1994 年建成的浙江省建德市新安江大桥跨越风景秀丽的新安江，大桥为跨径 84 m＋120 m＋84 m 的三跨连续中承式钢管混凝土拱桥，桥面宽 10 m，桥梁全长为 375 m。钢管拱肋安装采用竖向转体施工。1994 年建成的浙江省绍兴市轻纺大桥跨越杭甬运河，跨径为 90 m，桥梁全长 200 m，桥面宽 28 m。轻纺大桥为下承式钢管混凝土系杆拱桥，钢管拱肋采用船运整孔安装。广东省南海市三山西大桥位于平洲水道汇入珠江处跨越平洲水道，主桥为三孔连续自锚式钢管混凝土中承式拱桥，跨径 45 m＋200 m＋45 m，桥面为 28 m。该桥于 1995 年建成。长江三峡对外公路上有三座钢管混凝土拱桥，它们分别为黄柏河大桥、下牢溪大桥和莲沱大桥。黄柏河大桥和下牢溪大桥均位于陡峭的深谷处，采用跨径 160 m 的上承式钢管混凝土拱，桥面宽 18.5 m。两桥上部安装均采用水平转体施工。莲沱大桥位于长江边，跨越山地沟口，主桥跨径为 48.3 m＋114 m＋48.3 m，桥面宽 18.5 m。主桥结构采用三孔连续自锚式钢管混凝土中承式拱，拱肋安装采用竖向转体施工。上述三座桥均于 1996 年建成。

大跨度钢筋混凝土拱桥施工中常采用钢管混凝土结构作为拱圈施工的劲性骨架。其中较知名的有：

(1)浙江省金华市双龙大桥，桥梁跨径 168 m，桥面宽 28 m，中承式箱形拱；

(2)广西壮族自治区邕宁市邕江大桥，桥梁跨径 312 m，桥面宽 18 m，中承式箱形拱；

(3)四川省万州市万县长江大桥，桥梁跨径 420 m，桥面宽 20 m，上承式箱形拱。

二、钢管混凝土拱桥构造特点

1. 截面形式

钢管混凝土结构中钢管对混凝土的套箍作用使钢管内混凝土处于三向受力状态，提高了混凝土的抗压强度和变形能力。由于上述原因，目前的钢管混凝土拱桥基本上均采用圆形钢管组成。跨度较小时可采用单圆管,如图 5.32(a)所示。跨度 150 m 以内时,一般均采用两根圆形钢管上下叠置的哑铃形截面,如图 5.32(b)所示,这是已建成拱桥中采用最多的截面形式。当跨径超过 150 m 时,采用桁式截面较合理,如图 5.32(c)所示。在劲性骨架的钢筋混凝土拱桥中多采用桁式截面。

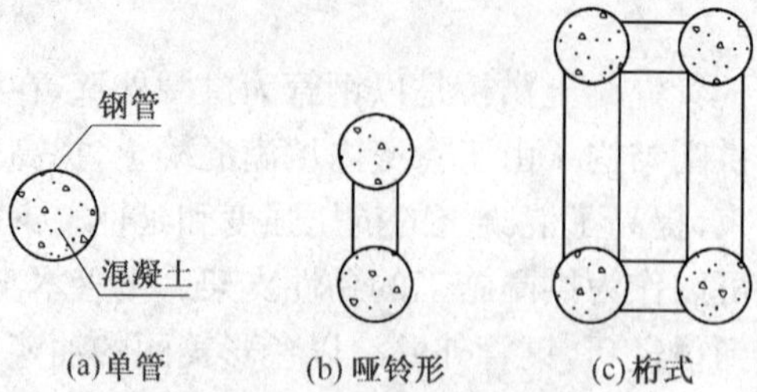

(a)单管 (b)哑铃形 (c)桁式

图 5.32 截面形式示意图

2. 结构形式

在全国各地已修建了各种结构形式的钢管混凝土拱桥。从结构的受力体系和施工方法的不同可以归纳为以下几种,如图 5.33 所示。

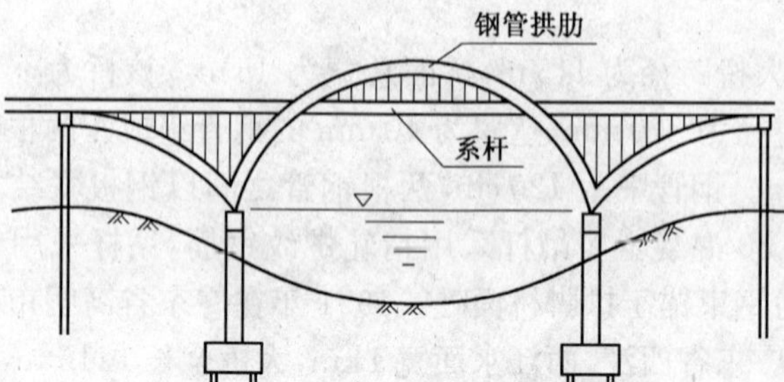

(a) 中承式自锚结构

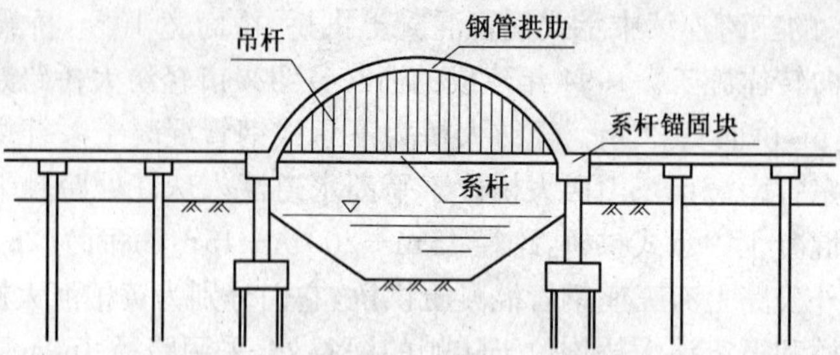

(b) 下承式自锚结构

图 5.33 结构形式示意图

(1)中承式肋拱桥

这是目前钢管混凝土拱桥中应用最多的一种。由于桥面位置在拱的中部穿过,可以随引桥两端接线所需的高度上下调整,所以适应性强。当地质条件较好时,一般均采用有推力的中承式拱桥,如浙江新安江大桥即为有推力中承式钢管混凝土拱桥。当地质条件较差,桥墩不能承受较大水平推力,或受地形条件限制时,可以采用中承式带两个半跨的自锚结构形式。广东三山西大桥和三峡莲沱大桥均为中承式自锚结构形式。

(2)下承式系杆拱桥

当地质条件较差,或受城市道路接线高度的限制时,往往采用下承式系杆拱结构形式,拱脚的推力由系杆承受。目前下承式钢管混凝土系杆拱桥的系杆形式有两种:一种是上下部结构采用刚接联结,系杆仅用体外预应力钢束组成的柔性系杆形式;另一种是上部结构简支支承于桥墩的刚性系杆形式。柔性系杆形式结构简单，施工方便，能节省一根尺寸较大的系梁。如四川旺苍大桥和浙江轻纺大桥均为柔性系杆下承式形式。刚性系杆形式由于有一根刚度较大的系梁联系着两端拱脚，系梁能承受较大压力，对系梁内预应力钢束的张拉较柔性系杆安全。如浙江义乌篁园大桥和杭州新塘路大桥均为刚性系杆下承式钢管混凝土拱桥。

(3)上承式拱桥

当桥梁两岸地形较高，或桥梁要跨过深谷时，采用上承式钢管混凝土拱桥是较合理的桥型方案。上承式钢管混凝土拱桥的桥面系在拱圈的顶面。拱肋可以采用多片，在多片拱肋之间和拱肋顶面的立柱排架之间可以进行纵横向联系，加强了大跨度拱桥施工中的稳定性，保证了施工的安全。三峡对外公路上的黄柏河大桥和下牢溪大桥均为上承式钢管混凝土拱桥。

3. 钢管的制造与安装

钢管由钢板卷管成型，管节的长度由钢板宽度确定，一般管节长度为 120～180 cm。管节一般为直管，钢板厚度一般为 10～20 mm。采用桁式截面时，上下弦之间的腹杆由于直径较小，可以直接采用无缝钢管。拱肋制作的关键在于拱肋在放样平台上的放样精确和焊接质量，应尽量减少工地高空焊接。严格控制钢管拱肋的制作质量，为拱肋的安装和拱肋内混凝土浇筑提供安全保证。

(1)钢管卷制和焊接

钢板利用焰割机切割，但应将热力影响宽度 3～5 mm 去掉。拱肋及横撑结构外表面均应先喷漆除锈，按一级表面清理。钢板卷制前，应根据要求将板端开好坡口，然后将钢板送入卷板机卷成直筒体，卷管方向应与钢板压延方向一致，轧制的管筒失圆度和对口错边偏差应满足相应施工规范要求。对卷成的钢管纵向缝施焊形成直管。对焊成的直钢管应进行检查和校正，以确保组装的精度。

(2)拱肋放样和拱肋段的拼装

将半跨拱肋在混凝土地面上按 1∶1 进行放样。沿放样的拱肋轴线设置胎架，在大样上放出吊杆位置及段间接头位置以及混凝土灌筑孔位置。拱肋钢管的纵向焊缝各管节应互相错开，而且应将纵向焊缝全部置于两肋板中间，以免影响美观。拱肋分段的长度主要考虑从工厂到工地的运输能力，主要分段接头应避开吊杆孔和混凝土灌筑孔位置。当采用汽车运输时，管段长度约 10 m 为宜。对拱肋的平面内和平面外的安装偏差进行检查校正。在拱肋上部钢管内施焊吊杆垫板、支架及吊杆套管和弹簧钢筋，对管段焊接质量进行超声探伤和 X 光拍片检查。对管段涂刷油漆防锈。对拱肋安装用的吊扣点位置进行布置，并在吊扣点位置增设加劲板，以防圆管受荷时变形。对各段端接头进行必要的加劲，防止吊装时拱肋端头碰撞，局部变形而难于对接施焊。段间接头外部增设法兰块螺栓连接，以便就位后作临时连接用。横向风撑等杆件与拱肋的焊接，应根据拱肋安装方法而定。当整孔安装或半孔安装时，风撑应在工地安装前焊完；当采用缆索安装时，风撑可在拱肋吊装完成后焊接。分段拱肋运至工地后，再在工地进行放样，将几段拱肋拼成安装的长度。在拱肋安装前应对拱肋尺寸和焊缝质量进行检查。

三、拱肋安装和拱肋混凝土浇筑

1. 拱肋安装

我国已建成的钢管混凝土拱桥中采用最多的拱肋安装方法为缆索吊装，其次为转体施工。以广东佛陈大桥为例，简要叙述该桥缆索吊装的施工过程。佛陈大桥为下承式钢管混凝土拱桥，主桥跨径为 112.8 m，桥面宽 26 m，拱肋分五段吊装。拱肋钢管采用偏位吊装，目的是方便后面横梁和加劲纵梁及桥面板的吊装。拱肋采用单片合龙。拱肋钢管直径为 100 cm，钢管壁厚 14 mm，拱肋高 2.5 m，每段长 25 m，重力约 250 kN。单片拱肋合龙时，接头用法兰螺栓连接。经多次定长松索后，使各接头高程接近设计高程，同时调整八字风缆，使拱轴线接近设计拱轴线。用钢板楔紧各接头上的开口，拧紧各连接螺栓，然后对称地由拱顶至拱脚焊好各定位法兰板。法兰板焊好后，可将吊扣缆索的扣力减至原有的 1/3 左右，再复测各测点高程偏差和轴线偏差。当复测结果满足要求时，由拱顶至拱脚将各接头焊接。将风撑吊装焊接完成，用 C40 混凝土封闭拱脚和浇筑系杆的锚固端。

2. 拱肋混凝土浇筑

钢管拱肋内的混凝土灌筑可采用泵送顶升浇灌法和吊斗浇捣法。泵送顶升浇灌法是在钢管拱肋拱脚的位置安装一个带闸门的进料支管，直接与泵车的输送管相连，由泵车将混凝土连续不断地自下而上灌入钢管拱肋，无需振动。采用吊斗浇捣法灌筑时，在钢管拱肋顶部每隔 4 m开一孔作为灌筑孔和振动孔。混凝土由吊斗运至拱肋灌筑孔，通过漏斗灌入孔内，由插入式振动器对混凝土进行振动。灌筑混凝土的配合比除满足强度指标外，尚应注意坍落度。对于泵送顶升浇灌法，粗骨料粒径可采用 0.5～3 cm，水灰比不大于 0.45，坍落度不小于 15 cm，对于吊斗浇捣法，粗骨料粒径可采用 1～4 cm。为满足坍落度的要求，应掺入适量减水剂。可掺入适量的混凝土微膨胀剂来减少收缩量。钢管内混凝土是否灌满，混凝土收缩后与钢管壁是否形成空隙，往往是较担心的问题，可采用小铁锤敲击钢管听声音来进行简单有效的判断。当小铁锤敲击通过声音判断有空隙时，可采用钻孔进行检查，也可用超声波进行检查。对有空隙部位进行钻孔压浆补强。大跨径钢管混凝土拱桥，混凝土灌筑可以分环或分段浇筑，灌筑时应从拱脚向拱顶对称进行。大跨径拱肋灌筑混凝土时应对拱肋变形和应力进行观测，并在拱顶附近配置压重，以保证施工安全。

3. 中承式和下承式系杆施工

无水平推力的钢管混凝土拱桥均有系杆，下承式系杆预应力钢束锚于拱脚，一般常采用单跨形式。中承式系杆拱一般为三跨，两边跨为半跨形式的上承式拱桥，系杆预应力钢束锚于边跨拱肋端部。下承式系杆拱的系杆有两种形式，一种是大尺寸预应力梁组成的系杆，属于刚性拱和刚性系杆体系。另一种是用体外预应力钢束组成的柔性系杆。采用刚性拱和刚性系杆组成的下承式拱桥时，系杆的施工方法与前面就地浇筑下承式钢筋混凝土拱桥基本相同。中下承式柔性系杆一般由预应力钢绞线组成，钢绞线防护采用 PE 套。系杆钢束要穿过钢管拱肋，因此拱肋在系杆钢束穿过处需开孔，在钢束穿过拱肋处应有预留孔道，一般预留孔道做成一个封闭的钢箱。中承式预应力钢束需穿入边孔端部拱肋钢管，钢束直接锚于钢管端部断面。下承式预应力钢束锚于拱脚后面的钢筋混凝土锚固块上。由于下承式柔性系杆的拱脚与桥墩刚性连接，桥墩需承受弯矩，为加强系杆锚固块的强度，在锚固块的垂直方向应加预应力钢筋。柔性系杆的拱桥受力类似于带拉杆的刚架，结构自身的抗推能力很小，要求施工中加载值和系杆预应力钢束的张拉力基本平衡。因此柔性系杆拱桥的施工加载和系杆预应力钢束张拉及锚固块垂直预应力钢筋张拉必须严格按计算进行，以保证结构施工安全。随着施工加载各阶段不同，系杆的预应力钢束和锚固块垂直预应力钢筋也应分阶段、分批张拉。系杆钢束全部张拉完成后，将拱肋和锚固块预留孔压浆封闭。

四、钢管混凝土劲性骨架

钢管混凝土结构适宜作为大跨径钢筋混凝土拱桥的施工劲性骨架。跨径为 420 m 的四川万县长江大桥和跨径为312 m的广西邕江大桥均采用钢管混凝土结构作为施工劲性骨架，这已成为一个发展趋势。浙江省金华市双龙大桥是采用钢管混凝土结构作为劲性骨架的中承式钢筋混凝土拱桥。主桥为中承式钢筋混凝土箱形肋拱桥，跨径168 m，桥面宽28 m。箱形拱肋为变截面，拱肋的拱顶高度为3.5 m，拱脚高4.5 m。拱肋宽度在桥面以上为2 m，桥面以下逐渐加宽，至拱脚截面宽度为3.6 m。箱形拱助的顶、底板厚40 cm，侧面腹板厚30 cm。每片箱形拱肋的四个角点部位布置4根直径为402 mm的钢管。腹杆采用型钢，通过节点板与钢管焊接成桁架，拱肋截面如图5.34所示。

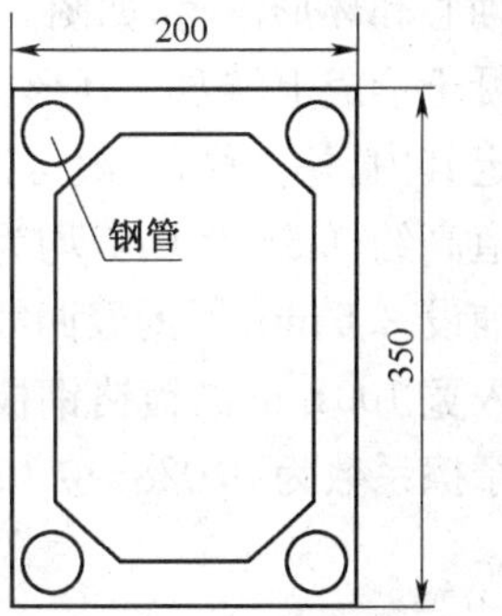

图5.34　拱肋截面(单位:cm)

劲性骨架分3段进行吊装，中间段长度为68 m，重力为1 290 kN。两边段长度为50 m，重力为1 040 kN。劲性骨架吊装采用两副龙门架吊机和临时施工支架，先将两边段吊装就位，用临时支架支承，再用两台吊机将中段提升就位，用临时螺栓连接，拱脚为铰接。对合龙后拱轴线进行调整，拱轴线调整完成后，进行接头焊接和拱脚固结。劲性骨架钢管内混凝土采用泵送顶升。钢管内混凝土达到强度后，设模板吊架，立模，绑扎钢筋。拱肋混凝土采用分环分段浇筑，先浇底板混凝土，再浇腹板和顶板混凝土。由于跨度大，施工荷载大，施工中混凝土浇筑的分段和分环顺序和数量应严格按计算进行。为确保施工安全，在施工中应对拱肋的变形和应力进行监测。

第七节　转体法施工

转体法施工最早仅用在拱桥的施工中，现在已推广到梁桥、斜拉桥、斜腿刚架桥等各种不同桥型的桥梁施工中，成为桥梁施工中的主要方法之一。转体施工是将桥跨分成两半，分别在河流的两岸或适当位置，利用地形配合简单的支架等，将半桥跨预制完成，然后以桥梁结构为转动体，借助转盘装置和液压千斤顶或手摇卷扬机驱动，缓慢地将半桥跨转体到桥轴线位置合龙。转体法施工一般适用于单孔或三孔的桥梁。转体方法可分平转、竖转或平竖结合转等方法。

转体法施工可省去不少高空作业，节省较多的临时支架，但地形条件要合适。在通航河道或车流量较大的立交桥施工中，可不间断通航或不干扰交通，具有明显的技术经济效益。

一、平面内转体施工

平面转体可分为有平衡重转体和无平衡重转体施工两种。有平衡重转体施工是通过桥梁自身的构件与临时配重组成平衡体系，而无平衡重转体施工则完全通过桥梁自身构件维持转动体系的平衡，它可减少为平衡转体而增加的重量与圬工数量，平面内转体施工因转体重量轻而能增大跨度。

1. 有平衡重平面转体施工

有平衡重转体施工系统由以下三部分组成：转动体系、平衡体系、牵引体系。施工的关键结构是转体装置。我国使用过的转体装置有两种类型：一种是聚四氟乙烯板环道转盘，这是一种平面承重转体装置；另一种是以混凝土球面铰为承重装置的转动体系，这两种体系在工程实践中均取得了较好的效果。

(1)环形滑道转盘

该转盘由固定的底盘和能旋转的上盘构成。底盘就是桥台的下部,在底盘与上盘间设有轴心和环形滑道,如图 5.35 所示。轴帽和上环道用扇形板连成一体(图 5.36),在其上灌筑混凝土形成上转盘。环形滑道转盘应根据环道工作压力(确保转体转动时有足够的稳定性)而选定其内、外直径(一般可按拱肋悬臂长的 1/6～1/4 取用),环道宽度可取 0.4～0.5 m,上下环道高约 0.5～0.6 m,均为钢筋混凝土结构,下环道面既要平整又要粗糙,以便在上下环道之间铺设 2.5 mm 厚的聚四氟乙烯板,聚四氟乙烯板的工作压力控制在 10 MPa 内。上环道底面嵌入宽 100 mm 的镀铬钢板。聚四氟乙烯板与镀铬钢板间的滑动静摩系数为 0.0291～0.051,动摩擦系数为 0.028～0.039 8,压力愈大,摩擦系数愈小。

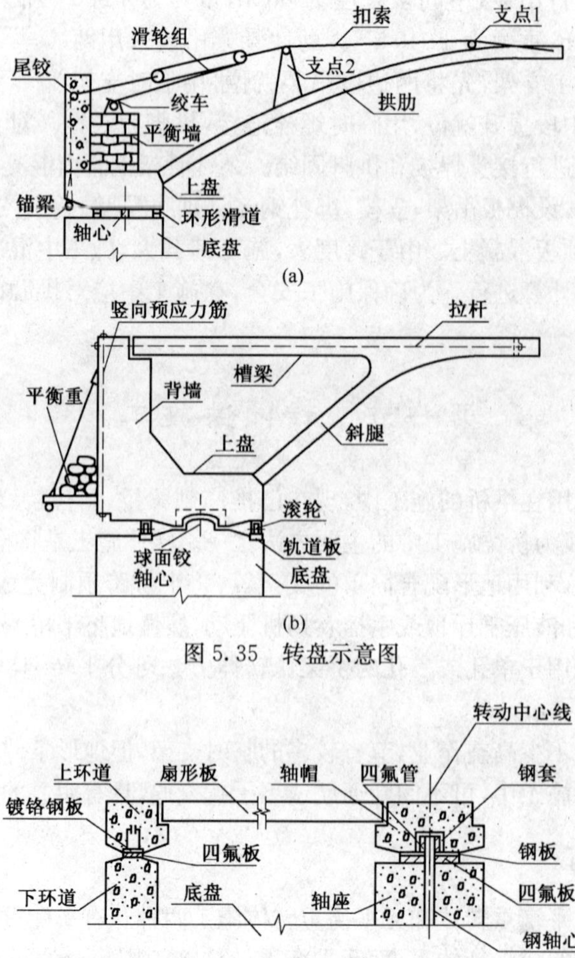

图 5.35 转盘示意图

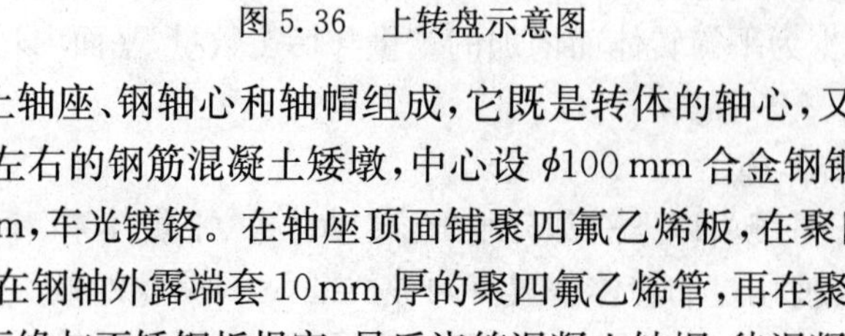

图 5.36 上转盘示意图

转盘轴心由混凝土轴座、钢轴心和轴帽组成,它既是转体的轴心,又是上转盘的中支点。轴座是一个直径 1 m 左右的钢筋混凝土矮墩,中心设 ϕ100 mm 合金钢钢轴,下端固定混凝土轴座内,上端露出 0.2 m,车光镀铬。在轴座顶面铺聚四氟乙烯板,在聚四氟乙烯板上放置直径 0.6 m 的不锈钢板,在钢轴外露端套 10 mm 厚的聚四氟乙烯管,再在聚四氟乙烯套管上套外钢套,钢套顶端封固,下缘与不锈钢板焊牢,最后浇筑混凝土轴帽,待混凝土凝固脱模后轴帽即可绕轴心旋转自如。转体时,转体重量全部由环道平面承受,牵引上转盘,上环道压在下环道上转动。

(2)球面铰转轴体系

这是一种以铰为轴心承重的转动装置,整个转动体系的重心落在轴心铰上,球面铰既起定位作用,又承受全部转体重力。为了防止在转动过程中由于施工精度误差或牵引力不平衡而造成转动体系行驶不平稳,在转动体系中还应有平衡保险装置,一般是用支重轮组成[图 5.37(b)]。转轴锚固在底盘上,环道钢板也铺设在底盘上,滚轮固定在上盘底面,其位置与下盘上的环道相对应。转体时,转体重量全部由转轴承受。牵引上盘,转体以转轴为中心平转。

球面铰可以是半球形钢筋混凝土铰、球面形钢筋混凝土球铰或球面形钢铰[图 5.37(a)]等。前两种直径较大,能承受较大的转体重力。

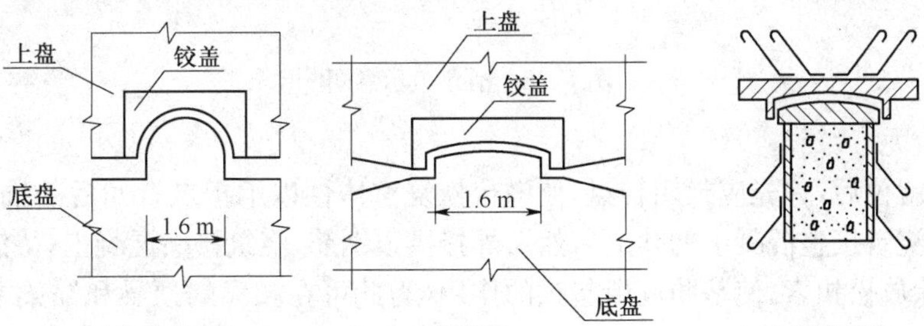

(a1)半球形铰　(a2)球面铰　(a3)钢球面铰

(a) 球面铰

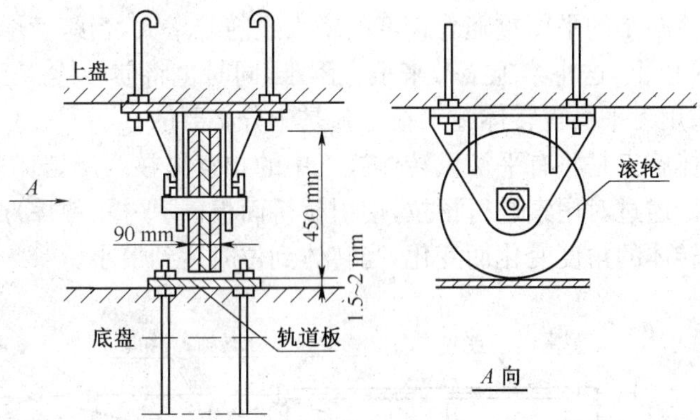

(b) 平衡保险装置

图 5.37　钢球面铰示意图

应注意使球面铰转动体装置的转动体系重心与轴心铰轴心在一条竖直线上,可利用平衡重来调整。

(3)平衡体系

拱桥转体时,半跨悬臂桥体的稳定依靠平衡重与扣锚体系维持。平衡重可利用部分台身(平衡墙)或另加临时配重。扣锚体系有两种,一种是外加扣索或拉杆,相当于对拱肋施加外部预应力,另一种是利用结构本身构件作拉杆,如桁架拱、刚架拱的上弦,但需加强主筋并将主筋延伸至台背锚固。转体合龙并现浇接头后放松扣索或拉杆(或切断与台身的联系钢筋),使转体时的悬臂体系转换为拱式体系。

为防止横向失稳,扣索张拉合力应保持在拱轴线位置,不得有偏心。

(4)牵引体系

拱体转动牵引可利用手摇绞车或手推绞磨配以滑车组和滑车进行(图 5.38)。为启动平稳,可用水平放置的液压千斤顶先行启动,后用卷扬机牵引。启动和牵引都应缓慢进行,以免发生过大的振动。

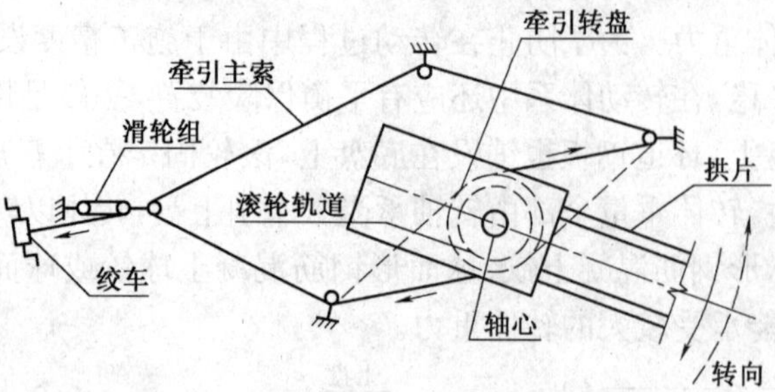

图 5.38 滑车组示意图

(5)拱体合龙

半拱转体就位后,首先应封闭转盘,使墩台恢复整体性以承担拱合龙后的推力(为此应在转盘上部预留浇筑接整混凝土的孔道),然后焊接拱顶钢筋,浇筑接头混凝土,待混凝土达到设计强度后,徐徐放松扣索,使基肋逐渐起拱的作用(为此可在扣索的顶梁和锚梁之间设置砂筒等设备)。

2. 无平衡重平面转体施工

有平衡重转体施工的平衡重随着跨度的增大也随之增大,当跨度增大至 200 m 时,其平衡重将达 70 000 kN 以上,这将给施工带来很大困难,同时也将使转体施工方法失去一定的优越性。为此,研究采用无平衡重转体施工新工艺是十分必要的。

无平衡重转体施工是将有平衡重转体施工中的扣索锚在两岸岩体中(图 5.39),从而节省了庞大的平衡重。通过对尾索进行预拉,使引桥桥面板(或平撑、斜撑)产生预压应力。桥面板的压力随着拱跨转体的角度变化而变化,当转体到位时达到最小。

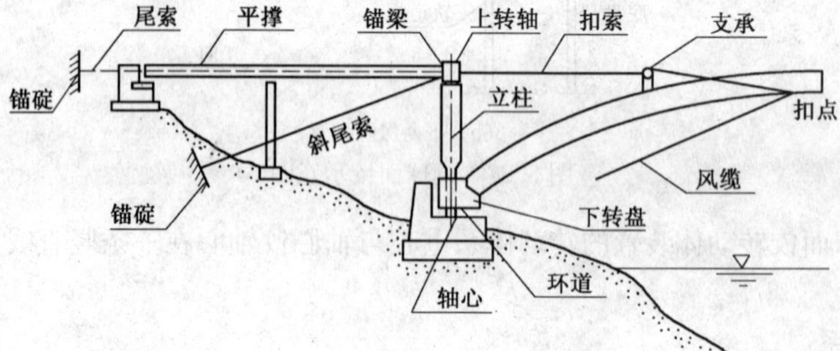

图 5.39 无平衡重转体施工示意图

无平衡重转动体系由锚固体系、转动体系、位控体系三部分组成。

(1)锚固体系

锚固体系由锚碇、尾索、立柱(桥台)、平撑(或引桥桥面)、锚梁组成。锚碇布设在引道或边坡岩层中,锚梁支承在立柱上,尾索两端分别固定在锚碇及立柱顶的锚梁上。当在尾索(斜尾索)上施加预应力时,平撑承受压力,平撑及尾索(斜尾索)形成三角形稳定体,使锚梁和上转轴成为一确定的固定点,从而组成锚固体系。

(2)转动体系

转动体系由上转动构造、下转动构造、拱箱及扣索组成。上转动构造由埋入锚梁(或锚块)中的轴套、转轴和环套组成,扣索一端与环套连接,另一端与拱箱顶端连接,转轴在轴套与环套间均可转动。

下转动构造由下转盘、下环道与下转轴组成。拱箱通过拱座支承在转盘上,转盘套在下转轴上,并支承在下环道上,转盘可在下环道上沿下转轴作弧形滑动。

(3)位控体系

无平衡重转体是靠系于每一拱箱扣点处的上下游风缆及预设的上下轴偏心距来起重和转动的。位控体系是指扣于拱箱顶端的风缆、无级调速自控卷扬机、光电测角装置和控制台等,用以控制转动过程中转体的转动速度和位置。

在各项准备工作确认无误后便可进行拱箱转动。拱箱的转动是靠上下转轴事先预留的偏心值形成的转动力矩来实现的。启动转体时先放松外缆风索,待转到距桥轴线约 60°时,开始收紧内缆风索,随着转体转动,索力逐渐增大,当索力不足以转动拱箱时,则应以千斤顶在桥台上顶推下转盘,使之继续转动到设计位置;缆风索走速在启动时宜选用 0.5~0.6 m/min,走行时宜选用 0.8~1.0 m/min。

拱顶到位合龙后的高差可通过扣索调整,通过张紧扣索提升拱顶,放松扣索降低拱顶。封拱则应先封桥台拱座及下转盘,再浇封拱顶接头混凝土。当混凝土达到设计强度的 70%后,即可卸扣索。

3. 平面转体施工实例

(1)工程概况

大岩洞特大桥主桥采用 1-160 m 上承式钢管混凝土劲性骨架箱形拱。拱轴曲线采用悬链线,拱轴系数 $m=1.70$,净矢跨比 $f_0/L_0=1/4.56$。桥宽 8.5 m,主拱圈为宽 5.9 m,高 2.4 m 的单箱三室断面。拱肋劲性骨架主弦杆采用 ϕ280×10 钢管,下弦杆采用∟100×10 双角钢,直腹杆和斜腹杆采用[16a 槽钢,横联和平联连接件采用∟100×10 角钢(图 5.40),扣索采用 6-10ϕ14.2钢绞线,背索采用 24-15ϕ14.2 钢绞线。

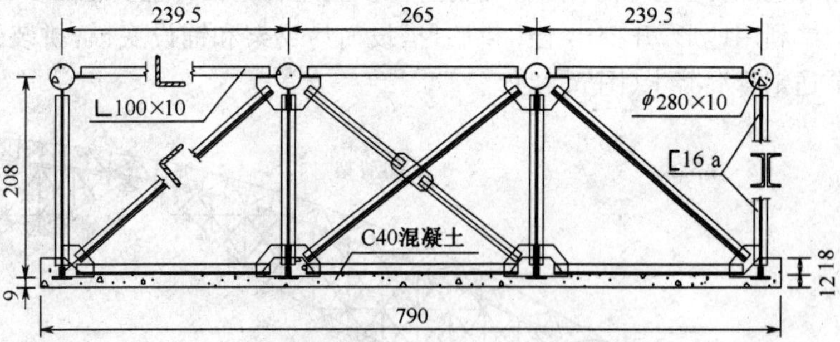

图 5.40 劲性骨架拱圈断面(单位:cm)

桥址位于"扬子准地台"西部,处四川西南部"川滇南北向构造带"与四川盆地"新华夏系沉降带"的交接地带。两岸地形陡峻,自然坡度大于 45°,坡面基本无植被,相对高差 50~100 m,河谷深切,呈"V"字形,下切深度超过 50 m,沟底河床宽约 40 m。常年流水,平时水量很小,暴雨时洪水发作。桥位以上汇水面积 154.7 km²,设计流量 $Q_{1\%}=722.68\text{m}^3/\text{s}$。全桥总体布置图见图 5.41。

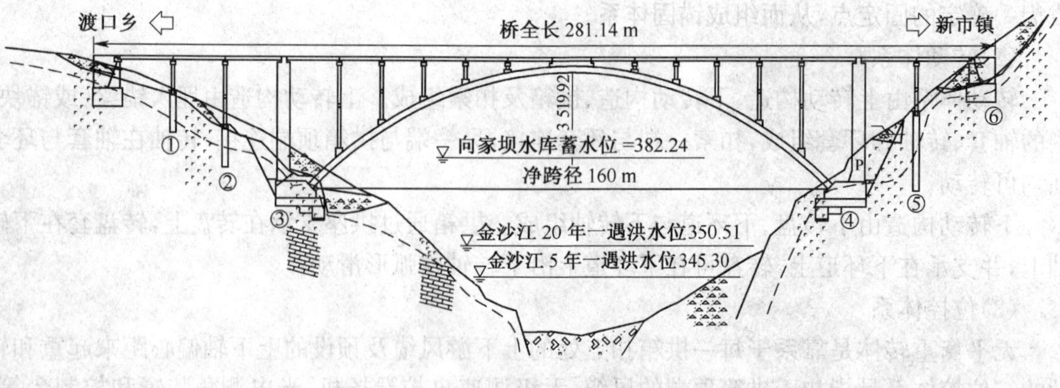

图 5.41 全桥总体布置图

(2)主拱施工方案及步骤

因本桥最大桥高达 87 m,支架施工方案予以排除;桥位处山高坡陡,且大里程侧桥头与隧道相连,受施工场地限制,无法采用缆索吊装方式施工;竖转施工方案受金沙江洪水和大岩洞冲沟山洪影响很大,当金沙江遭遇 20 年一遇洪水时,竖转部分支架将淹没水中,对施工安全不利,且转体后高空作业较多,施工难度大,转体的临时设施费用多,故竖转方案予以放弃;平转施工方案可不受季节限制,避免了金沙江洪水及大岩洞冲沟山洪的影响,可全年施工,而且平转方案可因地制宜,变高空作业为陆地作业,施工难度大大降低,质量也易得到较好控制。综合考虑以上因素,最终确定施工方案为平转施工法。

平转施工的基本原理是将拱圈分为两个半跨,分别在河沟两岸利用地形,开挖出土牛拱胎,搭设简易支架和铺设底模,焊接钢管和型钢组成的桁架,浇筑带部分底板(一期混凝土厚 12 cm)的劲性骨架混凝土,泵送钢管混凝土,利用结构本身和扣索组成稳定体系,通过张拉扣索和背索使带底板的劲性骨架脱架,劲性骨架、背墙(交界墩)、上盘和扣索形成一个可以在磨心表面平稳旋转的平衡转动体系,借助于在下盘顶面预先设置的具有摩阻系数很小的环形滑道,用平卧式千斤顶顶推上盘底面预先设置的保险墩,使转动体系平稳转动,转体就位后合龙成拱,浇筑拱箱外包混凝土形成拱箱,然后再进行拱上建筑施工。主要施工步骤如下。

步骤一:两岸利用地形,开挖出土牛拱胎,搭设简易支架和铺设底模,拼装劲性骨架,浇筑底板混凝土,泵送钢管混凝土(图 5.42);

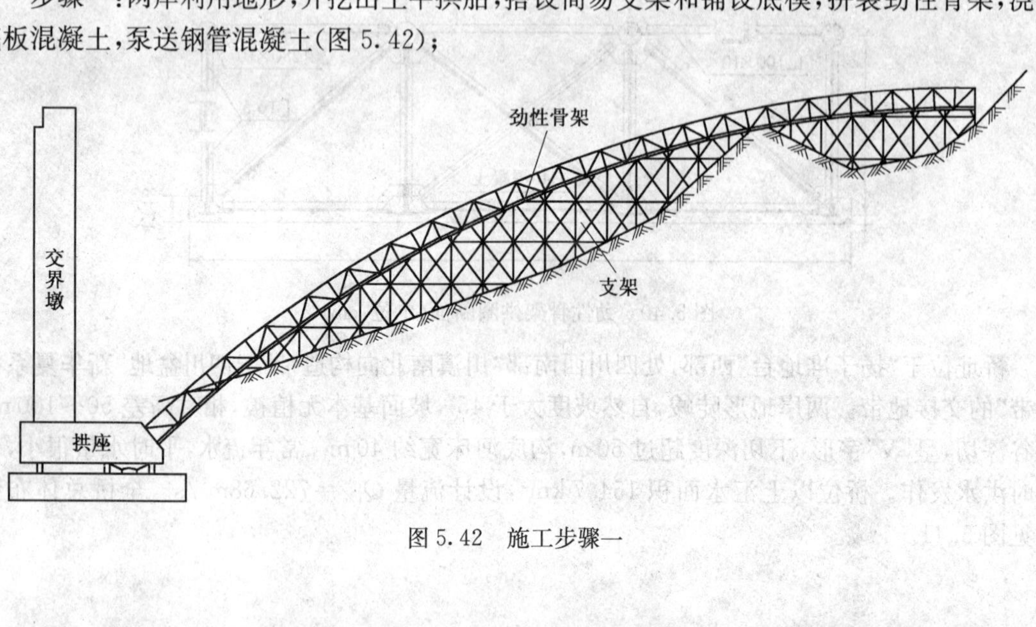

图 5.42 施工步骤一

步骤二:张拉脱架、转动带底板劲性骨架(图 5.43);

步骤三:合龙成拱、封固拱座;

步骤四:放松扣索力、拆除临时结构;

步骤五:浇筑底板混凝土;

步骤六:浇筑腹板混凝土及其横隔板;

步骤七:浇筑顶板混凝土;

步骤八:施工拱上建筑(图 5.44)。

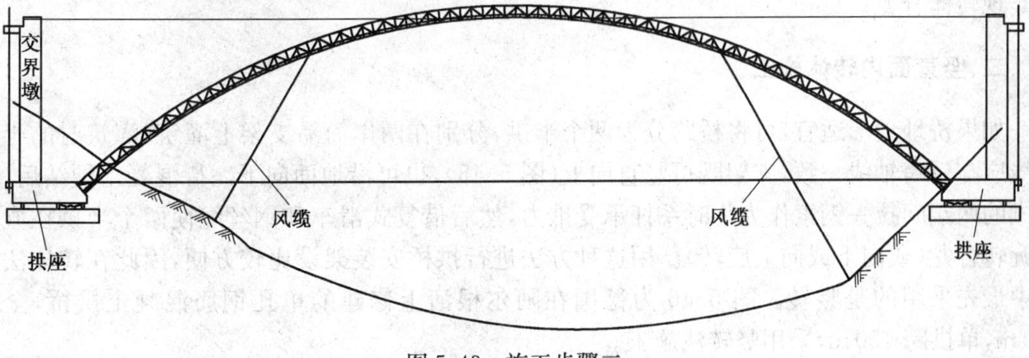

图 5.43　施工步骤二

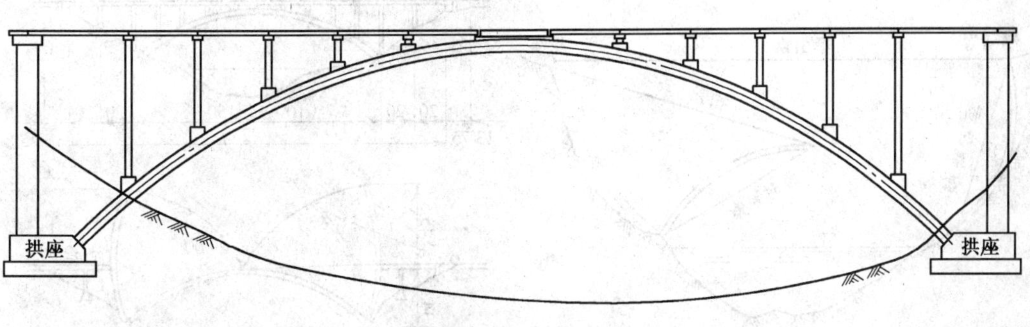

图 5.44　施工步骤八

(3)扣索及背索力计算

大岩洞特大桥转动体系主要由拱圈、扣索、背索、交界墩、上转盘组成,拱圈重约 6 000 kN,转体部分总重约 52 370 kN。转动体系中扣索及背索的索力是转体施工成功的关键。计算时以支架不受轴压或受压轴力很小为目标,得出扣索力和背索力,使拱圈"脱离"支架实现转体,从而获得了扣索力和背索力的最优组合与拱圈最优内力分布。

计算得出的拱圈控制截面内力见表 5.2,此时,交界墩偏向拱圈方向的位移约 8 mm,拱顶的抬高量约 20 mm。

表 5.2　拱圈截面内力

截面	上弦钢管		底板混凝土	
	轴力(kN)	弯矩(kN·m)	轴力(kN)	弯矩(kN·m)
拱脚	−125.2	−8.1	−6 820.6	−783.8
$l/8$	−324.1	−4.3	−3 953.5	15.7
$l/4$	−317.4	2.9	−3 724.6	14.2
前锚点	−174.5	2	−4 161.5	5.4

计算得到的背索总拉力为 48 000 kN，扣索总拉力为 4 960 kN，计算结果表明，拱圈结构大部分内力均由底板混凝土来承担，拱圈最危险截面为拱脚底板混凝土截面，计算得拱脚总轴力为−7 324.4 kN，弯矩为−815.3 kN·m，对以上计算得到的索力和拱脚底板取最不利的内力进行控制设计，经验算其应力、变形均满足规范要求。

扣索张拉过程中的张拉力采用应力、应变双控，以确保达到设计要求。张拉施工由拱圈中间到两边对称进行，张拉过程中设专人定点仔细观测上盘背墙、劲性骨架和混凝土底板等构件有无异常，全面检查各关键部位，确认不影响安全后，方可开始张拉，该桥已于 2007 年 12 月顺利实现转体合龙。

二、竖直面内转体施工

如果桥址地形适宜，可将桥跨分为两个半拱，分别在两岸简易支架上灌筑，灌筑时的半拱轴线应与桥跨轴线一致，支架既可竖直向上(图 5.45)，也可沿地面向下。待混凝土硬结后，在半拱的两端间拉一钢索作为临时系杆承受推力，然后借复式滑车和钢丝绳使两个半拱在立面上旋转合龙(或向下或向上旋转)。用这种方法进行拱桥安装架设比较方便，因此在转体法施工中最先采用的是竖转。图 5.46 为德国在阿尔根河上修建的单孔钢筋混凝土拱桥，全长 230 m，单拱跨 150 m，采用竖转法施工。

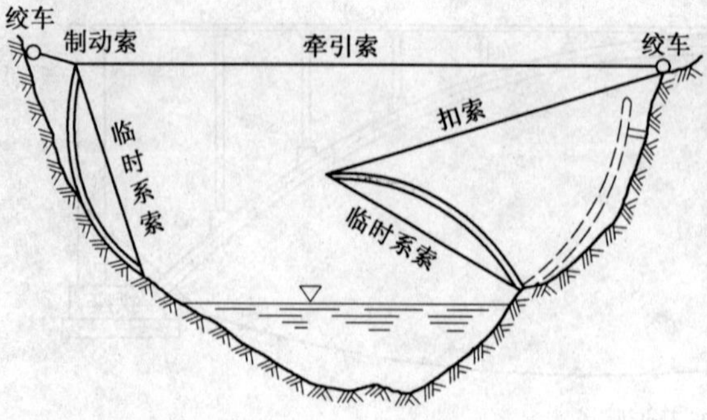

图 5.45 利用地形的竖直面内转体施工

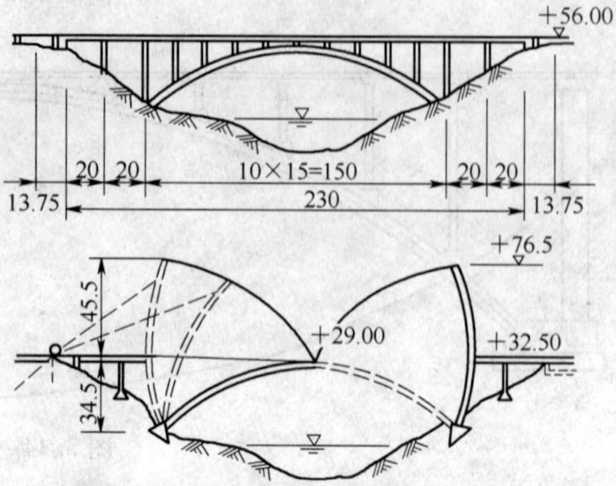

图 5.46 竖向灌筑、竖向转体施工(单位：m)

拱从跨中分为两半，两半均在岸边竖向灌筑，然后用吊装设备将两半拱同时下落后合龙，施工步骤为：

(1)灌筑两个半拱；

(2)将两半拱同时下落、合龙，并临时固定；

(3)用设在拱顶和拱脚处的千斤顶调整拱圈，符合设计要求后封固；

(4)拱上建筑施工。

竖转法施工最早使用，但实际施工实例并不多见。应该认为用竖转法架立拱架，是一种较好的施工方法。

第八节 整体架设

转体施工也是整体架设的一种，但是无论水平转体还是竖向转体，施工都需要构造复杂、造价高昂的铰或者转盘，以及用于提供结构平衡的系统。同时转体施工法还需要在桥台附近有足够的预制拱肋的操作场地，这对于山谷地段的拱桥来说，的确比较困难。

随着钢管混凝土拱桥、钢桁架拱桥等（在施工阶段具有一定抗弯能力的结构）不断地被设计者采纳，及我国施工企业的大型吊装设备的吊装能力的提高，半肋吊装、整肋吊装，甚至整桥吊装的整体施工方法成为可能。整体吊装是在工厂中预制足够大的构件，在工厂或者施工现场将这些大构件拼装成半拱肋、整肋甚至整桥，用大吨位提升系统，将这些大块构件或者整桥吊装到位，完成主要承重构件的架设。

整体架设的特点在于其大吨位吊装，临时接点少，桥下净空占时少，拱肋的整体性好。整体架设需要大吨位的起吊设备和运输设备，拱肋的自重轻，拱肋自身可以抵抗小幅的弯矩甚至剪力。该方法适合于在水运发达的江南水乡或者有一定通航能力的河道上修建钢管混凝土拱桥或钢桁架拱桥。在苏州的马运桥、南昌的生米大桥施工中成功运用了整体架设方法。马运桥是将拼装好的桥梁整体吊装到位，完成桥梁架设。而生米大桥是将单片拱肋分两段吊装，在拱顶完成连接，实现拱肋的安装。图 5.47 为生米大桥主拱肋架设工序：工厂预制 1/4 拱→1/4

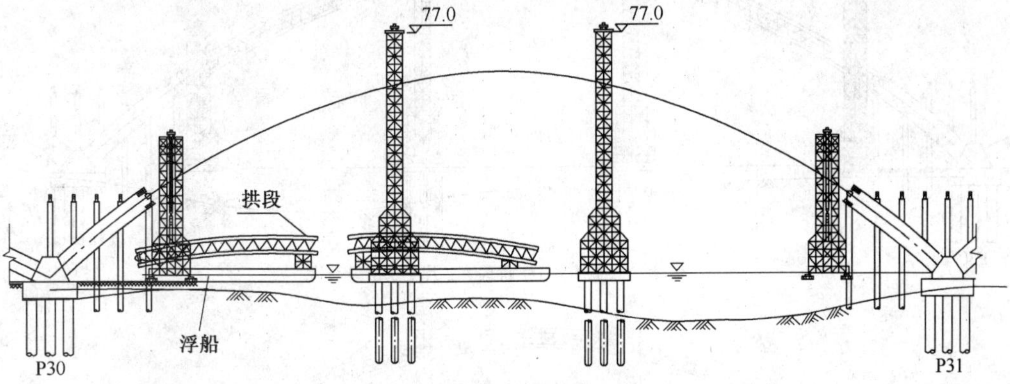

步骤1—2 片 1/4 拱圈浮运就位

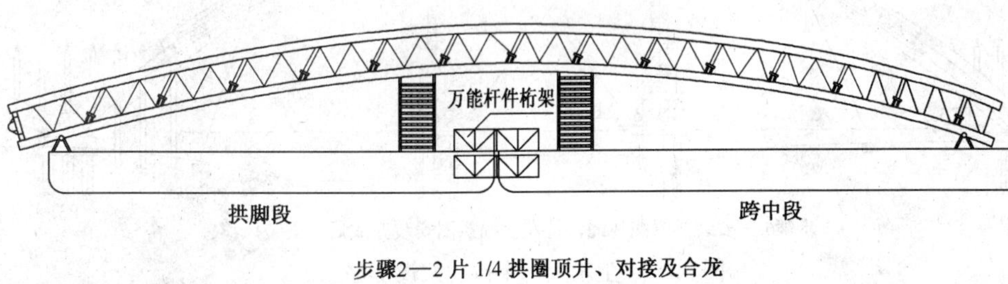

步骤2—2 片 1/4 拱圈顶升、对接及合龙

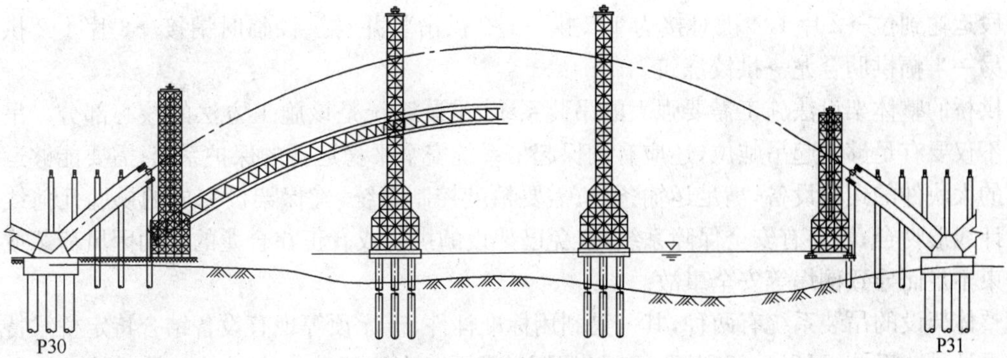

步骤3—1/2 拱段提升

图　5.47

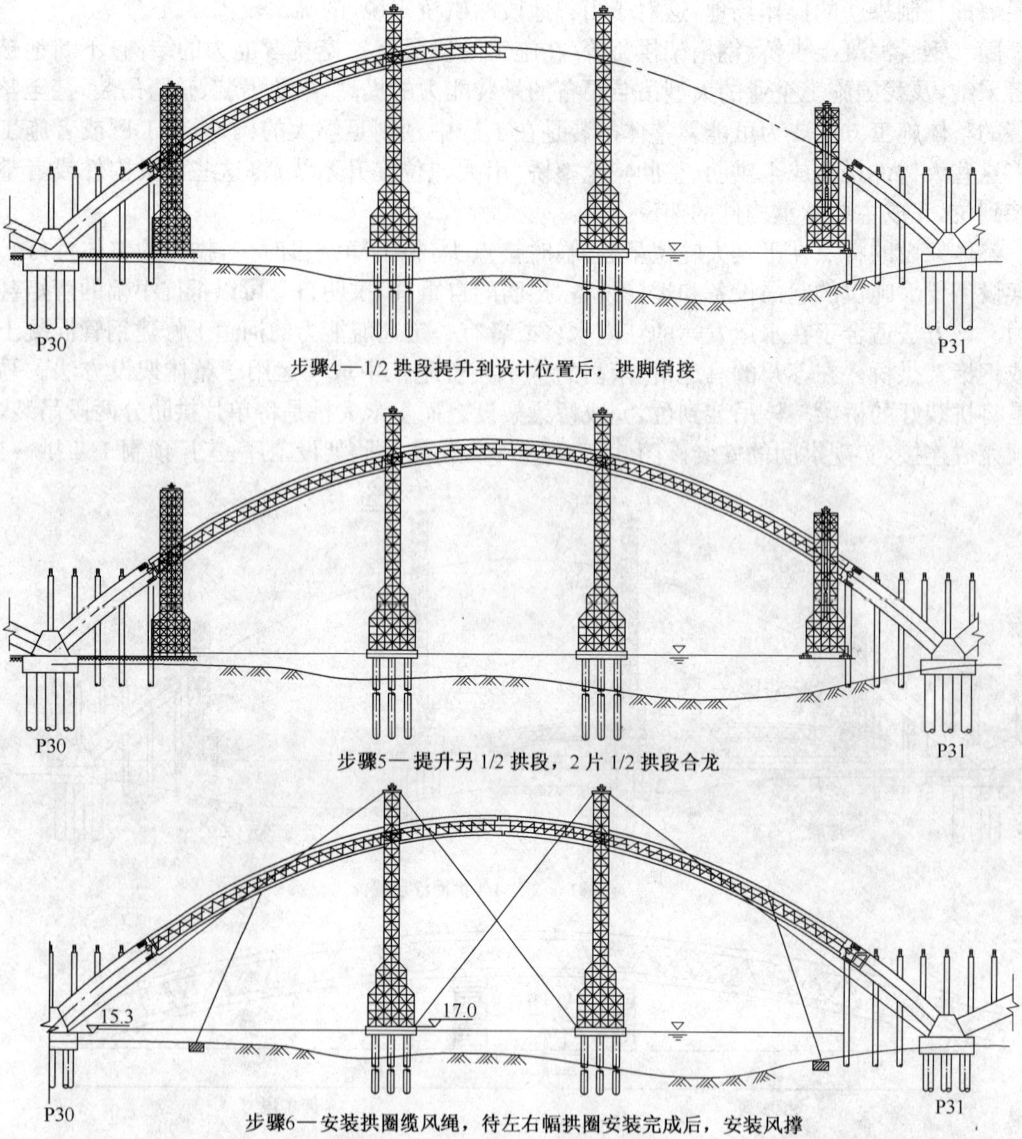

步骤4—1/2 拱段提升到设计位置后，拱脚销接

步骤5— 提升另 1/2 拱段，2 片 1/2 拱段合龙

步骤6— 安装拱圈缆风绳，待左右幅拱圈安装完成后，安装风撑

图 5.47　生米大桥主拱肋架设工序

拱节段运输到位→2 片 1/4 拱对接为 1/2 拱→1/2 拱吊装并与拱铰临时销接→2 片 1/2 拱合龙→另一半幅拱肋合龙→拱铰浇筑。

拱桥的整体架设法施工需要强大的吊装系统，吊装系统是该施工方法的核心部分。吊装系统不仅要有足够的起吊吨位，还应有确保起吊系统安全平稳运行的保护系统；需要能够运输预制的大块件的运输设备，满足运输条件；需要精度控制系统，确保架设完成的拱肋几何线形与设计线形吻合；需要有安全保障系统，避免已架设的拱肋或者正在合龙的拱肋因风荷载或侧向约束不足而导致倒塌等安全事故。

整体架设的吊装系统有两种，其一是利用标准杆件、千斤顶等现有设备结合特定桥梁特点自行设计吊装系统，可以重复利用，适用范围广，无需一次购置造价高昂的起吊系统。这种吊装系统造价低廉，构造简单，技术难度系数低，受我国施工企业的青睐。另外一种方式是成套的设备，起吊系统自身就是一台机械，如大型吊装设备。日本建造明石海峡桥时，其主塔柱的基础是分段预制并用起吊设备吊装到位的。这种设备特点是集成化程度高，设备技术复杂，适合在深水区作业，起吊重量大。适合超大块件吊装，甚至可以作整桥的吊装，从而缩短构件现场操作时间。但是该设备造价高昂，台班费高，不易在中小桥梁中推广。本节重点针对前者作介绍，它主要由塔架、连续提升系统组成。

一、塔 架

塔架的骨架根据桥梁的高度、宽度以及构件的最大重量，用万能杆件拼装而成。图 5.48 是南昌生米大桥在架设主拱肋时采用的塔架。根据所处部位不同，塔架所需的万能杆件的片数及拼接方式有所不同。如图 5.48 所示，塔柱断面用了四片万能杆件，中间两片，两侧各一片。横梁断面则用三片万能杆件拼接而成，中间、两侧各一片。

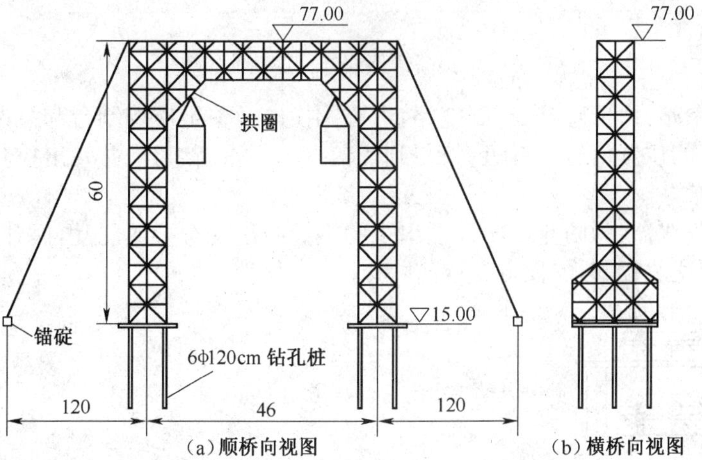

图 5.48 生米大桥塔架构造图(单位:m)

塔架的基础一般用临时的桩基础，桩基础又分钢管桩或钢筋混凝土桩基础，应根据当地地质条件，以及回收或拆除的成本而定。若地质条件好，可以考虑用钢管桩，回收率高，回收成本相对较小。地质条件差，松软地层较厚，可以考虑用小直径的钻孔灌筑桩，拆除的费用低，但回收率低。

塔架自身的稳定性会影响拱肋在架设期间的稳定性，也会影响拱肋合龙时的精度，塔架自身的静力稳定需重视。因塔架是临时建筑，设计基准期远短于桥梁的设计基准期，构件的尺寸选择上偏于危险，应通过提高安全系数补充这一不足。对于相对高度大的塔架负载时的面外稳定性也需进行验算，验算时应该考虑风荷载的影响，如果静力稳定性不足，可以考虑增加横向风缆提高塔架的面外稳定性，如图 5.48(a)及图 5.49 所示。

二、提升系统

提升系统是该施工方法中的核心设备。该系统既要能够承载所提升拱肋全部重量，还要确保提升的运行平稳和安全。目前国内施工企业多用连续自动千斤顶作为提升设备，技术成熟，运行平稳。也有企业用卷扬机代替千斤顶作为提升设备。提升系统主要由千斤顶、控制台和泵站、钢绞线与收线器、纠偏器和夹具组成。

(1)千斤顶：桥梁施工企业所用的千斤顶种类繁多，而且近年来随着生产企业的技术不断革新，千斤顶吨位、技术含量远远高于以前。提升系统中多用双缸连续运行千斤顶，一进一退，连续运行，如图 5.50 所示。千斤顶受主控制台统一控制，从而各点同步运行，协调工作。

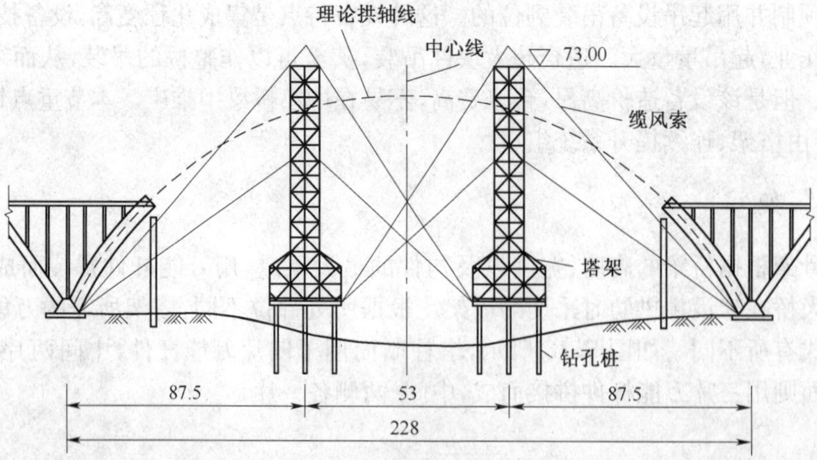

图 5.49　提高塔架面外稳定性的风缆

(2)控制台及泵站：由传感器、控制电路，电磁阀换向开关组成控制台和泵站系统。由传感器得到千斤顶活塞的位置信号，控制台将得到的信号进行重新组合，并发出控制信号给泵站的换向电磁阀，驱动泵站。

(3)钢绞线及收线器：为防止从千斤顶出来的钢绞线出现弯折或混乱，提升的同时，需用收线器将多余的钢绞线收卷起来(图 5.51)。

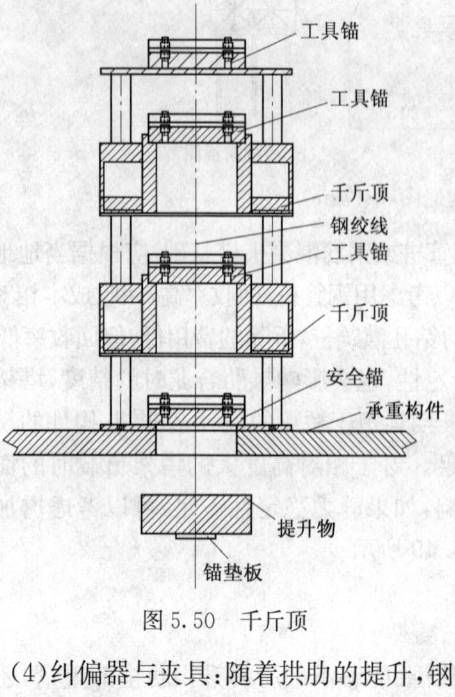

图 5.50　千斤顶

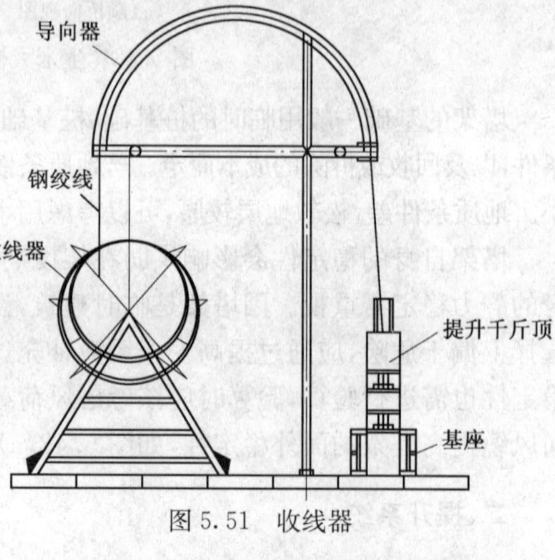

图 5.51　收线器

(4)纠偏器与夹具：随着拱肋的提升，钢绞线可能会发生倾斜，为防止钢绞线偏离千斤顶的轴线，在钢绞线进入千斤顶的入口处放置纠偏器。夹具是用来固定钢绞线与拱肋吊点的转化装置，以便固定吊点不出现滑动。

三、运输设备

整体吊装施工法的构件尺寸大、重量大，对运输设备要求高。该施工法多用于水网发达，有通航能力的跨河桥梁。因此转场运输工具非驳船莫属，但桥梁构件的线形长，占用空间大，单个驳船功能发挥有限。中铁一局在马运桥架设时，在多个驳船组合成的平台上组拼中跨后，将整个中跨一次吊装架设完毕。而生米桥也是将多个驳船拼接在一起形成水上平台，将 1/4 拱拼接成半拱，并运到桥下进行吊装的，因此整体吊装施工法构件的转场运输工具应采用驳船或驳船平装的浮运平台。考虑平台上应进行构件的拼装作业，平台应该平整，整体性好，便于控制。

四、安全保障

安全保障系统是用于保障拱肋在就位后，而桥面系形成之前，拱肋处于裸拱状态的稳定性的附属设施。主要措施有纵横向风缆、拱肋间的永久或临时的连接体系，如图 5.52 所示。

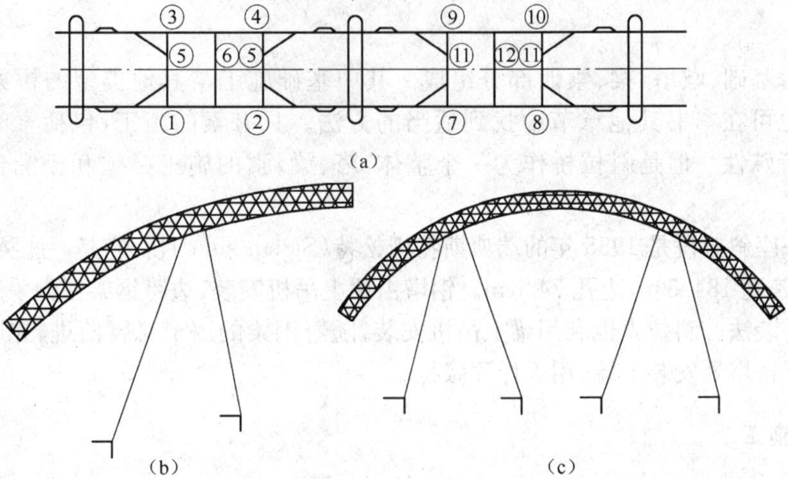

图 5.52　拱肋架设的风缆及横向联系

①～④—吊点位置；⑥、⑫—平联；⑤、⑪—横向 K 撑；⑦～⑩—吊点位置

五、精度控制

整体施工法的精度控制比节段推进施工法要容易得多。由于整体施工法的大部分工作在地面进行，或者工厂进行，所以施工质量容易保证，精度容易控制。但是应该在构件架设到位前，在地面或工厂进行试拼装。同时应借助施工监控系统，跟踪架设过程中关键点的挠度、坐标等控制参数，以免出现误差，导致合龙困难。

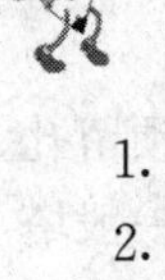

复习思考题

1. 拱桥施工的拱架有几种结构形式？在选择时应考虑哪些因素？
2. 常备式钢拱架的基本构造如何？其应用范围如何？
3. 满布式拱架一般由哪些部分组成？
4. 简述桁架式拱架的安装方法，拱架为什么要设置预拱度？预拱度的大小如何确定？
5. 钢管混凝土灌筑要注意什么问题？
6. 混凝土拱圈灌筑有哪些方法？
7. 常用的拱架卸落设备有哪些？各有何特点？
8. 简述拱桥转体施工法的种类和基本原理。试举一实例说明转体施工法的实施步骤。
9. 拱桥悬臂法施工有几种类型？

第六章 斜拉桥与悬索桥施工

第一节 斜拉桥概述

斜拉桥由基础、墩塔、梁、索四部分组成。其中基础施工与其他类型的桥梁相同，墩塔和梁的施工也可在本书其他章节中找到适当的方法。只有索的施工，包括索的制造、架设和张拉具有特殊性。但是斜拉桥作为一个整体，塔、梁、索的施工必须互相配合，服从工程设计意图。

近代第一座斜拉桥是1955年的瑞典斯特姆松特(Strem-sund)桥，它是一座稀索辐射式的斜拉桥，中孔跨度184.5 m，边孔74.6 m。钢塔由梁上吊机安装，边跨钢梁在脚手架上拼装，中跨采用悬臂拼装法。斜拉索也利用梁上吊机安装，随着钢梁的逐节悬臂前进，先联结下端，然后吊机退回至桥塔处安装上端，用千斤顶张拉。

一、塔的施工

索塔的材料可以是金属、钢筋混凝土或预应力混凝土。索塔的构造远比一般桥墩复杂，塔柱可以是倾斜的，塔柱之间可能有横梁，塔内须设置前后交叉的管道以备斜拉索穿过锚固，塔顶有塔冠并须设置航空标志灯及避雷器，沿塔壁须设置检查攀登步梯，塔内还可能建设观光电梯。因此塔的施工必须根据设计、构造要求统筹兼顾。

索塔承受相当大的轴向力，还可能有弯矩，因此对索塔的尺寸和轴线位置的准确性有一定的要求。允许偏差值应考虑以下两个原则：①偏差值对结构物受力的影响甚微；②施工中经过努力可以达到的精度。参考国外资料，沿塔高每米高度允许偏差0.5 mm，即倾角正切值$\tan\alpha=1/2\,000$。我国斜拉桥塔施工精度现在尚无统一规定。

钢索塔施工一般采用预制吊装，混凝土索塔施工可采用塔架现浇、预制吊装、滑升(提模)模板浇筑等。

1. 塔架现浇

这种方法工艺成熟，无须专用的施工设备，能适应较复杂的断面形式，对锚固区的预留孔道和预埋件的处理也较方便，但是比较费工、费料，速度慢。跨度200 m左右的斜拉桥，一般塔高(指桥面以上部分)在40 m上下，塔架现浇比较适合。广西红水河桥、上海泖港桥、济南黄河桥的桥塔都是采用这种方法施工。跨度更大的斜拉桥，塔柱可以分为几段，各段的尺寸、倾角都不相同，往往各段采用的方法也不同。下段比较适合于塔架现浇，例如上海南浦大桥、杨浦大桥、徐浦大桥和武汉长江二桥，跨度都在400 m以上，塔高在150 m以上，下塔柱都采用传统的脚手架翻模工艺，缺点是施工周期较长。

2. 预制吊装

这种方法要求有较强的起重能力和专用的起重设备，当桥塔不是太高时，可以加快施工进度，减轻高空作业的难度和劳动强度。东营黄河桥塔高 67.7 m，桥面以上 55.4 m，桥塔采用钢箱与混凝土结合结构，预制吊装法施工。国外的钢斜拉桥桥塔基本上都采用预制吊装方法施工。我国混凝土斜拉桥用预制吊装方法施工的不多，只有 1981 年建成的四川省金川县曾达桥（塔高 24.5 m，卧地预制而成），从地面上用绞车和滑轮组搬起，由锚于对岸山壁上的钢丝绳和滑轮提供吊装力。

3. 滑模（提模）施工

这种方法的最大优点是施工进度快，适用于高塔施工。塔柱无论是竖直的或是倾斜的都可以用这种方法，但对斜拉索锚固区预留孔道和预埋件的处理要困难些。所谓滑模是指模板沿着所浇筑的混凝土由千斤顶带动向上滑升，它要求所浇筑的混凝土强度必须达到一定值后模板才能滑升。提模则是拆模后把模板挂在支架上，模板随着支架的提升而上升。支架的提升是依靠在塔的四周设置若干滑车组，其上端与塔柱内预埋件连接，下端与支架的底框连接，支架随拉动手拉葫芦而徐徐上升。

辽宁长兴岛斜拉桥塔高 43 m，为适应高塔施工，专门制作了一种提升支架，这种提升架不但可用于液压千斤顶提升的滑模，亦可用于分段浇筑的提模。索塔下节 11.7 m 的斜腿段采用一般的塔架模板浇筑，竖直的上节塔柱则采用滑模或提模。先施工的 2 号索塔采用滑模法，由于冬季寒冷不宜使用滑模，中止了施工。后施工的 1 号索塔采用提模法，混凝土蒸汽养生，解决了－20℃的冬季施工问题，因而后来将 2 号索塔也改为提模施工。两塔柱间的横梁利用支架的下层操作平台就地浇筑，下层操作平台的下边则用工字钢顶撑在已浇筑的横梁上。

上海南浦大桥塔高 150 m，下塔柱斜率 1∶5 271 842，净高 29 m，采用传统的脚手架翻模工艺，施工周期较长，平均每天 0.56 m。中塔柱斜率 1∶85，高 54.0 m，试制成功了国内首创的斜爬模，这种斜爬模的原理与提模相同，施工速度提高到每天 1.14 m。上塔柱同样采用爬模施工。

南京长江第二大桥南汉大桥是一座五跨连续双塔双索面全断面焊接的钢箱梁斜拉桥，其南北两索塔为多边形的混凝土结构，从承台顶面算起总高为 194.55 m。索塔对称地由上、下游两个肢塔，通过下、中、上三道横梁相连构成。在施工阶段，根据塔柱的构造特点，下塔柱浇筑采用了翻模施工，而中、上塔柱浇筑则采用了一套自升爬模系统。中塔柱浇筑通过设置预设水平顶力的主动横撑进行中塔柱根部应力控制，解决了大高度、大斜率柱身浇筑线形与应力控制问题，实现了线形、内力双控目标，并且明显地加快了施工进度。

二、主梁施工

一般来说，混凝土梁式桥施工中的任一种方法，如支架上拼装或现浇、悬臂拼装、顶推法、平转法等，都有可能在混凝土斜拉桥上部结构的施工中采用。斜拉桥梁体尺寸较小，各节间有拉索，可以利用索塔来架设辅助钢索，利于采用各种无支架施工法。其中悬臂施工法是混凝土斜拉桥施工中普遍采用的方法，不论主梁为 T 构、连续梁或悬臂梁均可采用。究竟采用哪种方法，取决于所跨越的障碍情况、斜拉桥本身的结构与构造等。

1. 在支架上施工

当所跨越的河流通航要求不高或岸跨无通航要求，且允许设置临时支墩时，可以直接在脚手架上拼装或浇筑，也可以在临时支墩上设置便梁，在便梁上拼装或浇筑。如果有条件的话，这种方法总是最便宜、最简单的。

贝尔格莱德萨瓦河双线铁路桥是一座钢斜拉桥，1977 年建成，中跨 254 m，桥宽 15.5 m，萨瓦河无通航要求，整个桥跨都是在施工脚手架上安装，因此主梁、塔柱和斜拉索的安装都能分开进行。主梁和塔柱安装完毕后，用设在支架上的千斤顶将梁顶升，然后安装斜拉索，安装就位的斜拉索借助于放松千斤顶使主梁下降而拉紧，这样斜拉索的安装就不需要大吨位千斤顶。

天津永和桥也是在临时支架上安装的一个典型。永和桥是预应力混凝土斜拉桥，中跨260 m，1987 年建成。由于主梁较弱，为避免超应力，不在已架设挂索的主梁上运送预制梁段。预制梁段经由河中满铺的便桥运送至安装部位。运送到位的预制梁块下设四个临时支点，并立即穿入纵向预应力粗钢筋，胶拼、挂斜拉索。安装顺序是以塔柱为中心，对称地向两侧同时进行。每一节段包括 4 块长 4.8 m 的预制梁段，8 根斜拉索，时间约需 7～15 d。

2. 顶推法

当桥下不允许设置过多临时支架时（如跨越道路、铁路的高架桥），可采用顶推法。钢斜拉桥首次采用顶推法架设的是前联邦德国的尤利西大街桥，它是一座公路高架桥，于 1963 年建成，中跨 96.7 m，安装过程如图 6.1 所示。在西桥台后先拼装东半跨Ⅰ至Ⅵ为临时支点。顶

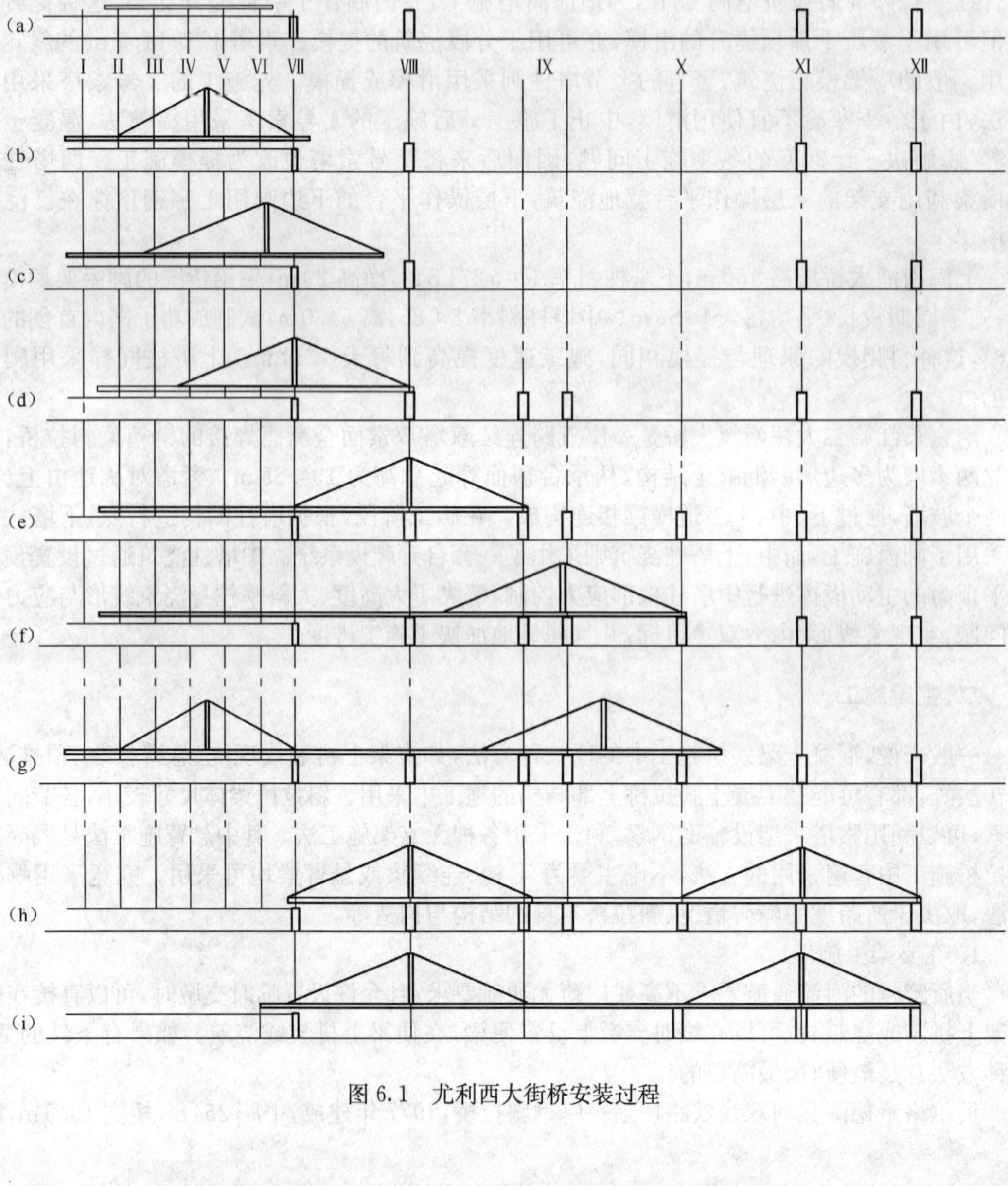

图 6.1 尤利西大街桥安装过程

推过程中，斜拉桥的自重通过钢箱中的横隔梁传递至纵向箱梁，因此拉索只是部分受拉。在塔顶鞍座上设有顶升机械来消除顶推节段最外缘的悬臂挠度。当桥梁最外缘顶推至永久墩Ⅷ时[图 6.1(d)]，用千斤顶将支座顶起约 10 cm，使永久墩柱Ⅶ上的支承压力消除。桥梁再向前推进时，墩Ⅷ上的支承压力将增加；当最外缘超过临时墩Ⅸ约 6.3 m 时[图 6.1(g)]，这个支承压力达到允许值。这时，将墩Ⅷ的支座回复到原来位置，继续顶推至达到其最终位置，拆除临时墩Ⅳ、Ⅹ[图 6.1(i)]。

3. 转体施工

转体施工在斜拉桥施工中采用的不多，比利时 1988 年建成的邦纳安桥，独塔，其左岸 3×42 m 和右岸 168 m 主跨共 294 m 的梁体均在平行于河流的岸边制造，安装和调整后，将整个桥塔—缆索—梁体以塔轴为中心转体 70°就位，并与右岸就地浇筑的一孔 42 m 桥跨相接。四川金川县曾达桥是我国第一座转体施工的斜拉桥，1981 年建成。该桥为独塔，孔跨布置为 41 m＋70 m，桥面宽4.5 m，墩、塔、梁固结。主梁为钢筋混凝土三室箱梁。桥址附近河滩平整且墩身较矮，适合于平转法施工。先在河滩上搭设低支架浇筑梁身，索塔侧卧地预制。将索塔扳起，与梁固结并安装斜拉索后，平衡转体施工就位。转体装置为混凝土球铰和钢滚轮，短跨内配有平衡重。1997 年建成的汤河大里营铁路斜拉桥位于秦皇岛站疏解线上，下跨京秦线(斜交)，是一座槽形主梁、刚性索的斜拉桥，独塔，主跨 50 m，边跨 42 m(图 6.2)。施工时，先沿所跨越的线路方向在支架上建造斜拉桥的塔、梁和刚性索，待混凝土达到设计强度后，张拉梁内和索内的预应力筋，然后整个斜拉桥绕转盘转动。转动时边孔的后端沿圆形轨道移动，主孔的前端悬空，为防止因前端悬空引起外主索悬吊点主梁上缘产生过大拉应力，在转体时增加了临时索吊住前端。待转体就位后，卸除临时索，转盘用混凝土封实，再铺设道砟线路和人行道。

4. 悬臂拼装

国外早期建造的钢斜拉桥，大多是悬臂拼装而成的。我国东营黄河桥是一座中跨 288 m 的钢斜拉桥，1987 年建成，岸侧跨度 135.5 m，在支架上拼装，河侧悬臂拼装，栓焊结构。上海南浦大桥、杨浦大桥、徐浦大桥主跨都是钢与钢筋混凝土板结合梁桥，也是悬臂拼装而成的。

混凝土斜拉桥的悬臂拼装施工是将主梁在预制场分段预制，主梁预制混凝土龄期较长，收缩、徐变变形小，梁段的断面尺寸和混凝土质量容易得到保证。我国上海泖港桥(1982)、安康汉水桥(1979)、郧阳汉江桥(1994)等都是采用悬臂拼装法。

美国 1978 年建成的跨越哥伦比亚河的混凝土斜拉桥(简称 P-K 桥)，其正桥部分的跨度为 123.9 m＋299 m＋123.9 m，桥面宽 24.30 m，梁采用半封闭式箱形截面。其主梁施工采用预制节段的双悬臂法。主梁高 2.13 m，分段长度为 6.10 m，由于是全截面整体制作，因此最重节段达到 2 540 kN。主梁节段在预制后存放 6 个月再张拉横向预应力筋，浮运至桥孔处安装，以保证混凝土的强度并减小收缩、徐变变形。

南京长江第二大桥南汊大桥为五跨连续箱梁斜拉桥，总长 1 238 m，主孔跨径 628 m。主梁为扁平闭口流线箱形钢梁，在施工中钢箱主梁块件采用对称悬臂拼装焊接的方法安装。

5. 悬臂浇筑

斜拉桥特别适合于悬臂浇筑。我国在 20 世纪七八十年代悬臂浇筑的斜拉桥大部分还是沿用一般连续梁常用的挂篮。无论是桁梁式挂篮还是斜拉式挂篮均是后支点形式，这种形式的挂篮为单悬臂受力，承受负弯矩较大，浇筑节段长度受到了很大的限制，挂篮自重与所浇筑梁段重力之比一般在 0.7 以上，甚至可能达到 1～2。

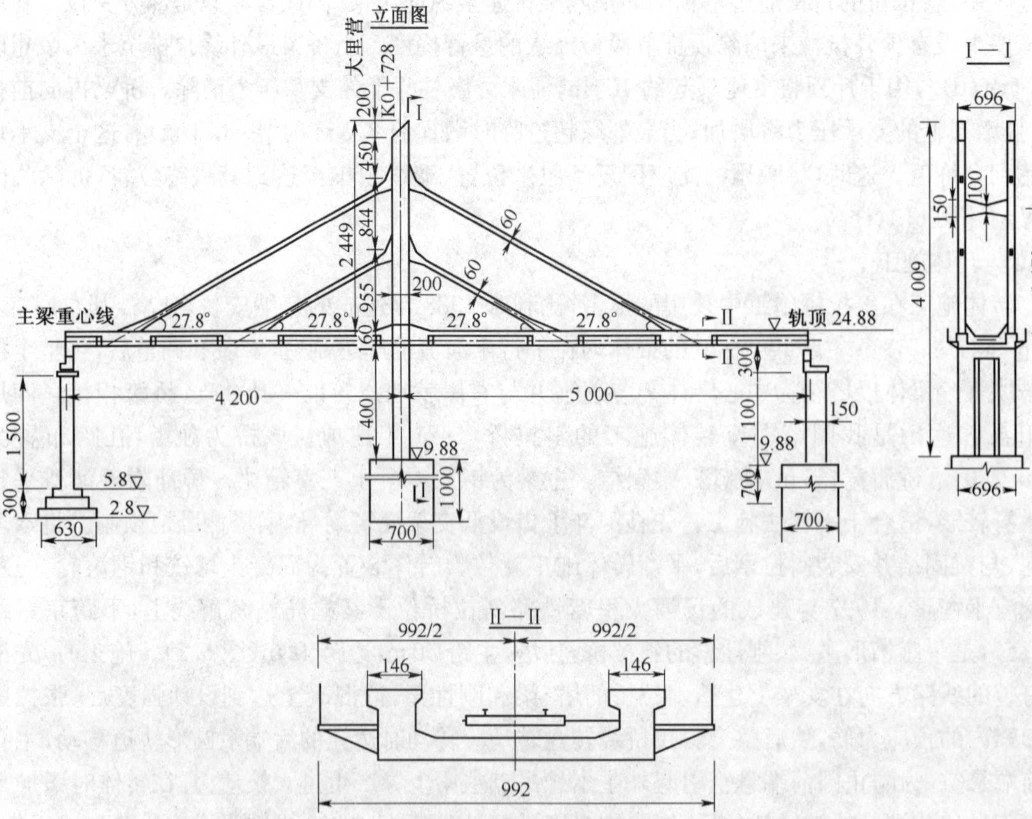

(a) 汤河大里营斜拉桥构造图

(b) 转体就位时的汤河大里营斜拉桥

图 6.2　秦皇岛站疏解线汤河大里营斜拉桥(单位:cm)

第二节 斜拉索的制造与安装

一、索的组成与防护

斜拉索由两端的锚具、中间的拉索传力件及防护材料三部分组成，称为拉索组装件。拉索的材料有钢丝绳、粗钢筋、高强钢丝、钢绞线等。

研究拉索技术有三个内容，其一是如何使拉索与锚具的组装件能在斜拉桥整个使用年限内经受得起高幅度的应力变化，亦即锚具应具备优良的抗疲劳性能。其二是如何保证拉索组装件具备绝对可靠的永久性防护。其三是在保证拉索组装件可靠、耐久的前提下，力争施工方便，造价低廉。拉索技术的发展经历了以下几个阶段：

1. 钢丝绳

早期的斜拉桥曾采用钢丝绳做斜拉索，两端采用铅锌合金的热铸锚具。钢丝绳弹性模量小，且热铸锚具的抗疲劳性能较差，合金熔液温度达400℃以上，使锚具附近的钢丝退火，整条索的强度不能充分利用，所以后期的斜拉桥已很少采用。我国仅在1975年建成的四川云阳汤溪河桥(35 m+76 m+35 m)中使用过钢丝绳作为斜拉索，外面涂漆防护。但是作为人行桥或管道桥的斜拉索还是可以使用钢丝绳的。

2. 粗钢筋

原则上冷拉粗钢筋或热处理钢筋作为斜拉索材料也是可以的。它具有较高的弹性模量和稍低于高强钢丝的强度；表面积较小，防锈易解决；张拉方便，可单根张拉，也可组成强大的拉索一次张拉。较小直径的粗钢筋可以使用镦头锚具，直径较大的粗钢筋可使用轧丝锚具，或直接将高强粗钢筋加工成精轧螺纹钢，并配上相应的螺帽作为锚头。小直径粗钢筋的供货形式通常是盘团，使用时只需在工地调直与镦头；当直径较大时，必须用连接套筒来接长。国内生产的大直径粗钢筋长度有限，需用很多套筒，以致大直径粗钢筋未能广泛被采用。

3. 平行钢丝索(PWS)

通常采用的高强钢丝直径为5 mm或7 mm。这种钢丝的优点是强度高(1 570～1 860 MPa)，弹性模量高(2.0×10^5 MPa)，可以做成较长的索而无需中间接头，吨位可大可小，配用冷铸锚可以有较好的耐疲劳性能；缺点是对防锈的要求较高。但随着我国制作平行钢丝束工艺的不断改进、发展，平行钢丝索在斜拉桥中逐渐被广泛采用。

例如，1982年建成的上海泖港桥(中孔200 m)和同年建成的济南黄河桥(中孔220 m)都采用了平行钢丝索。前者用45 mm钢丝索钢丝机械除锈后，外涂快干的氯化橡胶防锈漆，组索时，钢丝间隙填满防锈油脂，拉索张拉后，高空缠包环氧树脂玻璃钢；后者采用45 mm镀锌高强钢丝索，拉索张拉后，外部安装铝管并注入水泥浆，两年后，铝管换成镀锌铁皮管。两座桥均用冷铸锚具。另外，2008年5月建成通车的世界最大跨双塔双索面斜拉桥——苏通长江大桥，也采用了平行钢丝索，钢丝索由强度1 770 MPa，直径7 mm的镀锌低松弛钢丝组成，且最长拉索达577 m，重59 t，创下世界"最长拉索"纪录。

随着斜拉桥建造跨度和索力的不断增大，拉索越来越长，自重越来越大；绕盘盘径已超过陆上运输允许的界限；拉索的转场、起吊、安装、牵引、张拉都需要大型设备；施工风险、技术难度随之增大。拉索造价则因厂房的扩建、预张拉台座的增长、大型设备的投入和施工难度的增大而大幅度提高。

4. 平行钢绞线

平行钢绞线拉索是几乎与热挤PE平行钢丝索同时期开展研究的，是20世纪80年代拉索技术发展的另一途径，其技术基础是夹片群锚技术的成熟。

拉索的基本技术描述如下：钢绞线逐根穿挂、逐根张拉，以夹片固锁，组合成束后再整体小行程张拉、调整索力，以夹片锚固。夹片的锚固性能必须是优良的，并能在上限为0.45倍钢绞线破断力、应力变化幅度200 MPa条件下经受200万次循环试验。为使拉索组装件的抗疲劳性得到更可靠的保证，在夹片群锚后端再连接一段适量长度的钢套管，张拉锚固后，在钢套管内压注砂浆或环氧砂浆，使锚具得到可靠防护，并借用砂浆与钢绞线的黏结力减轻夹片直接承受高幅度应力变化的作用。近年来新建的斜拉桥也有在锚具后端接上较短的钢套管，在其内灌筑石蜡，石蜡只封闭钢绞线端头剥除PE套的部分，起防护作用，全部动荷载直接由夹片承受，施工更为方便。拉索的防护有两个方案：一是在单根钢绞线上逐根外包PE护套，然后挂线、张拉，成束后或再外包环氧织物，或不再外包。其二是PE管压注水泥浆。

采用防护方案一时，钢绞线应涂防锈漆或其他防锈涂层，挤包PE可用小型挤塑机在现场进行，工艺简单。采用防护方案二时，增加了压浆工序，但钢绞线内涂层则不再需要，造价相差无几。

这种拉索的优点是使拉索制作、穿束、牵引、张拉全过程"化整为零"，取消了拉索工厂制造的全部繁杂工艺，避免了大型成品索的起重、运输、吊装、穿挂、牵引方面的困难，无需大型施工设备，施工便捷，大幅度降低了拉索造价。

我国2002年9月建成的银湖部分斜拉桥，在国内首次选用了四层防腐环氧全涂钢绞线索；全桥斜拉索采用韩国进口环氧全涂钢绞线和VSL SSI 2000体系锚具组装件，夹片为瑞士生产V6CN型VSL专用工作夹片。每束钢绞线设四层防腐，如图6.3所示。

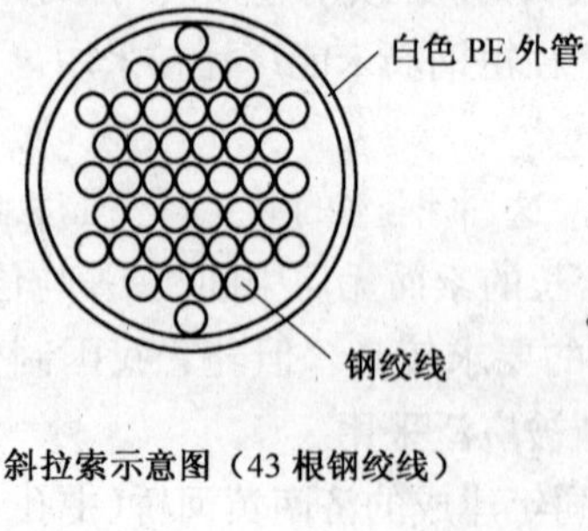

(a) 斜拉索示意图（43根钢绞线）

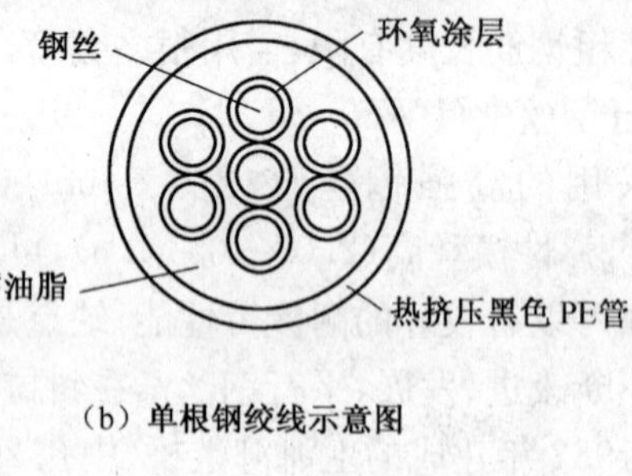

(b) 单根钢绞线示意图

图6.3 斜拉索防腐示意图

四层防护体系为：①环氧涂层，②钢绞线防腐油脂，③热挤压黑色PE管，④白色PE外管。白色PE外管全桥直径相同以利于美观、整洁，位于索鞍处的钢绞线为裸索，仅留有环氧涂层，待施工完毕后，在鞍座钢管内灌筑高强环氧砂浆封闭保护。斜拉索锚具对应不同根数的斜拉索而采用DR6-55或DR6-43 VSL锚具。

斜拉索由梁体锚固段、自由端和主塔索鞍段组成。梁体锚固段由锚板、夹片、螺母、支撑筒、密闭装置、承压板、预埋管、减振器和防松装置等组成；自由端由带黑色HDPE护套的环氧全涂钢绞线、索夹及白色HDPE外防护套组成；索鞍段由鞍座内外钢管、锚固座、减振器、防护罩以及内灌环氧砂浆组成。

二、索与塔、梁的联结

索与塔、梁联结结构的功能是将斜拉索力可靠地传递给桥塔及主梁。其结构形式根据斜拉索布置、根数、桥塔及主梁的结构等情况确定。

拉索在桥塔上的联结有两种方式，一种是直接锚固，即拉索锚于塔上，另一种是通过塔顶索鞍面延伸到桥塔另一侧主梁上锚固，即塔上设置索鞍。两种联结方式的比较见表6.1。

表6.1　索塔两种联结方式的比较

联结方式	优　点	缺　点
塔上设置索鞍	索塔主要承受压力，结构受力简单	索鞍构造复杂，造价昂贵，由于受拉索容许弯曲半径限制，索塔顶部桥塔方向宽度增大，特别是辐射形，内索倾角太大，索鞍难以设计
直接锚固	构造简单，不需要索鞍与索座；架设容易，便于保养、检查，便于逐根更换拉索，特别适合于拉索小、索数多的情况	由于索塔两侧的斜拉力不相等，致使索塔和桥墩的设计经常受到弯矩的控制

图6.4表示一种典型的鞍座构造。鞍座设在每一对索的连接处，为了阻止由于中孔和边孔的索力不相等而产生的滑动，使用螺栓对索上压板施加夹紧力，使索在鞍座上无法滑动，达到锚固的目的。

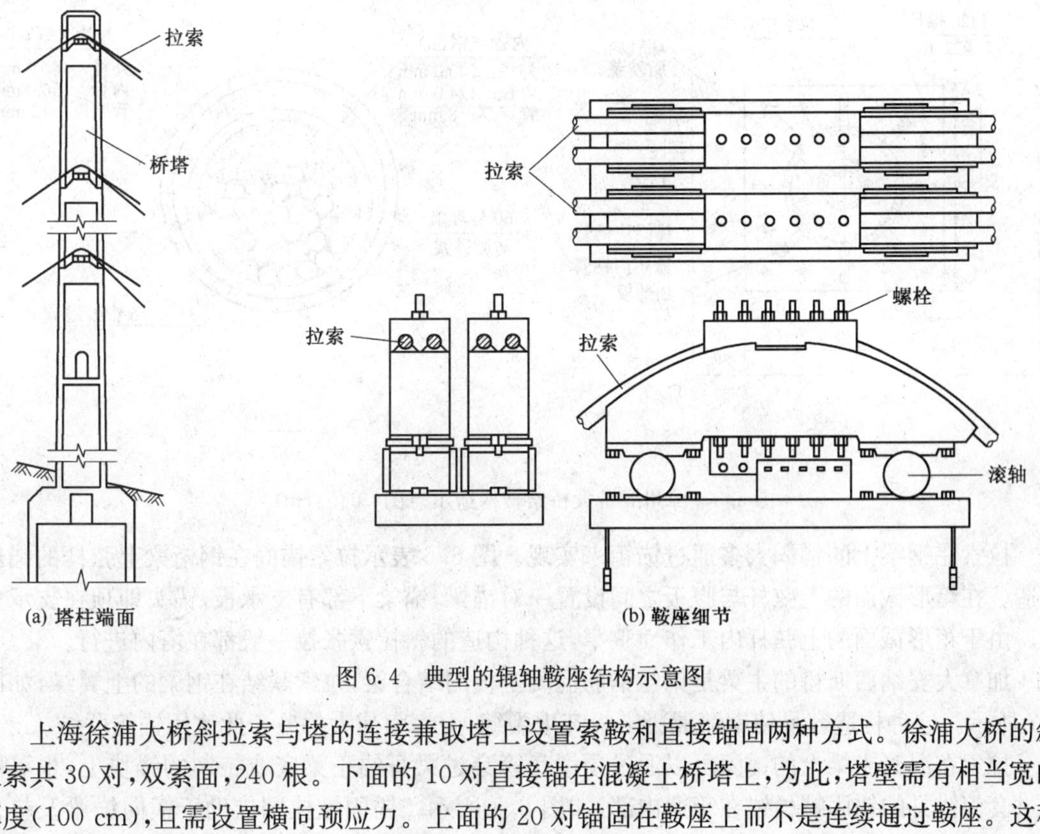

图6.4　典型的辊轴鞍座结构示意图

上海徐浦大桥斜拉索与塔的连接兼取塔上设置索鞍和直接锚固两种方式。徐浦大桥的斜拉索共30对，双索面，240根。下面的10对直接锚在混凝土桥塔上，为此，塔壁需有相当宽的厚度(100 cm)，且需设置横向预应力。上面的20对锚固在鞍座上而不是连续通过鞍座。这种联结方式兼有直接锚固和通过鞍座的优点：索塔主要承受压力，塔壁不受侧向力；中孔与边孔的索分别架设，分别张拉，便于保养、检查及更换。

我国首座部分斜拉桥——漳州战备桥索塔构造如图 6.5 所示。

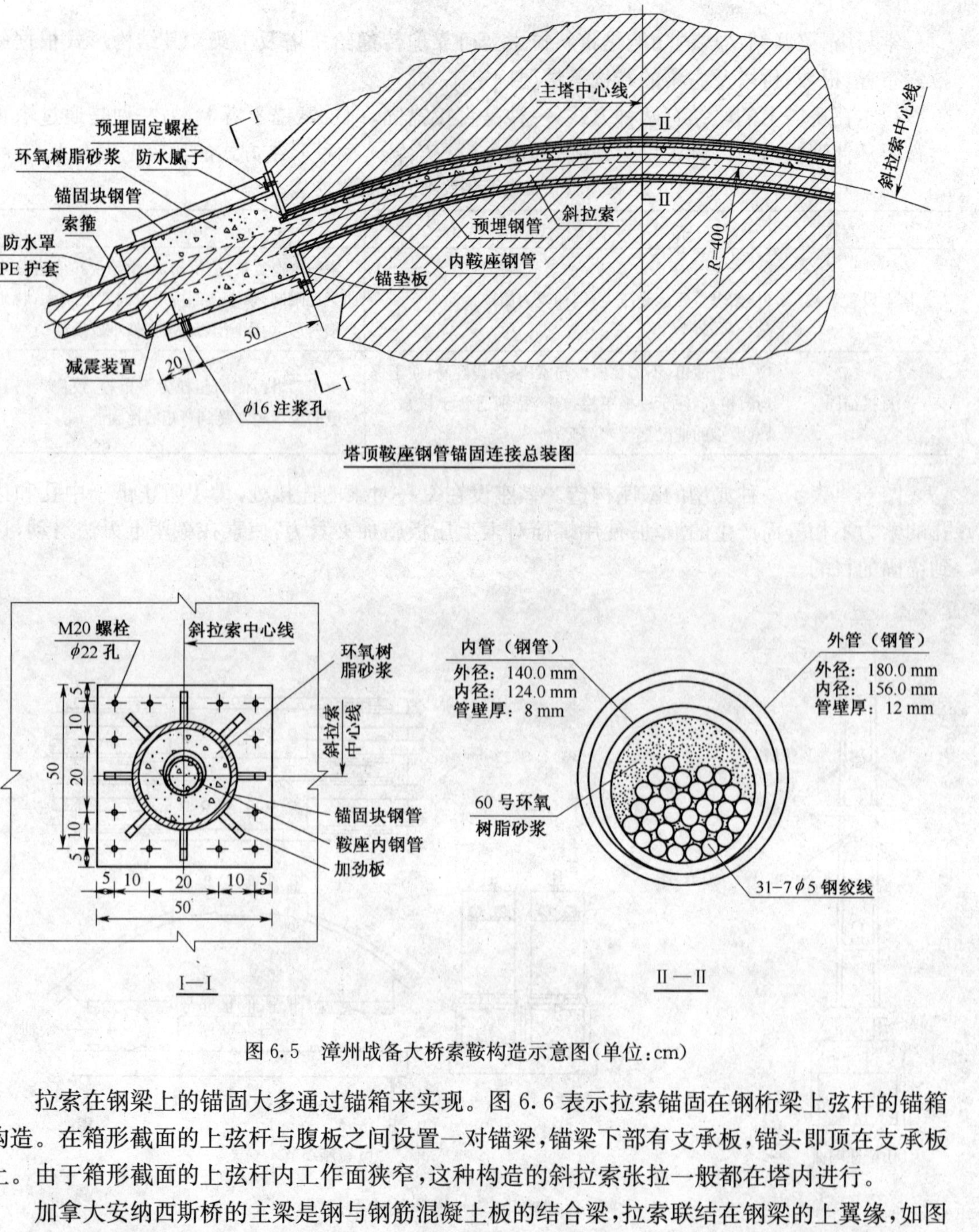

图 6.5　漳州战备大桥索鞍构造示意图(单位:cm)

拉索在钢梁上的锚固大多通过锚箱来实现。图 6.6 表示拉索锚固在钢桁梁上弦杆的锚箱构造。在箱形截面的上弦杆与腹板之间设置一对锚梁，锚梁下部有支承板，锚头即顶在支承板上。由于箱形截面的上弦杆内工作面狭窄，这种构造的斜拉索张拉一般都在塔内进行。

加拿大安纳西斯桥的主梁是钢与钢筋混凝土板的结合梁，拉索联结在钢梁的上翼缘，如图 6.7 所示。这种构造容易使钢筋混凝土板产生裂缝，上海南浦大桥鉴于此改用锚箱联结。

拉索在混凝土梁上的锚固可以通过预埋套管穿过梁身锚于梁底或特制的锚块上，也可以通过套筒锚具的锚固螺栓锚在箱梁内部，如图 6.8 所示。锚固螺栓则借助于横向锚梁及垫板预设在箱梁内，液压千斤顶通过托座顶在拉索套筒锚上，张拉到位后旋紧螺母，将拉力传给锚固螺栓。

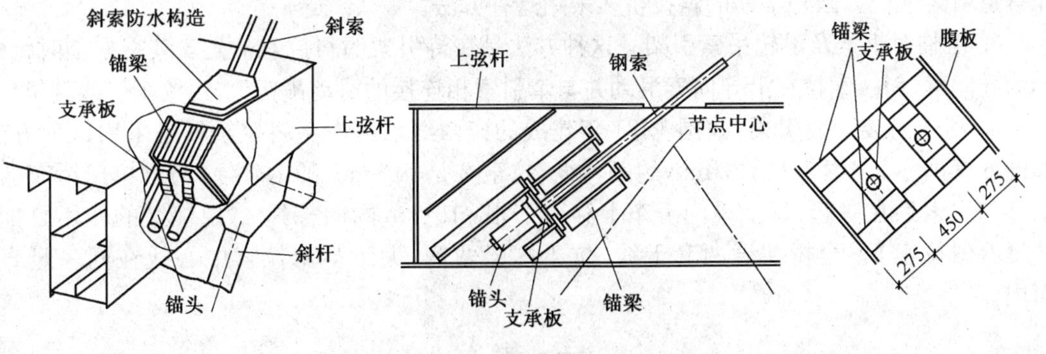

图 6.6 斜拉索锚固在桁梁上弦杆的构造(单位:cm)

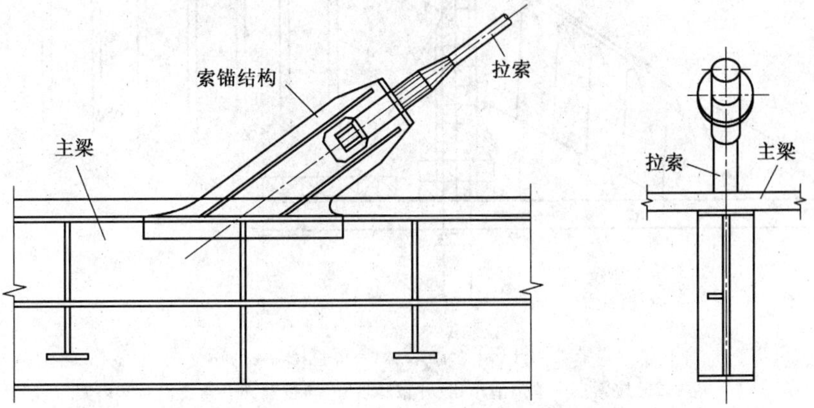

图 6.7 拉索连接在钢梁上翼缘

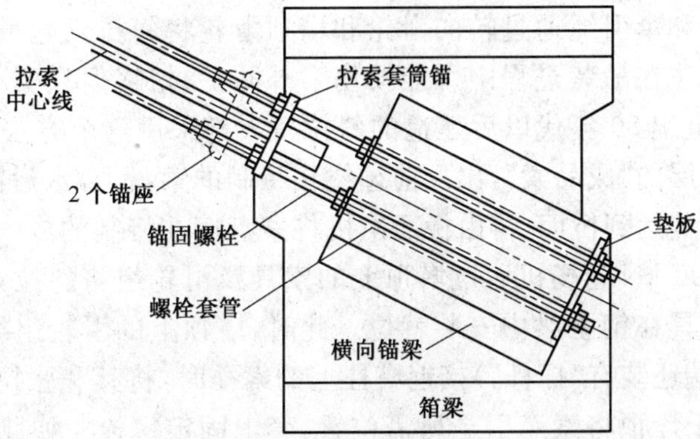

图 6.8 斜拉索锚固在混凝土梁内

三、索的安装与张拉

斜拉索安装分为两步:引架作业和张拉作业。斜拉索的引架作业是将斜拉索引架到桥塔锚固点和主梁锚固点之间的位置上,作业方法有如下五种:

1. 在工作索道上引架。这种方法是先在斜拉索的位置安装一条工作索道,斜拉索沿着工作索道引架就位。国外早期的斜拉桥多采用这种方法。

2. 由临时钢索及滑轮吊索引架。这种方法是在待引架的斜拉索上先安装一根临时钢索，称为导向索，斜拉索拉在沿导向索滑动并与牵引索相连接的滑动吊钩上，用绞车引架就位。

3. 利用吊装天线引梁，我国1981年建成的广西红水河铁路斜拉桥就是采用这种方法。如图6.9所示，主索1是ϕ22 mm的钢丝绳，拉索2是ϕ13 mm的钢丝绳，通过单门滑车3和吊环与主索系在一起，每个单门滑车上穿入一根ϕ19 mm的白棕绳4，白棕绳的作用是捆绑并提升斜拉索5。全桥共设两套天线，位于主梁两侧，大致与斜拉索中心线在同一竖直平面内。

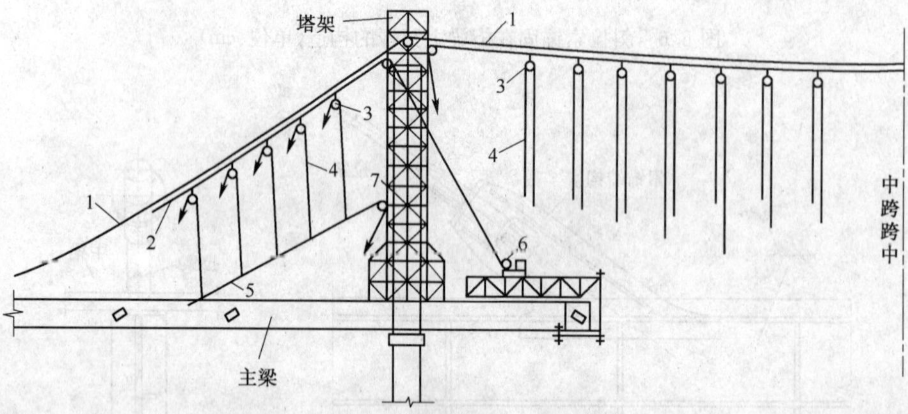

图6.9 吊装天线布置图

1—主索；2—拉索；3—单门滑车；4—白棕绳；5—斜拉索；6—卷扬机；7—塔架

4. 利用卷扬机或吊机直接引架。这个方法最为简洁，也特别适合于密索体系悬臂施工。当索塔很高时，吊机没有那么高，可以在浇筑桥塔时，先在塔顶预埋扣件，挂上滑轮组，利用桥面上的卷扬机和牵引绳通过转向滑轮和塔顶滑轮将斜拉索起吊，一端塞进箱梁，一端塞进桥塔。这种方法在吊装过程中可能损伤索外防护材料，但只要小心施工，这个问题不难克服。我国20世纪80年代以后建造的斜拉桥大都采用这个方法。1997年建成的徐浦大桥斜拉索为双护层的“成品索”，出厂前缠绕在特制的索盘上，水运至工地后，由地面水平和垂直运输设备将其运到桥面，再由桥面吊机将索盘搁在特制的放索架上。施工时由安装在桥面上的80～200 kN卷扬机通过塔顶上的索具及滑轮组将斜拉索缓缓抽出，然后用桥面吊机将锚固端锚具在钢主梁中安装就位。此时，塔顶上的滑轮组继续牵引斜拉索，当张拉端锚头（锚头前端还装有“探杆”）接近塔柱上的索孔时，将其和张拉千斤顶上伸出的钢绞线连接，开动塔内千斤顶将索牵引至所需位置，套上固定螺栓。如此安装就位后即可按施工控制要求张拉。

5. 单根钢绞线安装。1995年建成的澳大利亚悉尼格莱贝岛桥跨度140 m＋345 m＋140 m，按照弗雷西奈专利的预应力法即所谓“等拉力法”施工，用轻型的张拉设备每次提升一根钢绞线（7ϕ5），一根斜拉索中有25～74根这样的钢绞线，这样一根根地提升、张拉、锚固，直至一根斜拉索中的全部钢绞线安装完成。

银湖部分斜拉桥在国内首次采用了单根张拉一次到位技术，取得了较好的效果。现简单介绍如下。

斜拉索单根进行安装和张拉，当完成一根拉索内全部钢绞线的安装张拉后，所有钢绞线应处于同样的应力状态。安装过程中，要达到上述要求存在一些技术上的难点，因为塔柱和桥面的结构有可能因索力影响而产生挠度，同时，一根钢绞线的张拉将导致已经安装的钢绞线发生松弛。为保证相同的钢绞线应力，前一根安装的钢绞线所张拉的应力必须比后来的一根钢绞线高。为此银湖大桥使用了科技人员专门研制的计算分析软件来精确计算每根钢绞线的安装初张力。计算单根钢绞线的索力时计算软件需要输入以下数据：

(1)钢绞线的弹性模量、单位长度重量和截面面积；

(2)斜拉索外套管单位长度重量；

(3)张拉端和锚固端锚点坐标；

(4)整索钢绞线根数；

(5)该索的张拉索力；

(6)在总索力作用下塔柱及主梁变形：Δx、Δy。

输入斜拉索相关信息后，可得到单根安装时斜拉索的安装力(表 6.2 中仅列出部分钢绞线的安装力)，对应安装次序的单根钢绞线索力变化如图 6.10 所示。

表 6.2　斜拉索张拉端理论安装力

钢绞线安装序号	理论安装力(kN)	钢绞线安装序号	理论安装力(kN)	钢绞线安装序号	理论安装力(kN)
1	85.00	12	65.25	23	62.63
2	75.13	13	64.88	24	62.38
3	72.88	14	64.50	25	62.00
4	71.25	15	64.13	26	61.75
5	70.13	16	64.75	27	61.50
6	67.25	17	64.50	28	61.25
7	66.63	18	64.13	29	61.00
8	66.00	19	63.88	30	60.75
9	66.50	20	63.50	31	60.38
10	66.13	21	63.25	32	60.13
11	65.63	22	62.88	33	57.88

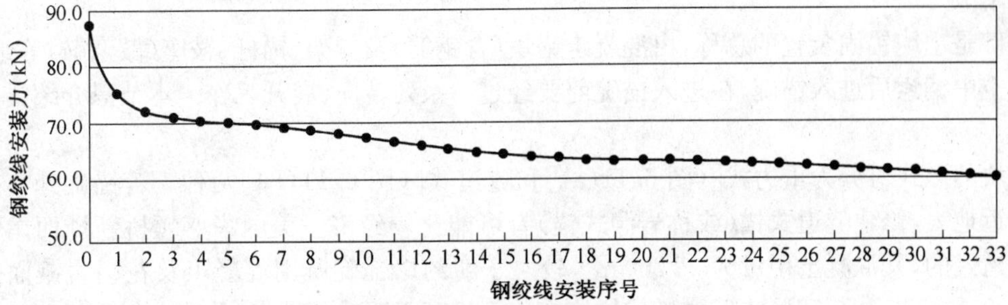

图 6.10　单根钢绞线索力变化曲线

在现场施工条件下如何严格地按照理论计算索力进行施工，并且确保实际施工的索力情况与理论计算值相吻合，是现场监控人员需要解决的主要问题。施工中使用单根斜拉索张拉专用设备，配合使用全自动张拉千斤顶、高精度数字油压表(最小单位 0.01 MPa)等先进设备，通过大吨位千斤顶和振弦式索力仪的配合使用，经过两三对斜拉索的试验总结，对计算控制参数及时调整，使单根钢绞线拉力误差控制在了 1%以内。整根斜拉索的拉力与设计安装索力的误差控制在 3%以内。而且成桥后不再进行二次调索。

主桥合龙后索力实测值和理论值对比如表 6.3 所示。

表 6.3 主桥合龙后索力实测值和理论值

索号	C1	C2	C3	C4	C5	C6	C7	C8	C9	C10
理论值	5 725	5 864	5 866	5 965	5 597	5 114	4 978	4 884	4 737	4 520
实测值	5 756.9	6 000.3	5 835.0	5 994.4	5 571.3	5 072.9	4 995.6	4 846.9	4 656.5	4 380.4
误差	0.59%	2.32%	−0.51%	0.49%	−0.46%	−0.80%	0.37%	−0.74%	−1.68%	−3.09%
索号	C1′	C2′	C3′	C4′	C5′	C6′	C7′	C8′	C9′	C10′
理论值	5 681	5 822	5 823	5 922	5 566	5 084	4 948	4 854	4 707	4 491
实测值	5 674.7	5 957.8	5 821.3	6 006.7	5 526.4	5 233.8	4 993.5	4 864.0	4 626.4	4 356.9
误差	−0.11%	2.37%	−0.03%	1.46%	−0.69%	2.95%	0.92%	0.23%	−1.69%	−2.96%

斜拉索的张拉作业大致有以下三种：

(1)用千斤顶将塔顶鞍座顶起。每一对索都支承在各自的鞍座上，鞍座先就位在低于其最终位置的地方，当斜拉索引架就位后，将鞍座顶到其预定的位置，使斜拉索张拉达到其承载力。前面提到的前联邦德国莱茵河上的克尼桥和麦克萨莱茵河桥都是采用这个方法张拉斜拉索的。

(2)在支架上将主梁前端向上顶起。斜拉索引架时处于不受力状态的时间比受力状态时要短，为此，在主梁与斜拉索的连接点上将梁顶起。例如塞弗林桥最外一对索的连接点顶起了 40 cm。斜拉索引架完成后放下千斤顶使斜拉索受力。

(3)利用千斤顶直接张拉。这是最常用也是最方便的方法。

第三节 悬索桥锚碇和塔的施工

一、锚碇与塔的施工

1. 锚碇

锚碇是主缆锚固装置的总称，由混凝土锚块(含钢筋)及支架、锚杆、鞍座(散索鞍)等组成。主缆由空中编索后进入锚碇，在进入锚碇前要经过一系列转向、展开工作。本节只介绍锚碇及其基础。

锚块的形式可分为重力式[(图 6.11(a)]和隧道式[(图 6.11(b)]两种。若锚碇处有坚实岩层靠近地表，修建隧道式锚(或称岩洞式锚)有可能比较经济。美国华盛顿桥新泽西岸锚碇就是隧道式的，其混凝土用量为 22 200 m^3，较之于纽约岸锚碇所用混凝土及花岗岩镶面工程量 107 000 m^3，节约了 79%。但隧道式锚块有传力机理不明确的缺点，美国金门大桥原设计两端都用隧道式锚，但考虑到隧道式锚块混凝土将力传给周围基岩机理不明确，最后改变决定，全部采用重力式锚碇。

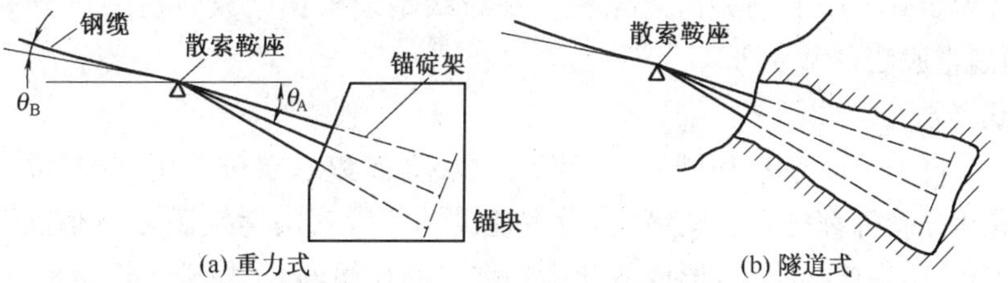

图 6.11　锚块

有坚实基岩层靠近地表也可以采用重力式锚，让锚块嵌入基岩，使位于锚块前的基岩凭借承压来抵抗主缆的水平力。例如我国 1995 年建成的汕头海湾大桥，就是利用两岸山体岩层，设计为重力前锚式锚碇(锚块兜住石质山头，抵抗主缆拉力)。巨大的主缆拉力通过锚杆、后锚梁、锚块混凝土，均匀传递给基岩(图 6.12)。虎门大桥的东锚碇也为山后重力式锚。若坚实基岩位于桥面之下深度不超过 30～50 m，可修建直接坐落在基岩上的锚块。若坚实持力层埋深更大，而设计意图是使荷载完全传至该持力层，则必须设置沉井、沉箱、大直径桩(含斜桩)等深基础。这样的锚碇造价是比较昂贵的。虎门大桥的西锚碇基础原设计为沉井加桩基方案，后经地质调查，发现基岩严重不平，沉井施工将会遇到很大困难，遂改为地下连续墙方案。如果将地基在荷载之下的各种变形予以充分考虑，也可以采用浅基础，例如美国 1964 年建成的维拉扎诺桥(370.33 m＋1 296.45 m＋370.33 m)和英国 1970 年建成的小贝耳特桥(240 m＋600 m＋240 m)都是采用的扩大浅基础。

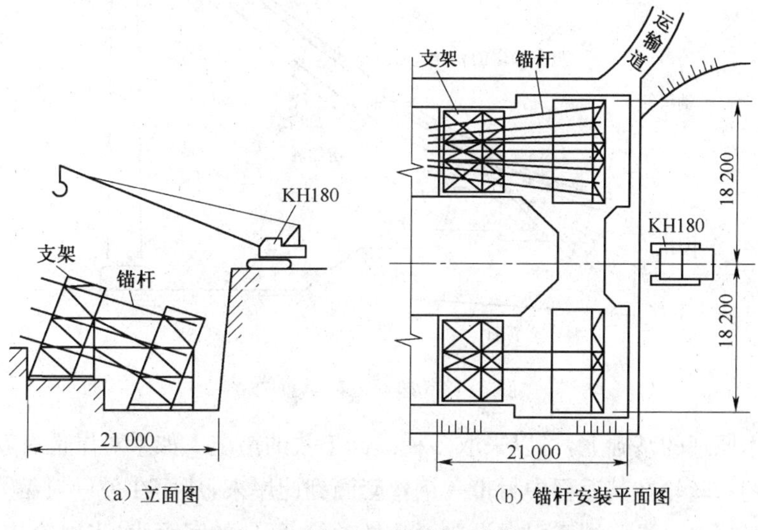

图 6.12　汕头海湾大桥锚锭(单位：mm)

2. 塔

大跨度悬索桥的索塔在 20 世纪 50 年代以前几乎都是采用钢塔，其主要优点是：施工速度快、质量容易保证、抗震性能好。直到 1959 年，法国修建主跨 608 m 的斯坦卡维尔悬索桥时，才开始采用混凝土塔。我国 20 世纪建造的几座大跨度悬索桥(汕头海湾大桥、虎门大桥、西陵大桥、江阴大桥)全都采用混凝土塔。塔的施工与斜拉桥塔基本上相同，在此不在赘述。

二、主缆架设

悬索桥的钢缆有钢丝绳钢缆和平行线钢缆两种。前者一般用于中、小跨度的悬索桥，后者主要用于主跨为500 m以上的大跨悬索桥。平行线钢缆根据架设方法又可分为空中送丝法(AS法)及预制索股法(PWS法)。

1. 空中送丝法

空中送丝法自1855年用于尼加瓜拉瀑布桥以来,多数悬索桥都用这种方法来架设主缆。在桥两岸的塔和锚碇等都已安装就绪后,沿主缆设计位置在两岸锚碇之间布置一无端牵引绳(亦即将牵引绳的端头连接起来,形成从此岸到彼岸的长绳圈)。将送丝轮扣在牵引绳上某处,且将缠满钢丝的卷筒放在一岸的锚碇旁,从卷筒中抽出钢丝头,暂时固定在某靴跟(可编号为A)处,称这一钢丝头为"死头"。然后继续将钢丝向外抽,由死头、送丝轮和卷筒将正在输送的丝形成一个钢丝套圈,用动力驱动牵引绳,于是送丝轮就带着钢丝送向对岸。在钢丝套圈送到对岸时,人工将套圈从送丝轮上取下,套到其对应的靴跟(可编号为A′)上。图6.13为送丝工艺示意图。随着牵引绳的运转,送丝轮又被带回此岸,取下套圈套在靴跟A上,然后又送向对岸。这样进行上百次传送,当其套在两岸对应靴跟(例如A及A′)上的丝数达到一根丝股的设计数目时,就将钢丝"活头"剪断,并将该"活头"同上述暂时固定的"死头"用钢丝连接器连起来。这样,一根丝股的空中编制就完成了。

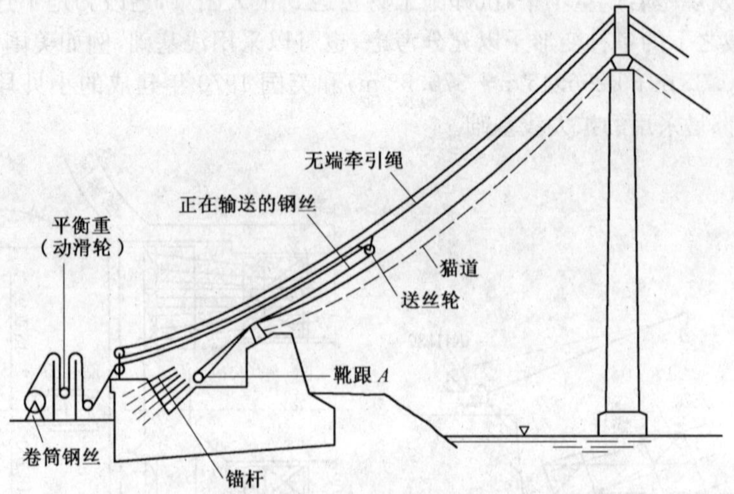

图6.13 送丝工艺示意图

在上述基本原理的基础上,可以采取多种提高工效的措施。如果对岸也有卷筒钢丝,可以利用刚才所说的送丝轮在其返程中另带一钢丝套圈到此岸来,从而在另一对编号为B、B′的靴跟之间进行编股。也可沿无端牵引绳设置两个送丝轮,两轮的间距为:当甲轮从此岸驶向对岸时,乙轮正好从对岸驶向此岸,而且两岸都有卷筒钢丝,于是就可以同时在C、C′和D、D′靴跟之间编制另外两丝股。这就是"以四根丝股为一批"的送丝法。再者,对于送丝轮扣在牵引绳上的两个点而言,每点可以不只设一轮,例如美国金门桥就设了四个轮,而且每个送丝轮上的缠丝槽路也可以不只一条。

空中送丝法的主缆每一根丝股内的钢丝根数约为300～600根,将这些丝股配置成六角形或矩形并挤紧而成为圆形。空中送丝法的施工必须设置脚手架(猫道)、配备送丝设备,还需有稳定送丝的配套措施。为使主缆各钢丝均匀受力,必须对钢丝长度和丝股长度分别进行调整,还应及时进行紧缆和编组。

2. 预制索股法(PWS法)

用预制索股法架设主缆是1965年在美国发展起来的，其目的是使空中架线工作简化。自1969年用于纽波特桥以后，开始逐渐被广泛采用，我国建成的汕头海湾大桥、虎门大桥、西陵大桥、江阴长江大桥都是采用这种方法施工的。

预制索股每束有61丝、91丝或127丝，再多就太重了。钢缆索两端嵌固热铸锚头(在工厂预制)，先配置成六角形，然后挤紧成圆形。架设的过程同空中送线法一样，但在猫道之上要设置导向滚轮以支承索股。

虎门大桥每束137丝，每丝直径4.2 mm，每根主缆110束，采用门架式拽拉器牵引索股，如图6.14所示。在猫道上设置若干个猫道门架安装门架导轮组，牵引索上固接有拽拉器，通过主(副)牵引卷扬机的收(放)索或放(收)索，使牵引索带动拽拉器穿过导轮组作往复运动。索股前端与拽拉器相连，使得索股前端约30 m长悬在空中运行，而索股后段则支承在导向滚轮上运行。此方式也可用于空中送丝法。

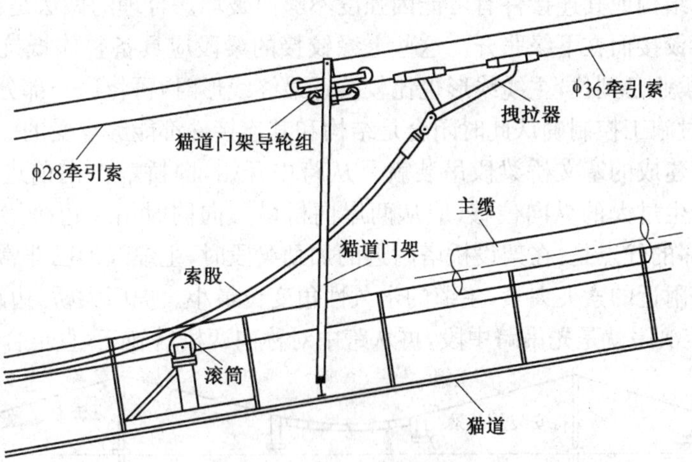

图6.14　门架拽拉器牵引方式

三、加劲梁架设

加劲梁架设的主要工具是缆索起重机。架设顺序可以从主跨跨中开始，向桥塔方向逐段吊装；也可以从桥塔开始，向主跨跨中及边跨岸边前进。

1. 架设方式

以往加劲梁多用钢桁架，其架设方式也像钢桁架桥那样，从桥塔开始，向主跨跨中和岸边逐段吊装。在每一梁段拼好以后，立即将其与对应的吊索相连，使其自重由吊索传给主缆。对于三跨悬索桥而言，一般需要四台缆索起重机，分别从两塔各向两个方向施工。边跨和主跨的跨径比各桥不同，为了使塔顶纵向位移尽可能小，对于当主跨拼成几段时，边跨也应拼几段，应该进行推算。在悬索桥修建的历史上，曾因为推算速度跟不上施工需要，使用全桥的结构模型试验(例如美国三藩市海湾桥)来决定其较为合理的吊装次序。

从桥塔开始吊装的优点是施工比较方便，缺点是桥塔两侧的索夹首先要夹紧，此时主缆形状与最终几何线形差别最大，因而主缆中的次应力较大。汕头海湾大桥就是采用这种方式架设的(图6.15)。汕头海湾大桥混凝土加劲箱梁主跨有73段，边跨各24段，首先将预制梁段从预制场纵、横移下海，用铁驳浮运到各跨主缆下定位，用锚固在主缆索夹上的 1 800 kN 缆载吊机垂直起吊安装。每安装一梁段之后吊机向前移 6 m，锚固到下一对索夹上，做下一梁段的吊装准备。吊装时，采用四点吊装法。

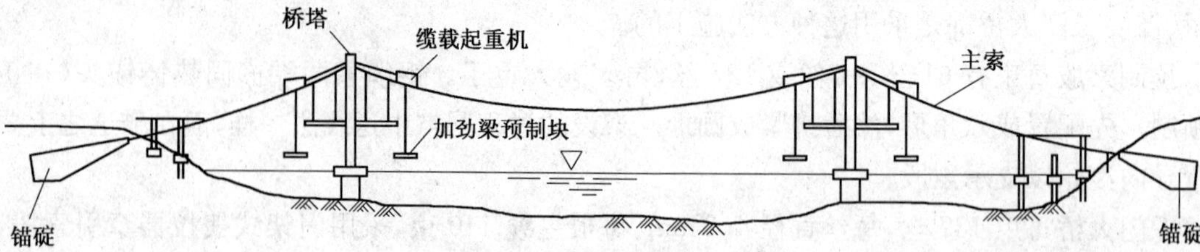

图 6.15　汕头海湾大桥吊装示意图

当加劲梁的重力逐渐作用到主缆上时，主缆将产生较大的位移，改变了原来悬链线的形状，所以在吊装过程中上缘一般都顶紧而下缘张开，直至全部吊装完毕下缘才闭合。如果强制使下缘过早闭合，结构或其连接件有可能因强度不够而破坏。合理的做法是：在架设的开始阶段，各梁段在上缘铰接而在下缘张开。这些上缘铰接的梁段应具备整体抵抗横向风荷载的能力。待一部分梁段业已到位，主缆线形也比较接近最终线形时，再将这一部分梁段下缘强制闭合。当然必须通过施工控制确认此时闭合是结构和其连接件都能够承受的。

英国 1966 年建成的塞文桥梁段吊装就是从跨中开始，向桥塔方向前进的。如果边跨较长，为避免塔顶产生过大的纵向位移，应从两岸向桥塔方向同时吊装边跨梁段，如图 6.16 所示。这种吊装次序的优点是：在架设桥塔附近的加劲梁段时，主缆线形已非常接近其最终几何形状，此时将桥塔附近的索夹夹紧，主缆的永久性角变位最小。虎门大桥(边跨无加劲梁)主跨 39 个梁段，其吊装次序就是先吊跨中段，再从跨中对称向两桥塔施工，直至合龙。

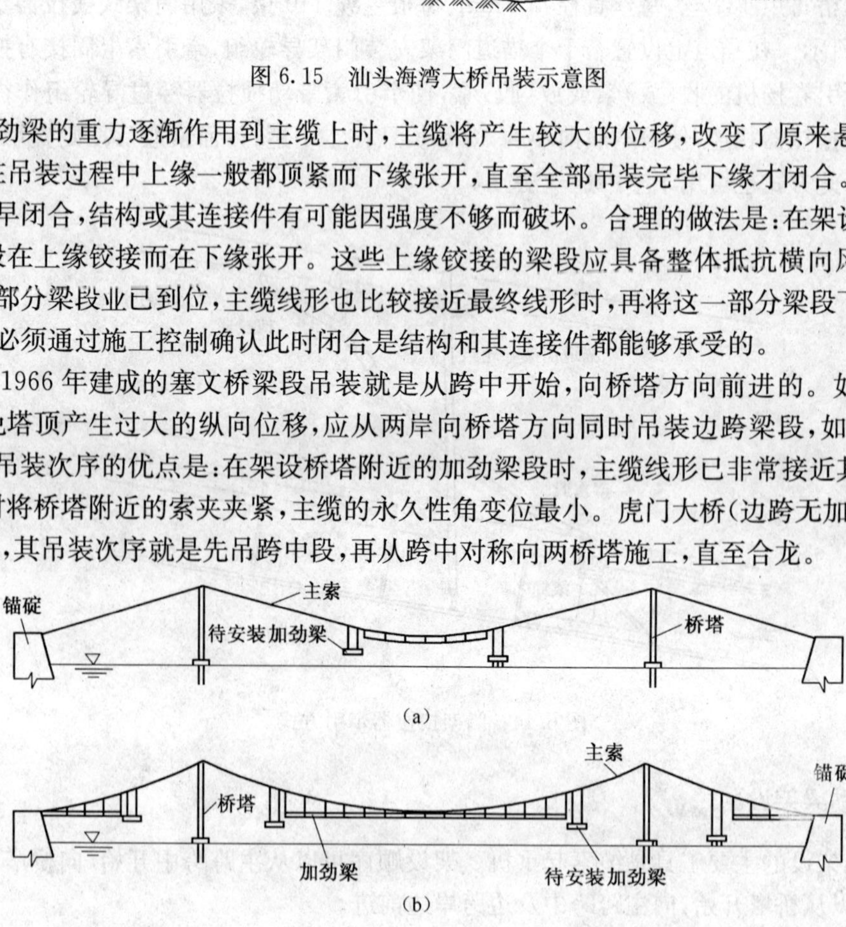

图 6.16　从跨中开始吊装示意图

2. 缆索起重机

缆载起重机由主梁、端梁及各种运行、提升机构组成。起重机在主缆上运行及工作，故主梁的跨度即为两主缆的中心距。主缆中心线与水平面的最大夹角为吊装桥塔附近梁段时，主缆在桥塔处与水平面的夹角，起重机在此倾角状态下应能正常工作及行走。起重机是在全部索夹安装就位的主缆上运行，故其运行机构必须能跨越索夹障碍。起重机在倾斜状态下起吊时产生的下滑力由索夹承受，故应设置起重机与索夹相对固定的夹紧机构。

图 6.17 为汕头海湾大桥缆索起重机的运行示意图。海湾大桥主缆中心距 24.2 m，缆索起重机主梁为桁架结构，端梁为箱形结构。额定起重重力为 1 800 kN，满足全桥加劲梁节段吊

装需要。提升机构工作类型为特重级,运行机构属空载运行,为轻级。运行动作采用走行轮交替升降方式跨越索夹。提升机构的卷扬机布置在主塔承台上,以尽可能减轻运行时的重力。主缆中心线与水平面的最大夹角为25.36°。

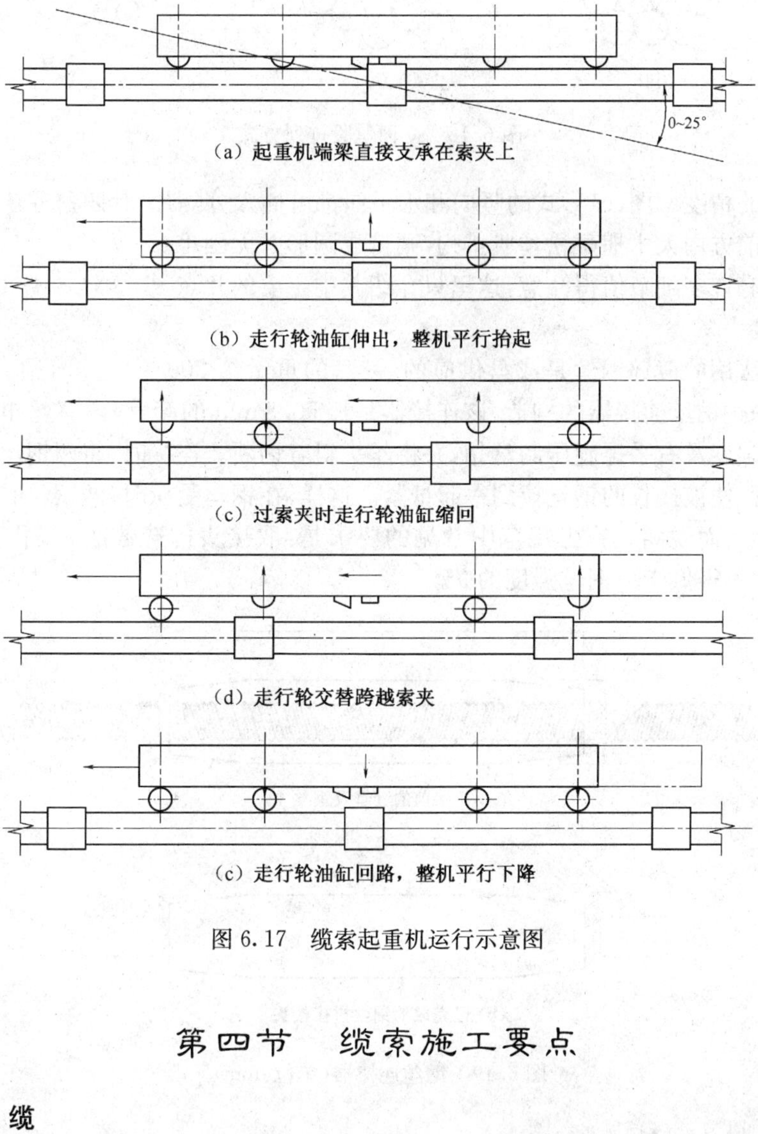

(a) 起重机端梁直接支承在索夹上

(b) 走行轮油缸伸出，整机平行抬起

(c) 过索夹时走行轮油缸缩回

(d) 走行轮交替跨越索夹

(c) 走行轮油缸回路，整机平行下降

图 6.17　缆索起重机运行示意图

第四节　缆索施工要点

一、主　　缆

为使主缆的构造同其锚固相适应,缆内钢丝应分成若干根丝股(索股)。用预制索股法架缆时,每股一般不超过127丝;用空中送丝法架缆则无此限制。例如美国金门桥每股452丝(每缆61股),日本下津井桥每股552丝(每缆44股)。为使主缆截面最终被压紧成圆形,一般是将丝股先排成正六边形,则每一缆内的丝股数目只能是19、37、61、91、127、169、217股等。但施工实践表明,即使不排成正六角形也不难挤压成圆形,例如英国博斯普鲁斯第二桥的丝股共32根,其排列如图6.18(c)所示,挤成圆形也很容易。汕头海湾大桥和虎门大桥的丝股都是110根。

图6.18表示三种丝股的排列方式,图(a)是将两平行边放在水平位置,当丝股根数不多时,用主缆成形器来保持其相对位置比较方便。图(b)是将两平行边放在竖直位置,丝股分成几竖列,可在各竖列之间插入分隔片,有助于丝股间的通风,易使各丝股温度一致,有利于保证

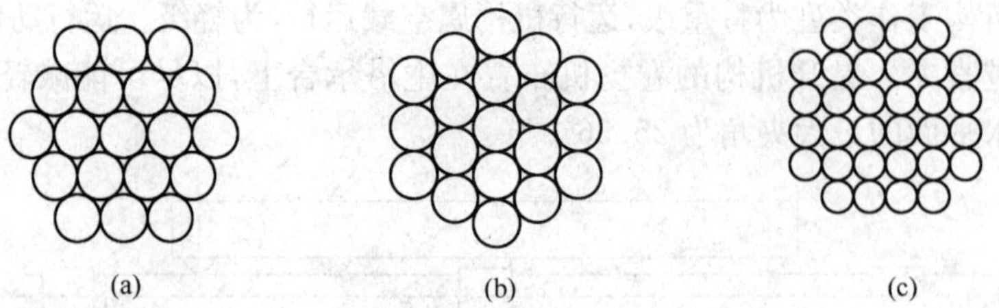

图 6.18　三种丝股排列方式

丝股长度调整的精度。图(c)形式的竖向和水平向都可插入分隔片，其四角各缺一根，紧缆时，只需在紧缆机前方用大木槌敲松丝股排列，则挤成圆形并无困难。

主缆施工有许多细节值得注意，这里只介绍其中主要的几点。

(1)钢丝接头

空中送丝法用的镀锌钢丝是成盘供应的，一盘的重量约 200～400 kg，须在工地上接长。图 6.19 表示一种钢丝连接器的构造，该连接器是长 50.8 mm 的套管，内有丝扣。将钢丝的端头分别按左手螺旋及右手螺旋压制丝扣，并将丝头斜着切断。连接时，将两钢丝端头穿进套管两头，旋转套管，使被接长的钢丝拉到一起抵紧。这样，在钢丝受拉时，两钢丝的斜切面就彼此卡住，不会因旋转而脱离。施工规范中常见的要求是：取接头构造数的 2% 作为试件进行检验，测得的强度不得低于原钢丝强度的 95%。

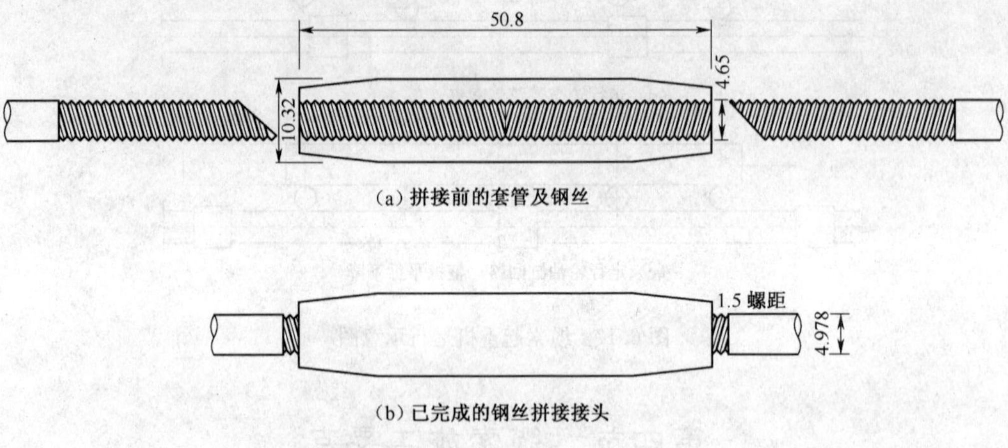

图 6.19　钢丝连接器(单位：mm)

(2)调整长度

无论是空中送丝法或预制索股法，都必须有调整长度的措施，称为调丝或调索股。

主缆在自由悬挂状态下的长度可以根据施工时的温度、边界条件、水平距离等因素计算出来，这些都属于施工控制的内容。需注意的是：主缆内各钢丝由于位置高度不同，其长度是不一样的。理论上，实测值应符合计算值，但实际上由于温度、水平距离、边界条件等因素的偏离，计算值与实测值略有出入。

空中送丝法基准丝的数目和位置应以适应钢丝的垂度校核为原则。每一丝股在安装时的第一根丝(或头几根丝)应该取为基准丝，随后安装的丝就可以用先前安装的基准丝来校核。校核的原则就是让钢丝处于自由悬挂状态，要求其垂度同基准丝(或已经用基准丝校正的先前安装的丝)一样。

预制索股法各丝股的长度也是不同的，在每一丝股转角处应设一根基准丝，如图6.20所示，其他各丝乃至整股的长度都是以它为基准来制造的。左上角是带色丝，用来检查安装在主缆中的丝股是否扭曲。各主缆架设的第一根丝股称为基准股。它是以后各丝股垂度调整的基准，必须精确测量其垂度。垂度偏差的允许值在汕头海湾大桥（中跨水平距离450 m）中为3 cm，若偏差超过允许值，就应在一端锚锭处放松或收紧丝股来调整。测量时应用千斤顶在塔顶鞍座处将丝股顶高少许，使之处在自由悬挂状态。

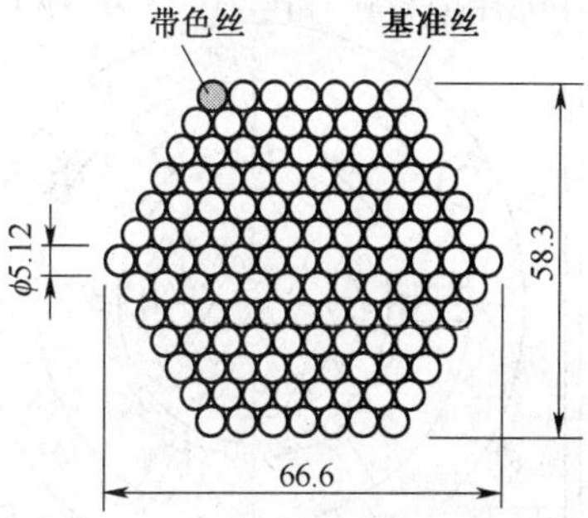

图 6.20　平行丝股的基准丝和带色丝(单位：mm)

基准股以外的其他各股称为一般股。一般股采用相对垂度调整法，即测出待调整股与基准股的垂度差，将实测垂度差与理论垂度差比较得出相对垂度差 Δf，然后根据悬链线弦长与垂度的关系由 Δf 求得相应的放松（或收紧）量 Δs。丝股调整好以后必须在鞍座内及时锁定，它和相邻丝股的关系是似靠非靠，若即若离。

(3)主缆挤紧

①主缆初整圆

初整圆的目的是为下一步挤紧做准备，一般在气温稳定的夜间进行。首先在主跨1/4、1/2、3/4、边跨1/4处确定钢丝束排列有无差异、钢丝是否平行，若有则及时调整，然后用 ϕ10 mm 小钢丝线绕两圈，两端用倒链滑车连于猫道横梁上，边收紧倒链边用木槌敲打。初整圆后，用钢带打包捆扎，捆扎间距开始较大，例如汕头海湾大桥开始是60 m，然后用二分法加密，直到5 m一道。初整圆后主缆表面基本平顺，无凹凸不平现象，但空隙率尚未达到设计要求。

②主缆挤紧

紧缆机包含一个安装在主缆外面的环状刚性钢架，内有6个（或8个，乃至12个）置于径向的千斤顶（千斤顶可以是液压式或螺旋式），在各千斤顶的活塞顶端装有按主缆最终直径制造的圆弧状楔块，千斤顶的另一端则抵紧在环状钢架上（图6.21）。一般需要配备四台紧缆机，首先从两主塔向中跨跨中挤紧，然后再从主塔分别向两边跨挤紧，挤缆间距为1 m。挤缆后在挤紧压块前后各用钢带捆扎一道，间距约0.5 m。挤紧前应拆除丝股的定型包扎带和初整圆的捆扎带。紧缆机开机后应控制千斤顶的顶压力，每一千斤顶的顶压力一般是700～1 000 kN。

紧缆机能够沿着主缆移动。汕头海湾大桥主缆挤紧时采用千斤顶的顶压力和主缆直径双控标准，只要达到其一即自动停机。在紧缆机离开5 m之后测量主缆的竖向及横向直径，算出空隙率。汕头海湾大桥挤紧后空隙率的目标值为平均20%。考虑到挤紧捆扎后的主缆直径回弹增大，在挤缆时适当调小缆径，空隙率控制在18%左右。实测主缆横径为56.5～58 cm，竖径为54.6～54.4 cm，横竖直径差为3 cm，呈椭圆形断面，空隙率为17.8%，满足设计要求。

(4)缠缆

缠缆工作在大部分恒载作用之后进行，此时主缆截面因拉应力作用而稍稍收缩且索夹均已安装到位，故缠丝机应有越过索夹的功能。缠丝机的主要部件是一个可以开闭的钢环，钢环隔着圆弧形衬板跨在主缆之上。缠在环上的软钢丝被一迅速旋转的飞轮抽出，紧紧缠在主缆

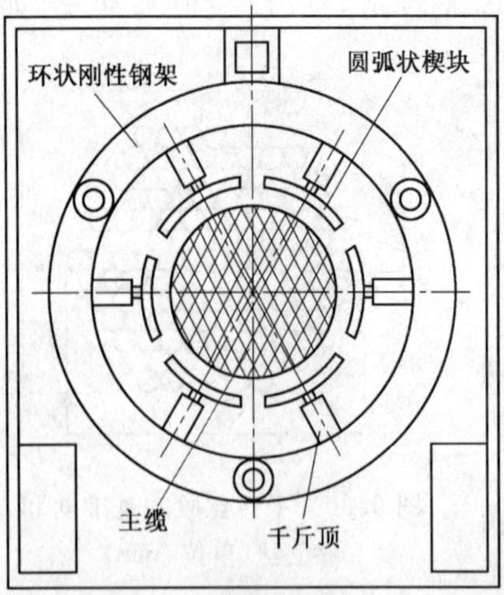

(a) 紧缆机示意图

(b) 紧缆机照片

图 6.21　主缆挤紧

之外。缠丝之前要在主缆钢丝表面涂以铅丹膏，在缠丝过程中，铅丹膏会被挤出，应随时将挤出的铅丹膏刮去，不让铅丹膏在缠丝表面结硬，随后再在缠丝之外进行油漆。缠丝机只能在索夹之间工作，缠丝的头要焊于索夹边缘。对于缠丝和索夹之间的缝隙，需要用铅毛(极细的小段铅丝)嵌塞。但位于主缆下面的缝隙不必嵌塞，以使侵入主缆内部的水分可以从这里泄出。

二、鞍　座

鞍座位于塔顶，有时也称主鞍座；边跨主缆进入锚碇之前可设副鞍座；在锚碇前沿，主缆散开，需设散索鞍；若主缆散索中不改变方向，则只需设散索套。在采用空中送丝法制成的主缆中，位于丝股和锚杆之间的中介环节，称为鞍跟。

1. 主鞍座

图 6.22 为汕头海湾大桥塔顶主鞍座的总装图，中间顶上是承托悬索桥主缆的槽道，两侧有多道竖向肋板将槽道部分和底座部分连成一体。为便于加工、运输和现场吊装，一般将其分成基本对称的两半体制造后栓合。

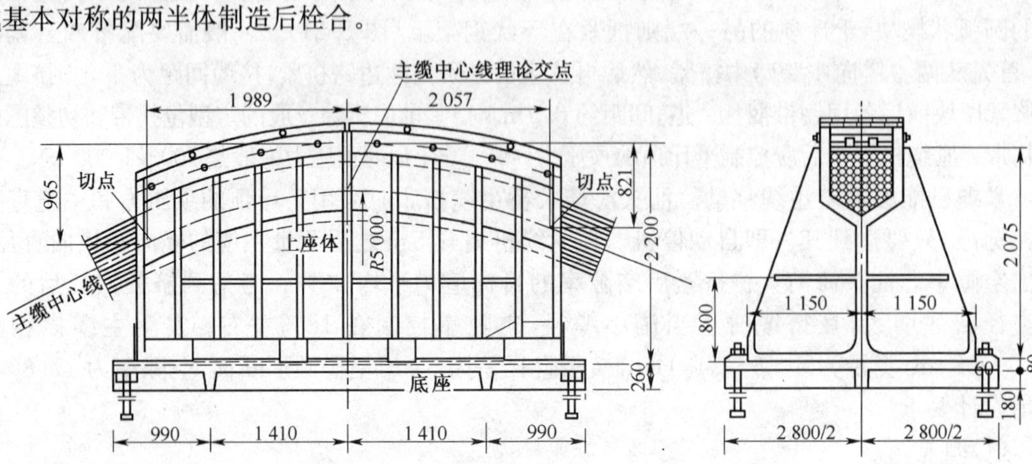

图 6.22　汕头海湾大桥塔顶主鞍座(单位:mm)

鞍座毛坯依其制造方法可分为整体铸造式、分体铸造拼接式和铸焊式三种。

汕头海湾大桥和西陵长江大桥鞍座均采用整体铸造式。整体铸造式鞍座是将其整体或半体采用普通铸造方法(铸钢)浇铸而成,它能简便地解决鞍座外形复杂、重量较大的问题。特别是当鞍座槽道为系列同心阶梯圆弧曲面时,一般需铸造成型后再进行精加工。

铸焊式鞍座是将槽道部分铸造而成,下底板及结构加强肋则用厚钢板制造,彼此对位后焊接。这种鞍座由于采用了分体铸造方法,使铸造工作相对简单一些,铸造缺陷有所减少且较易发现和处理,其主要技术问题是厚板焊接技术及焊后无损检测问题。事实表明,由于焊接工艺及设备的不断发展,对于像鞍座这类大型单件结构采用铸焊结构将会越来越经济。

分体铸造拼接式鞍座的各部分分体铸造,经机械加工后,采用螺栓连接成整体。当不具备采用铸焊式结构的技术条件时,此法是一种简便的处理方法,且无焊接变形及焊后热处理问题。但此法对其分体各部分之结合面的加工精度和装配质量要求较高,其自重较同规格整体铸造式鞍座为重。比较典型的拼接式鞍座如图 6.23 所示,图 6.23(a)中鞍座整体呈两半体,以侧壁某一位置分成上下两部分分别铸造,精加工其结合面后栓接;图 6.23(b)为单独铸出槽道镶块后,镶入槽底。

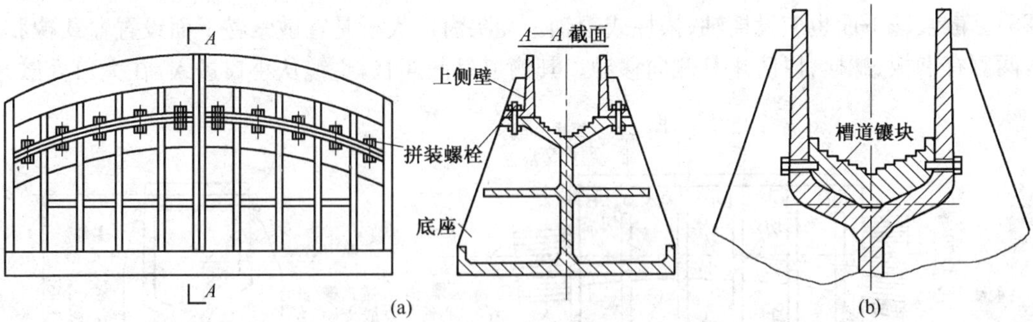

图 6.23　分体铸造拼接式鞍座示意图

在悬索桥架梁过程中,随着缆力增长,主缆要带着主鞍座向河侧移动,为使塔身受到的施工应力较小,并使主鞍座两边的主缆水平分力接近于相等,需要让主鞍座在施工过程中能有控制地作相对于塔顶的纵向移动。为此,需在鞍座下放置辊轴,或在鞍座底面涂抹石蜡。汕头海湾大桥在鞍座底板上设置纵向油槽,并钻有注油孔,同时在上下摩擦面之间满涂特种涂层。先将鞍座向两塔岸侧预偏 1 204.3 mm,在中跨首先安装的 12 段梁中,每安装一段梁向前将鞍座顶推一次,即分 12 次将鞍座顶推到设计位置。鞍座的纵向顶移是通过在塔顶鞍座旁靠岸侧设置施顶反力架,在反力架与鞍座间安放 2 台 6 000 kN 千斤顶进行的。每个鞍座的两台千斤顶并联,上下游四台顶同步施顶纵移,见图 6.24。每个鞍座实际顶推力约 5 000～6 000 kN,其中南主塔上游鞍座最大顶推力达 8 520 kN。

2. 副鞍座

边跨较大,主缆在边跨靠岸端的坡度平缓时,为使主缆对水平线的倾角变陡以便进入锚碇,需在边跨靠岸端设墩(或钢排架),墩顶设置副鞍座。主缆在副鞍座处的转角一般不大,其施于副鞍座的压力也较小,所以副鞍座的制造比较容易。从副鞍座到锚块混凝土前锚面还有相当长的距离,随着缆力的增加,副鞍座也将发生向河侧的纵移,故副鞍座应设置在摇轴、摆柱或辊轴上,在施工过程中也应先使副鞍座向岸侧有一个预偏量。

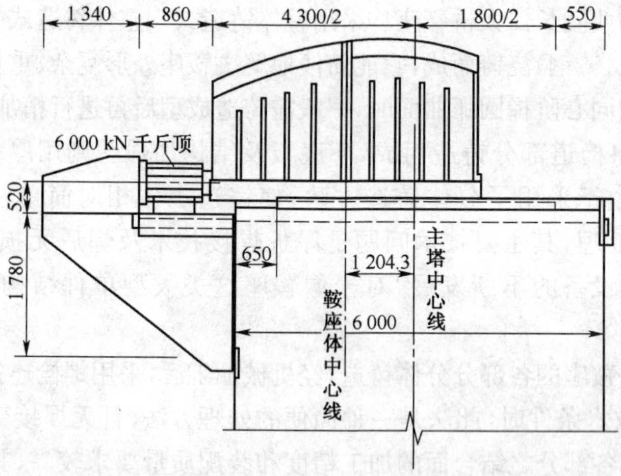

图 6.24　汕头海湾大桥主鞍座顶移(单位:mm)

3. 散索鞍及散索套

在锚碇前段,主缆散开。当缆在散开的同时有一向下的转折角时,需要设一个散索鞍(图 6.25)。散索鞍下面也应设摇轴、摆柱或辊轴。汕头海湾大桥是在散索鞍下面设置盆式橡胶支座,两侧有卡板、螺栓,以防止其侧向移动。其槽道呈漏斗状,主缆从小口进入,在大口处散开。

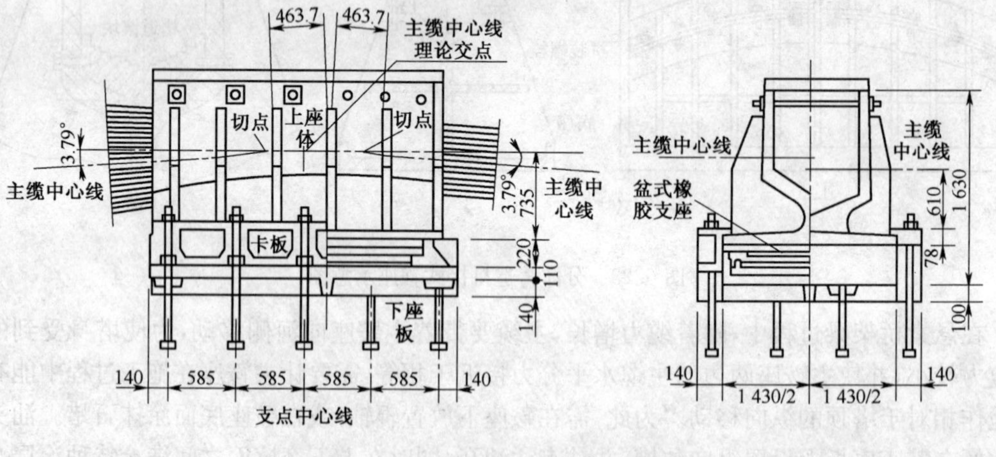

图 6.25　汕头海湾大桥散索鞍座

如果主缆在散开的同时不改变其总方向,就不用散索鞍而用散索套。散索套的槽道与散索鞍基本相同。在散索套安装就位后,由于侧向力的作用,仍有可能向着主缆未散开的那个方向滑移,为此,应在散索套小口之外设置"挡圈"。挡圈的构造同索夹相似,即凭借高强螺栓使挡圈抱紧主缆,由此而产生摩擦力以阻挡散索套的移动。

4. 靴跟及锚杆

在采用空中送丝法制成的主缆中,位于丝股和锚杆之间的连接构件是靴跟及其附件。靴跟的功能一是传力,丝股套在靴跟的槽道上,而锚杆则连接在靴跟的销钉上;二是调节长度,丝股的实际长度将因施工误差等因素而有出入,靴跟中有调节长度的附件,可以纠正施工误差,使丝股的长度符合设计要求。

图 6.26 所示是美国三藩市海湾桥所用的靴跟及其附件。从立面图中可以看出丝股缠在

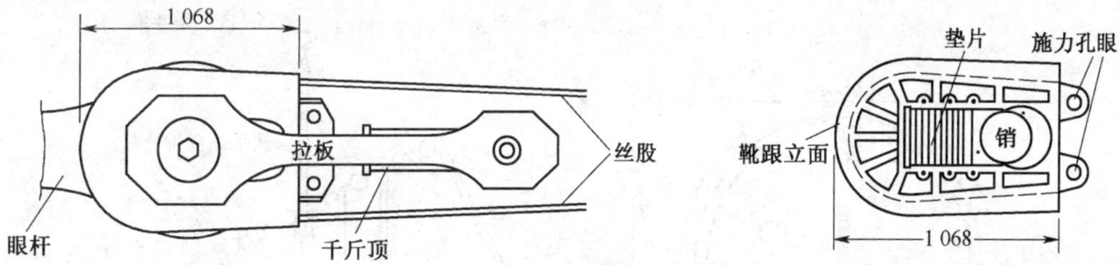

(a) 立面图

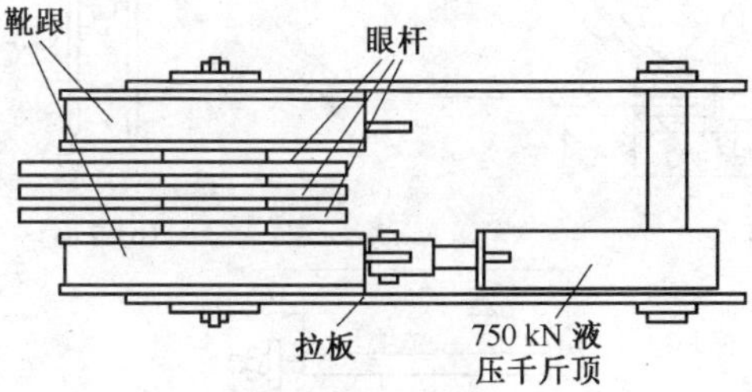

(b) 平面图

图 6.26　铸钢靴跟及其附件

靴跟的槽道上(向右),而锚杆(眼杆)则套在靴跟的大销钉上(向左)。平面图中丝股未绘出。靴跟凭借两块拉板与右端的另一根销钉相连接,两根销钉位置是固定的,而靴跟则可以凭借千斤顶及垫片与销钉作相对微小的移动。千斤顶的活塞同靴跟上的施力孔眼相连,若丝股实际长度偏大,则千斤顶活塞向左推进,迫使靴跟相对于大销钉左移,靴跟内放置垫片的空间扩大,可放置垫片以固定靴跟位置,消除丝股误差。丝股实际长度偏小则放松千斤顶使靴跟右移,取去相应的垫片。最右侧的垫片应与大销钉曲面相匹配。

在采用预制索股法制成的主缆中,当钢丝束(预制索股)拽拉至锚碇时,先将两端的锚头临时锚固,然后调整线形,精确测量其长度。目前预制索股的锚杆多采用高强螺杆,在钢丝束的锚头底部配以穿心式千斤顶穿在高强螺杆上,调整长度时,钢丝束的收紧或放松通过千斤顶的拽拉及调整锚头下的垫片来实现,如图 6.27 所示。

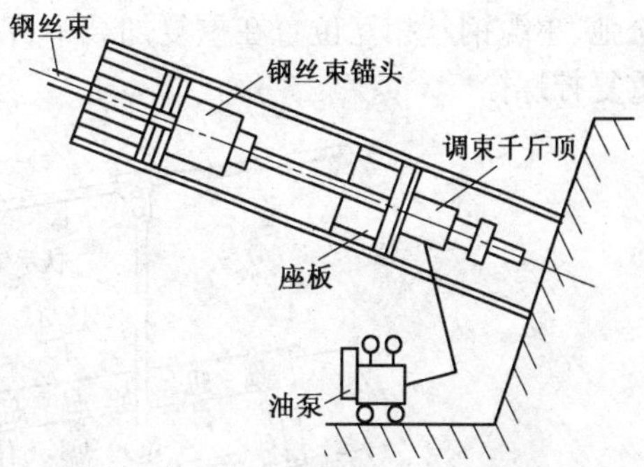

图 6.27　钢丝束锚头调束示意图

三、索夹及吊索

索夹有两种构造形式,一种是用竖缝分成两半,吊索骑跨在索夹上(图 6.28),用高强螺栓将两半拉紧,使索夹内壁压紧主缆,从而产生摩擦力以防止索夹滑动。在索夹两半之间应保留适当的缝隙(图中为 38 mm),借以确保螺栓拉力能用于产生索夹对主缆的压力。高强螺栓位置尽可能向内靠近,一则使螺栓拉力对索夹壁的偏心较小,再则可以使螺栓较长,有利于螺栓吸收更多的应变能以防拉裂和减少应力损失。

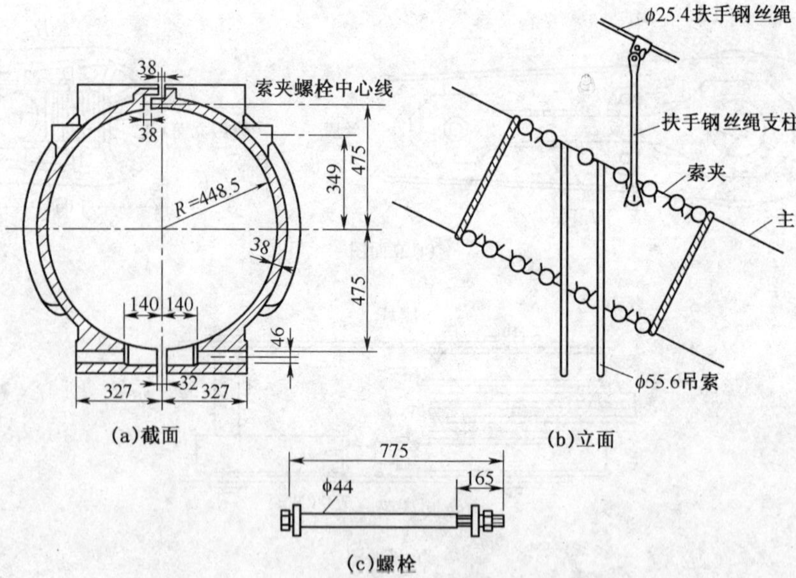

图 6.28　用竖缝分成两半的索夹(单位:mm)

一般在每缆每一吊点有两根钢丝绳骑在索夹之外,则吊索钢丝绳有 4 个截面共同受力。设吊索总力为 P,吊点处主缆切线同水平线的夹角为 α,则其沿主缆切线的分力为 $P\sin\alpha$,此即使索夹沿主缆滑动的力。由此可以求得全部高强螺栓所必需的预拉力为:$\sum N=\dfrac{P\sin\alpha}{f}$,式中 f 为摩擦系数,其经验值可取 0.6。这是因为当螺栓预拉力相当大时,主缆直径在索夹处局部缩小,使索夹滑动受到较大的阻力。图 6.29 中,上、下两排共有 10 个高强螺栓,由此可以求得每个螺栓所必需的拉力。在施工及营运中,螺栓预拉力的损失显著,这主要是因为螺栓钢材的松弛、主缆钢丝相互位置在重复加载中自行调整及镀锌层的受挤变形等。为此,在施工时需要重复拧螺栓。

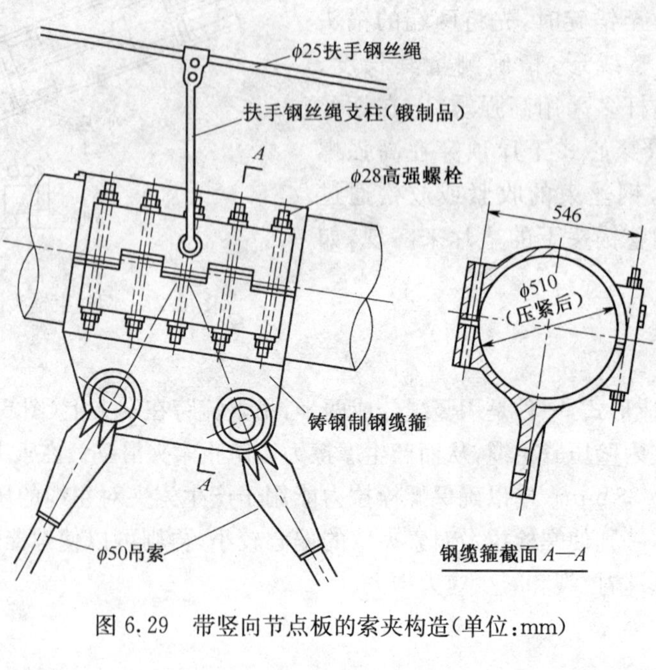

图 6.29　带竖向节点板的索夹构造(单位:mm)

另一种索夹构造是在索夹下方铸成竖向节点板，在板上钻制孔眼，吊索端头的锚杯凭借销钉与此孔眼相连。这种索夹较常见的是分成上、下两半。图 6.29 是英国塞文桥的索夹构造，用矩形齿状水平缝(其实是沿主缆轴线的缝)将索夹分成两半，高强螺栓与缝的方向垂直，斜吊索上端的锚杯借销钉连接在与索夹下半铸在一起的节点板上。这种构造也可以将索夹分成左右两半，如丹麦的小贝尔特桥，左右两半的下部均铸有节点板，安装后拼在一起。

汕头海湾大桥的索夹采用图 6.30 的构造形式。在气温稳定的夜间进行索夹安装，用全站仪按照施工控制的位置，将每个索夹到主塔中心的距离测出，标定在每根主缆的相应位置上，再根据各个索夹的设计长度，向两侧量出索夹的边缘线。利用通过塔顶和散索鞍处支架上的 10 kN 缆索吊机吊运索夹进行安装，如图 6.30(a)所示。索夹安装就位之后，用 YC-40 千斤顶将索夹上各高强螺杆拧紧，控制拉力为(340±10)kN。索夹螺杆的紧固需重复四次：①索夹安装时；②架梁的缆索吊机就位前；③全部梁段架完后；④二期恒载铺装之后。施工中应经常检查索夹螺杆的紧固情况，在任何情况下拉力都不得小于 280 kN。索夹安装的容许误差为：纵向位置±10 mm，横向扭转≤6 mm。

在设计拉力 324 kN 的作用下对在工厂预制的吊索长度进行复测，以便根据误差大小调整吊索铺板高度。每个索夹上两根吊索长度不同，必须对号入座。吊索的安装也是利用 10 kN 缆索吊机，见图 6.30(b)。图 6.31 为索夹照片。

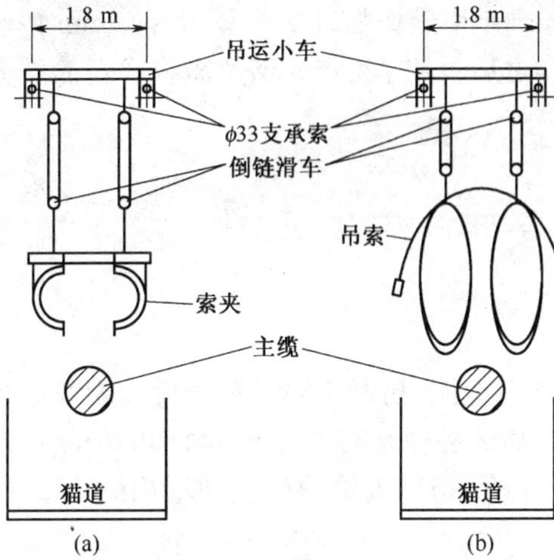

图 6.30　汕头海湾大桥索夹吊装图

图 6.31　索夹照片

四、猫　　道

猫道是指位于主缆之下(大约 1 m)，沿着主缆设置，能使施工人员安全进行主缆作业的脚手架。它由猫道主索上铺设钢丝网面层、扶手绳等所组成。猫道宽度不大，为防止被风吹翻，同时也是为上、下游猫道之间能互相交通，一般要在两猫道之间设置横向天桥，中跨应设三至五道，边跨一道。在猫道下方一般需设抗风索。在立面上，抗风索呈向上凸出的曲线形，其两端则扣在塔和锚碇的下方。在猫道主索和抗风索之间设若干根竖向(或斜向成 V 形的)细绳，互相绷紧，形成一空间抗风体系。这样设置的抗风索势必侵入航运净空，故必须得到航运部门的同意。此外，沿抗风索还须按规定悬挂信号灯，以防船舶将它撞坏。

虎门大桥每条猫道分三跨，各自独立，每跨均由 8 根 $\phi 48$ 钢丝绳(猫道主索)支承，上面设有钢丝网面层、扶手绳、猫道门架以及门架支承索等。上、下游猫道之间设五道横向天桥。中跨猫道主索的架设是猫道架设的关键，先利用牵引系统牵引托架支承绳，然后在架设好的托架上牵引猫道主索到达对岸，通航净空由托架保证，如图 6.32 所示。此法的优点是所需主(前端牵引)、副(后端施加反拉力)卷扬机功率较小。猫道主索架设完成后再依次铺设猫道面层，安装扶手架，架设抗风索等。

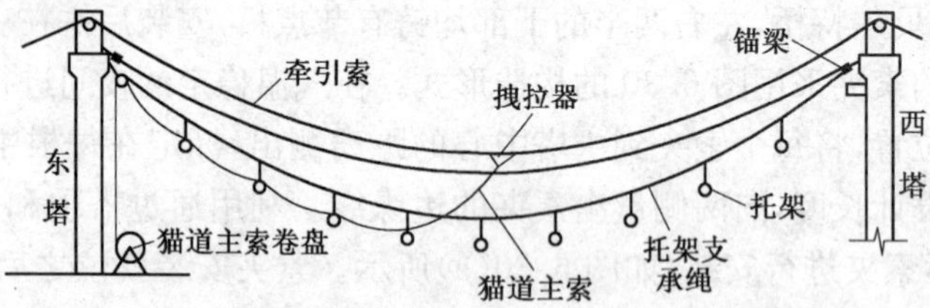

图 6.32 虎门大桥中跨猫道主索架设

汕头海湾大桥猫道主索为上、下游各设 6 根 ϕ45 mm 的钢丝绳，两端带冷铸钻头，分别与固定在主塔顶和两岸散索鞍基础上的锚梁相接。猫道面距主缆中心为 1 400 mm，猫道宽 4 000 mm。在两层铁丝网上压有槽钢及小方木。上、下游猫道间用轻型桁架连接作横向天桥，中跨三道，边跨各一道。抗风索用 ϕ25 mm 钢丝绳从猫道中跨的 1/4 处斜拉至主塔承台与预埋件连接。

猫道的安装是在两塔间先由拖轮带一根 ϕ22 mm 钢丝绳渡海，架空作为导索。卷扬机带动导索，从空中带 ϕ33 mm 牵引索过海安装。用 ϕ33 mm 牵引索作临时支承索，由 ϕ22 mm 钢丝绳牵引，将 ϕ45 mm 猫道主索逐根牵引过海安装就位，之后再用 ϕ22 mm 钢丝绳将成卷的猫道面铁丝网牵引拉开铺设在猫道主索上。

第五节 明石海峡大桥各部件施工实例

一、概 述

日本明石海峡大桥于 1988 年 5 月开工，1998 年 4 月完工，历时 10 年整，原设计为双层桥面的公铁两用悬索桥，跨度为 890 m+1780 m+890 m，后因各种原因改为单层桥面的公路悬索桥，并将跨度改为 960 m+1 990 m+960 m。图 6.33 为明石海峡大桥的桥式、加劲桁梁横截面及钢桥塔。

本桥的实际跨度由于 1995 年 1 月 15 日发生的阪神大地震，使锚碇和塔墩的基础出现变位(图 6.34)，改变为 960 m+1 990.8 m+960.3 m。当时由于主缆已架设完毕，经验算认为安全后继续施工，并将加劲桁梁适当作局部调整，故现今的主跨有的资料以 1 991 m 计。

设计中采用的基本风速为 46 m/s，加劲桁梁的设计风速为 60 m/s，桥塔的设计风速为 67 m/s。最大水深达 110 m。最大潮流速度为 4.5 m/s。

二、桥 塔

本桥采用如图 6.33(c)所示的钢桥塔。塔高约 282.8 m，每塔由两根略带倾斜的十字形空心钢柱、五组交差式斜杆以及两道横梁联结后组成。两柱的中心距为 35.5 m(顶部)～46.5 m(底部)。十字形塔柱截面的轮廓尺寸为横向从底到顶为 6.6 m(等值不变)，纵向从底部的 14.8 m 向上逐渐缩减到顶部的 10.0 m。塔柱的各个空心大格室均布置有竖向加劲肋。

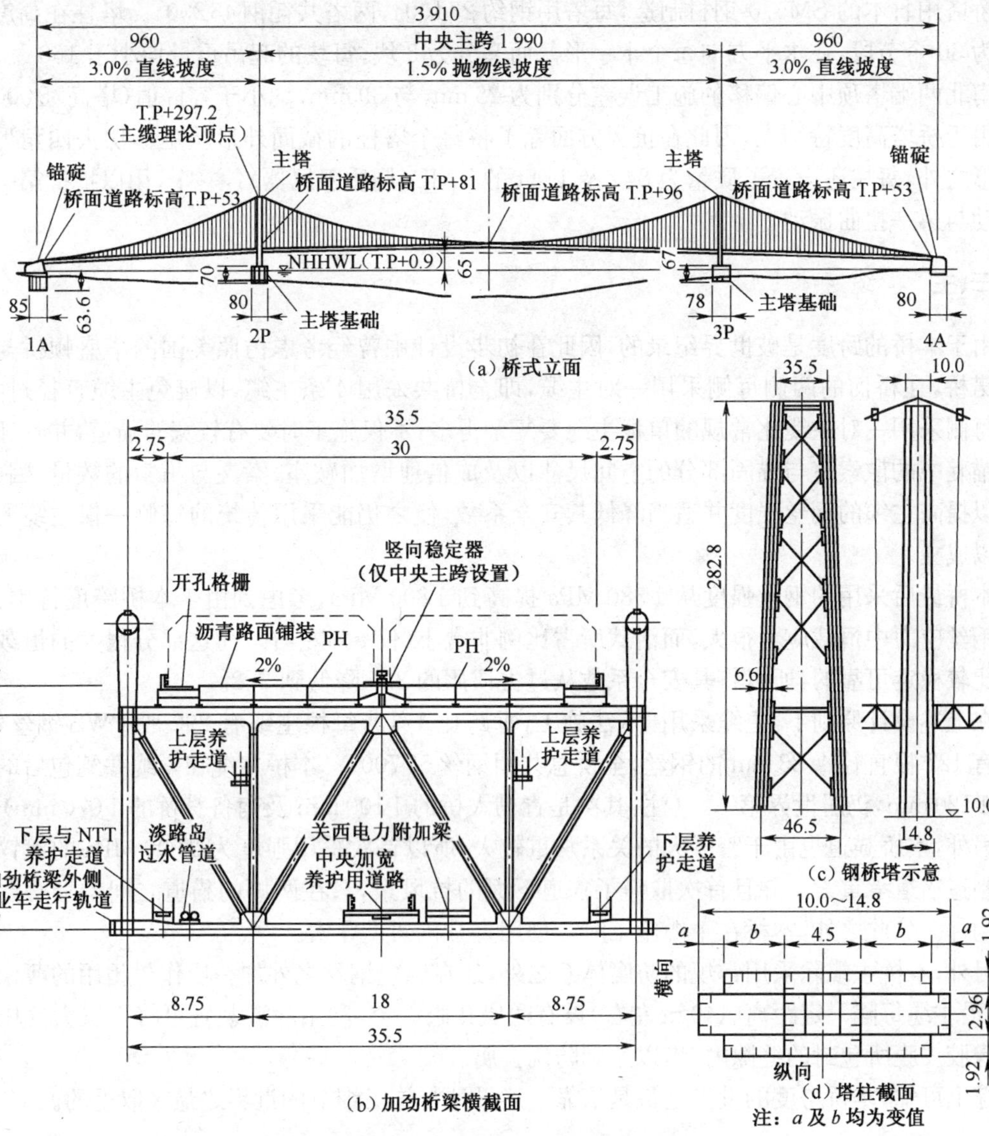

图 6.33　明石海峡大桥的桥式、加劲梁横截面及桥塔（单位：m）

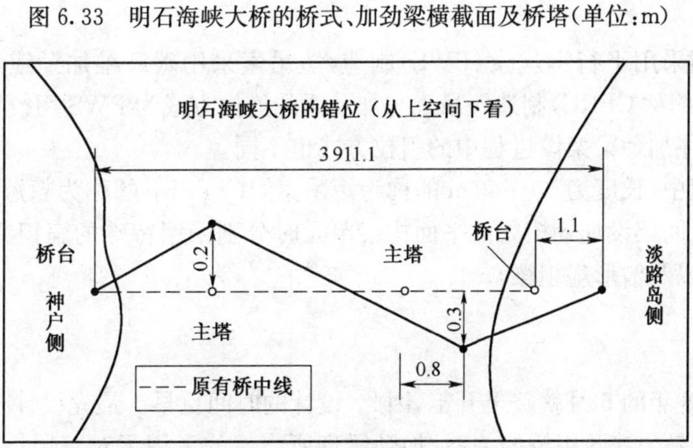

图 6.34　阪神大地震引起的基础变位示意（单位：m）

桥塔用日本的 SM570 钢材制造，每塔用钢约 23 100 t，两塔共耗钢 46 200 t。塔柱在高度方向分为 30 个节段，在水平方向每个十字形截面又分为 3 块，每块的起吊重量均小于 160 t。

南北两端塔顶中心偏移的施工误差分别为 29 mm 与 39 mm，均小于容许值(塔高/5 000)。

由于桥塔高度特别大，因此在抗风方面除了将每个塔柱的截面外形从矩形切去四角形成十字形之外，每柱还设置了质量为 84 t 及 114 t 的 TMD(调质阻尼器)各一个，用以抵抗第一挠曲振动与第一扭曲振动。

三、主 缆

由于本桥的跨度是破世界纪录的，因此在初步设计中曾经考虑仿照美国的华盛顿桥与维拉扎诺桥，在桥面的两侧每侧采用一对主缆，即全桥共采用 4 条主缆，以避免主缆直径过大。但因每侧采用一对主缆比常规的单根主缆要复杂得多，不仅施工时要有较宽的猫道，并且还会加大锚碇中的散索室与锚固部分的空间尺寸以及成倍地增加鞍座、索夹与吊索的数量，因此，最终以提高主缆的钢丝强度并适当降低其安全系数，使之仍能采用传统的每侧一根主缆的方案得以成立。

本桥最后采用的钢丝强度从 1 580 MPa 提高到 1 800 MPa，考虑到由于本桥跨度特别大，主缆钢丝应力中恒载应力很大，而活载所占比例非常小(仅 8%左右)，而这部分很大的恒载应力是比较稳定可靠的，所以将其安全系数从过去惯用的 2.5 降低到 2.2。

在上述设计原则下，主缆采用 PS 法施工，垂跨比 1/10，每根主缆有 290 股 PWS 钢丝索，每股有 127 根直径 4.23 mm 的钢丝，全桥总共用钢丝 57 700 t。本桥主缆在紧缆并缠包后的直径为 1 120 mm，仍居世界第一。(注：其次是青马大桥的 1 100 mm 及南备赞桥的 1 070 mm)。

另外，本桥猫道也由于跨度大的关系承重较大，所以首次采用强度为 2 000 MPa 的镀锌钢丝来制造猫道承重索。并且首次取消了猫道下面的抗风索，只在两侧的猫道之间增加必要的抗风构件。除此之外，本桥在主缆施工时首创用直升机架设导索。

另外，本桥主缆除采用常规的防腐体系之外，还在缠包钢丝之外加一层作封闭用的薄橡胶皮膜，沿主缆每隔一定距离(140 m 左右)设有通风孔眼一个，利用除湿装置可将干燥大气压注入被橡胶皮膜所包封的缝隙内，借以达到防潮去腐。

综上可知，本桥跨度的世界之最是依靠上述设计与施工细节的世界之最来取得的。

四、竖 吊 索

本桥的长吊索采用平行钢丝索(PWS)制造，短吊索采用碳纤维加劲缆索(Carbon Fiber Reinforced Cable，简称 CFRC)制造。吊索与加劲梁的连接方式为 PWS 用铰接，CFRC 用锚环承压。因此，它们在加劲梁架设过程中的引拉方式也不同。

本桥的竖吊索中，长度为 10～40 m 的称为短吊索，10 m 以下的称为超短吊索。在短吊索区间与超短吊索区间架设加劲桁梁的平面构架单元时分别采用特殊的扁担梁(人字形平衡扁担梁，上下扁担梁以及槽形扁担梁)。

五、加劲桁梁

本桥早在 1988 年的 5 月就破土开工，因此，设计的时间更早。最先设计时，本桥的主孔跨度为 1 780 m，由于是公铁两用桥的关系，加劲梁理所当然的采用了对双层桥面来说最适宜的钢桁梁形式。后期，主跨改为 1 990 m，并取消在桥上通过双线铁道，之后对加劲梁究竟采用钢桁梁还是采用呼声日益增高的钢箱梁曾作过比较，由于当时日本钢箱梁的经验不足，只有主跨560 m的大鸟桥正在施工中和720 m的白鸟桥正在设计中（当时来岛一、二、三桥原设计均采用钢桁梁，到20世纪90年代才改变为钢箱梁），所以在通过风洞试验的基础上仍维持采用钢桁梁。

图6.33(b)为本桥最后采用的三跨双铰加劲钢桁梁的横截面。钢桁梁的桁宽35.5 m，桁高14.0 m，由两片主桁梁及桁架式横梁以及横梁上的桥面系等组成。钢桁梁的小节间长度为14.2 m，大节间长度倍增为28.4 m。

钢桁梁采用低碳钢SS400及高强钢HT780制造，耗钢达89 300 t。最大活载竖向挠度为+8.0 m(向下)及−5.0 m(向上)。最大横向风力引起的水平挠度达27 m，梁端的伸缩量达±1.45 m。

风洞试验时考虑了主缆的影响与紊流影响。所用的风洞尺寸为41 m×4 m×30 m(宽×高×长)。试验结果表明应在桥面上增加开孔格栅以及在主孔增设竖向稳定器。

六、锚　　碇

本桥的北锚修建于洪积砂砾岩层中，采用地下连续墙防水。地下连续墙为一圆筒形基础，外周直径84.0 m，高74.5 m，墙厚2.2 m，墙底标高约为−73.0 m。施工时在地下连续墙完成后的圆筒内以深井降水进行开挖。开挖的深度高于地下连续墙底约12.0 m，即开挖到标高约为−73+12=−61.0 m处，然后用26万m^3碾压混凝土进行填充，再在其上面用23万m^3高流动性混凝土修建锚碇。

本桥的南锚直接修建在花岗岩层上，基底作成阶梯状，最深的基底标高约为−23.5 m。整个南锚共用混凝土15万m^3。

七、加劲桁梁的架设

1. 架设方法

本桥加劲桁梁的架设方法具有以下一些特点。

(1)以平面桁架节段进行伸臂架设

大跨度悬索桥加劲桁梁的架设方法可分为以平面桁架节段作为伸臂进行架设，以及在正下方将桁梁立体节段直接起吊来进行架设。本桥由于桥下船舶航行状况的关系，只能在桥塔附近的工程作业海域内，以及海岸填土修筑的锚碇作业场岸壁前区域长时间的使用海面；另外，由于采用起吊立体节段进行架设安装要增加其他起重设备来架设桥面系的钢桥面板和附加梁，成本增大，因此采用平面桁架节段来进行伸臂架设。

平面桁架节段的架设采用逐次刚性固接法，即将架设前端的3个节点进行调整吊拉就位后采用无铰的施工方法。

(2)边跨的架设是从锚碇往桥塔方向施工

以前采用平面桁架节段进行伸臂架设的悬索桥，边跨一般都是从桥塔往锚碇方向施工。本桥由于在伸臂架设中能够上坡的关系，以及可以分散作业场地等理由，决定采用从锚碇往桥塔方向进行架设。

(3)在架设开始阶段先采用大的立体桁架节段

本桥加劲桁梁的架设，先在两个桥塔的两侧(边跨侧与主跨侧)以及两个锚碇的前面，共4个地方进行大立体桁架节段的架设。这样做的目的是可以在这些大节段上先装载架设用的机具设备与材料，减轻现场作业，确保安全与缩短工期，先架设的这些大节段也可作为供应平面桁架节段的基地。

(4)在架设短吊索部分的节段时使用特殊的空中扁担梁

短吊索部分的主缆与加劲桁梁上弦杆之间的净高较小，以前的悬索桥在架设这部分的加劲梁时采用倒换吊装的方法(将加劲梁段从一个吊点倒换到另一吊点，逐步就位)，作业比较繁杂。为了避开繁杂的作业，并且提高安全度与缩短工期，本桥采用特殊的空中扁担梁进行架设。

(5)在桥上采用汽车轮胎式运输平车运送构件

过去都是采用钢制轨道式运输平车来运送架设平面桁架节段的构件。如采用轨道运输，本桥则需铺设轨道 4 km 多，工程量非常大，所以采用不需轨道的汽车轮胎式运输平车。这种运输平车不需要轨道的铺设与拆除，故还可带来缩短工期的好处。

2. 桥塔处立体大节段的架设

加劲桁梁的架设如图 6.35 所示，在架设初期先架设 6 个大立体桁梁节段(它们的位置分别在两个锚碇之前以及两个桥塔的两侧，即主跨侧与边跨侧)。待这些大节段架设好之后，再以平面桁架节段或单个构件作为单元来进行伸臂架设合龙前的作业与合龙后的作业。

桥塔附近的立体大节段分为两个桥塔的主跨侧与边跨侧共 4 个节段来进行架设。每处架设的大节段都是 6 个节间。桥塔边跨侧的大节段上装载卸货吊机，作为供应架设中孔主跨平面桁架节段用的基地。桥塔主跨侧的大节段装载走行式吊机及移动式防护设备与移动式安全工作平台，以准备进行平面桁架节段的伸臂架设。

(1)准备工作

由于明石海峡的潮流很急，系泊大型浮吊需要向海底下重锚，故预先设置沉锚以便准备架设。另外，在桥塔塔架的下横梁上设置安装梁的支承梁，同时进行桥塔连杆的后退。

在地面组拼场将大节段组拼好之后，在桥塔边跨侧的大节段上装载卸货吊机，在桥塔主跨侧的大节段上装载走行式吊机与移动式防护设备与移动式安全工作平台。

另外将架设大节段用的安装梁装在浮吊上，并将对架设大节段所必需的工作平台在地面组拼场上安装好。

(2)架设要点

表 6.4 为架设大节段的一些资料。将组拼好的加劲梁大节段从地面组拼场或系泊在岸壁附近的驳船上由浮吊吊起，浮吊在吊挂状态下进行拽航向现场海域运送节段并作临时停泊。临时停泊的浮吊在架设当天的早上，于潮流速度小于 3.0 节(n mile/h)时开始前进，在所装载的吊机旋臂与吊索不碰撞的条件下，同时在从猫道上进行监视的情况下将梁体的大节段移动到桥轴线上，之后将大节段向上提升并向塔侧进行横移(即在桥轴线上纵向移动)，在移动的同时将大节段上的安装梁通过安装梁的导向装置，移到指定的位置并进行微调。在梁体大节段的坡度调整好之后，进行吊索与大节段的锚固作业。吊索的锚固节点在边跨侧是东侧 2 节点与西侧 3 节点，在主跨侧是东侧 2 节点与西侧 6 节点。吊索锚固完毕后，浮吊即可卸载，但在卸载时应避免使安装梁承受过大的反力，而应将载重卸移到吊索上。浮吊完成卸载之后，卸除吊具，然后浮吊后退并作临时停泊，待潮流速度小于 2.5 节时解除停泊用的系缆，离开工程作业的海域。

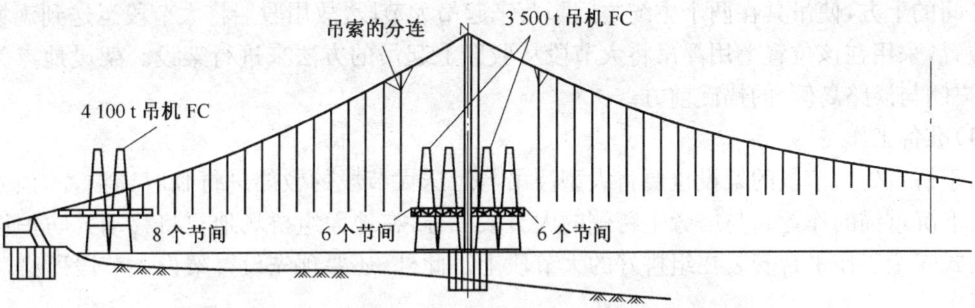

(a) 第一阶段：立体大节段的架设

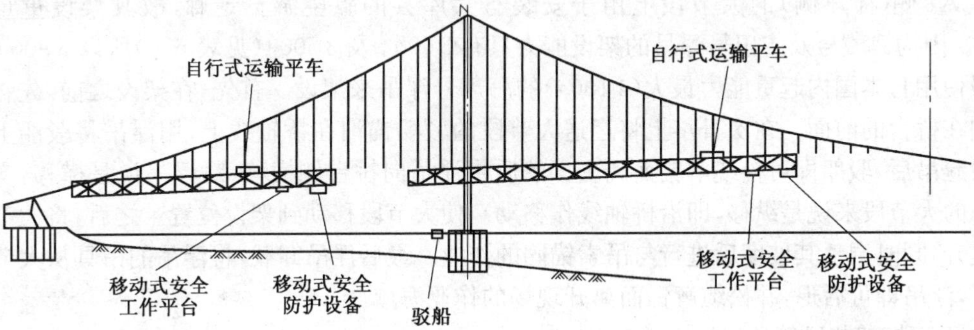

(b) 第二阶段：伸臂架设平面桁架阶段

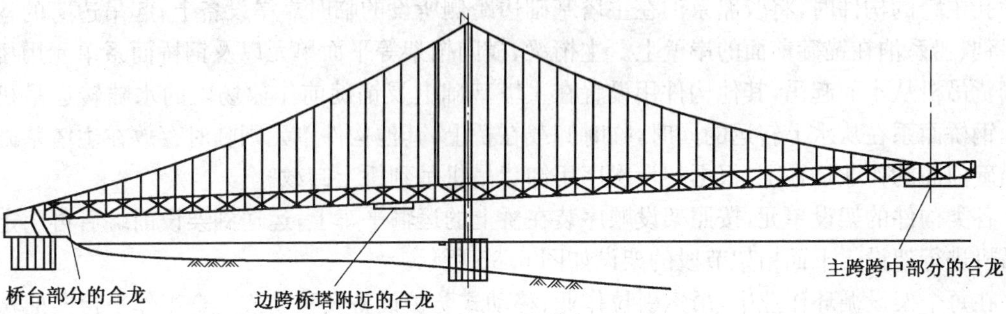

(c) 第三阶段：合龙作业与桥面作业

图 6.35　加劲桁梁的架设阶段

表 6.4　大节段架设重量、日期与使用的浮吊

内　容	A1 桥台处	P2 桥台处		P3 桥台处		A4 桥台处
		边跨侧	主跨侧	边跨侧	主跨侧	
架设重量(t)	3 800	2 700	2 800	3 000	2 600	3 000
架设日期	9 月 19 日	6 月 6 日	7 月 6 日	7 月 21 日	6 月 20 日	8 月 20 日
使用的浮吊	海翔号 4 100 t 级	N. 50 吉田号 3 500 t 级	同左	海翔号 4 100 t 级	N. 50 吉田号 3 500 t 级	武藏号 3 600 t 级

3. 桥台处立体大节段的架设

在桥台处大节段起吊位置的上方，由于主缆的位置很低，为了将浮吊的吊点放在东西两个主缆之间的上方，使吊具在两个主缆之间降落来起吊大节段，故用驳船将大节段运送到现场的架设位置，采用在该位置上用浮吊将大节段从驳船上起吊的方法来进行架设。架设地点为两侧(神户侧与淡路岛侧)的锚碇前方。

(1)准备工作

由于桥台处大节段的架设也要将大型浮吊与运送大节段的驳船进行临时锚泊，故预先也要进行下沉重锚的作业。与塔旁主跨侧的大节段一样，在地面组拼场地要将移动式防护设备与移动式安全工作平台安装在组拼好的大节段上。此外，还要预先设置架设大节段所必需的工作平台。

(2)架设要点

在A1侧(神户侧)的大节段上由于安装有兵库县的瞭望游览走廊，故其架设重量达3 800 t。因为武藏号及吉田号浮吊的架设能力只有3 600 t及3 500 t(见表6.4)所以3 800 t的大节段使用日本国内起重能力最大(4 100 t)的海翔号浮吊来架设。首先，在架设之前，先将浮吊锚泊在桥台的前面。在次日早上将运送大节段的驳船锚泊在桥轴线上，用浮吊将驳船上的大节段起吊后，驳船即可松缆解锚而离去。然后将浮吊向桥台侧横移(对浮吊说是横移，实际对所吊的大节段来说是纵移，即沿桥轴线作移动)，使大节段移动到架设位置。之后，将大节段起吊提升，同时调整其坡度后进行与吊索锚固的作业。最后浮吊卸载，将浮吊的吊具从大节段上拆下，浮吊即可后退，并松缆解锚而离开现场的作业海域。

4. 平面桁架节段等的架设

在工厂内组拼好的各种构件平面单元由驳船运输到现场，构件平面单元从水面起吊。起吊中孔主跨的构件时，将驳船系泊在主塔基础边跨侧所设的临时靠岸设备上；起吊边跨的构件时，将驳船系泊在锚碇前面的岸壁上。主桁梁、横向桁架等平面单元以及钢桥面系单元用桥上的卸货吊机从水面起吊，其他构件用设置在主塔基础上及锚碇前作业场内的水陆转运吊机起吊。钢桥面系在从水上转运的同时，临时卸载在桥上，其他构件单元则临时存放在主塔基础上及锚碇前面的作业场地上，根据架设次序用卸货吊机吊到桥上卸载。

各类构件的架设单元，按照架设顺序装在桥上的运输平车上，运送到架设前端后再用走行式吊机进行架设。平面桁架节段的架设如图6.36所示。

在每个架设循环作业中，吊索引拉作业、移动式防护设备及移动式安全工作平台向前移动两次，每次1个节间，走行式吊机移动1次共两个节间。

(1)短吊索部分处的平面桁架节段的架设

与以前的许多悬索桥一样，明石海峡大桥加劲桁梁的主桁架与主缆在同一竖直平面内。在这种情况下，由于在主缆位置较低的部分，也就是吊索较短的部分，猫道及主缆对走行式吊机旋臂的作业有干扰，不可能将主桁架的平面节段从正下方直接起吊安装。大鸣门桥等其他桥的架设情况是先将走行式吊机所吊的主桁架平面节段临时转给主缆承载，然后再转换给旋臂顶部跨越主缆的走行式吊机承吊，用这样的倒换承吊方法来进行架设，但这种方法作业繁杂又费时。因此，明石海峡大桥为了要避免这种倒换承吊的方法，决定采用特殊形状的空中扁担梁来进行架设。

短吊索区间的特殊扁担梁采用人字形平衡扁担。超短吊索区间的特殊扁担梁采用上下扁担梁及槽形扁担。

(2)吊索引拉到位的要点

关于吊索的引拉到位，采用大鸣门桥与濑户大桥等已有的实践经验，调整3个节点的引拉

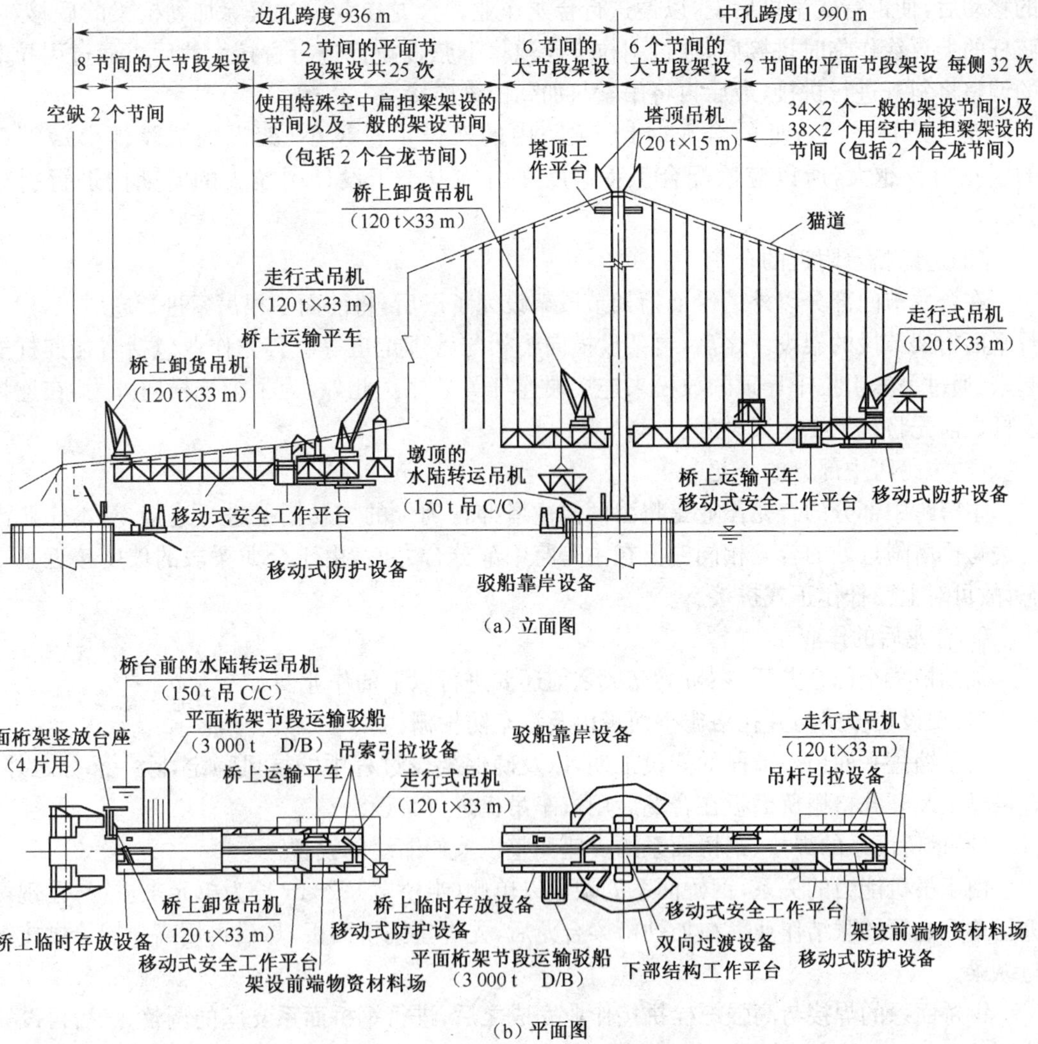

图 6.36　平面桁架阶段的架设示意图

力来使之到位。本桥的长吊索采用由 PE 管包封的 PWS 缆绳，短吊索采用 CFRC 缆绳。对吊索引拉到位的方式根据缆绳的种类而有所区别。对 PWS 吊索采用直接引拉到位的方式，对 CFRC 吊索采用通过临时吊索吊在加劲桁梁上弦杆上的间接引拉到位方式。

引拉作业集中在设置于移动式防护设备上的操作室内进行。在操作室内设置有操作用与测定用的两台小型电子计算机，根据测定用小型电子计算机屏幕画面上的引拉量，在监视引拉力的情况之下进行引拉作业。引拉量在中孔主跨的架设初期为 3.0 m，在边跨的架设初期为 2.0 m。

5. 合龙

加劲桁梁的合龙共计有 5 处，即边跨桥塔附近与桥台附近各两处以及主跨跨中一处。

(1)边跨桥塔附近处的合龙

边跨桥塔附近处的合龙是将最早架设的桥塔附近的 6 个节间的大节段与从桥台向桥塔由平面节段作伸臂架设到该处的加劲桁梁进行联结作业。在合龙之前，将塔旁 6 个节间的大节段向塔侧后移，以便合龙节间部分的平面桁架节段可以插入架设。然后，在进行吊索引拉装置的移动后，使走行式吊机后退，以便进行合龙作业。合龙作业通过解除加劲桁梁的后移，将上弦杆的上翼缘作临时拼接后，通过引拉千斤顶将下弦杆拉拢进行拼接。然后再通过引拉装置的调整将斜杆进行拼接，最后再将吊索与加劲桁梁连接。

在边跨桥塔附近处的合龙时期，主跨内的架设重量越小(架设的节段越少)，下弦杆的引拉力将越大，所以应该配合工程进度在引拉力小于设计引拉力的时期内进行引拉合龙。

(2)边跨桥台附近的合龙

在合龙节间部分以外的平面桁架节段架设完了以后，将前面一根吊索进行超引拉，然后进行平面桁架节段的架设。之后，再架设横向桁架与管理走道等。合龙作业包括将端连杆安装起来，通过吊索引拉千斤顶的放松来连接端连杆等顺序。此外，为了抵抗横向外力，在连接端连杆之前先将抗风支座架设好。

(3)主跨跨中部分的合龙

主跨跨中部分的合龙作业是将由两侧主塔伸臂到位的加劲桁梁进行连接，基本作业流程与边跨桥塔附近处的合龙相同。但在主跨跨中部分合龙时，由于合龙梁段的坡度接近水平状态，故可对上弦杆作正式拼接。

6. 合龙后的作业

加劲桁梁全部合龙后，在桥梁完成之前还要进行以下的作业。

(1)架设格栅梁与开孔格栅桥面板以及汽车防护栅栏

为了缩短平面桁架节段的架设工期，以及确保架设过程中的抗风稳定，除一部分之外，所有格栅梁及开孔格栅桥面板在合龙后用汽车吊机进行架设。

(2)钢桥面系的焊接、钢桥面系的支座调整以及伸缩缝的设置

由于吊机能力的关系，钢桥面系的架设以单侧(半桥宽)、28 m 长为单元来进行，在现场要进行单元之间的联结作业。在加劲桁梁合龙后，先焊接钢桥面板，然后再用高强螺栓拼接纵肋与纵梁。

钢桥面系的焊接与高强螺栓拼接作业完成之后，进行钢桥面系支座的调整，然后再设置其伸缩缝。

(3)桥塔部分两侧加劲桁梁之间管理走道的架设

由于本桥加劲桁梁的布置为三孔双铰支承，主跨与边跨的加劲桁梁在桥塔部分不是连续的。因此，在作为路面的上弦杆平面处，由设置在桥塔下横梁上的钢桥面系来作为连接两侧加劲桁梁之间的桥面。但在设置管理走道及公共附加物的桁梁下弦杆平面处，也需要将两侧加劲桁梁之间的空挡连接起来，这就是桥塔部分连接两侧加劲桁梁之间的管理走道。该部分走道作成由桥塔下横梁承吊的结构，其架设为将在工厂内或桥塔基础上组拼成的平面单元用桥上的卸货吊机及汽车吊机来共同起吊安装，其他构件则为单根或单件吊装。

(4)过水管道的焊接

在平面桁架节段架设时，过水管道按每节 14 m 的长度进行架设，因而它需要有接合的作业。接合工作为现场焊接。采用 TLG(惰性气体保护钨极)方法焊接。

(5)管道工程与给水管道的铺设工程

格栅梁架设之后在其外侧设置托架，用以布放电力、电信管道及防水用的给水管道。

(6)架设机具、物资、材料的拆卸与移走

在架设工作完成后，将架设时所用的机具、物资及材料等按照顺序进行拆卸与移走。

7. 主要架设机具设备

主要架设机具设备见表 6.5。

表 6.5　主要架设机具与设备

名　　称	能力及规格	数量	使用目的
卸货吊机	主钩 120 t×33 m 副钩 15 t×45 m	4 台	将驳船上的加劲桁梁构件及架设机具从水上起吊到桥上
走形式吊机	同上	4 台	架设加劲梁构件及架设机具用
自行式运输行车	装载能力 150 t 装载时走行速度 0.9 km/h	4 台	在桥上运送加劲梁构件及架设机具用
吊索引拉装置	每个节点 800 t×400 m (300 mm)行程	12 组 (12 组)	将吊索钢缆引拉到加劲梁上作连接用
移动式防护设备	自行式钢管桁架结构	4 台	防止加劲梁架设前端作业人员坠落及小件物品从上落下
移动式安全工作平台	同上	4 台	现场涂装、下层安全网的安装以及工作平台的拆除等用

复习思考题

1. 简述斜拉桥主梁施工的常用方法以及主要特点。
2. 简述斜拉桥和悬索桥的主要施工步骤及各自的特点。
3. 简述斜拉桥、悬索桥钢桥塔和混凝土桥塔的常用施工方法。
4. 悬索桥混凝土锚碇施工中应注意哪些问题？大体积混凝土怎样进行温度控制？
5. 简述斜拉桥拉索的架设方法和张拉方法，斜拉索的索力量测主要采用什么方法？
6. 悬索桥架设导索的方法有哪些？
7. 简述悬索桥锚道的作用以及架设方法。
8. 简述悬索桥主缆架设的施工步骤和加劲梁架设的方法。
9. 简述斜拉桥和悬索桥的主要力学特点。

第七章

高速铁路桥梁及施工实例

第一节 高速铁路桥梁设计施工特点

一、世界高速铁路桥梁建设

桥梁作为高速铁路轨道的下部结构，为确保高速运行列车的安全性、平稳性和乘坐舒适性要求，必须具有高平顺性、高稳定性以及高可靠性等特点。目前世界上已经建成的高速铁路主要分布在日本、法国、德国、中国、意大利、西班牙比利时、英国、韩国以及台湾地区，最高运营速度达 350 km/h，各线的桥梁占线路长度的比例从 1.3%到 86.6%(京津城际)不等。

各国根据其施工水平、施工周期、桥梁工点的地质地形等不同特点，在高速铁路桥梁建设上也表现出自己的一些特征。桥梁结构形式多样化，有预应力混凝土连续箱梁、简支箱梁、混凝土刚架梁、多片式 T 梁、上承式钢板连续结合梁、下承式钢桁梁、鱼腹式上承钢桁连续结合梁、大跨度系杆钢拱以及大跨度公铁两用斜拉桥等多种结构形式。

法国高速铁路运营里程 1 576 km，地中海线高速铁路最高行车速度为 320 km/h，各线桥梁所占线路长度的比例为 1.3%～32.2%。在东南线和大西洋线上，桥梁常用跨度为 40 m，采用双线箱形等高预应力混凝土连续梁，梁体现场现浇，用顶推法施工。北方线由于桥梁需横跨高速公路和宽阔河流、施工期相对较短等因素，建造了跨度 50 m 左右的结合梁，以及一孔跨度 93.3 m 的下承式钢桁结合梁。北方线与巴黎地区联络线、东南延伸线的高架桥长约 12 km，钢混结合桥比例达到 50%。

德国新建高速铁路总长 1 265 km，最高运行速度为 300 km/h，桥梁所占线路长度的比例为 2.7%～12.5%，干线桥梁的标准跨度是 25 m、44 m 和 58 m。25 m 跨度主要用于高架桥，44 m和 58 m 跨度则主要用于山谷桥。桥梁结构通常采用预应力混凝土简支箱梁，一般采用就地灌筑、移动支架施工或简支梁连续顶推等方法在现场制梁。

德国科隆—莱茵/美因高速铁路，线路从北向南穿越 3 座中等大小的山脉，架设了 18 座大型谷架桥。其中最长的桥是哈勒巴赫塔耳谷架桥，长 992 m；最大跨度的美因河桥主跨为 130 m。

意大利高速铁路总长 533 km，按客货混运模式设计，目前高速列车客车运行速度 300 km/h，货车运行速度 160 km/h，桥梁所占线路长度的比例为 12.5%～19.5%。罗马—佛罗伦萨线的高架梁结构基本上可分为两类：一类是工字梁由横梁联结，上面加盖板；另一类为箱形梁。罗马—那不勒斯、佛罗伦萨—米兰等高速铁路桥梁类型为预应力混凝土及钢混结合简支梁，跨度多为 55 m、43.2 m、33.6 m 和 24 m，一般由多个小箱梁组合而成，桥面总宽 13.6 m。

西班牙高速铁路总长 993 km，最高运行速度 300 km/h。以马德里—塞维利亚高速铁路为例，全线修建高架桥共 31 座，总长 15 km，桥梁所占线路长度的比例为 3.2%。全线采用了两种类型的高架桥，以钢筋混凝土预制简支梁为主，部分为连续箱形梁高架桥。简支梁桥采用

T 形梁，一般由 5 根到 9 根简支 T 形预应力梁组成，桥梁跨度采用 26.6 m 和 38 m，梁高分别为 2.05 m 和 2.1m。

日本是世界上最早建设高速铁路的国家，运营里程达 2 049 km，线路最高运行速度为 300 km/h，桥梁所占比例相对较高，为 33.3%～61.5%。东海道新干线除高架桥外，近 50%的桥梁为钢桥和钢混结合梁桥，以后的几条新干线上钢桥的应用越来越少。出于养护维修方面的考虑，山阳新干线冈山以西开始大量采用板式整体无砟轨道，高架桥和混凝土简支梁桥的比例也越来越大，东北新干线中混凝土桥占线路总长度的 70%。新干线高架桥多采用钢筋混凝土刚架式高架桥和预应力混凝土箱形梁式高架桥。在地形平坦地段一般采用钢筋混凝土刚架式高架桥，地形起伏地段多采用预应力混凝土箱形梁式桥。

我国台湾地区南北高速铁路总长 345 km，最高运行速度为 300 km/h，桥梁总长 269 km，桥梁占线路长度的比例达 81.5%。主要以 30 m 和 35 m 跨度简支箱梁为主。其中，有 139 km 的桥梁选择了预制架设施工方法，占全部桥梁的 55.3%，曾经创下 22 个月架设 1 946 孔梁的成绩。

国内首条运营的京津城际铁路，最高运营速度 340 km/h，桥梁所占比例达 86.8%，主要以 32 m 简支梁为主。武(汉)广(州)铁路客运专线于 2009 年 12 月 26 日正式开通，全长 1 068.6 km，时速 350 km，是迄今为止世界上一次建成里程最长、运营速度最高的高速铁路，桥梁所占比例达 48.5%。主要以 32m 跨度预应力混凝土简支箱梁为主。

高速铁路的技术标准要求高，行车速度快，站间距离长，且要与周围环境协调，尽量减小噪声污染，所以对桥梁的要求与普通铁路有所不同。高速铁路的桥梁一般有以下特点：

(1)数量多。高速铁路受不允许设平交道、路基高度限制和尽量减少用地等限制，在一般情况下桥梁总延长米在线路总长中所占的比例比普通铁路为大。

(2)混凝土桥梁多。高速铁路的桥梁需要有较高的抗挠抗扭刚度、足够的稳定性和耐久性，噪声要小。因此世界各国对高速铁路桥梁的结构类型均进行了充分而细致的研究，并做了明确的规定。如德国的规范规定高速铁路桥一般应采用上承式梁，在任何情况下都必须设置石砟道床，采用下承式槽形梁、斜拉桥或悬索桥需经特别批准；日本的东海道干线，曾使用过明桥面钢梁，经 10 年运营行车后，在纵梁、横梁端部腹板的断面变化处出现裂缝，后来为其修补花了不少代价，因而在山阳新干线设计时，汲取了这一经验教训，加之要减小噪声和震动，将该线的大部分桥梁设计为混凝土结构。

(3)设计标准高。为了满足高速行车的安全、舒适要求，高速铁路桥梁的设计标准(如允许挠度、冲击系数、噪声、车辆与桥梁震动等)要比普通铁路高，相应桥梁的施工质量与精度要求也较高，以保证设计高标准的实现。

(4)养护时间短而少。高速铁路的运输量很大，行车密度也较大，故养护维修线路时间相应减少。因此，高速铁路桥梁必须尽量减少其养护维修时间，这除在设计上给予保证外，施工也应尽量减少质量隐患和事故，提高桥梁结构的质量。

(5)短跨、连续梁及刚构桥多，箱形截面多。鉴于高速铁路全封闭，桥梁数量多，设计技术标准高，又要求行车安全舒适，所以，对其桥梁的设计不能不给予重视。根据日本高速铁路新干线的经验，中等跨度桥多采用刚构桥，大跨度桥则以箱形断面为多，目的是提高结构的抗扭性能。

(6)使用了高架车站桥。高速铁路多修建在客运或客货运量较大的路段，或新建或对既有线进行改造，或要求实现与地铁、城市公共交通的无缝对接。无论哪种情况，既有车站线路和站房相交错或综合在一起的现象是避免不了的，往往形成结构形状、构造复杂的车站桥，特别是与既有铁路相结合的高架车站桥，既要保证高速铁路和既有铁路的行车净空，又要便于进、出站旅客的疏散。

二、中国高速铁路（客运专线）桥梁建设思路

1. 保证高速条件下的安全与舒适

高速铁路（客运专线）桥梁与普通铁路桥梁的显著区别在于列车运行速度，确保设计速度目标值条件下的安全与舒适性，是高速铁路桥梁建设的关键之一。这涉及动力响应、桥梁结构非弹性变形、稳定频率和路桥刚度过渡、大跨度桥梁低频振动、桥面构造以及高速铁路线形等方面的要求。

(1)动力响应问题是高速铁路桥梁设计的关键。高速列车在桥梁上运行时，列车与桥梁之间的互动影响明显，在结构设计中除满足常规桥梁的静力强度、刚度要求外，对结构的动力特性必须高度重视。梁跨结构必须具有足够的刚度和自振频率，宜采用箱形梁等刚度大、动力性能好的结构形式。

(2)桥梁结构非弹性变形对轨道持续稳定和平顺性的影响。高速铁路桥梁结构在与跨区间无缝轨道的相互作用以及在各种荷载工况下的变形，会直接导致桥上轨道结构的变形，影响高速列车运行的安全性和乘坐的舒适性。因此必须对梁轨作用的位移差值、桥墩台的水平刚度、基础的沉降变形、梁体挠度、梁端转角、预应力混凝土梁体的弹性变形及后期收缩徐变变形进行控制，使线路轨道平顺性保持在允许的范围内。

(3)保持良好的线路动力性能。由于线路、水文、地质、立交等要求，高速铁路的长桥较多，有的长达数十千米，列车匀速行驶所引起的等跨简支长桥与列车达到某一稳定频率的问题需引起关注，并应避免对列车走行造成不利影响。路基填土相对于桥梁结构具有可压缩性，提供的竖向刚度也比桥梁弱，为了保证高速行车的安全和舒适，必须重视路桥刚度过渡问题。采取有力措施减少路基、桥梁交变地段竖向刚度突变对高速行车的影响。

(4)合理设计桥面构造系统。高速铁路桥梁的桥面除布置轨道系统外，还设置电力、电气化、通信、信号、声屏障等相关设施。桥面在施工期间有施工运载机具通过，在运营阶段不仅走行高速列车，还有机械化养护维修设施通过。列车在高速行车时产生的风吸附作用，也将对桥面设施产生影响，进而影响高速行车安全。要重视桥面构造系统研究，综合考虑各种因素，合理布置桥面形式。

(5)优化高速列车的运行条件。高速铁路的平面曲线半径大，不能按照传统桥渡的概念控制线路走向，除个别特大桥外，大多数桥梁的桥位受线形控制，需采用技术措施，以实现高速运行。对于技术复杂、具有控制性要求的个别特大桥的桥渡设计，要在充分研究水文、地质、河道、航道及道路设施的通行条件等因素的基础上进行综合比选，采用有利于缩短行车时分、技术经济条件好的方案，并结合施工条件，选择合理的桥式结构、桥跨布置、墩台基础形式。

2. 注重环境与景观的适应

(1)高速铁路桥梁建设，必须充分研究建设地区的环境因素，预判环境对桥梁的影响，解决不同自然环境条件下的基础设计、结构选型、环境相融性、构造措施等问题。

注重节约用地。建造高架桥梁与修建路基相比，能够少占良田，节约土地资源。一般高架桥平均每千米比路基少占地 43 亩（注：1 亩＝0.066 7 km^2）。中国高速铁路多位于东、中部地区，该地区人口稠密，道路纵横交错，采用高架桥不仅节约土地而且能更好地适应城市的规划与发展，方便沿线两侧居民的出行。

(2)减少噪声影响。列车高速运行，轮轨碰撞、列车受电弓与接触网摩擦、列车与空气摩

擦、结构物自身振动都会产生很大噪声，需采取有效措施，重视减隔振设计，尽量减少噪声影响。目前桥梁支座普遍采用橡胶支座，轨道采用弹性橡胶垫，以减少对环境的影响。穿越城镇或居民区的桥梁，在桥面外侧设置声屏障等措施。在建设与运营各阶段，要严格控制高速铁路对水体、土壤、大气的污染，减少对生态的破坏。

(3)塑造桥梁景观。高速铁路桥梁尤其是穿越优美自然景区、经过城市范围的桥梁，作为永久性工程和标志性建筑，必将融入所经地区人们的生活，给环境带来影响和变化。桥梁在发挥交通建筑主要功能的前提下，还要体现出与环境和谐统一的美学特性，形成与环境相协调的桥梁景观。在实用、安全、经济的原则下，更加突出美学要求，塑造出体现时代特征、新颖美观的桥梁建筑造型。

3. 注重服务运输与综合效益

路网资源不足、运输能力短缺是制约中国铁路运输的主要问题，必须加高速铁路(客运专线)建设速度，尽早实现客货分线，大幅提升铁路运输能力。缩短高速铁路桥梁设计和施工周期是加快铁路建设的关键所在。

(1)优化建设工期。为保证建设工期能够控制在较短的周期内，对于个别控制全线工期、技术复杂的特大桥，如京沪高速铁路南京大胜关特大桥、武广客运专线天兴洲公铁两用斜拉桥等，采用单独立项、先期开工的方式解决工期问题，既保证了桥梁工程的合理周期，又加快了全线的建设速度。

(2)工业化施工组织。高速铁路的桥梁比重很大，有的高达正线总长的80%以上，大多是标准跨度的简支梁桥，数量巨大，有利于工厂化制梁，采用架桥机组织快速铺架，有利于加快桥梁建设速度。

(3)集成专业技术。为满足少维护易维修的需求，优先采用高性能耐久性预应力混凝土结构。要重视接口设计，协调桥梁与轨道、接触网、通信、信号、电力电缆线、综合接地等各专业之间的接口关系，综合考虑专业之间的系统集成技术，满足养护维修作业需要。

三、中国高速铁路(客运专线)桥梁技术标准

我国从20世纪90年代开始，开展高速铁路研究，组织编制高速铁路、客运专线的设计、施工规范和系列技术标准。迄今已初步形成时速200～250 km与300～350 km高速铁路勘察、设计、施工、验收等成套标准。其中，对高速铁路桥梁的设计标准也作出了规定。

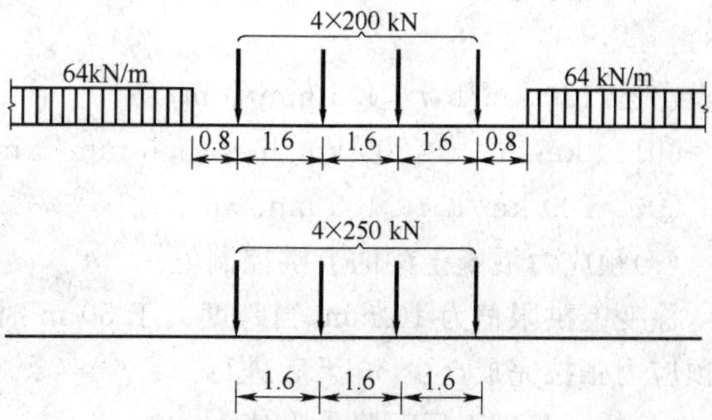

图7.1　ZK活载计算图式(单位:m)

1. 设计活载标准

采用ZK设计活载(相当于0.8UIC)作为高速铁路桥梁设计活载(图7.1)。

如果直接把UIC活载作为高速铁路的设计活载，与运营活载的强度效应比余量太大，常用跨度的简支梁最少为50%左右，中等跨度的连续梁最少在40%左右，经济性差；采用0.7UIC作为高速铁路桥梁设计活载，虽能包络各种运营列车活载效应，但余量较小；采用0.6UIC作为高速铁路桥梁设计活载，虽能包络跨线、高速列车活载效应，但特殊情况下要求运营货物列车时，个别跨度经检算不能通过。

2. 桥梁刚度的限值标准

(1)挠跨比刚度限值

单跨桥梁挠跨比限值见表 7.1。

表 7.1 单跨桥梁挠跨比限值

桥梁跨度/m	竖向挠跨比限值	横向挠跨比限值
$L \leqslant 24$	1/1 300(ZK 活载)	1/4 000
$24 < L \leqslant 80$	1/1 000	1/4 000
$L > 80$	1/800	1/4 000

连续梁竖向挠跨比小于 $L/1\ 200$,横向挠跨比小于 $L/4\ 000$。其他特殊型桥梁需进行专项研究。

(2)固有频率刚度限值

为避免车桥共振,梁的竖向自振频率取值应大于 $n_0 = 1.1v_{max}/L$ 的计算值。考虑高速铁路车辆的动力作用较大,建议高速铁路跨度 12～40 m 简支梁的竖向自振频率限值采用 $n_0 = 1.2v_{max}/L$,按 350 km/h 的列车速度计算约为 $n_0 = 120/L$(Hz)(以米计)。

3. 桥梁变形的限值标准

(1)梁端转角限值

在 ZK 活载静力作用下,有砟轨道桥梁梁端竖向转角($\theta_1 + \theta_2$)不应大于 4‰。无砟轨道桥梁梁端竖向转角($\theta_1 + \theta_2$)不应大于 2‰(图 7.2)。

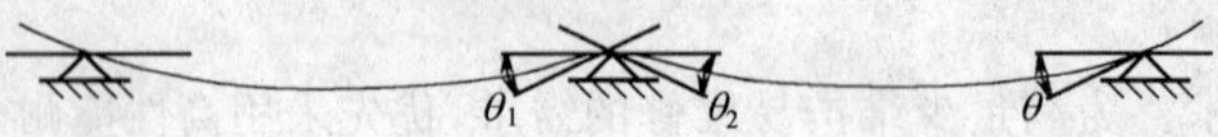

图 7.2 梁端转角示意图

(2)扭转变形限值

计算桥梁扭转时采用考虑动力系数的 ZK 荷载。

3 m 长度的最大扭曲变形不超过下列限值(见图 7.3):

①$v \leqslant 120$ km/h,$t \leqslant 4.5$ mm/3 m;

②120 km/h$< v \leqslant 200$ km/h,$t \leqslant 3.0$ mm/3 m;

③$v > 200$ km/h,$t \leqslant 1.5$ mm/3m。

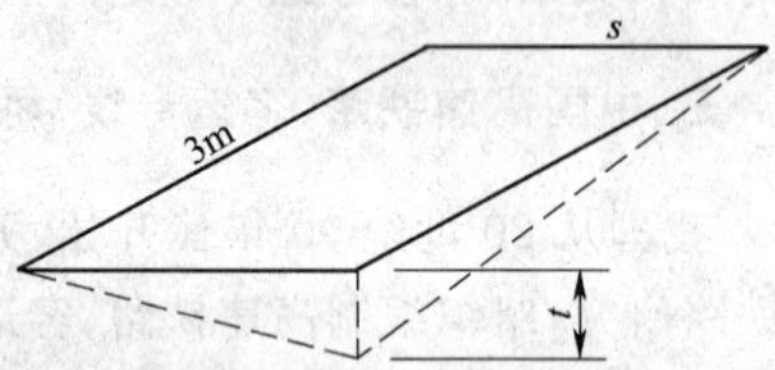

图 7.3 桥面容许扭转限值示意图

(3)预应力混凝土梁的上拱控制值

徐变上拱限值为 10 mm,当跨度大于 50 m 时,限值为 $L/5\ 000$。无砟轨道的铺设应在梁体预应力张拉完成至少 60 天后进行。

(4)桥涵基础工后沉降量限值

桥涵基础工后沉降量限值标准见表 7.2。

表 7.2 桥涵基础工后沉降量限值标准(mm)

轨道结构	350 km/h		250 km/h	
	工后总沉降	相邻桥墩沉降量之差	工后总沉降	相邻桥墩沉降量之差
有砟轨道	30	15	50	20
无砟轨道	20	5	20	5

4. 车桥动力响应指标

车桥动力响应指标分类见表 7.3。

表 7.3 车桥动力响应指标分类

桥梁参数	车辆参数			
	运行安全性指标	限值	运行平稳性指标	限值
自振频率	脱轨系数 Q/P	≤0.8	车体竖向振动加速度 a_x	≤$0.13g$
横向振幅加速度	轮重减载率 $\Delta P/P$	≤0.6	车体横向振动加速度 a_y	≤$0.10g$
变位标准	轮对横向水平力 Q	≤80 kN	平稳性指标 W	

斯佩林舒适度指标小于 2.5 为优；2.50～2.75 为良；2.75～3.00 合格。

桥面板在强振频率 20Hz 及以下的竖向振动加速度，对于有砟桥面应≤$0.35g$；对于无砟桥面应≤$0.50g$。

5. 纵向力传递模式和桥墩台纵向刚度限值

桥上无缝线路钢轨附加压应力不大于 61 MPa；桥上无缝线路钢轨附加拉应力不大于 81 MPa。制动时，梁轨相对快速位移不大于 4 mm。

混凝土梁当温度跨大于 120 m 时，因伸缩力过大，应设置钢轨伸缩调节器，从释放钢轨附加应力。对于满足桥墩纵向最小刚度有困难的高墩谷架桥，应采用结构措施，限制钢轨附加力。

6. 桥面宽度

现行规范对桥面宽度的规定见表 7.4。

表 7.4 现行规范桥面宽度规定

客运专线类型	线间距(m)	线路中心至栏杆内侧(m)	桥面栏杆内侧净距(m)	双线箱梁顶板宽(m)
350 km/h	5.0	4.1	13.2	13.4
250 km/h	4.6	4.1	12.8	13.0

四、中国高速铁路(客运专线)桥梁设计特点

桥梁是构建铁路本体的重要基本工程结构之一，也是铁路建设的关键技术。在高速运行的环境、技术要求以及我国特有的国情条件下，桥梁设计、建造和检测等许多方面具有与国外高速铁路以及我国传统铁路不同的要求和特点。

1. 地质条件复杂多样

我国幅员辽阔，东西南北地质地形条件差异很大。比如，东部沿海地带、大江大河两岸的冲洪积平原和海陆相沉积层以及内陆湿地主要以软土、松软土为主；中西部黄土高原、黄河流域冲积平原主要为湿陷性黄土地区；一些线路还会遇到广泛分布的不良地质石灰岩岩溶地区等。极为复杂的地质条件为高速铁路桥梁的修建带来很多难题，应根据沿线地质特性确定合理的基础类型和桥梁结构。

2. 高架桥多、桥梁比例大

在高速铁路建设中，综合考虑建筑物与地基变形、控制工后沉降、少占良田、环境保护以及维修养护等多种因素，通过桥梁与路基工程的技术经济比较，加大桥梁比例，修建高架桥(例如，京津城际铁路桥梁累计长度占全线正线总长的比例为 86.6%，京沪高速铁路为 80.5%，广

珠城际铁路为94.0%，武广客运专线为48.5%，哈大客运专线为74.3%)。

3. 大量采用简支箱梁结构形式

根据我国高速铁路建设规模、工期要求和技术特点，通过深入的技术比较，确定以32m简支箱梁作为标准跨度，整孔预制架设施工。预制结构分为有砟轨道整孔箱梁和无砟轨道整孔箱梁，预应力体系有先张法和后张法两种。时速350 km后张法32 m箱梁体积329.7 m，重819 t。少部分采用12 m或16 m跨度的T形梁，预制吊装。

4. 特殊结构桥多

为适应不同地区的自然环境差异，在高速铁路建设中广泛采用特殊结构桥梁，数量之多在我国铁路建设史上前所未有，在世界其他国家高速铁路建设中也是少有的。特殊结构桥桥梁的一般形式主要有:拱桥、连续刚构、V形刚构、斜拉桥、组合结构桥(如连续梁与拱组合桥、斜拉刚构组合桥、连续钢桁梁柔性拱组合桥等)。

5. 大跨度桥多

受国情路况的制约，我国高速铁路中，跨度达100 m及以上的大跨度桥梁很多。据统计，在建与拟建高速铁路中，100 m以上跨度的高速桥梁至少在200座以上。其中，预应力混凝土连续梁桥的最大跨度为128 m，预应力混凝土刚构桥的最人跨度为180 m，钢桥的最大跨度为504 m。

6. 重视桥梁建筑美学

我国传统铁路桥梁建设多存在重功能、轻外观的现象，随着我国铁路建设水平的不断进步，铁路桥梁的美学效果已经成为当前高速铁路桥梁建设中重点考虑的因素之一。在桥梁设计构思时，除了考虑结构安全性与经济性之外，还同时从桥梁美学效果综合考虑桥梁形式美、功能美以及与环境的协调性，从时代的需求出发，努力塑造新颖、美观的桥梁造型。如京沪高铁南京大胜关长江大桥采用双孔通航的六跨连续钢桁拱桥(109+192+2×336+192+109)m，采用三桁承重结构，建筑造型优美。

7. 注重车站桥梁建筑设计与综合功能的统一

集铁路、地铁、地面交通为一体的大型综合交通客站从桥梁角度来说有两种类型，即房内设桥和桥上设房。北京南站、上海虹桥站采用房内设桥方式，新武汉站、新广州站采用桥上设房方式，桥梁承载了巨大的站房荷载，且多以集中荷载的方式作用于桥上，桥梁结构设计极其复杂，其关键是要上下结合巧妙布置，使站房的力尽快传于桥墩上，并合理控制桥梁桥墩变形对站房结构的影响。

五、高速铁路(客运专线)桥梁施工特点

高速铁路工程是高新技术的系统工程，如大功率高速度运行的机车车辆、高技术标准的线路及与之成套的信号与自动控制、运营管理等。桥梁是高速铁路工程的主要土工建筑之一，是建成高速铁路的重要环节，为了保证高速铁路安全舒适运行，搞好高速铁路桥梁的施工是非常必要的。

以京沪高速铁路为例，常用跨度梁桥总长度为956 km，占桥梁总长的90%，对京沪高速铁路桥梁工程以至整体工程建设起到关键作用。针对不同地质条件、施工方法，选择不同梁型、梁跨，对常用跨度桥梁进行综合技术经济比较，京沪高速铁路桥梁形式以预应力混凝土整孔简支箱梁为主，以小跨度连续梁为辅。

高速铁路要求其下部结构物具有较大的抗弯和抗扭刚度，整孔简支箱梁具有受力简单、明

确、形式简洁、外形美观、抗扭刚度大，建成后的桥梁养护工作量小以及噪声低等优点，经综合经济、技术比较，结合京沪高速铁路桥梁比重高，松软土层较多等特点，梁型、梁跨以 32 m 双线整孔简支箱梁为主，辅以 24 m 或 20 m 配跨。

京沪高速铁路 32 m 跨度双线整孔简支梁共计 27 973 孔，所以做好常用跨度双线整孔简支箱梁的施工组织是京沪高速铁路施工建设的关键。

(1)梁场分布：京沪高速铁路全线分布梁场 48 个，梁场间距 20 km 左右。制存梁场分布设计时结合项目工程分布情况，考虑各工序合理衔接，并结合架梁进度、供应半径、制梁工程量等因素综合计算确定梁场的分布，并充分利用车站区域作为制梁场，以此减少农田复耕量。

(2)主要运架设备：2002 年始，国内开始研制 900 t 级的运架设备，目前已研制出适用不同条件下的提、运、架配套的 900 t 级架桥机和运梁车十余种。新研制的架桥机和运梁车均实现了机、电、液一体化，无级调速，可满足 32 m 梁的安全运架。

架桥机：主要架桥机类型有 JQ900A(B)、DF900、TLJ900、SPJ900、HZQ900、HD900 等几种。

运梁车：由于高速铁路线路道床技术要求的限制、箱梁预制场的位置及其周边地理环境的限制，使得从制梁场到架桥现场之间对箱梁的运输必须使用轮胎式特种车辆。主要类型有：DCY900 型轮胎式、YL900 型运梁车、TLC900 型轮胎式运梁车等几种。

根据国内外架梁技术及其使用状况，除简支梁和先简支后连续采用架桥机整孔架设外，其他可供高速铁路桥梁施工选用的架梁方法有以下几种：

(1)顶推施工法

德国、日本在高速铁路的中等跨度桥梁架设中，顶推法均占一定的比例。德国在其《铁路桥梁及特种工程结构物设计规程(DS 804)》中，将“铁路桥梁采用顶推法施工的技术要求”列为规程的附录，在汉诺威—维尔兹堡铁路新干线施工时曾编制了《铁路预应力混凝土简支梁顶推法施工技术规定》，并在维尔兹堡以北跨越美因河的法伊兹赫希海姆桥的架设中，创造了顶推长度 1 263 m 的世界纪录，可见其对顶推法的重视。日本于 1973 年开始采用顶推法，1976 年开始在东北新干线的猿石川架设铁路桥梁，其后，日本国有铁路结构物设计事务所编写了《顶推法架设预应力混凝土梁设计施工手册》，在新干线的施工中运用。

(2)悬臂施工法

悬臂施工法于 1952 年在德国首先使用，它为修建深水、跨线、山谷、大跨度桥开辟了广阔的前景。此法可用于除简支梁以外的各种结构体系(T 构、连续梁、刚构、斜拉桥、拱桥等)，成为上部结构无支架施工法中一种有效的施工方法。悬臂灌筑法在世界各国应用非常广泛。

(3)移动支架法

用移动支架在原位拼装钢筋混凝土预应力梁段，是近年来发展起来的一种施工方法。我国铁路桥第一次使用这种方法是在灵武黄河特大桥，该桥主跨为 48m。

(4)转体施工法

水平转体施工法的特点是：①施工条件好，特别是对跨越山谷施工场地困难的地段；②可节省投资，如对拱桥能够最大限度地减少拱架，大幅度降低工程材料用量；③安全可靠，极大地减少了高空作业，大部分工作在岸上进行，从而提高了施工安全度；④桥梁施工不影响桥下交通，故特别适用立交桥的施工；⑤适用范围广，除拱桥外还可适用于其他多种桥型。

第二节　高速铁路桥梁施工实例

一、合宁铁路 32m /900t 先张法预应力混凝土双线箱梁预制架设施工

1. 概述

合宁高速铁路全长 166 km,设计旅客列车最高运行速度为 200 km/h。32 m/900 t 级箱梁在合宁高速铁路建设中属国内首次采用。针对我国地域广阔、高速铁路多样化的桥式布置以及复杂多变的施工条件等特点,施工设计人员研制出具有自主知识产权,适应不同架梁要求的起重能力大、变跨功能强、转场灵活、安全可靠的两种系列的大吨位架桥机。其中导梁式架桥机(图 7.4)具有定点起吊整体箱梁、结构安全性好、造价低的优点,可方便梁跨数量多,跨度变化较少的(等高度)长大桥梁的架设;步履式架桥机首次实现了架桥机全轮胎行走过孔,使架桥机作业更加灵活方便,极大地提高了作业效率,更便于架设变跨及桥、隧、路间隔,需要频繁转场的桥梁。

图 7.4　导梁式架桥机

32 m/900 t 级箱梁是该线上使用的主要梁型,梁体混凝土采用 C50 高性能耐久混凝土。为保持先张法和后张法的通用和互替,先张法梁与同等跨度后张法梁的外形构造尺寸相同,跨度 32 m 梁全长 32.6 m,计算跨度 31.5 m,桥面板宽 13.0 m,跨中梁高 2.8 m,支点部分梁高 3.0 m,横桥向支座中心距为 4.7 m,单孔箱梁重达 830 t(包括保护层重量)。32 m 梁跨中截面主要尺寸详见图 7.5。

32 m/900 t 级先张法预应力混凝土箱梁直线布置预应力筋采用 1×7－17.8－1860－GB/T 5224－2003 钢绞线,折线布置预应力筋采用 1×7－15.2－1860－GB/T 5224—2003 钢绞线。直线筋数量为直线梁 162 根,曲线梁 168 根,折线筋数量直、曲线梁均为 56 根。折线筋通过预埋在台座上的 8 个导向装置分两批弯起,弯起角度 8°。跨中及梁端预应力筋布置见图 7.6。

2. 箱梁预制施工技术

(1)制梁台座及配套工程

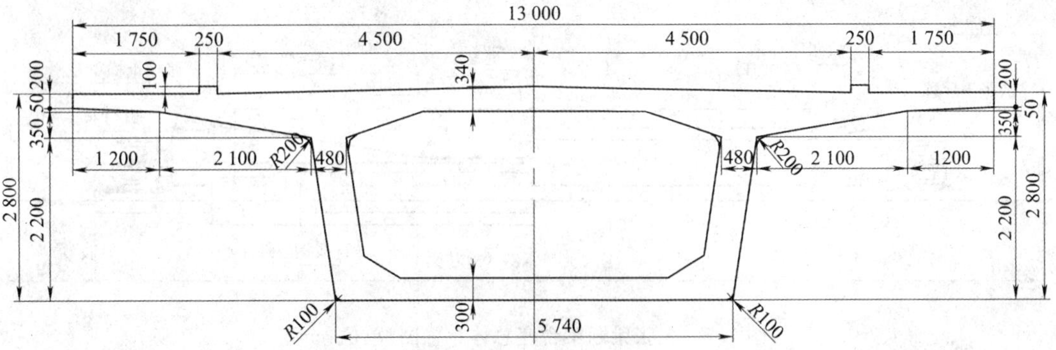

图 7.5　梁跨中横断面图(单位:mm)

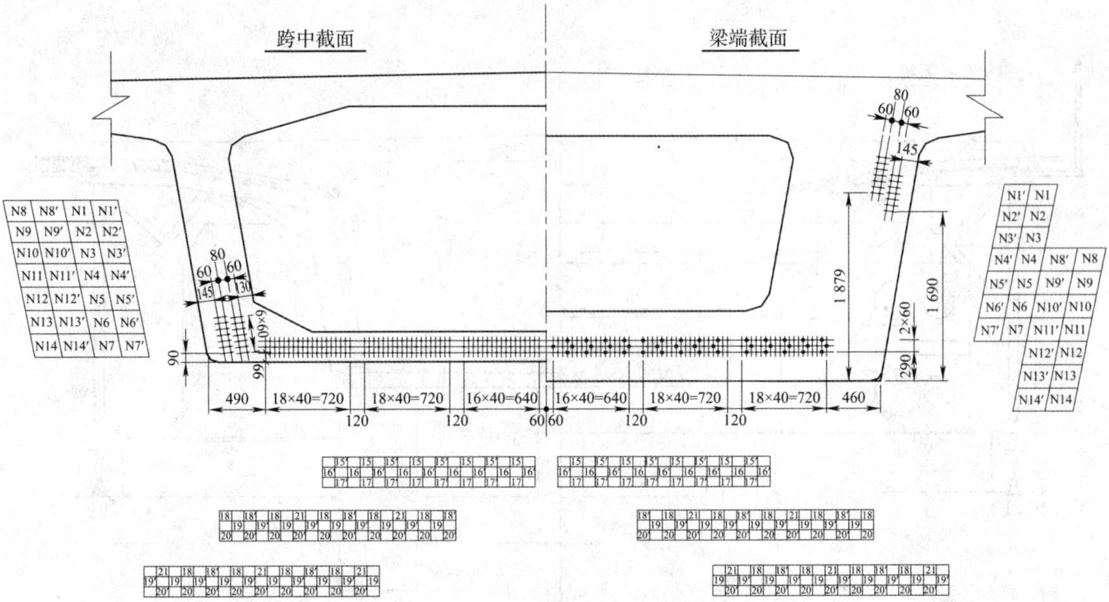

图 7.6　32 m/900 t 级先张梁预应力筋布置图

制梁台座由台座基础、导向装置以及传立柱构成。先张梁制梁台座是先张法预应力箱梁生产工艺的主要工装设备,应具备承载能力大、易于施工操作的技术条件。台座基础、传立柱采用钢结构,制梁模板由底模、侧模和端模构成。侧模和底模采用固定式,并按设计要求设置梁体预留压缩量、反拱量以及端部位移量;张拉横梁按直线预应力筋及折线预应力筋的张拉机放张要求分别设置下横梁及上横梁,张拉横梁采用可移动的钢箱结构。台座总体布置见图 7.7 和图 7.8。

①制梁台座

制梁台座基础采用钢筋混凝土扩大基础,导向装置固定在制梁台座基础上以克服上拔力;传立柱采用 C50 钢筋混凝土结构,以满足张拉控制力 52 000 kN 的承载能力要求,且变形小,稳定性好,传立柱端部适当扩大,在构造上提供了千斤顶、保护支撑的作用空间。先张箱梁预应力的张拉、混凝土的灌筑及放张作业均在制梁台座上完成。制梁台座采用 C40 钢筋混凝土结构,由混凝土作业区基础和张拉作业区基础两部分组成。制梁台座基础结构设计如图 7.9 所示。

②导向装置

导向装置主要由埋入梁体的一次性使用部分和梁体外重复使用部分组成。埋入梁体内的

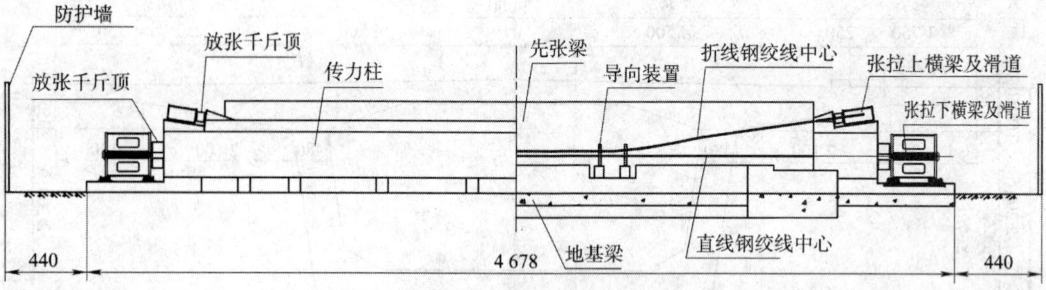

图 7.7　先张梁制梁台座总体布置图(单位:cm)

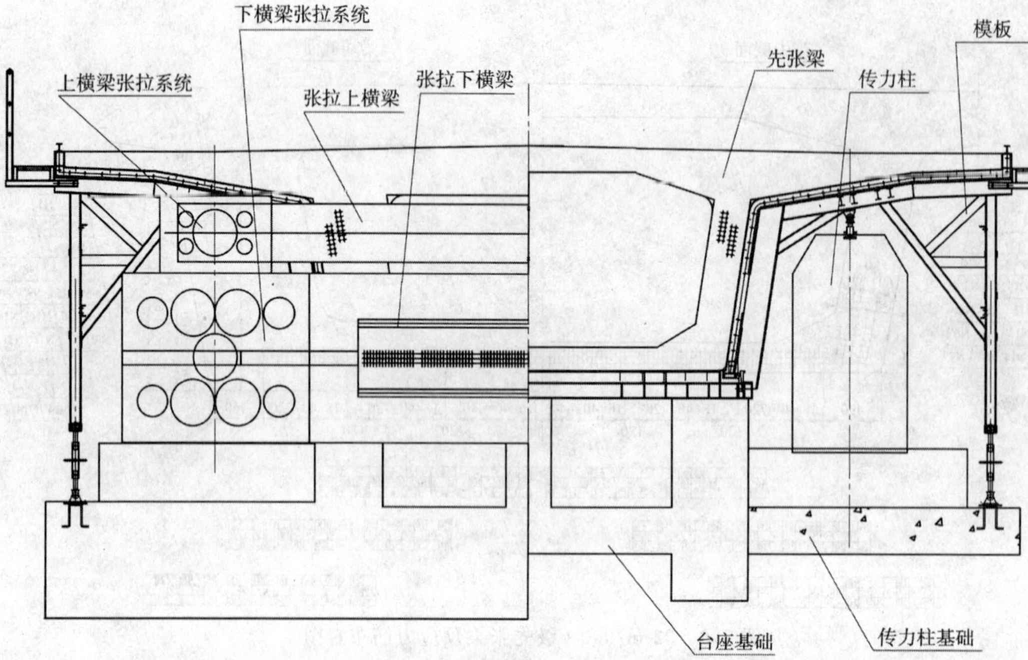

图 7.8　先张梁制梁台座总体布置图

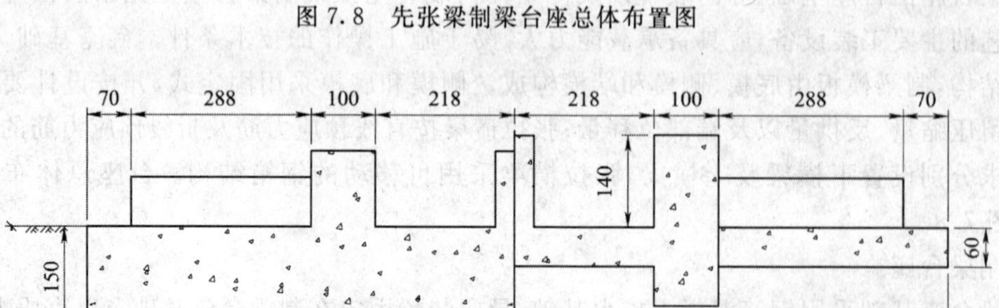

图 7.9　制梁台座基础结构设计图(单位:mm)

一次性使用部分包括导向辊、支承侧板、连接螺栓等,梁体外重复使用部分包括连接环、连接销、底座机架、固定轴、滑套、轴夹板、地脚螺丝等。导向装置如图 7.10 所示。

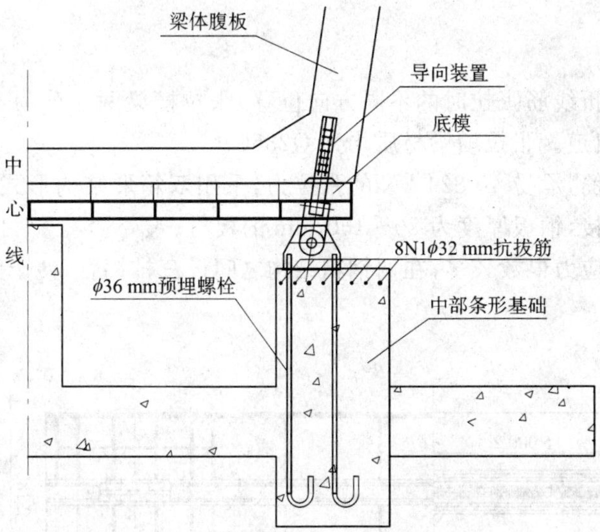

图 7.10　导向装置安装图

每个导向装置承受折线筋约 400 kN 的上拔力。导向装置下部通过长 2 m、直径 ϕ36 mm 的预埋螺栓锚固于底模下的条形基础上。为抵抗上拔力，中部条形基础布置 8 根 ϕ32 mm 抗拔钢筋以增大条形基础抗弯能力。

③传立柱

传立柱中部高 2.76 m，宽 1.5 m，采用 C50 钢筋混凝土结构。端部扩宽至 2.5 m 以便安装千斤顶和螺旋支撑，传立柱结构详图见 7.11。端部千斤顶作业位置采用 30 mm 厚钢板、弹簧筋和 4 层钢筋网片加强，牛腿上设置上横梁滑道。传立柱安装在台座张拉作业区中部基础上，采用钢板隔开，传立柱受力时可以滑动，为防止传立柱受压时产生旁弯，在传立柱中部和端部设有限位装置。

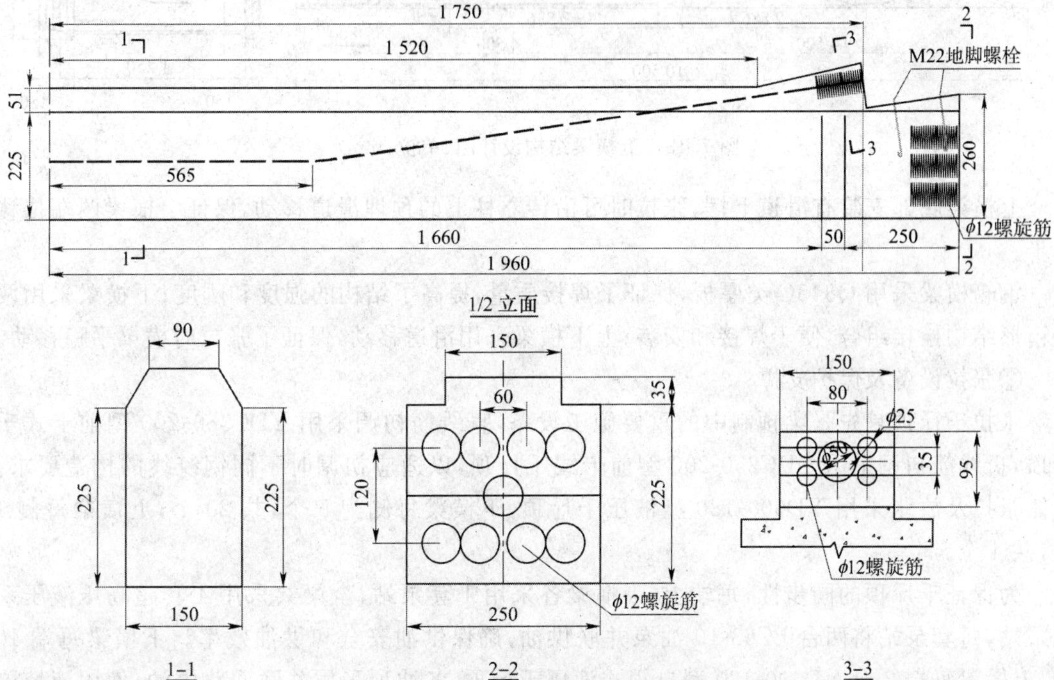

图 7.11　传立柱设计图(单位：cm)

(2)张拉体系

①张拉横梁

为保证直线筋和折线筋张拉时的不同方向位移，张拉横梁两端分为上、下横梁，阶梯式设计，并分别设置走行轨道。张拉横梁材质均为 Q235C。

下横梁锚固直线筋，承受 40 824 kN 的张拉力，采用双箱形结构形式，两箱形结构采用厚拼接板和高强螺栓连接，钢板厚度为 20～100 mm 的板材。

下横梁锚固的预应力根数较多，在两钢箱结构之间设三排钢管，便于穿束。下横梁设计见图 7.12。

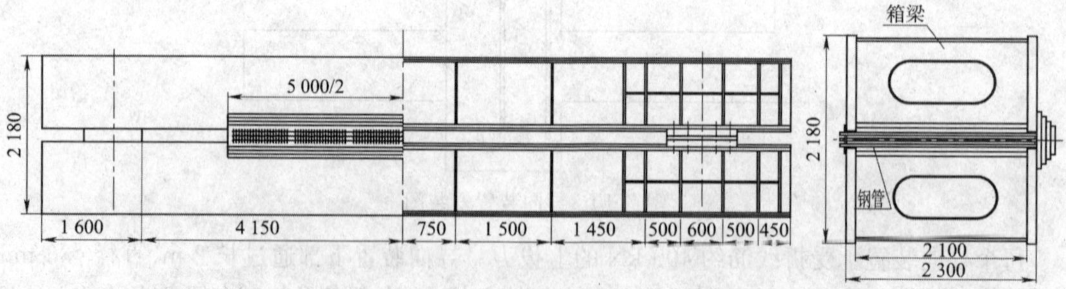

图 7.12 下横梁结构设计图(单位:mm)

上横梁锚固折线筋，承受 10 348 kN 的张拉力，采用单箱形截面，坡口焊。上横梁设计见图 7.13。

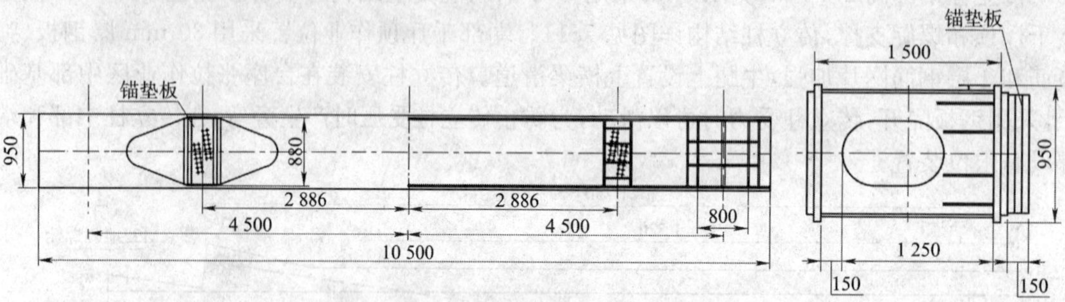

图 7.13 上横梁结构设计图(单位:mm)

上横梁底部安装有滑道上摆，张拉时可沿传立柱上的预埋滑道移动，保证上横梁两端位移同步。

钢箱横梁采用 Q345C 类厚板，保证了焊接质量，提高了结构的强度和刚度；下横梁采用两个箱形结构栓接组合，便于焊接和安装；上下横梁采用滑道移动，保证了张拉时横梁平稳移动。

②张拉设备及保护支撑

张拉千斤顶是先张梁预制中的重要施工设备，直线筋初调采用 YDC380-200 型前卡式千斤顶，折线筋初调采用 YDC250-200 型前卡式千斤顶，以适应初调时不同钢绞线的构造要求。整体张拉及放张采用 YD600-180 型液压千斤顶，下横梁每侧为 5 个，共 20 个，上横梁每侧 1 个，共 4 个。

为保证千斤顶的同步性，每端上、下横梁各采用 1 套泵站，全梁共采用 4 套超高压液压系统泵站，每套泵站将两台 BZ63-10 油泵并联供油，确保供油安全和供油效率。下横梁每端 10 台、上横梁每端 2 台 YD600-180 型自锁式液压千斤顶，各油顶采用并联回路供油，使用液控单向阀组成的连锁回路，方便实现任意位置上的锁紧，确保张拉安全。

采用超高压电磁阀及液压单向阀，保证在高油压下油不外泄，控制反应灵敏，保证多千斤顶同步作业，张拉和放张平稳、安全。

为保证千斤顶作业安全及张拉质量，上、下横梁与反力墙间每侧千斤顶四周设置四个支撑螺杆，称为保护支撑，两端共计 32 个。每完成一级张拉，锁定千斤顶，并及时旋紧支撑螺杆，避免千斤顶失效或因长时间支撑而产生泄压等意外发生。支撑螺杆采用 42CrMo 合金结构钢、T 形螺纹。每个支撑螺杆的设计承载能力上横梁为 1 500 kN、下横梁为 6 000 kN。

张千斤顶及保护螺旋支撑安装详见图 7.14 和图 7.15。

图 7.14　下横梁千斤顶及保护支撑布置图

图 7.15　下横梁千斤顶及保护支撑布置图

(3)施工方法

①工艺流程

先张梁施工工艺流程如图 7.16 所示。

②钢筋工程

采用钢筋集中预绑扎、整体吊装的方法施工。钢筋加工在钢筋车间内完成，主要加工设备有钢筋调直机、钢筋截断机、钢筋对焊机、钢筋弯曲机等。钢筋绑扎则在胎膜工装上进行，梁场设有箱梁主筋、桥面板钢筋预绑扎工装模架各一个。为方便内模安装，将箱梁钢筋绑扎分两阶段进行，第一阶段：先将梁体主筋（腹板与底板钢筋，含支座板、防落梁板、制孔胶管）一同在主筋预绑扎架上实施预绑扎，桥面钢筋则在专门的桥面预绑扎架上绑扎；第二阶段：待主筋与内模吊装就位后，采用 2×40 t 龙门吊将桥面钢筋与梁体主筋拼装绑扎就位。

③箱梁模板制作施工

a. 内模系统施工。根据箱梁结构设计情况和内模系统安拆施工需要，自主研发了箱梁液压内模系统。系统包括标准段（梁体中间段）、变截面段（即梁体腹板变厚段）和孔口段，各段液压系统及支承方式有所不同，但模板与箱梁内箱轮廓尺寸一致，标准段和变截面段均由模板系、车架系统 C 含支撑）和液压系统组成，孔口段由模板系、车架系统（含支撑）组成。其中，模板系为大块钢模组拼结构，分侧模下部、中部、边部和顶部模板四个部分；变截面段和孔口段为大块组合钢模，由 14 号工字钢、14 号槽钢、6～12 mm 钢板组焊而成；车架系统包括车架桁架、走行支架、走行轮，由型钢[20、[14、∟14×10 和 10 mm、16 mm 钢板组焊而成。内模系统方案见图 7.17。

内模安装过程：首先是内模预先在拼装平台上分节拼装，然后逐节联结成一个整体，用两

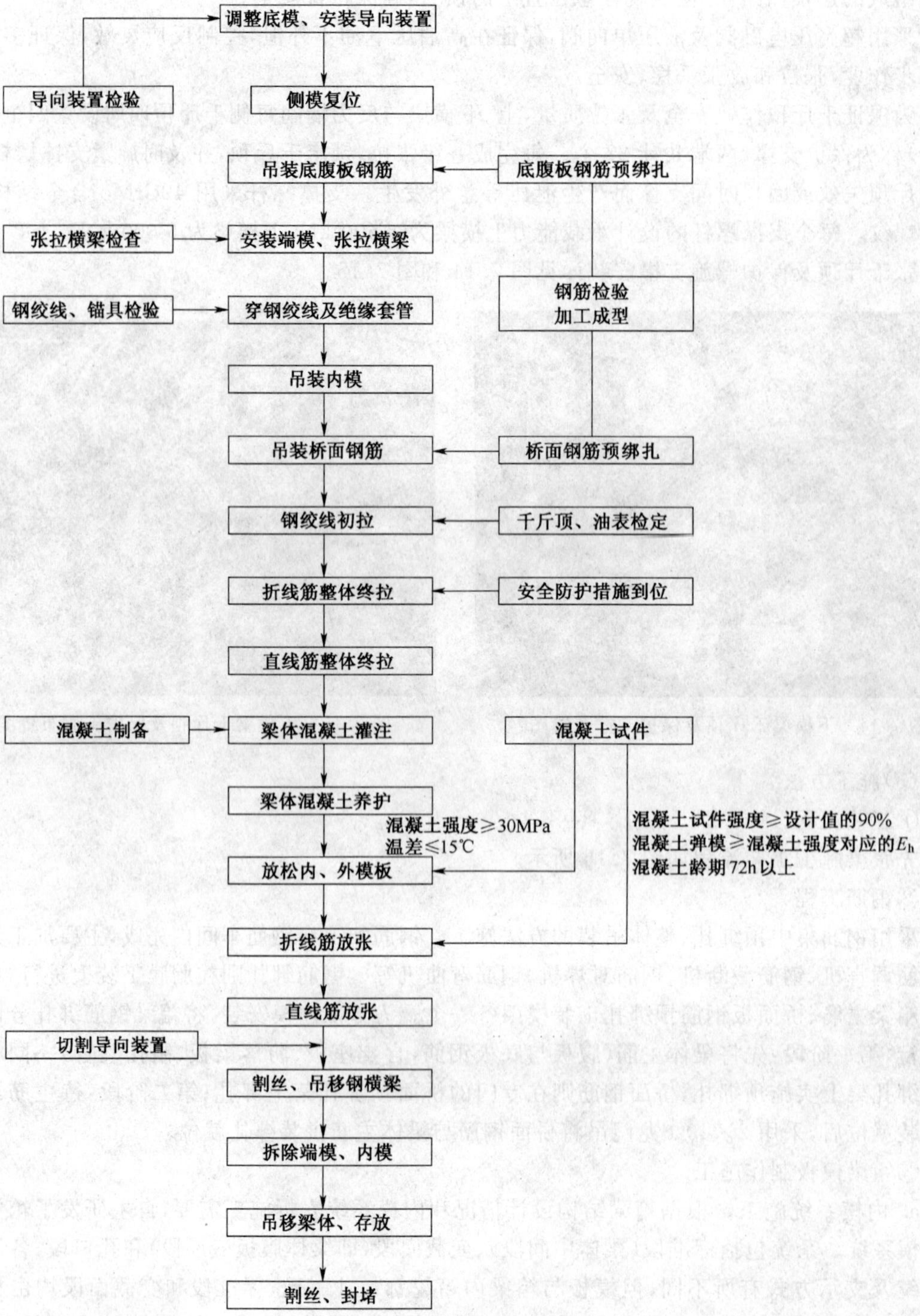

图 7.16　先张梁施工工艺流程

台龙门吊整体吊装就位。将内模整体吊入台座上底腹板钢筋骨架内，将台车上的螺杆撑杆支撑于预留孔中，使内模稳定安装于底模上。

b. 侧模系统施工。先张箱梁模板的支架系统根据空间要求特殊设计。由于传力柱占用侧模板的理想支撑区，传力柱受力时会发生压缩变形，因此侧模不能全部支撑在传力柱上(除

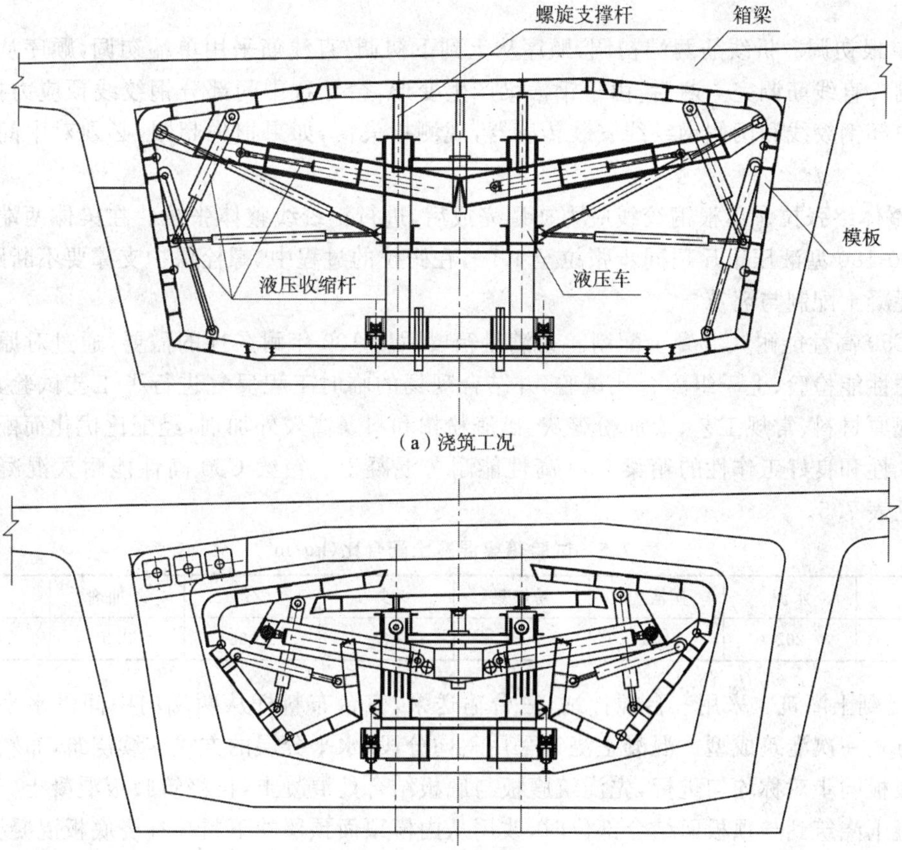

（a）浇筑工况

（b）脱模工况

图 7.17　内模系统方案设计图

传力柱顶部的螺栓支撑外），支撑系统需绕过传力柱。为增大侧模板的刚度，将先张梁侧模板的竖向加劲肋设计为[320 槽钢，顶板加劲工字钢设计为双[200 槽钢。每侧模板都有两个支撑点，一个设置在传力柱顶面居中位置，另一个设在张拉作业区中部基础上，均采用螺栓支撑。为提供模板安装及浇筑混凝土作业时必要的操作空间，在台座与传力柱间预留 50 cm 间隙，并按设计要求设置梁体预留压缩量和反拱量：梁体上缘预留压缩量为 6 mm，T 缘预留压缩量为 17 mm，跨中预设反拱值为 26 mm。

④钢绞线安装

布筋穿孔前，钢绞线、钢横梁上相应孔位应按设计顺序编号标识，避免出现眼孔错位、交叉，影响张拉。钢绞线安装应自下而上，分列、分层进行，先穿直线预钢绞线，再穿折线预钢绞线；钢绞线连同隔离套管在钢筋骨架完成后一并穿入就位。

⑤张拉作业

钢绞线穿束完毕后，进行内模安装，吊装顶板钢筋后便可进行张拉作业。张拉前需进行摩阻测试，以便准确掌握张拉控制应力。直线预应力筋及折线预应力筋均采用两端同步分级张拉方式，按照“单根初调、整体终拉”的张拉工艺施工。张拉顺序：先初调直线预应力筋，再初调和张拉折线预应力筋，最后张拉直线预应力筋，其程序如下：初始状态观测→初调直线筋（0.2σ）→初调折线筋（0.2σ）→折线筋（0.6σ）→折线筋（0.8σ）→折线筋（1.0σ）→直线筋（0.3σ）→直线筋（0.6σ）→直线筋（0.8σ）→直线筋（1.0σ）→补足折线筋（1.0σ）→结束（σ 为张拉控制应力)。

a. 单根初调。折线筋两端初调,顺序从上到下初调;直线筋采用单端初调,顺序从中间向两边初调。直线筋调完一遍后,由于钢横梁产生变形,会导致中间部分钢绞线预应力损失;初调前在中部钢绞线和两侧钢绞线安装传感器,观测损失值,如果损失超限,必须对中间部分钢绞线补拉。

b. 整体终张拉。单根钢绞线应力初调完成后,进行钢绞线整体张拉。在梁体两端分别采用 YD600-180 型液压千斤顶同步张拉至 1.0σ,在张拉的过程中,螺栓保护支撑要不断跟进。

⑥混凝土配制与灌筑

a. C50 高性能耐久混凝土配制。为满足箱梁适应100年耐久性的需要,通过对原材料进行大量的性能检验、上千组配合比试验,并结合现场的临时工程反复进行了工艺试验,开发了采用常规原材料、常规工艺、掺加粉煤灰、矿渣粉掺和料及高效外加剂,经配比优化而配制的具有高耐久性和良好工作性的箱梁 C50 高性能耐久混凝土。箱梁 C50 高性能耐久混凝土理论配合比见表 7.5。

表 7.5 试验箱梁混凝土配合比(kg/m^3)

编号	水泥	矿渣粉	粉煤灰	砂	石	外加剂	水
X-04	262	140	68	742	1 068	3.9	141

b. 混凝土灌筑。采用三台搅拌站,三台输送泵,三台布料杆从两端向中间以水平分层左右对称方式一次灌筑成型。混凝土浇筑采用斜向分段、水平分层的方式连续浇筑,布料先从箱梁两侧腹板同步对称均匀进行,先浇筑腹板与底板结合处混凝土,再浇筑腹板混凝土。当两侧腹板混凝土浇筑到与顶板面结合部位时,改用从内模顶面预留的下料孔补浇底板混凝土,最后浇筑桥面板混凝土。在灌筑腹板混凝土时,为防止混凝土在箱梁内侧底部泛浆,可采用木板堵截混凝土或采用较小的坍落度(160 mm 左右)以降低混凝土的流动性。混凝土浇筑顺序见图 7.18。

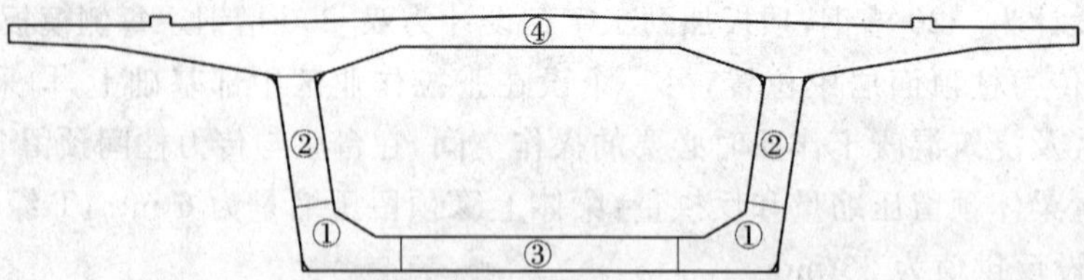

图 7.18 梁体混凝土浇筑顺序图

⑦放张作业

ⓐ释放折线筋部分应力(1MPa)→试松螺栓支撑→用千斤顶顶松支撑螺杆→将折线筋应力从 1.0σ 降到 0.6σ→再降到 0.3σ→完全放松→切割导向装置(先气割中部的 4 个,再切端部的 4 个)。

ⓑ释放直线筋部分应力(1MPa)→试松螺栓支撑→用千斤顶顶松支撑螺杆→将直线筋应力从 1.0σ 降低到 0.6σ→再降低到 0.3σ→弯曲放松→结束。

⑧割丝封堵作业

预应力筋放张后,力筋应采用砂轮片切割。力筋及梁底导向装置凹穴部位封堵前,封堵处梁体混凝土应凿毛,封堵应采用微膨胀混凝土,混凝土强度等级与梁体相同。封堵后,在新旧混凝土结合部位采用聚氨酯防水涂料进行防水处理。

⑨箱梁吊装及存放

箱梁在制梁场内的移梁除采用传统的平面移梁方法外，还采用专门研制的 900 t 轮胎式搬运机移梁方法。与传统移梁方法相比，轮胎式搬运机(见图 7.19)具有 90°垂直转向行走功能，减少了侧模的重复拆除和安装工序，提高制梁生产效率达 20%，实现了双层存梁，节约存梁场地，对存梁台座基础进行设计，保证箱梁四个支座板相对高差不超过 2 mm。

图 7.19 900t 轮胎式搬运机

3. 架梁工艺及关键技术

(1)门吊提梁

两台 DQ500 型门吊同时提梁，使用吊具上 8 个吊杆同步起吊，吊点顺桥向对称设置在距梁端 75 cm 和 175 cm 处，横桥向对称设置在距梁中心线 184 cm 处。两个吊具吊点系统均设计为铰接形式，其中一个吊具设计为两点起吊式，另一个吊具因采用均衡梁从而可实现一点起吊式，确保了梁体在起吊过程中各点受力均匀，满足箱梁"四点受力、三点平衡"的受力要求。

(2)运梁车运梁

门吊将箱梁吊装至桥面运梁车上，运梁车通过自身重量检测合格后(载重小于 900 t，如果大于 900 t，则为超重行车，车辆自动报警)，按预先划定的标识前进，以避免轮架偏离已架箱梁腹板位置。运行速度应保持匀速，严禁突然加速或急刹车，坡道地段严格将速度控制在 3.4km/h 范围内。

(3)运梁车喂梁

运梁车调整为支撑油缸受力状态，通过数据接口将运梁车后驮梁小车与架桥机前吊梁小车联机运行，运行到指定位置后，架桥机后吊梁小车吊起箱梁后吊点，运梁车可返回预制梁场。

(4)架桥机纵移落梁

架桥机前后吊梁小车同步运行，纵移箱梁至设计落梁位置正上方，架桥机吊梁小车制动，缓慢落梁。利用架桥机横向微调装置，实现横向精确对位，确保箱梁的对位误差不超过允许范围。梁体安装就位后，方可拆除支座临时固定措施。

(5)千斤顶临时支撑

为保证梁体架设时四支点受力均匀，落梁时应采用千斤顶控制各支点反力，各支反力间误差范围应小于5%。将梁体(带支座)落放在墩台上经严格按架梁标高调平后的千斤顶上，然后在支座下盖板与墩顶垫石之间灌注无收缩灌浆料，以避免梁体三条腿受力，确保工程质量。为保证施工方便和工程质量，临时支撑千斤顶宜具备几个特点：①自锁功能；②精密测力功能；③外径和高度控制在40 cm以内；④顶部设抗偏载压头；⑤双作用或负载归位功能。

(6)支座灌浆及浆体等强

箱梁(带支座)就位后，在支座底板和垫石之间应留有20～30 mm的空隙，以方便灌注无收缩高强度灌注材料，灌注材料性能指标应满足规范要求。可采用重力式或压力式灌浆方式灌注支座下部及锚栓孔处空隙，灌浆过程中应从支座中心部位向四周注浆，直至从钢模板与支座底板周边间隙观察到浆体材料全部灌满为止。浆体强度达到20 MPa时，架桥机方可进行过孔作业。

(7)架桥机过孔，轨道前抽、铺设

HZQ900型架桥机过孔采用轨行式。过孔前须铺设临时轨道，临时轨道采用QU120起重轨。轨道铺设要严格控制方向偏差和轨道的平顺性，注意轨道接头的良好连接，确保架桥机安全运行。

(8)架桥机过孔

所有准备工作完毕后，启动架桥机后支腿和辅助支腿的驱动机构，并使其同步，架桥机沿铺设好的轨道和下导梁缓慢前行，直至设计位置，为保证架桥机横向稳定性，锚固前支腿于桥墩上。导梁过孔并锚固，过孔完毕。

架桥机过孔是最为不安全的工况，要采取多人、多部位、密切跟踪观察，稳步前进。

4. 箱梁架设单孔作业循环时间及工效分析

从实际统计的情况来看，等跨箱梁架设，正常情况下12 h可完成一个架梁循环。12 h内不能完成架设的影响因素主要有两点：一是运梁车的运距，一般情况下，运距平均每增加3 km，作业时间延长约1 h；二是支座灌浆材料的强度指标，夏季温度高，浆体强度增长快，一般2 h可达20 MPa，冬季温度低，一般要5 h才能达到20 MPa；此外，设备的维修保养工作和人员的素质及工作效率也是影响箱梁架设时间的关键因素。

900 t箱梁架设施工是一项综合工程，架设方案的优劣不仅仅取决于架设方法和架设设备本身，预制梁场的选址及规划、箱梁的生产工艺、工期的长短等先决条件是架设方案的前提，对箱梁架设施工起着决定性作用。

二、合武客运专线淠河总干渠特大桥施工

1. 概述

淠河总干渠特大桥位于六安市城南镇，是合武高速铁路重点控制工程，该桥全长2 038.42 m，设计车速：客车250 km/h。其中48 m+80 m+48 m预应力混凝土连续箱梁是该桥的重点控制段。该箱梁位于3号～6号墩直线段，线路纵坡4.4‰，全长177.3 m(含两侧梁端至边支座中心各0.65 m)。箱梁为单箱单室、变高度、变截面结构。箱梁顶板宽13.4 m，底宽6.4 m，顶板厚度34～69 cm；腹板厚度50～70～100 cm；梁高380～640 cm；在端支点、中支点、中跨中共设5个横隔板。悬灌梁跨中横断面如图7.20所示。

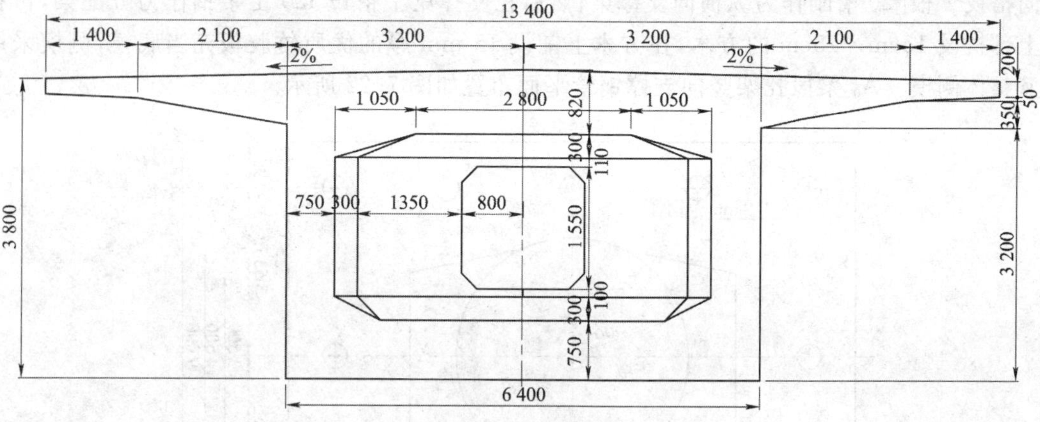

图 7.20　悬灌梁跨中横断面图(单位:mm)

2. 悬灌连续梁总体施工工艺

(1)悬灌连续梁施工工艺流程

全桥箱梁共分五大部分现浇:A_0 为墩顶梁段,长 8 m;A_1～A_{10} 及 B_1～B_{10} 为由 A_0 段向两侧对称分段悬浇部分,A_{11} 为边孔支墩处在鹰架上现浇部分,C_1 为边孔合龙段,D_1 为主梁在跨中合龙部分。

施工顺序:主墩施工,安装临时支座,搭设 A_0 托架→A_0 施工→安装挂篮,A_1 及 B_1 段施工→挂篮移位,循环 A_2～A_{10} 及 B_2～B_{10} 段施工→在挂篮循环施工中,边跨搭设鹰架,现浇 A_{11} 段→挂篮移位至 C_1 段,安装临时刚性连接构造,现浇 C_1 段→拆除边跨支架,安装中跨临时刚性连接构造,现浇跨中 D_1 段→张拉所有剩余预应力筋,拆除主墩临时支座,进行桥面系施工。桥跨主梁分段施工如图 7.21 所示。

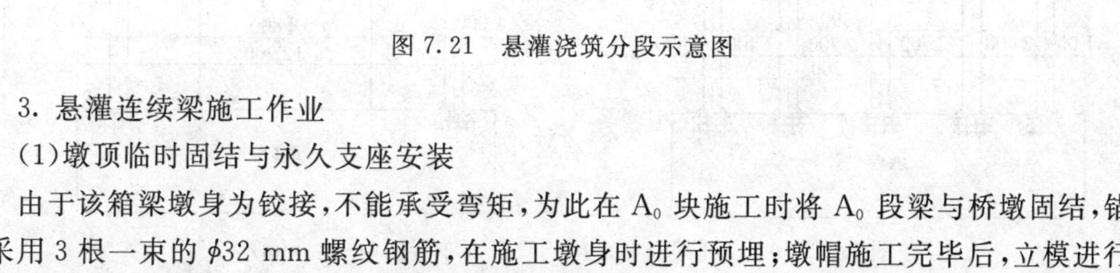

图 7.21　悬灌浇筑分段示意图

3. 悬灌连续梁施工作业

(1)墩顶临时固结与永久支座安装

由于该箱梁墩身为铰接,不能承受弯矩,为此在 A_0 块施工时将 A_0 段梁与桥墩固结,锚固件采用 3 根一束的 ϕ32 mm 螺纹钢筋,在施工墩身时进行预埋;墩帽施工完毕后,立模进行临时支座施工。临时支座分四层,与墩帽接触面铺设两层油毛毡,其上依次为 C40 钢筋混凝土、10 cm 厚的硫磺砂浆、C40 钢筋混凝土;A_0 块施工时,锚固钢筋深入到箱梁底板腹板内;待箱梁合龙后,拆除墩顶临时固结系统。

(2)A_0 梁段施工

A_0 梁段托架采用 ϕ529 mm 钢管支承在承台面上,其中横桥向每侧 5 根,纵桥向每侧 3 根,形成托架横向支撑系统,每个墩台共计 12 根;而后在每根 ϕ529 mm 钢管顶面沿桥横向及纵向搭设 2 根[20 槽刚作为纵横向支撑梁；然后在支撑梁上搭设 I20 工字钢作为分配梁，再在其上部搭设 15cm×15cm 的方木，在方木上铺设 15 mm 厚的优质竹胶板充当底模，侧模采用挂篮整体侧模。A_0 梁段托架竖向支撑钢管平面布置如图 7.22 所示。

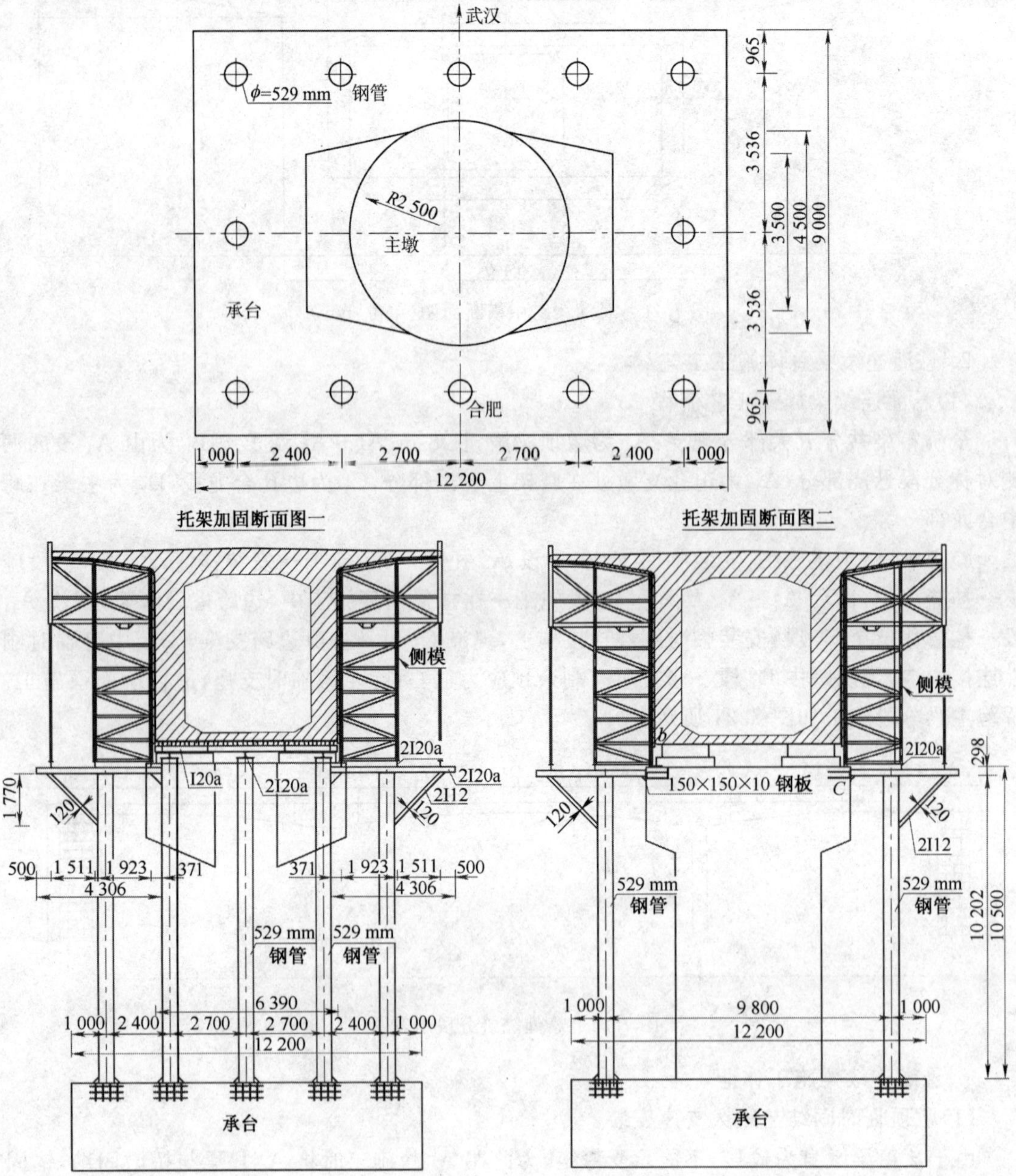

图 7.22　A_0 段托架竖向支撑钢管平面布置图(单位:mm)

(3)挂篮设计及安装

挂篮总体设计：悬灌箱梁施工采用 4 套菱形挂篮，在菱形挂篮的设计中严格控制重量，经过严格的计算和优化，每套挂篮及附属设备重量共计 65 t，控制在了设计所规定的重量 70 t 以内。

菱形挂篮部件组成分类：菱形挂篮主要由主桁架、行走及锚固系统、吊带系统、底平台系统、模板系统五大部分组成。挂篮构造示意图略。

主桁架系统：主桁架由两片外形呈菱形的桁片，横向设置前后横梁组成一空间桁架，并在前、后横梁上设置上、下两层平面联结杆件以提高主桁的稳定性和刚度；主桁杆件主要采用[32a 槽钢和[20a 槽钢两侧焊钢板，杆件间采用螺栓连接，前后横梁桁片采用I40a 及 I32a 工字钢；平联采用∟12 角钢组合成的桁架；为改善露天施工条件，桁架顶部设置遮雨棚。

行走及锚固系统：挂篮在悬浇完一段箱梁，预应力筋张拉完毕后开始前移；挂篮前移时，由挂篮后端反扣于走形轨道上的行走小车来平衡倾覆力矩；走行轨有单根长 1.0 m 和 1.5 m 两种规格，由锚固梁与预埋于箱梁腹板内的竖向 ϕ32 mm 精轧螺纹锚固钢筋与箱梁锚接。

吊带系统：吊带用以连接挂篮主桁架、侧模、内模和底模平台，采用 ϕ32 mm 精轧螺纹钢，上端悬吊于前横梁桁片及箱梁顶、底板上；下端与底平台、侧模滑道、内模滑道连接，用液压千斤顶来调节模板的标高。

底平台系统：底平台系统由底篮前、后横梁、纵梁及底模板三部分组成；前、后横梁各一根，采用Ⅰ40a 工字钢、Ⅰ32a 工字钢、10 mm 厚钢板组合焊接而成，前横梁悬吊于主桁前上横梁上，后横梁悬吊于浇箱梁混凝土底板上；纵梁支撑于前、后横梁上，采用Ⅰ250×116×8 工字钢、[250×78×7 槽钢、[160×63×6.5 槽钢和[80×43×5 槽钢组合焊接而成，长 6.0 m；底模支撑于底纵梁上，单节长 4.5 m，采用[80×43×5 槽钢和∟50×5 角钢组合焊接而成，面板采用 6 mm 厚钢板，混凝土浇筑后，底平台系统与挂篮主桁同步向前移动。

模板系统：模板结构包括外模、内模、堵头模板等。外模侧模采用定型钢模，与内模板用对拉螺栓连接，外加支撑固定；外模底模分面板、骨架及滑道三部分组成，面板由 6 mm 厚钢板加型钢带组成，外模单节长 4.5m，模板骨架由[80×43×5 槽钢、[100×48×5.3 槽钢和[140×58×6等型钢组合焊接而成，与面板焊接牢固；侧模支撑于滑道上，滑道一侧一根，共两根，由[360×96×9 槽钢和 16mm 厚钢板焊接而成，滑道前端悬吊于主桁横梁，后端悬吊于已浇箱梁混凝土翼板，拆模时放松锚固端，随平台下沉和前移。内模同 A_0 段内模加固。堵头模板因有钢筋和预应力管道伸出，其位置要求准确，采用钢模板，根据钢筋布置分块拼装，随后和内外模拼装连接成整体。

挂篮安装：挂篮在加工现场试拼检验合格后，将各部件运至施工现场正式在 4 号、5 号墩顶 0 号段上拼装；拼装完毕后，对挂篮加载进行预压，充分消除挂篮产生的非弹性变形；悬臂浇筑施工过程中，将挂篮的弹性变形量纳入梁段施工预拱度计算中，在挂篮安装过程中，所有挂篮零部件都通过重载栈桥运抵墩位，而后采用履带吊将其各部件调运就位。具体安装步骤如下：

①在 4 号、5 号墩顶 A_0 段顶板上测量放样，用墨线弹出箱梁中线、挂篮轨道中线和轨道端头位置线，并用高等级砂浆找平轨道底面。

②起吊轨道，对中安放，连接锚固梁；安装轨道锚固筋，将锚梁与竖向预应力筋连接后，对每根锚筋施以 350～400 kN 的锚固力，在轨道顶安装前支点滑轮，后支点处临时设置支撑垫块。

③利用履带吊将拼组好的单片主桁菱形体安装就位，并采取临时固定措施，保证两主桁片稳定。

④安装主桁后结点处的分配梁、千斤顶、后锚杆等，将主桁后结点与分配梁连接并通过锚固筋与顶板预留孔锚固。

⑤安装前上横梁，而后按先下后上的顺序安装上、下平联杆件。

⑥安装吊杆、拆除后锚临时支撑垫块。

底平台拼装：主桁架系统安装完毕后检查锚固、连接，按设计要求到位后进行底平台系统安装。利用托架 ϕ529 mm 钢管立柱，在其上焊接悬臂梁，将底篮前、后横梁吊放于悬臂梁上，并用倒链将横梁与悬臂梁临时固定；而后将底模吊放于前、后横梁上，前横梁吊杆与主桁横梁吊杆连接，后横梁与 1 号段底板预留孔下穿的后吊杆连接，并锚固于 1 号梁段底板；解除临时锁定倒链，最后安装底平台前端及后端工作平台。

(4)挂篮预压作业

挂篮安装完毕后，在桥位进行预压实验，以验证挂篮系统的强度、刚度和稳定性，消除挂篮的非弹性变形，针对挂篮前端挠度及引起主桁架变形的原因，测出构件和力与位移的关系，作为施工时底模板立模和调整标高的依据。根据现场施工实际情况，加载采用重力法砂袋加载，加载重量采用 1.2 倍的 $A_1(B_1)$段箱梁混凝土重量＋挂篮除主桁外的所有构件重量，加载按设计的 60％、90％及 120％三级加载，最后根据测量结果统计确定悬灌段预留拱度值。

(5)挂篮移位作业

首先是脱模(脱开底模、侧模和内模)，解松内、外滑道及前、后横梁内、外吊杆，使其侧模、底模及内模与箱梁混凝土分离，但依旧稳固悬吊于滑道上；接长前端轨道并用腹板内预埋的竖向 ϕ32 mm 精轧螺纹钢锚杆将走行轨与梁体锚固；为安全起见，挂篮尾部用钢丝绳与竖向精轧螺纹钢临时连接；解除挂篮主桁架后支点锚固，安装水平顶推千斤顶，对称顶推挂篮前移，随挂篮前移缓慢放松挂篮尾部钢丝绳，将底模、侧模、主桁系统及内模滑梁一起向前移动，直至下一梁段位置。挂篮行走时，内、外、底模滑道在顶板及底板预留孔处及时安装滑道吊点扣架，保证结构稳定。移动匀速、平移同步，采取画线吊锤球或经纬仪定线的方法，随时掌握行走过程中挂篮中线与箱梁轴线的偏差，如有偏差，及时使用千斤顶逐渐纠正；挂篮就位后，用事先预埋的锚杆锁定挂篮主桁后支点，防止挂篮向前滑移。

(6)线形控制

箱梁位于直线段，纵坡 4.4‰，梁底高程按半径为 264.569 m 的圆曲线布设。为确保合龙的精度和线形的美观，梁体线形控制主要包括三个部分：各节段的标高控制、中线控制、断面尺寸控制。

标高控制：连续箱梁在悬灌时因各种因素的影响会使悬臂端产生下挠，主要包括三个方面：一是结构自重、预应力施工；二是施工荷载、挂篮自身结构的变形；三是气温影响。施工中主要通过合理设置挂篮抛高量来消除这些影响，以使梁底曲线符合设计曲线要求。

中线控制：利用导线点计算出各节块端截面中心点坐标，采用全站仪现场测放。

断面尺寸控制：适当减小底模同已完节段的搭接长度，利用腹板通气孔，在待浇段适当增加横向对拉杆，保证各节段间接缝的平顺，加固牢固。在混凝土浇筑前严格认真复核模板尺寸，确保梁体断面结构尺寸的准确性。

(7)悬灌施工注意事项

①灌筑混凝土使用混凝土泵一次灌筑，一个墩上的两个悬臂梁块同时对称灌筑，不平衡重不得大于 6 t。

②梁段各节段混凝土在灌筑前，严格检查挂篮中线、底模标高；纵、横、竖三向预应力束孔道；钢筋、锚头、人行道及其他预埋件的位置。认真核对无误后方可灌筑混凝土。

③每个梁段混凝土浇筑采用一次灌筑成形，以减少接缝，保证混凝土浇筑质量。浇筑顺序为底板→腹板→顶板。混凝土浇筑从挂篮前端开始向后端灌筑，以使挂篮的变形在灌筑到接缝时大部分完成，从而避免新、旧混凝土间产生裂缝。

④各节段预应力束孔道在灌筑混凝土之前，在波纹管内插入硬塑料管作为衬垫，以防孔道

被压瘪。

⑤施工时在挂篮上设置雨棚或采取遮盖措施，对混凝土及时进行养护，避免日晒雨淋，保证全天候施工，以提高作业效率和保证施工质量。

⑥梁段混凝土灌筑完毕之后，立即用通孔器检查孔道，及时处理因漏浆等情况出现的堵管现象。

(8)挂篮结构拆除

箱梁悬臂浇筑梁段施工完毕后，进行挂篮结构拆除；拆除时，先在最后浇筑梁段的位置按拼装时的相反顺序拆除挂篮的底篮及模板系统，然后将挂篮主桁后退至墩顶位置，按拼装时的相反顺序拆除挂篮主桁杆件。挂篮拆除应在 T 构的两悬臂端对称进行，使 T 构平衡受力，保证施工安全。

(9)A_{11}段边跨现浇段施工

A_{11}梁段支架采用 ϕ529 mm 钢管作竖向支撑，在靠近桥墩处，钢管立柱支承在承台面上，远处的临时支墩位于滹河总干渠中，采用 ϕ529 mm 钢管桩基础；所有钢管支撑顶面位于同一水平面上，管顶较滹河总干渠常水位高 1.0 m；钢管顶面摆放双排 I 40 工字钢作为支撑横梁；横梁顶沿桥纵向摆放双排单层型和三排单层型贝雷桁架作支架纵梁；支架纵梁上沿桥横向布设I16工字钢作为支架分配梁，其上进行满堂支架搭设，再在其上部沿桥横向搭设 15 cm×15 cm 的方木和 10 cm×10 cm 的方木，方木上铺设 15 mm 厚的优质竹胶板充当底模，侧模采用大块竹胶板。

(10)合龙段施工

合龙顺序采用先边跨 C_1 段合龙，结构由双悬臂状态变成单悬臂状态，最后中跨 D_1 段合龙。

边跨 C_1 段合龙：在施工 A_{11}及 A_{10}段现浇梁时，在顶板及底板相应位置预埋 ϕ30 mm 的地脚螺栓。合龙段支架平台搭设完毕后，进行合龙段临时刚性连接，即安装纵向 I50 工字钢连接件。要求钢材为 16Mnq，工字钢的长度可根据合龙段实测长度作适当的调整，螺母与工字钢拴接处需设置楔形垫圈，缀板与工字钢焊接缝高度大于 6 mm(图 7.23)。之后进行合龙段施工。

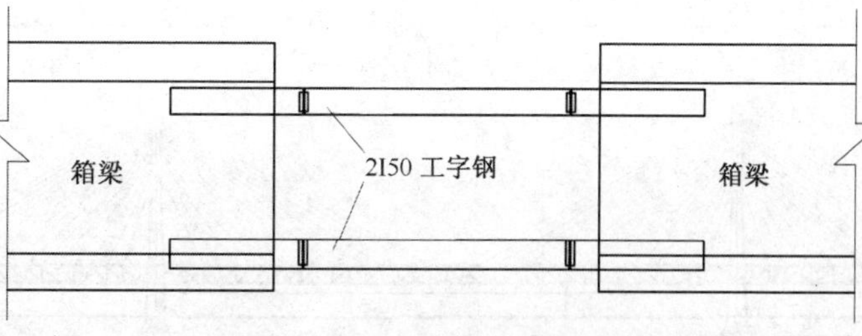

图 7.23　临时刚性连接平面布置图

中跨 D1 段合龙：跨中 D1 合龙段采用单个挂篮或吊架施工。

合龙段施工要点：

①合龙温度选择：合龙最佳温度为 15℃±2℃，合龙混凝土浇筑应在全天中气温最低时完成；低温合龙时，用麻袋或苫布覆盖，并加强接头混凝土的保温和养护，使混凝土的早期硬结过程始终处于升温受压状态。

②合龙段混凝土选择：合龙段混凝土宜比梁体混凝土提高一个等级，要求早强，采用微膨

胀混凝土。浇筑时认真振捣和养生，及时张拉预应力筋，防止合龙段混凝土产生裂缝。

③合龙段的锁定必须迅速、对称的进行。先将内刚性支撑一端与梁端部预埋铁件焊接，再将刚性支撑另一端与梁连接，临时预应力束也应随之快速张拉。在合龙段锁定后，立即释放一侧的固定约束，让梁一端在合龙段锁定的连接下，能沿支座自由收缩。

4. 小结

质量是桥梁工程的生命线，合武客运专线(48 m＋80 m＋48 m)预应力混凝土连续箱梁悬臂灌筑施工得以顺利完成是在整个施工过程采取了如下几点质量控制措施：

(1)鹰架及0号段托架严格按照承重支架设计搭设，保证各部件可靠连接，按1.2倍设计荷载进行预压。

(2)按照信息化施工重点控制各块段的线形，对各工况应力及变形进行实时监测和偏差分析，及时采取纠正措施，保持梁体线形与设计一致。

(3)严格控制连续梁模板的平整度以及模板接缝严密，保证钢筋的保护层厚度符合设计要求，同时确保混凝土外观质量优良。

(4)预应力管道定位精度严格按施工规范要求控制在6 mm以内，预应力张拉实行双控，确保预应力筋的工作应力符合设计要求。

三、武汉枢纽天兴洲公铁两用长江大桥主桥施工

1. 概述

天兴洲公铁两用长江大桥位于武汉市，在距武汉长江二桥下游9.5 km处的天兴洲分叉河段上横跨长江，连接汉口、武昌两镇，大桥全长8 043 m，其中正桥全长4 657.1 m，在天兴洲南汊公路、铁路合建。主桥为(98＋196＋504＋196＋98)m双塔三索面斜拉桥，全长1 092 m(图7.24)，设计旅客列车车速350 km/h。斜拉桥主梁为板桁结合钢桁梁，N形桁架，3片主桁，横宽2×15 m，桁高15.2 m，节间长度14 m，采用焊接整体节点。上层布置6车道公路，公路面为钢正交异性板和混凝土板组合桥面板，沥青桥面；下层布置4线铁路(客、货运各2线)，为道砟桥面。

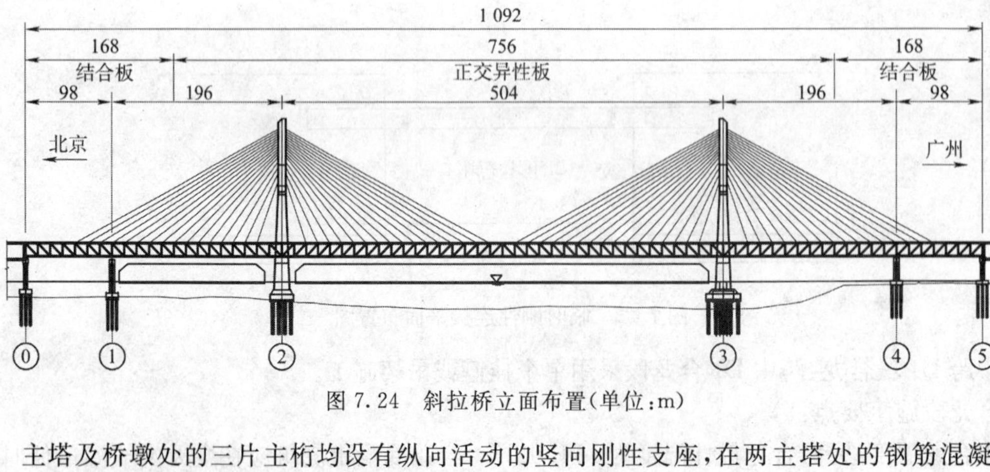

图7.24 斜拉桥立面布置(单位:m)

主塔及桥墩处的三片主桁均设有纵向活动的竖向刚性支座，在两主塔处的钢筋混凝土横梁与三片主桁间设纵向液压阻尼支座。

主塔基础均采用ϕ3.4 m钻孔灌筑桩，2号墩4排8列共32根，桩长60 m，承台长53.4 m，宽27.0 m，高6.0 m。3号墩5排8列共40根，桩长80 m，承台长65.30 m，宽39.80 m，高6 m。

2 号、3 号主塔墩采用倒 Y 形钢筋混凝土结构，承台以上高度 195 m；每塔两侧各有 3×16 根斜拉索，斜拉索为平行镀锌平行钢丝，双层 PE 护套，冷铸锚。斜拉索最大截面为 451－ϕ7 mm，最大设计索力约 12 500 kN，单根最大索重 40 t。钢桁梁上索距 14 m，相邻索面中心距 15 m；斜拉索下端锚固于主桁上弦节点中心，上端锚固于上塔柱，采用预应力锚固形式，预应力体系为 24ϕ7 mm 高强度低松弛钢丝束镦头锚，斜拉索上、下端均可作为张拉端。

钢梁主桁弦杆均采用箱形截面，宽为 1 m，高度为 1～1.3 m，下弦杆箱梁高为 1.45 m。主桁部分斜杆采用箱形截面，其余斜杆、竖杆采用 H 形截面。腹杆与节点的连接均采用插入形式。主桁节点采用焊接整体节点，节点外拼装。钢桁梁工地连接均采用 M30、M24 高强度螺栓。铁路横梁上下盖板与主桁连接处焊接，正交异性板与主桁上弦杆焊接。

2 号墩基础施工采用钢吊箱整体浮运锚墩预施拉力定位技术，3 号墩基础施工采用大型钢吊箱围堰整体浮运重锚定位施工技术。研制了扭矩 30 t·m 的钻机用于钻孔桩施工。

塔柱施工均采用 ZL-ZPM 型液压自爬模系统分节段施工。

钢梁架设采用整节段和散拼的方式，全桥共计 78 个节间，其中 52 个节间采用整节段架设，在墩顶和滩地共计 26 个节间采用散拼。研制了 4 台 700 t 架梁吊机用于整节段架设。

2. 大型钻孔桩深水施工

2 号墩位于南汊深槽北侧，河床高程约为－1.4 m，覆盖层厚度约 25～30 m，上部 5～10 m 为新近沉积的松散状细砂，下部 20～25 m 为稍密-中密状粉细砂间夹多层软塑状砂黏土，其下部夹少量中、细砂。3 号墩位于南汊深槽南侧，河床高程约为－3.2 m，覆盖层厚度约 31.2～32 m，上部 7～14.5 m 为新近沉积的松散状细砂，中部 22～25 m 为稍密—中密状粉细砂间夹多层软塑状砂黏土，其下部夹少量中、粗砂。2 号、3 号墩基岩均以胶结砾岩为主，同一墩位基岩强度差异较大。桥位处正常年份高水位约＋25.0 m，低水位约＋10.0m，洪枯水位变幅达 15.0m，桥位处江水最大流速约 2.50m/s。桥址处修建大型钻孔桩基础面临诸多难题，墩位处水深流急，钻孔平台的构建异常困难；钻孔桩直径达 ϕ3.40 m，从施工平台顶至桩底孔深达 105.5 m，成孔质量要求高，对钢护筒的平面定位精度和垂直度要求高；墩位处岩性软硬不均，孔径大，需要大扭矩钻机。针对桥址的复杂水文地质情况，工程技术人员采取了相应的工程措施，解决了这些难题。

(1)钢吊箱整体浮运，锚墩预施应力定位，吊箱围堰兼作钻孔平台

2 号墩采用了钢吊箱整体浮运，锚墩预施应力定位，吊箱围堰兼作钻孔平台的施工技术。钢吊箱围堰根据承台尺寸设计成双壁的壳体结构，能够自浮，钢吊箱围堰在工厂整体制造，同时现场进行锚墩施工，钢吊箱制造完成后整体滑移下水自浮，浮运至墩位旁，利用锚墩和钢绞线对钢吊箱进行初定位，然后对钢绞线施加预张拉力，精确定位钢吊箱，插打支承钢护筒，将钢吊箱围堰与支撑钢护筒临时固结，形成固定平台，插打剩余的钢护筒，进行钻孔桩施工，全部钻孔桩施工完成后，钢吊箱围堰下放到承台施工标高，灌筑封底混凝土，封底混凝土达到设计强度后，在钢吊箱围堰内抽水，进行承台施工。

(2)钢吊箱围堰整体浮运，重锚定位，吊箱兼作钻孔平台施工技术

3 号墩采用重锚定位系统定位，吊箱兼作平台方案。与 2 号墩不同的是，定位系统采用了重锚定位系统，在钢吊箱围堰制造的同时进行锚定系统施工，钢吊箱浮运至墩位后，利用锚定系统对钢吊箱进行初定位，然后对拉缆施加预应力，插打定位支撑钢护筒，钢吊箱精确定位，形成固定平台。然后进行钻孔桩和承台施工。围堰立面示意图如图 7.25 所示，锚定系统如图 7.26 所示，工厂整体制造的 3 号墩围堰如图 7.27 所示。

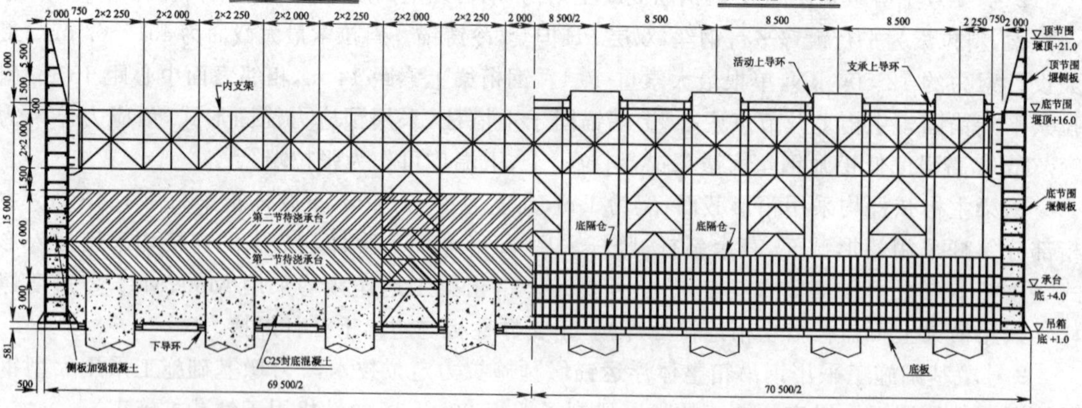

图 7.25　围堰立面示意图(单位:mm)

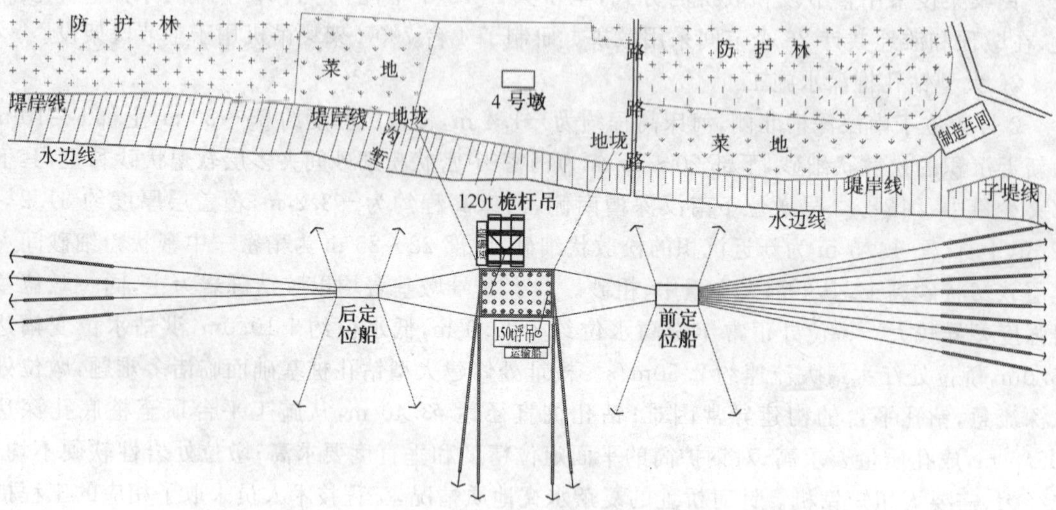

图 7.26　锚定系统布置图

图 7.27　3 号墩围堰工厂整体制造

(3)KTY 4000 型钻机

为适应大直径成孔要求和桥址处软硬不均胶结砾岩的情况,专门研制了 KTY4000 型钻机(图 7.28)。该钻机为液压动力头钻机,能在岩石平均单轴抗压强度 $\sigma_c \leqslant 120$ MPa 的基岩中钻进,钻孔直径可达 4.0 m,钻进深度可达 130 m。该钻机采用了液压控制的减压自动钻井技术,在给定的钻压下实现恒压自动钻进。使钻具系统始终保持减压状态和垂直状态,实现自动钻孔作业,并且能够实现过载自动保护,保证孔径精度和孔深的垂直度。

图 7.28　KTY4000 型钻机

3. 塔柱施工技术

塔柱均采用 ZL-ZPM100 型液压自爬模系统分节段施工,中塔柱内侧设置 4 道内支撑。横梁采用支架法分两次现浇。由于塔柱规模大,施工周期长,耐久性要求高,索道管定位精度要求高,因此,施工中重点解决了混凝土裂纹难题和索道管定位难题。

施工中每一节段均按大体积混凝土施工工艺施工,按此工艺配置混凝土配合比,在节段内埋设冷却管和测温传感器,采取保湿措施,同时在冬期还采取了在模板上加保温层,脱模后立即用保温被包裹等措施,这些措施的采用,取得了良好的效果。

上塔柱施工采用劲性骨架作为索道安装托架,在加工车间严格控制它的加工质量及安装精度,并对定位测量和定位工艺进行研究,选择合适的测量定位条件,快速定位,将索道管定位误差控制在设计容许范围内,塔柱施工图如图 7.29 所示。

图 7.29　塔柱施工

4. 钢梁架设技术

钢梁架设采用整节段架设和散拼架设的方式,利用 120 t 水上吊船在 2 号和 3 号墩旁托架上散拼架设 4 个节间钢梁以及在钢梁顶面拼装 700 t 架梁吊机,同时武昌侧在支架上利用 75 t 龙门吊机安装 13 个节间钢桁梁,700 t 架梁吊机安装完成后,分别对称整节段安装 2 号、3 号墩钢梁,每架设一节钢梁,安装张拉上一节段的斜拉索。3 号墩安装 7 个节间后进行边跨合龙,主跨侧继续整节段安装,直至主跨合龙。2 号墩边跨 1 号墩顶 2 个节间和 0 号墩顶一个节间由于整节段无法起吊而采用散拼架设外,其余节间全部采用整节段架设。

斜拉桥结构采用三片主桁三索面,属国内首创,结构复杂,杆件数量多,杆件制造精度要求高,拼装难度和线形控制难度大,公路桥面为正交异性板整体桥面,构件尺寸大,为全焊结构,正交异性板四周与主桁上弦及门架采用高强螺栓连接,桥面板与上弦焊接,桥上焊接工作量大,焊接质量要求高,焊接变形控制难度大,对位精度要求高。为保证钢梁安装质量,减少高空作业时间,采用了整节段吊装新技术。该技术的作业程序是:将三片主桁钢梁杆件、正交异性板、铁路纵横梁和连接系杆件等按节间在工厂组拼,完成桥面板的焊接以及铁路横梁的焊接,形成整体;水运至桥下待架位置,由大吨位架梁吊机直接提升安装。为顺利实施该技术,研究采取了整节段工厂组拼匹配工艺,并研制了 700 t 步履式架梁吊机。

(1)整节段工厂匹配组拼

整节段工厂组拼采用 2+1 节段连续匹配组拼。按照工地有 4 个架设点的要求,工厂相应布置4套拼装台座，每一套台座3个节间，将钢梁分轮次组拼，首轮次组拼3个节间，运走2个节间，留下一个节间作为下一轮次的母梁，后续每一轮次拼装2个节间，运走两个节间，留下一个节间作为母梁，直至全部钢梁组拼完成。这样通过节段间的匹配组拼(图7.30)，保证了节段与节段之间在工地安装接头几何尺寸的一致性，确保对点准确，插入安装顺利。

(2)JQJ 700 t架梁吊机

钢梁组拼成桁段后，桁段最大重量达650 t。为适应已架钢梁桁段和待架桁段在受力后弹性变形的微调以及对点调整的要求，确保工地顺利对接，对架梁吊机进行了专门研究设计。JQJ700架梁吊机主要由机架结构、前支顶、后锚固、起升卷扬机、吊具纵横移变幅机构、吊具、整机纵移机构、电控系统等主要部件组成，采用了顶部三个吊点纵移油缸同步顶推实现变幅、底盘三个纵移油缸同步顶推实现整机的纵移，三个吊点之间和支点之间的载荷跟踪及自动调整控制系统等技术，使得架梁吊机操作方便、快捷、灵活，能够满足整节段吊装各工况的要求。JQJ700架梁吊机如图7.31所示。

图7.30 整节段工厂匹配组拼

图7.31 JQJ700架梁吊机

复习思考题

1. 高速铁路桥梁设计与普通铁路桥梁相比有什么特点？有哪些关键技术需要克服？
2. 高速铁路桥梁为什么在线路总长中所占比重较大？
3. 高速铁路桥梁的施工有哪些特点？
4. 高速铁路的车站桥梁有何特色？
5. 简述高速铁路特大跨度桥梁的设计与施工特点？
6. 我国高速铁路建设还有哪些需要深入研究的课题？

第八章

桥梁施工组织与施工安全

桥梁施工组织设计是重要的技术、经济文件，它的作用是组织施工，指导施工活动，保证工程施工正常进行。施工组织设计的目的在于全面合理、有计划地组织施工，使工地上的人员、机具、材料能够充分发挥作用，以最小的消耗，最快的速度，取得最好的施工效果。施工组织设计的根本内容是规划、安排施工准备工作，编制施工进度计划和劳动力、机具材料供应计划，做好人力、物力的综合平衡。同时，对施工场地，包括材料堆栈、仓库、临时房屋、施工道路、水电设施及场内外运输方式等，进行合理的规划与布设。

施工组织设计除安排和指导施工外，又是体现设计意图和编制概预算的依据，是对施工实行科学管理的重要手段，也是施工单位管理水平和信誉的体现。

施工组织设计必须实事求是，确定的原则和事项既应符合当前施工队伍的技术水平和设备能力，又应具有一定的先进水平。同时，编制的原则和依据也不是一成不变的，经常调整和修改计划，以适应变化了的客观情况是必然的，也是正常的。这与不得任意违背、保持施工组织设计的严肃性是不矛盾的。

桥梁工程在设计阶段、施工开始前和施工过程中各阶段，都要编制施工组织设计，但随不同的设计阶段，有不同的编制深度和内容，而工程的主要施工方法和施工程序，一般是不会改变的。

第一节　桥梁施工组织设计的类型和基本内容

桥梁工程在不同阶段编制不同的施工组织设计，设计阶段编制的称为初步施工组织设计，施工开始前编制的称为指导性施工组织设计，施工过程中编制的称为实施性施工组织设计。

一、初步施工组织设计

初步施工组织设计由设计单位进行编制。主要内容是结合桥梁结构设计，制订桥梁施工的轮廓计划，初步拟定施工方法、施工程序和施工时间。结构设计与施工方法密切相关，在设计过程中，必须拟定施工方法和施工程序。不同的施工方法和程序，甚至会影响到结构的设计内力和细部构造。此外，初步施工组织设计还是编制工程总概算的依据。

虽然初步施工组织设计不可能编制的很详细、具体，但对控制工程的工期和总投资是很重要的，因此，应力求符合实际。

二、指导性施工组织设计

指导性施工组织设计是设计单位在工程施工投标和中标开工前所编制的施工组织设计，主要任务是：

(1)确定合适的施工方法和施工程序及相应的具体措施，保证在承包合同期内，顺利完成施工任务；

(2)适时周密地安排好各项准备工作;

(3)采用科学合理的劳动组织形式和先进的管理办法组织施工;

(4)编制施工进度计划和劳动力、机具、材料的供应计划,做到人力、物力综合平衡调配,力争全年连续、均衡地施工;

(5)有效合理地布置施工场地,以方便生产、运输和生活并尽可能节约临时用地,减少临时工程。

指导性施工组织设计是组织桥梁施工的总计划,是开展工程施工和各部门工作的依据,也是编制施工预算的主要依据。而预算又是编制施工财务计划的依据,并且是施工过程中进行成本分析的依据。

编制指导性施工组织设计应尽可能符合客观实际。因此,投标时施工单位应根据投标文件的要求,认真研究设计文件,复核现场资料,调查研究工地环境条件,再根据自身的施工条件,编制施工组织设计。中标后工程开工前,应进一步审查、修订,必要时甚至重新编制施工组织设计,以求更加合理。

三、实施性施工组织设计

桥梁初步施工组织设计和指导性施工组织设计都是以整个桥梁工程为对象编制的,作用是用来指导施工的全局,集合施工力量,配备机具设备,组织物资材料供应,布设生活及临时设施,建立施工条件,属于施工组织总设计的类型。

桥梁实施性施工组织设计是以指导性施工组织设计为依据,以某个单位工程或分部工程如基础工程、上部结构工程为对象编制的工程施工组织设计。作用是按指导性施工组织设计所规定的施工方法、施工程序、施工工期及物资供应指标等,分期、分部付诸实施。其内容较指导性施工组织设计更为详细具体。

实施性施工组织设计的内容和要求是:

(1)制订按工作日程的施工进度计划用来直接指挥施工,计划要制订的具体、详细、形象,同时应当留有余地,以便发生意外情况时,能及时调整计划,避免窝工。

(2)根据施工进度计划,计算劳动力、机具、材料等日程需要量。

(3)在施工进度计划表上,规定出工作班组及机械的作业日程安排和移动路线以及与此相应的材料、机具供应计划。

(4)结合工程结构和环境条件,提出具体施工细节,如基坑围堰的修筑、模板安装、混凝土灌筑等采用的施工方法。

(5)施工工序的划分、劳动力组织及机具配备,既要适应施工方法的需要,也要能有效地发挥施工班组的工作效率,保证工程质量和施工安全,还要适应实现分项承包和结算的需要。

第二节　桥梁施工组织设计的编制

不同阶段施工组织设计的基本内容是一致的,只是深浅、具体和详细程度不同。施工组织设计主要包括以下内容:选择和制订施工方案,确定施工方法,编制施工进度计划;编制施工劳动力及施工材料和施工机械设备供应计划;规划施工现场,布置施工现场;编制工程质量保证措施和施工监控措施,编制工地业务的组织规划等。

一、施工方案的选择和制订

选择合理的施工方案是工程项目施工组织设计的核心。施工方案的优劣是决定工程全局成败的关键,它在很大程度上决定了施工设计的质量。

选择和制订施工方案的基本要求是符合现场实际,切实可行,同时还要做到技术先进,能有效地采用新技术、新材料,确保工程质量和施工安全;工期能够满足合同要求;经济合理,施工费用和工料消耗低。施工方案的主要内容包括:施工方法的确定、施工机具的选择和施工顺序的安排等。

1. 施工方法的确定

施工方法是施工方案的核心内容,它将直接影响施工进度、质量安全和工程成本。因此,应根据工程特点、工期要求、施工条件及人力、材料和设备供应情况,结合施工单位的经验,认真比选,慎重确定。例如,基坑施工采用何种围堰,是人工或机械开挖;钻孔桩采用哪种成孔方式;墩台模板采用哪种形式;就地灌筑混凝土梁的脚手架,是采用排架式还是墩架式等。

确定施工方法应突出重点,对于施工技术复杂和对工程质量起关键作用的项目,以及工人不够熟悉的项目,应详细而具体。而对于一般施工方法和工人熟悉的项目,可适当从简,只提出本项目的特殊要求即可。

确定施工方法时,还应考虑采用的施工方法对结构受力的影响,不仅要拟定出操作过程和方法,更要提出质量要求和技术措施。另外,尚应注意吸收同类工程的先进经验,以达到施工快速、经济和优质的目的。

2. 施工机械的选择

具有一定规模的桥梁工程施工中,一般都会配备一定数量的起重运输和材料加工等施工机械,以代替繁重的体力劳动,提高生产效率,缩短工期。施工机械的选择,应以满足施工方法的需要为基本依据,但有时施工方法的确定,又取决于施工机械。所以,两者常常需要同时考虑,综合确定。

选择施工机械时,应在满足施工需要的前提下,充分发挥施工单位现有的机械设备能力,必要时可以租赁或购买。在购买机械设备时,应既考虑该工程使用,也要考虑能在今后工程中多次重复使用的可能。

3. 施工顺序的安排

施工顺序是指工程施工的先后次序。安排施工顺序的重点,是从整个桥梁工程全局出发,根据现场施工条件、水文气象资料、施工机械作业,安排不受固定顺序限制的施工顺序,以求工程顺利开展,保证质量和施工安全,缩短工期。例如,根据工程规模大小和工期要求,是否需要两岸同时进行施工;考虑雨季和洪水影响,水中基础安排在什么时间施工;混凝土工程能否尽可能避开冬季施工;如何减少工人和机械的停歇时间,加快施工进度等。

二、施工进度计划的编制

施工进度计划是施工组织设计中最主要的组成部分。它是在已确定的施工方案和施工顺序基础上编制的,以图表形式表明工程从施工准备工作开始,直到工程竣工为止的全部施工过程,在时间和空间上的安排,以及各工序间的衔接关系。

施工进度计划的主要作用是:统筹全局,合理部署人力、物力;正确指导全部施工活动,控制施工进度;为编制季度、月度生产作业计划,确定劳动和各种物质需要量计划提供依据。

1. 施工进度计划编制的方法

(1)熟悉和审核施工设计文件和有关技术经济资料,深入分析工程内容和施工条件。

(2)划分施工项目,一般可按临时工程、墩梁工程和其他附属工程进行。对于规模较大的工程，分项应详细具体，以利组织施工。

(3)计算各施工项目的主要工程数量，如挖基土、石方工程，模板工程，钢筋混凝土工程，构件预制和安装工程等。这些工程数量，可由设计图获取。工程数量的计算单位应采用与相应定额一致。

(4)根据现行的定额规定，计算确定各施工项目所需要的劳动量(工天数)、各种主要材料用量、机械台班需要量和工作持续时间等。

(5)确定施工顺序和程序。

(6)设计并绘制施工进度计划图。施工进度计划图应反映各分项工程的工程数量、施工天数、施工时间和劳动安排。

设计、绘制施工进度计划是一个复杂的过程，一般在初步方案编制完成后，应当检查施工顺序是否合理，劳动力和机械的使用是否均衡，否则，应进行调整。然后再检查再调整。反复多次直到满意为止。

表 8.1 为某桥梁工程施工进度计划图的一部分。

表 8.1 ××大桥指导性施工组织设计进度

项目	序号	工程内容	单位	数量	工天	按月排列施工顺序										
						1	2	3	4	5	6	7	…	16	17	18
临时工程	1	施工便道	m	3000	2000											
	5	高位水池	座	2	180											
	10	场地平整	m²	1600	400											
南台	1	挖基土方	m³	180	80											
	5	台顶 C20 混凝土		35.1	116											
	11	护坡等浆砌		4.6	12											
1号墩	1	挖基土方	m³	169	83											
	3	基础混凝土		75.3	132											
	6	顶帽钢筋混凝土		15.6	53								⋮			
主跨连续梁	1	0号段	m³	102	821											
	5	4号段		25.9	215											
	8	7号段		21.4	171											
	10	11号段		7.4	83											
北台	1	挖基土方	m³	180	88											
	11	护坡浆砌		4.6	12											
架梁	1	32 m 预应力梁	孔	1	191											
	2	16 m 钢筋混凝土梁		3	573											
按月计划需要工天数					45501	2200	2482	2642	2735	2709	2776	2735		1833	1833	1040

2. 劳动量和机械台班需要量的确定

(1)劳动工天的计算

根据现行劳动定额确定劳动工天，可按下式计算：

$$P=Q\cdot H \tag{8-1}$$

式中　Q——施工项目的工程量(m^3、m^2、m…)；

H——该工程项目的劳动定额(工天/m^3、工天/m^2、工天/m…)；

P——该工程项目需要劳动工天。

(2)机械台班数的计算

对以施工机械为主完成的施工项目，应根据该施工机械的时间定额计算该种机械需要的台班数：

$$D=Q\cdot H \tag{8-2}$$

式中　D——该工程项目需要的施工机械台班数；

Q——该工程项目的工程量(m^3、m^2、m…)；

H——该施工机械的时间定额(台班/m^3、台班/m^2、台班/m…)。

(3)施工持续时间的计算

根据施工单位用于施工的人力、机械和工作面的大小，计算施工过程持续天数。

对于人力施工　$$T=\frac{P}{R\cdot b}\quad(\mathrm{d}) \tag{8-3}$$

对于机械施工　$$T=\frac{D}{G\cdot b}\quad(\mathrm{d}) \tag{8-4}$$

式中　T——该工程项目施工过程持续天数；

R——每天平均出勤的施工人数；

G——每天平均出勤的施工机械台数；

b——每天采用的工班数；

P、D——该工程项目需要的劳动天数和施工机械台班数。

(4)每天应出勤的工人和施工机械台班数的计算

若按工期要求，项目施工过程持续时间已定时，则每天应出勤的工人和机械台班数，可按下式计算：

对于人力施工　$$R=\frac{P}{T\cdot b}(\text{工人人数}) \tag{8-5}$$

对于机械施工　$$G=\frac{D}{T\cdot b}(\text{机械台班数}) \tag{8-6}$$

式中符号意义同前。

3. 劳动力、材料和机械设备计划的编制

桥梁施工进度计划编制完成后，可根据施工顺序和各工序持续时间，编制出劳动力、材料和施工机械调配和供应计划，作为有关职能部门按计划调配的依据，以保证工程施工顺利进行。

(1)劳动力调配计划

将施工进度计划表内各施工过程中所需的劳动力数量，按月进行叠加即可得到全桥劳动力使用数量曲线。该曲线图通常与施工进度计划图绘在一起。劳动力调配要求均衡，一般在开始阶段需要少量工人做准备工作。以后随着工程的进展，工人人数陆续增加，达到高峰，并保持一段时间。然后，分批减少，最后只有少量工人进行收尾工作。应避免工人数量骤增骤减的情况。否则会增加劳动力调遣费，增多施工工具设备和增加施工管理费。图 8.1 给出几种劳动力调配图示例,显然图(b)和图(c)都是不合理的。遇到这种情况,应该重新修改施工进度计划,以求得比较合理的方案。

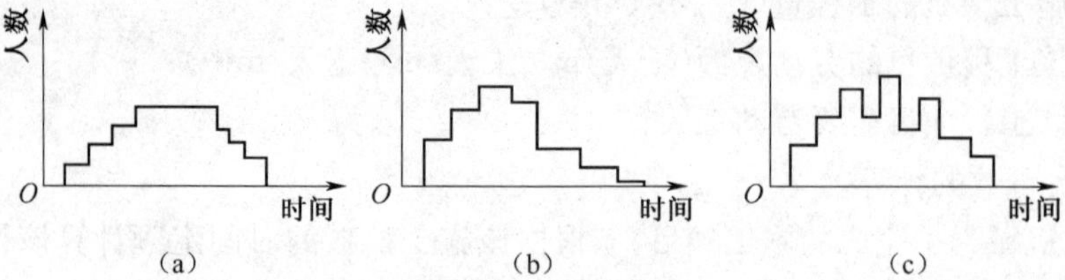

图 8.1 劳动力调配示例

劳动力需要量计划是根据施工进度计划,对各个分部每天出勤施工的人员,分工种(技工,普工)进行统计,得出每天所需工种及人员。一般可按月或按旬编制,采用表格的形式如表 8.2 所示。

表 8.2 劳动力需要量计划

序号	工种名称	人数	×月			×月			×月		
			上	中	下	上	中	下	上	中	下

(2)主要材料需要量计划

材料需要量计划是材料供应和材料采购的依据,并可作为确定仓库、堆场面积和组织运输之用。材料计划编制的依据是施工进度计划中各分项的工程数量和预算定额。材料计划用表格形式表现,内容应包括材料名称、规格、时间等。

全桥材料需要量计划及分月供应计划中,应编制出水泥、钢筋和木材等分月用量表,材料分月分类用量表如表 8.3 所示。

表 8.3 材料需要量计划

序号	材料名称	规格	需要量		供应时间	备 注
			单位	数量		

材料供应工作除应有需要量计划外,还要有材料储运(供应)计划作为采购、运输、仓储和场地布置的依据。储运计划的表格形式可如表 8.4 所示。

表 8.4 主要材料储运计划

序号	材料名称	规格	单位	数量	进场日期	备 注

材料需要量计划和供应计划是保证工程施工顺利进行，降低工程成本的关键，应当认真做好不可大意。不可因材料供应不及时而窝工，甚至延误工期，因此要提前储运，留有余地。特别是稀缺材料，更应早日落实。当然，材料储备数量应适当，不宜超量存储。

(3)施工机械供应计划

应当根据施工方案和施工机械台班数的计算，以及施工进度计划，确定施工机械类型、数量和进场时间。一般是把施工进度计划中各施工顺序每天需要的机械类型、数量和施工日期统计汇总，从而得到施工机械需要量计划，如表 8.5 所示。

表 8.5　施工机械需要量计划

序号	机械名称	类型、型号	需要量		货源	使用起止时间	备注
			单位	数量			

第三节　施工场地布置

施工场地布置也称施工平面图设计，是对施工现场的规划，解决施工期间各种临时设施、仓库、料场、水电线路、施工道路等与桥梁施工工程的位置关系。施工平面图是进行施工现场布置的依据。合理的施工平面图，对于实现科学管理，顺利执行施工进度计划，进行文明施工具有重要作用。

一、施工场地布置图的内容与要求

1. 施工场地布置应包括的内容

(1)在 1∶500～1∶2 000 施工用地形、地貌图上，绘出所有房屋、道路和通讯及水电管线等的位置和尺寸，以及测量控制点的标桩位置。

(2)拟建桥梁的走向和墩台位置。

(3)各种生产、生活临时房屋和材料、设备、预制场地的位置及规模。

(4)施工道路和主要施工机械的位置等。

为了显示清晰，也可将电力线路和供水线路分别另图布置。

2. 施工场地布置的基本要求

(1)尽量减少临时设施的数量，布置紧凑合理，减少施工用地，少占农田。

(2)互不干扰，方便施工。各种临时设施位置应合理，以最大限度地减少工地内部运距和场内二次运输。

(3)符合环境保护、卫生、安全和防洪的要求，关心职工福利，方便生活。

(4)施工区域的划分和场地的确定，应符合施工工艺流程的要求，以利于生产的连续性。

二、施工场地布置设计

(1)首先对当地自然条件和技术条件进行分析，掌握施工现场的地形、原有道路、水源、电源及交通运输条件等。

(2)确定主要机械设备的位置尺寸。如混凝土搅拌站和起重运输机械是桥梁施工工地的主要设备,应首先予以考虑。

(3)仓库、料场和半成品堆放位置。

(4)场外交通的引入和现场运输道路的布置。

(5)各种生产、生活临时设施的布置。

(6)供水、供电设施的布置。

(7)安全、消防设施的布置。

施工场地布置设计时,要充分利用施工场地现有条件,全面规划,合理布设。对外注意与原有公路,铁路的联络,对内尽量减少施工作业的相互干扰。

三、工地临时房屋

工地临时房屋包括生活用房和生产用房两类。主要有办工用房、施工人员居住用房、食堂、仓库、附属工厂、工地试验室、动力站、文化福利设施和医疗卫生用房等。

1. 临时房屋布置的基本要求

(1)建在地势平坦、干燥、施工期间不被水淹的地方。

(2)房屋构造应简单,尽量使用拆装式房屋,条件许可的情况下,宜临时租用现有房屋和利用提前修建的房屋。

(3)直接指挥生产的指挥所和调度室应设在工地的中心地区,而施工管理办公室和职工生活区,最好设计与工地有一定距离不受施工噪声等干扰的地方,但也不能远离工地。

(4)按房屋的不同使用条件和防火卫生的要求,各栋房屋之间的最小距离,城区为5 m,郊区为7 m;锅炉房、发电机房、变电室、铁工房与临时生活用房间距不应小于25 m;油料库距铁路线间距不小于50 m,距公路不小于15 m,距锻工房、焊接工场等至少25 m。

(5)临时房屋的高度一般为2.5～2.8 m,车间、库房等散热及争取利用空间者可增至3.5～4.0 m,每栋房屋均应配备灭火器。

2. 生产用房面积的确定

施工现场的生产用房大致有如下三类:材料加工房(棚),如木工棚、钢筋棚和铁工房等;生产车间,如构件预制车间、机修车间、空压机房、锅炉房、水泵房、电工配电室等;施工机械用房,如汽车搅拌机、电焊机、卷扬机等。这些房屋的面积一般可参考表8.6计算确定。

表8.6 生产用房面积参考表

项次	名 称	单位	面积(m^2)	备 注
1	木工作业棚	m^2/人	2	占地为“面积”一栏的3～4倍
2	钢筋作业棚	m^2/人	3	占地为“面积”一栏的3～4倍
3	混凝土搅拌棚	m^2/台	10～18	400 L
4	立式锅炉房	m^2/台	5～10	
5	发电机房	m^2/kW	0.2～0.3	
6	水泵	m^2/台	3～8	
7	汽车或拖拉机	m^2/辆	20～25	
8	混凝土搅拌机	m^2/台	10	
9	移动式空压机	m^2/台	18	以6 m^3/min为例

续上表

项次	名　称	单位	面积(m^2)	备　注
10	固定式空压机	m^2/台	9	
11	卷扬机	m^2/台	6～12	

3. 生活用房面积的确定

各种生活、办公临时房屋的面积，可按施工单位的年平均人数和表 8.7 工地临时房屋面积指标计算确定。

表 8.7　工地临时房屋面积参考表

项次	临时用房名称	单位	面积	项次	临时用房名称	单位	面积
1	办公室	m^2/人	3～4	7	浴室	m^2/人	0.07～0.1
2	宿舍	m^2/人	2.5～3.5	8	理发	m^2/人	0.01～0.03
3	双层床	m^2/人	2.0～2.5	9	俱乐部	m^2/人	0.1
4	单层床	m^2/人	3.5～4	10	招待所	m^2/人	0.06
5	食堂	m^2/人	0.5～0.8	11	其他公用	m^2/人	0.05～0.1
6	医务室	m^2/人	0.05～0.07	12	开水房	m^2/人	10～40

四、材料仓库及堆栈

材料仓库和堆栈是工地上用以临时存储各种建筑材料的地方，按材料保管方法的不同，一般可分为以下几种：

(1)堆栈。堆栈是露天仓库也称料场，用于堆放不怕雨侵袭且较为笨重的材料。例如砖瓦、石料、原木和混凝土构件等。

(2)库棚。它是带顶棚的堆栈，用于储存防止雨雪和阳光直接侵蚀且较为笨重的材料。例如油毛毡、陶瓷砖、沥青等。

(3)仓库。封闭式仓库用于储存贵重材料和容易散失的物品。例如五金零件、贵重设备、施工工具和劳动保护用品等。水泥、石膏在多雨季节也常存于仓库内。

材料仓库及堆栈应布置在进料比较方便和靠近用料比较频繁的地方，以减少运距，方便运输。

仓库与堆栈的面积，应根据施工进度计划的用料计划，按下式计算确定：

$$F=\frac{1}{K_1}\cdot\frac{P}{q} \tag{8-7}$$

式中　F——仓库、料场的面积(m^2)；

P——仓库、料场的材料储存量(m^3 或 t 等)；

q——仓库、料场每平方米的材料储存量(m^3/m^2 或 t/m^2 等)，如表 8.8 所示；

K_1——仓库、料场堆放材料的面积利用系数，如表 8.9 所示。

表 8.8　仓库、料场每平方米材料储存量

项次	材料名称	单位	单位面积储存数量	堆放高度(m)	堆置方法	储存方法
1	水泥(袋)	t	1.5	2	堆垛	仓库
2	水泥(散)	t	2.0～2.8	1.5～2	堆积	仓库

续上表

项次	材料名称	单位	单位面积储存数量	堆放高度(m)	堆置方法	储存方法
3	各种型钢	t	1.0～4.5	0.6～1.0	堆垛	敞棚
4	钢筋	t	3.7～4.5	1.2	堆垛	敞棚
5	盘条	t	1.5～2.0	1.0	堆垛	敞棚
6	钢管	t	0.5～0.6	1.0	堆垛	敞棚
7	钢丝绳	t	1.2～1.4	1.0	堆垛	敞棚
8	圆木	m^3	1.3～2.0	1.5～2.0	堆垛	露天
9	方木、板材	m^3	1.2～1.8	2.0～2.5	堆垛	敞棚

表 8.9 仓库、堆栈面积利用系数

项次	仓库类型	α
1	储存工具、机械配件、电工、水暖器材等(货价存放)	0.35～0.4
2	散装水泥	0.6～0.9
3	捆装、袋装材料	0.45～0.6
4	木材、钢材料棚	0.4～0.5
5	露天堆放的成材(木材、钢材)	0.5～0.6
6	露天堆放的散材(砂、石料)	0.6～0.7

仓库、料场的材料储备量应能保证施工不至于中断，同时也要避免储备量过大而造成积压，或仓库面积过大而加大临时投资。对于经常使用的砂、石、水泥、钢材等，可按储备期进行计算：

$$P=t_n(q_1 \cdot k_2)/t \tag{8-8}$$

式中 P——材料的储备量(m^3 或 t 等)；

t_n——材料储备期定额；

q_1——材料的总需要量(m^3 或 t 等)；

t——有关施工项目的施工总工作日；

k_2——材料使用的不均衡系数(k_2＝最高峰日需要量/日平均需要量)。

五、工地供水设计

1. 工地临时供水量计算

工地临时供水设计，一般应决定于需水量，选择水源和设计配水管网。

工地用水包括生产用水、生活用水和消防用水。其中，生产用水包括现场施工工程用水 Q_1 和施工机械用水 Q_2。各种用水量可分别按下式计算：

$$Q_1 = K_1 \cdot \sum \frac{AN_1}{T_1 t} \cdot \frac{K_2}{8 \times 3\,600} \tag{8-9}$$

式中 Q_1——施工工程用水量(含附属生产企业用水)(L/s)；

A——年(季)度工程量(以实物计量单位表示)；

N_1——施工用水定额(表 8.10)；

表 8.10　施工用水定额

用　途	单位	耗水量(L)	用　途	单位	耗水量(L)
灌筑混凝土全部用水	m^3	1 700～2 400	标准轨蒸汽机车	台昼夜	10 000～20 000
搅拌普通混凝土	m^3	200～300	空气压缩机	m^3/分台班	40～80
混凝土养护(自然养护)	m^3	200～400	锅炉	m^2/h	15～30
混凝土养护(蒸汽养护)	m^3	500～700	食堂	每人	80～100
人工洗冲石子	m^3	1 000	浴室	每人	40～60
机械洗冲石子	m^3	600	医院	每床	100～150
洗砂	m^3	1 000	工人生活用水	每人班	10～15
内燃挖土机	m^3/台班	200～300	生活区无下水道	每人日	25～30
内燃起重机	m^3/台班	15～18	生活区有下水道	每人日	60～80
汽车	台昼夜	400～700	蒸汽打桩机	t 台班	1 000～1 200

T_1——年(季)度有效作业日(d)；

t——每天工作、班数；

K_1——未考虑到的用水量修正系数(一般取 1.05～1.15)；

K_2——用水不均衡系数(表 8.11)。

表 8.11　用水不均衡系数

用水名称	不均匀系数		用水名称	不均匀系数	
	K_1	K_2		K_1	K_2
建筑施工用水	1.6		运输设备用水		2.0
单项建筑工程用水	1.5		建筑工程日常卫生用水	2.7	
辅助企业用水	1.25		无下水道区日常卫生用水		2.15
动力设备用水		1.1	有下水道区日常卫生用水		1.8

$$Q_2 = K_1 \sum M \cdot N_2 \cdot \frac{K_2}{8 \times 3\,600} \tag{8-10}$$

式中　Q_2——施工机械设备用水量(L/s)；

M——同一种机械设备台数；

N_2——某种机械设备台班用水定额(表 8.10)；

K_1——未考虑到用水量修正系数(一般取 1.05～1.10)；

K_2——用水不均衡系数(表 8.11)。

生活用水量(Q_3)包括现场施工人员用水量(Q_{3-1})和生活区生活用水量(Q_{3-2})，可分别按下式计算：

$$Q_{3-1} = \frac{P_1 N_3 K_2}{t \times 8 \times 3\,600} \tag{8-11}$$

式中　Q_{3-1}——现场施工用水量(L/s)；

P_1——施工现场高峰人数；

N_3——施工现场生活用水定额(一般为 20～60 L/人班，视气候而定)；

t——每天工作班数；

K_2——用水不均衡系数(表 8.11)。

$$Q_{3-2}=\frac{P_2N_4K_2}{24\times3\,600} \tag{8-12}$$

式中 Q_{3-2}——生活区生活用水量(L/s)；

P_2——生活区居民人数；

N_4——生活区生活用水定额(表 8.10)；

K_2——用水不均衡系数(表 8.11)。

消防用水量,可按居住区消防用水和施工现场消防用水分别计算。居民在 25 000 人以内时按 10～20 L/s 计算;施工场地在 0.25 km^2 以内时按 10～15 L/s 计算,每增加 0.25 km^2,用水量增加 4.0 L/s。

考虑到生产、生活及消防用水并不同时发生,因此在确定工地总用水量时,一般应区别不同情况进行组合,取其较大值作为计算依据。

当生产用水与生活用水之和小于消防用水量时,则总用水量取为消防用水量加一半生产、生活用水量;若生产与生活用水量之和大于消防用水量时,则总用水量为生产与生活用水量之和。最后,总的用水量应当考虑管网漏水损失,乘以 1.1 左右的系数。

2. 取水、储水设计

(1)选择水源

临时供水的水源最好利用现有的自来水管道或地面水(江、河、湖、池),在有条件时,应尽量利用地下水(井水、泉水)。选择水源不仅要注意水量充足,满足最大用水量的需要,同时应注意满足对水质的要求。

对于饮用水,应符合卫生要求。对于施工用水,侵蚀性物质的含量应受到限制,pH 值需大于 4,含盐量不得超过 5 000 mg/L,且不含油脂等其他杂质。

(2)泵站

在用水量小或无需昼夜供水时,可用水泵直接取水、供水。一般情况下,则由水泵站抽水到水塔或储水池,然后用输水管分送到用水点。

用水泵直接供水时水泵的抽水能力应大于计算用水量的 50%～100%,确定其扬程时应考虑沿程水头损失和局部水头损失。单位管长的水头损失,可由一般给水手册查得。局部水头损失一般不作详细计算,可取沿程水头损失的 15%～20%确定。

(3)储水设计

工地临时储水设施多设于靠近水源且地势较高处,储水设施为简易水箱、水池或水塔,其容积不宜小于两小时最大平均用水量。水塔的高度(H_T)按下式决定:

$$H_T=H+H_0+H_e \tag{8-13}$$

式中 H——水塔处地面与最不利用水点的高差;

H_0——最不利用水处的自由水头;

H_e——水头损失。

3. 配水管网设计

(1)配水管网的布置

供水管可根据水压大小及使用期长短,采用钢管、铸铁管或胶皮管等。配水管网布置的原则是管路越短越好。水管应尽可能铺设成暗管埋在地下,在无交通干扰的情况下也可采用明管。水管应注意防压、防冻。在严寒地区应埋在冰冻线以下。

(2)管径选择

配水管的直径(d)可按下式计算:

$$d \geqslant \sqrt{\frac{4Q}{1\,000\pi \cdot V}} \tag{8-14}$$

式中 Q——最大设计流量(L/s)；

V——临时水管设计流速，一般取 2～2.5 m/s，对消防用水取 2.5～3.0 m/s。

六、工地供电设计

供电设计一般包括用电量计算、电路选择、变压器的确定、导线截面的计算和配电线路布置等。

1. 工地临时供电计算

工地供电主要包括施工用电和照明用电两部分。

(1)施工用电

施工用电量包括机械设备用电和直接用于施工的用电量两部分，可按下式计算：

$$P_c = K_1 \sum P_1 + \sum P_2 \tag{8-15}$$

式中 P_c——施工用电所需电量(kW)；

P_1——各机械设备的额定功率(kW)，如表 8.12 所示；

P_2——直接用于施工的用电量(kW)；

K_1——机械设备同时使用系数，随电动机台数增多而减少。当电动机在 10 台以下时取 $K_1 = 0.75$；10～30 台时取 $K_1 = 0.7$；30 台以上时取 $K_1 = 0.6$。

表 8.12 部分施工机械的额定功率

机械名称	型号	功率(kW)	机械名称	型号	功率(kW)
单斗挖土机	W-4	250	插入式振动器	HZ-30	1.7
塔式起重机	QT1-2	17.5	插入式振动器	HZ6-50	4.5
强制式搅拌机	J4/375A	13	外部振动器	HZ2-5	1.1

(2)照明用电

照明用电是指施工现场及生活福利区的室内外照明用电，其用电量可按下式计算：

$$P_0 = 1.10(K_2 \sum P_3 + K_3 \sum P_4) \tag{8-16}$$

式中 P_0——照明用电量(kW)；

P_3——室内照明用电量(kW)，如表 8.13 所示；

P_4——室外照明用电量(kW)，如表 8.13 所示；

K_2——室内照明设备同时使用系数，可取 0.8；

K_3——室外照明设备同时使用系数，可取 1.0。

表 8.13 工地室内外照明用电量(W/m^2)参考表

用电场所		数量	用电场所		数量
室内照明	居住及生活用房屋	5.0	室外照明	人工挖土	0.6～0.75
	食堂、厨房及办公	7.0		机械化土方工程、打桩、混凝土工程	2～2.5
	仓库	3～6		钢结构制作及安装	3～3.5
	木工场	3～5		手工操作露天堆栈	0.6～1.0
	锯木场	6～8		机械操作露天堆栈	1.5～2.5
	铁工场	5.0		通路照明	0.1～0.15
	机械工厂	7.0		全场照明	0.05
	车库	5.0			

最大电力负荷为施工用电量和照明用电量之和，其中施工用电量约占80%～90%。在工地临时供电计算中，照明用电量可按这个比例大致估算。

2. 电源的选择

工地供电方式有以下三种可供选择：

(1)尽可能利用施工现场附近的电力供应，当地供应的电力一般比较便宜，而且可免去临时供电的设施和管理费用；

(2)利用附近电力网，设临时变电站和变压器；

(3)在无以上条件或规模不大的工地上，可设置临时供电装置。

确定供电方式时，必须考虑电源的可靠性，以保证施工安全。例如对于水下基础的排水工作，一般应考虑采用两个来源不同的电站供电。

工地自行发电一般采用移动式内燃发电机，其输出功率为150～250 kW。

3. 变压器的确定

变压器的功率按下式确定：

$$W = \frac{K\sum P}{\cos\phi} \tag{8-17}$$

式中 K——功率损失系数，对于变电所取 $K=1.10$；

$\sum P$——变压器服务范围内的总用量(kV·A)；

$\cos\phi$——功率系数，一般取0.75。

4. 导线截面计算

工地输电线路所需电线的截面积，可按下式计算：

双线线路
$$A = K \cdot \frac{W \cdot L}{e} \quad (\text{mm}^2) \tag{8-18}$$

三线、四线线路
$$A = C \cdot \frac{W \cdot L}{e} \quad (\text{mm}^2) \tag{8-19}$$

式中 W——输送的电能(kV·A)；

L——导电线路长度(m)；

e——从变电站到用电地点的电压损失百分数，高压线为10%，220～380 V时为5%；

K、C——系数，如表8.14所示。

表8.14 K、C系数值

电线种类	K	C	
	电压220 V	电压	
		380 V	220 V
铜线	0.072	0.012	0.036
铝线	0.120	0.02	0.06

导线截面尺寸应满足其力学强度的要求。当电杆间距为25～40 m时，低压铝质线不应小于16 mm²，高压铝质线不应小于25 mm²。

5. 配电线路的布置原则

(1)工地内部应采用380/220 V低压线路；380 V的供电半径不应大于700 m；工地上一般采用架高线路；

(2)3～10 kW 的高压线路采用环状布置,380/220 V 低压线路采用枝状布置;

(3)线路宜设于道路一侧,并尽量保持线路水平;380/220 V 线路的电杆间距一般为 25～40 m,且离地面高度不小于 6 m,离铁路钢轨不小于 6.5 m;

(4)分支线及引入线均应在电杆处连接,不得在两杆之间接出;

(5)电压为 380/220 V 时,应用三线的二相电流线路,双线线路仅可用于照明负荷不大及其他生活用电。

七、施工运输

桥梁施工中需要将大量物资包括各种材料、机具和生活资料运入工地,以及将料具送至使用地点,这是一项十分重要的工作,在施工组织设计场地布置时,应给予充分的考虑。

施工运输可分为场外运输和场内运输两类。将各种物资从原地或交货地点运至施工现场,称场外运输。场外运输的方式,一般采用公路、铁路或水路。根据当地运输条件,运量大小、运距远近等,通过分析比较合理选择。在通航河流上,应尽量利用水运修筑临时码头装卸材料和物资。若施工工地附近有铁路、公路可用,或可修建简易专用线与现场接通时,则可采用铁路或公路作为场外运输方式。

场内运输一般采用汽车或装载机运输。只有大型工地,工程材料用量很大,且铁路方便引入时,才考虑采用轨道运输方式,铁路运输对水泥、砂石、钢筋和木材运送是很有效的。而在用料地点比较分散,运输线路不固定的情况下,特别对于场地范围内地形不太平坦,坡大急弯的场合,用装载机运送砂、石、混凝土、灰浆等最为灵活。半成品或小型构件,可用汽车运输。

索道运输兼有水平运输和垂直运输双重功能,且不受河流及地形限制,能在索道跨度内,将材料运送到任何平面和高度位置,使用相当方便,特别在峡谷中建桥,常利用两岸陡峻地形设置索道运输。

对于小型工地或一般工地的零星运输工作,方便实用的运输方式为手推车运输,即使在机械化程度很高的工地,这种简单的运输工具也是不可缺少的。

工地运输中的垂直运输可采用井架式起重架、塔式起重机、门式起重机等完成。

场内外运输应紧密衔接,即由场外运来的材料直接运送至使用或倒运地点,这是最经济合理的运输方式。不过这对计划组织工作要求很高,实现起来比较困难。一般只能通过合理布设堆栈、料场和仓库的位置,以尽量减少场内运输工作量。

运输道路布置时,应遵守以下基本原则:

(1)当采用铁路时,要考虑其转弯半径和坡度的限制,慎重选择专用线的起点和进场位置;

(2)当采用公路运输时,公路应与加工厂、仓库等的位置结合布置,把加工厂、仓库等与施工点贯穿起来,并与场外道路连接;

(3)道路应满足一定的技术标准,力求平顺短捷、工程简易,并尽量利用既有道路。

第四节　桥梁施工安全的一般规定

一、高处作业安全规定

(1)从事高处作业人员要定期或随时体检,发现不宜登高的病症时不应从事高处作业。严禁酒后登高作业。

(2)高处作业人员所需材料应事先准备齐全,工具事先放在工具袋内,拴稳挂牢。

(3)高处作业所使用的梯子不得缺档和垫高,同一梯子不得有两人同时上下,在通道处(或平交口)使用梯子时应设置围栏。

(4)运送人员和物件的升降电梯、吊笼,应设置可靠的安全卡、限位开关等安全装置,严禁乘坐运送物资材料的吊篮。

(5)高处作业人员与地面联系,应配有通讯设备或有专人负责。

(6)高处作业人员,必须严格按规定拴好安全带,戴好安全帽。

(7)人工倒运钢丝绳上高空,中间休息时要用卡子卡死下滑部位,防止钢绳受力滑动伤人。

(8)搭设脚手架,铺设走道板时,禁止搭空头板,走道板要满铺,随铺随钉。

(9)禁止上下交叉作业,若无法错开时,应采取安全防护措施。

(10)架空钢丝绳上有节头、卡子或滑车等障碍时,禁止在没有安全防护措施的情况下翻越。

(11)高处作业工作平台外侧应设置防护栏;高度超过 10 m 时,应设置安全网。

(12)在大风、大雾等不良天气或视线不清时应停止高空作业。

二、缆索吊装施工安全规定

(1)吊装前应做严密的准备工作,对地垄、索塔、缆车、滑车、动力、机具等设施进行全面验收检查。

(2)设立统一指挥系统,并组织参加吊装人员进行安全教育,对施工难度、危险性较大的作业项目要组织专门培训。

(3)准备工作就绪之后,要组织吊装人员技术交底,并进行试运转和超载荷试吊。

(4)牵引卷扬机启动要缓慢,运行速度要平稳;构件在吊运时,起重卷扬机要协调配合,控制好构件在空中的位置,起重卷扬机不得突然提升或下降,避免产生过大弹跳。构件就位时,作业人员要等构件稳定后再进行操作。

(5)构件不能垂直就位,需旁侧主索吊具协助斜拉时,指挥信号要明确,各组卷扬机要协调运行。

(6)起重和牵引卷扬机不得同时开动;双筒卷扬机除冲孔之外,禁止放空档;牵引绳禁止悬挂重物。

(7)重物起吊之后,吊点下方及运行线路下方禁止人员站立或通行。

(8)在受力钢丝绳三角区内禁止人员站立或通行。

(9)用于吊运材料、工具及构件的缆绳跑车不得运送人员。

(10)登高操作人员应携带工具袋,不得将安全带挂在主索、扣索或缆风绳等上面。

三、导梁(桥梁)安装安全规定

(1)构件安装之前,应制定安装方案,建立统一指挥系统。对施工难度、危险性较大的作业项目要组织培训。

(2)导梁组装时,各节点应联结牢固,导梁受力部位的钢桥架须经过质量检验,不得使用受损件。

(3)导梁通过的导轮支座必须牢固可靠,导梁接近导轮时,应采取渐进的方法进入导轮,导梁推进到位后,用千斤顶顶升,将导梁置于稳定的木垛上。

(4)导梁上的轨道应平行等距铺设,使用不同规格的钢轨时,其接头处应妥善处理,不得错台。

(5)导梁横向联结须稳固牢靠,导梁就位后要进行校直校正。

(6)构件在预制场地起重装车后,牵引至导梁时运行速度不得大于 5 m/min,到达安装位置后,平车行走轮应用木楔楔紧。

(7)构件就位起吊后,应加设支撑、垫木,以保持构件平衡稳定,各岗位作业人员要集中精力,听从指挥,发现问题及时处理。

四、架桥机安装构件安全规定

(1)架桥机组拼(或定型产品)、悬臂牵引中的平衡稳定及机具配备等,均应按设计要求进行。

(2)架桥机就位后,为保持前后支点的稳定,应用方木支垫。前后两支点处,还应用缆风绳封固于墩顶两侧。

(3)构件在架桥机上纵、横向移动时,应平缓进行,卷扬机操作人员应按指挥信号协调操作。

(4)全幅宽架桥机吊装边梁就位前,墩顶作业人员应暂避开。

(5)横移不能一次就位的构件时,操作人员应将滑道板、落梁架等准备好,等构件落入后,再进入作业点进行构件牵引(或顶推)横移等工作。

五、门架起重运输安全规定

(1)门架安装完成后,应按设计要求组织检查验收,移动式门架除进行静载试验外,还应加载在轨道上往返运行一次,检查龙门架在移动中的变形,以及轨距、轨道平整度等情况。

(2)门架顶横移轨道两端,应设置制动枕木。

(3)门架中心距离与重物两吊点应相互一致,以免门架偏心受力造成事故。

(4)门架就位后应放其前后牵引索,用木楔楔紧平车轮子,以免门架受力滑动;架顶平车就位按规定捆好构件。

(5)取掉平车掩木开始牵引,操作中应注意平缓稳定,被吊重物不得左右摇摆,行进速度控制在 5 m/min 以内,防止重物惯性摆动。

(6)开动和停止电动机时,应缓慢平稳地操作控制器;需作向后移动时,必须等机、物完全停稳后方可操作。

(7)门架拆除时,应制定安全技术措施。

六、千斤顶使用安全规定

(1)千斤顶操作使用前应详细检查,并做承载试验,操作人员应熟悉其性能,并能熟练操作。

(2)工作前应准备好所使用的工具:千斤顶、摇手、水平尺、垂球、保险木、抓钉等。

(3)千斤顶底盘基础应平整坚实,顶升重物必须在重心位置,垫木选择性能、尺寸相同的坚硬木材。

(4)顶升 T 梁、箱梁等大吨位构件时,必须在梁两侧加设支撑;构件两端不得同时顶起或下落,一端顶升或下落时,另一端要支稳、撑牢。用多台千斤顶起升同一重物时,动作应同步、均衡。

(5)千斤顶的升降应随时加设或抽出保险垫木。

(6)千斤顶提升最大工作行程不得超过丝杆或齿轮全长的75%。

七、预制件运输安全规定

(1)轨道平车运输,轨道路基要有足够的宽度、强度、平整度。轨道铺设应平直、圆顺,轨距应在允许误差值内;轨道半径不得小于25 m,纵坡不宜大于2%,轨道与其他道路交叉,须按规定设交叉道口。

(2)轨道平车运输大型构件时,平车的转向、托盘(或转盘)、支撑制动器等应进行检查。

(3)大型预制件运输应设专人指挥,并经常检查构件在平车上的稳定状况及轨道平车有无变形。

(4)构件运输时速度要缓慢,下坡时必须以溜绳控制速度,并用人拖拉止轮木跟随前进。当纵坡较大时,必须有相应的安全措施,方可运输。

(5)大型预制件平板拖车运输,时速宜控制在5 km/h内。简支梁运输除在横向加斜撑防倾覆外,平板上的搁置点必须设有转盘。

(6)拖车运输构件时,除驾驶员外,还应派人监视安全情况,平板拖车上禁止乘人,运行中宜缓行,避免急刹车。

(7)装卸车地点路面要平坦坚实,装卸时机车均应刹车。

八、混凝土浇筑安全规定

(1)人工推车上料时,手推车不得撒把,运输料道上应有防滑设备。

(2)机械上料时,在铲斗移动范围内不得站人,铲斗下方严禁人员停留或通过。

(3)作业结束后,应将料斗放下,落入斗坑或平台上。

(4)浇筑预制混凝土时,应搭设作业平台和斜道,不得站在模板上作业。

(5)电动振动器应将电缆线、电源开关置于干燥处,多台振动器同时作业应设置集中开关箱,由专人看管,操作人员要配戴安全防护用品。

(6)搅拌机清洗时应停机,料斗起落在45°～90°时,人员不得站在斗鼓中间清洗。以防身体碰到操纵杆造成事故,搅拌机启动前必须确定无人在斗鼓内。

(7)运输混凝土的四轮翻斗车宜缓速行驶,防止发生倾覆事故。

(8)悬空索道,输送混凝土应按起重运输安全操作进行。

九、泵送混凝土安全规定

(1)混凝土泵应设置在作业棚内,安装平衡牢固,泵车安设未稳之前,不得移动布料杆。作业前检查输送泵电气设备是否正常、灵敏、可靠。

(2)泵送前应检查管路、管节、管卡及密封圈的完好程度,不得使用有破损、裂缝、变形和密封不严的管件。

(3)管路布设要平顺,高处、转角处应架设牢固,防止串动、移位。

(4)泵送中要设专人经常检查管路,遇有变形、破裂时,应及时更换,防止崩裂。

(5)混凝土泵在运转中发现故障,应立即停机检查,不得带病作业。

(6)操作人员须熟悉并遵守泵车的操作规程和安全规定。

(7)拆卸管路接头前,应把管内剩余压力排净,防止管内存有压力而引起事故。

(8)作业结束，采用空气清洗管道时，操作人员不得靠近管道端部。

十、模板安装及拆除安全规定

(1)在基坑或围堰内支模板时，应先检查基坑有无坍方迹象，围堰是否坚固，确认无误后方可操作。

(2)向基坑内吊运材料和工具时，应设溜槽或绳索系放，不得抛掷。机械吊送应设专人指挥，模板要捆绑牢靠，基坑内操作人员要避开吊运材料。

(3)人工搬运支立较大模板时，应设专人指挥，使用的绳索要有足够强度，绑扎牢固。支立模板时，应先固定底部再进行支立，防止滑动或倾覆。

(4)用机械吊运模板时，吊点下方不得站人或通行。模板下放距地面 1 m 时，作业人员方可靠近操作。

(5)支立模板要按工序操作，当一块或几块模板单独竖立较大模板时，应设临时支撑，上下必须顶牢。整体模板合龙后，应及时用拉杆斜撑固定牢靠，模板支撑不得接触脚手架。

(6)高处作业时应将工具装在工具袋内，传递工具不得抛掷，不得将工具放在平台和木料上，更不得插在腰带上。

(7)作用斧锤须顾及四周上下安全，防止伤及他人。斧头刃口处应配刃口皮套。

(8)拆除模板时应制定安全措施，按顺序分段拆除，不得留有松动或悬挂的模板，严禁硬砸或用机械大面积拉倒。

(9)拆除模板禁止双层作业。3 m 以上模板在拆除时，应用绳索拉住或用起吊设备缓慢送下。

十一、预应力张拉安全规定

(1)预应力钢丝束张拉施工前，检查张拉设备、工具是否符合施工及安全要求。压力表应按规定周期进行检查。

(2)锚环及锚塞使用前应经检验，合格方可使用。

(3)高压油泵与千斤顶之间的连接点、各接口必须完好无损。油泵操作人员应戴护目镜。

(4)油泵开动时，进、回油速度与压力表指针升降，应平稳、均匀一致。安全阀要保持灵敏可靠。

(5)张拉前操作人员确定联络信号，张拉两端相距较远时，宜使用对讲机。

(6)无关人员不得进入张拉作业区。

(7)在已拼装或现浇的箱梁上进行张拉作业，其张拉作业平台，拉伸机支架要搭设牢固，平台四周加设护栏。

(8)张拉千斤顶的对面及后面严禁站人，作业人员应站在千斤顶两侧。

(9)张拉操作中若出现油表振动剧烈、漏油、电机声异常，断丝、滑丝异常现象，应立即停机检查。

(10)张拉钢丝束完毕退销时应采取安全防护措施，人工拆卸销子时，不得强击。

(11)张拉完毕后，对张拉施锚两端应妥善保护，不得压重物，管道灌浆前，梁端应设围护和挡板，严禁撞击锚具、钢丝束及钢筋。

(12)先张法张拉前应对台座、横梁进行检查、张拉中及未浇混凝土之前，周围不得站人或进行其他作业。浇筑混凝土时，振动器不得撞击钢丝束。

十二、脚手架安全规定

(1)钢管脚手架连接材料应使用扣件,接头应错开,螺栓要坚固。立杆底必须使用立杆底座。不得使用铅丝和麻绳连接钢脚手架。

(2)简易脚手架应按产品设计拼装连接牢靠,并使用钢管加强横向联系和剪刀支撑。

(3)脚手板要铺满、绑牢、无探头板,并牢固地固定在脚手架支撑上。脚手架的任何部分均不得与模板相连。

(4)脚手架要设置栏杆,敷设安全设施并应经常检查,确保操作人员和小型机械安全通行。

(5)脚手架上的材料和工具要安放稳妥整齐,有坡度的脚手板,要加设防滑条。

(6)悬空脚手架应用栏杆和撑木固定稳妥、牢固、牢靠、防止摆动摇晃。

(7)搭设在水中的脚手架,要经常检查受水冲刷情况,发现松动,变形或沉陷应及时加固。脚手架上作业的人员应佩戴救生设备。

(8)脚手架高度在 10～15 m 时应设置一组缆风绳与地面夹角为 45°～60°,缆风绳的地锚应注意保护。

(9)拆除脚手架时,周围应设置警戒标志或护栏,应按从上到下顺序拆除,不得上下双层作业,拆除的脚手架,板应用人工传递或吊机吊送,严禁随意抛掷。

十三、支架施工安全规定

(1)支架所用的桩木、万能杆件等应详细检查,不得使用腐朽、劈裂、大节疤的圆木及锈蚀、扭曲严重的杆件和钢管等。

(2)地基承载能力必须符合设计标准,否则应采取加固措施,使其达到设计要求。土质地基雨季须有防水措施。

(3)支立排架要按设计要求施工,应有足够的承载能力和稳定性。并要与垫木联结牢固,防止不均匀沉落、失稳和变形。

(4)支立排架时应专人指挥,支立排架以竖立为宜,排架竖立后用临时支撑撑牢,再竖立第二排。两排架间的水平和剪刀撑用螺栓拧紧,形成整体。

(5)用吊机竖立排架时,应用溜绳控制排架起吊时的摆动。

(6)支立排架时,不得与便桥或脚手架相连,防止支架失稳。

(7)立柱排架大面积拆卸时应边拆边撑木,保持平衡稳定。严禁将全部水平和斜撑拆除,再放立柱。

十四、木工机械安全规定

(1)木工机械开机前应添加润滑油脂,先试机,待机件各部运转正常后,方可工作。

(2)机械运转中,如有不正常的声音或发生故障时,应先切断电源,再进行维修。

(3)操作人员工作时,要扣紧衣扣和袖口,严禁戴手套作业;留长发者须戴好工作帽,长发不得外露。

(4)木工机械的转动部分,要安装防护罩或防护板。工作中更换据片、刨片、刃具、钻头时必须切断电源,停止转动后方可拆装。

(5)圆盘锯操作人员应戴防护眼镜,站在锯片一侧操作,禁止站在锯片同一直线位置,锯片上方安装挡板和滴水装置。锯片不得有连续断齿。

(6)接料者要待料出锯片 15 cm,不得用手硬拉,木料锯到接近端头时,应由下手拉,手不得继续推进。

(7)送料用力要均匀,遇本节应减速。长度不足 50 cm 的短料不得上锯。

(8)平刨机刨料前应清除材料上的钉子灰垢,根据木料材质调整刨料速度,手严禁放在木节上。

(9)刨木材的大面时,手须在木料的上面;刨木材的小面时,手可放在木材上半部。手指须离刨口 3 cm 以上,每次刨削不得超过 1.5 mm。刨料长度超过 2 m 时,必须由两人操作,料头过刨口 20 cm 后,下手方可接料,用力要均匀。

(10)活动式的台面,调整切削量时,须切断电源,停止转动方能进行,防止台面与刨面接触造成事故。

(11)刀架夹板必须平整贴紧,合金马片焊缝的高度不得超过刀头、固定刀片的螺旋应钳入槽内,离刀背不得小于 10 mm。

(12)平面刨作业时,操作人员不得将手伸进安全挡板里侧移动挡板,不得拆除安全挡板进行刨削。

(13)压刨机必须使用单向开关,不得使用倒顺开关;送料须平直,发现材料走横或卡位,应停机拨正;操作必须待料送出台面。

(14)人员站在机床一侧操作,每次削量不得超过 3 mm,所削材料不得短于前手压滚距离,厚度不足 1 cm 时须垫衬托板。

十五、钢筋制作安全规定

(1)钢筋施工场地应满足作业需要,机械设备的安装要牢固、稳定,作业前应对机械设备进行检查。

(2)钢筋调直及冷拉场地应设置防护挡板,作业时非作业人员不得进入现场。

(3)钢筋施工切断机作业前,应先进行试运转,运转正常后,方能进行切断作业。切长料时由专人把扶,切短料时要用钳子或套管夹牢。不得因钢筋直径小而集束切割。

(4)人工锤击切断钢筋时,钢筋直径不宜超过 20 mm,使锤人员和把扶钢筋、剪切工具人员身位要错开,并防止断下的短头钢筋弹出伤人。

(5)绑扎钢筋高过 1.5 m,应有固定临时支架进行稳定,并设绑脚手架,不得攀登或站在钢筋骨架上。

(6)场地绑扎 T 梁钢筋,应先设置稳妥分层支架,两面同时进行绑扎,防止受力不均造成事故。

十六、焊接作业安全规定

1. 电焊

(1)电焊机应安放在干燥、通风良好的地点,周围严禁存放易燃、易爆物品。

(2)电焊机应设置单独的开关箱,作业时应穿戴防护用品,施焊完毕,拉闸上锁。遇雷雨天气,应停止露天作业。

(3)在潮湿地点工作,电焊机应放在木板上,操作人员应站在绝缘胶板或木板上操作。

(4)严禁在带压力的容器和管道上施焊。焊接带电设备时,必须先切断电源。

(5)储存过易燃、易爆、有毒物品的容器或管道,焊接前必须清洗干净,打开所有孔口,保持空气流通。

(6)在密闭的金属容器内施焊时,必须开设进、出口。容器内照明电压不得超过36 V。焊工身体应用绝缘材料与容器壳体隔离开。施焊过程中每隔半小时至一小时外出休息10～15 min。

(7)接线、地线不得与钢丝绳,各种金属管道、金属构件等接触,不得用这些物体代替地线。

(8)更换场地移动电焊机时,必须切断电源,检查现场,清除焊渣。

(9)在高空焊接时,必须系好安全带,焊接周围应备消防设备。

(10)焊接模板中的钢筋、钢板时,施焊部位下面应垫石棉板或铁板。

2. 气焊

(1)乙炔发生器应采用定型产品,必须备有灵敏可靠的防口火安全装置。

(2)乙炔发生器应置于干燥、通风处。乙炔发生器与氧气瓶不得同放一处,周围严禁存放易燃易爆物品,严禁用明火检查是否漏气,氧气、电石应随用随领,下班后送回专用库房。

(3)氧气瓶、乙炔发生器受热不得高于35 ℃,防止火花和锋利物件接触胶管。点火的焊枪不得对人,正在燃烧的焊枪不得随意乱放。

(4)氧气瓶、氧气表及焊割工具表面,严禁沾污油脂。氧气瓶应设有防震胶圈,并旋紧安全帽,避免碰撞、剧烈振动和烈日曝晒。

(5)乙炔发生器应每天换水。严禁在浮筒上放置物体,不得用手在浮筒上加压和摇动,添加电石时严禁明火照明。

(6)乙炔发生器不得放在电线下方,焊接场地距离明火不得小于10 m。

(7)乙炔气管用后需清除管内积水。胶管回火装置结冻时,应用热水溶化,不得用明火烘烤。

(8)电石应在干燥的地方,移动或搬运应打开桶盖,轻移、轻放。开桶时头部要避开,不得用金属工具敲击桶盖。

(9)施焊时,场地应通风良好,施焊完毕将氧气阀门关好,拧紧安全罩。乙炔筒提出时,头部应避开浮筒上升方向,提出后应挂放,不得扣放在地上。

第五节　桥梁基础施工安全

一、明挖基础

(1)开挖方法、顺序、支撑结构的安全设置应符合施工组织设计。

(2)开挖深度和开挖放坡,要考虑坑顶是否有荷载等。

(3)弃土堆放位置、坑顶坡度设置和截水沟的设置。

(4)开挖过程中注意观测周围建筑物沉降及边坡和支持结构的变形。

(5)采用机械开挖时基坑内不得有人,开挖机械距坑边缘的距离应根据基坑深度、边坡坡度以及地质情况综合考虑。

(6)开挖过程中如遇流沙、涌水、涌沙及基坑边坡不稳定等现象发生,应采取防护加固措施。

(7)采用排水开挖时,要保证具有足够的抽水能力,使基础不会被水泡。

(8)小型桥涵施工,如果不能保证车辆通行,应事先修好便道或便桥,并在修建桥涵的公路两端设置“禁止通行”的标志。

(9)基坑开挖需要爆破时,要按照爆破安全规程处理。

(10)对基坑实施安全监测(水平位移和沉降、倾斜、内力、隆起、裂缝、水位、孔隙水压力以及锚杆监测等)。

二、筑岛、围堰

(1)采用挡土板或板桩围堰,应视土质、涌水、挖深情况,逐段支撑,并应随时检查挡板、板桩等挡土设置的稳定牢固状况。如果流沙、涌沙或支撑变形异常等情况,应立即停止挖掘,撤出作业人员。在切实采取安全加固措施后,方可继续开挖。

(2)采用吸泥船吹砂筑岛,对船体吃水深度、停泊位置、管路射程以及连接方法等,应进行严格检查和试验。

(3)挖基工程所设置的各种围堰和基坑支护,其结构必须坚固牢靠。施工中发现围堰、支撑有松动、变形时,应及时加固,危及作业人员安全时,应立即撤离。

(4)基坑抽水过程中,要指派专人经常检查土层变化、支撑结构受力等情况,发现有变形时,应立即向现场负责人报告,并采取安全措施。

(5)基坑支撑拆除时,应制定合理的拆除顺序,并配合回填土,由低处向高拆除;严禁站在支撑上操作。

三、钢板桩及钢筋混凝土板桩围堰

(1)根据施工条件和安全要求及水深、地质情况选择合理的桩长、数量以及打入位置、打入深度、和桩顶标高,保证施工顺利进行,同时要保证水下构造物的安全,对强度、刚度和稳定性都要进行必要的验算。

(2)参与施工的机械设备(打桩机、卷扬机等)要进行全面检查,经试验、鉴定合格后方可使用。

(3)施工时要统一调度、服从指挥。

(4)注意钢板桩的插打以及拔桩顺序。

(5)施工过程中注意吊机船只的吃水深度、相关机械设备的受力情况;同时经常检查桩帽、桩垫,如有异常,马上停止施工。

四、套箱围堰

(1)套箱围堰根据工程需要设计,但是其强度、刚度、稳定性必须经过验算;交付使用前应验收;针对不同的形式要制定相应的安全技术措施。

(2)拖船牵引浮运套箱时要得到港航监管部门同意,并且在了解航道水深、流速等情况后,制定施工方案。如果多船只作业时要有统一指挥机构。

(3)在通航河流施工时,施工前与港航监管部门联系,办理相关手续,协商通航安全事宜,并按要求设置标志和防撞装置;施工时要严格按照制定的时间、地点作业。

(4)套箱定位时应先将定位船只和导向船只就位。定位船只的锚要按照水流速度、河床地质情况设计。施工时防止与锚链缠绕。

(5)套箱拆除时应按施工组织设计的程序进行,施工人员要系安全带和穿救生衣。

五、钻孔灌筑桩基础

(1)钻孔机械就位后应对钻机及配套设备进行全面检查,钻机安设必须平稳牢固,钻架应加设斜撑或缆风绳。

(2)冲击钻孔选用的钻锥、卷扬机和钢丝绳等应配置适当，钢丝绳与钻锥用绳卡固接时，绳卡数量应与钢丝绳直径相匹配，冲击过程中钢丝绳的松弛应掌握适宜。

(3)正反循环钻机及潜水钻机使用的电缆线要定期检查，接头必须绑扎牢固，确保不透水不漏电；对经常处于水泥浆浸泡处应架空搭设，挪移钻机时不得挤压电缆线及风水管路。

(4)潜水钻机钻孔时一般在完成一根钻孔桩时要检查一次电机的封闭状况，钻进速度应根据地质变化加以控制，以保证安全运转。

(5)采用冲抓或冲击钻孔，当钻头提到接近护筒底缘时，应减速平稳提升，不得碰撞护筒和钩挂、护筒底缘。

(6)钻孔使用的泥浆宜设置泥浆循环净化系统，并注意防止或减少环境污染。

(7)钻机停钻，必须将钻头提出孔，外置于钻架上，不得滞留孔内。

(8)对已埋设护筒但未开钻或已成桩，护筒尚未拔除的，应加设护筒盖或铺设安全网遮罩。

六、沉入桩基础

(1)钢筋混凝土桩、预应力混凝土桩采用锤击沉桩或振动沉桩时施工场地应保持平整、清洁，打桩机的移动轨道铺设要平顺，轨距要准确，钢轨要钉牢，轨道端部应设止轮器。

(2)水上打桩平台必须搭牢固，打桩机底座与平台应连接牢靠。

(3)打桩架移动时应在现场施工负责人指挥下进行，桩架移动应平稳，桩锤必须放在最低位置，柴油打桩机后部的配重铁必须齐全，采用滚杠滑移打桩架作业时，作业人员不得在打桩架内操作。

(4)浮式沉桩设备沉桩时桩架与船体必须连接坚固，船体定位后应以锚缆封固并应防止施工中浮船晃动。

(5)起吊沉桩或桩锤时严禁作业人员在吊钩下或在桩架龙门口处停留或作业。

(6)打桩架及起重工具应经常检查维修，桩锤检查维修必须将桩锤放落在地面或平台上，严禁在悬挂状态下维修桩锤。

(7)振动打桩机在停止作业后应立即切断电源。

(8)采用高压水泵等助沉措施时，其高压水泵的压力表、安全阀、水泵输水管道及水压等应符合安全要求；高压射水辅助沉桩应根据地质情况采用相应的压力，并要防止因急剧下沉造成桩架倾倒；射水沉桩应在桩身入土达到稳定时再射水。

(9)振动打桩机开动后作业人员应暂离，基桩振打中如发现桩回跳、打桩机有异声及其他不正常情况时，应立即停振并经检查处理后再继续作业；所有开、停振必须听从指挥。

七、就地浇筑的墩台施工

(1)就地浇筑混墩台混凝土，施工前，必须搭设好脚手架和作业平台，同时设置好防护措施。

(2)模板就位后，应立即对其进行固定；对于架立高墩模板时，施工人员必须系好安全带。

(3)整体模板吊装前，模板要连接牢固，同时不得超载。

(4)用吊斗浇筑混凝土时，吊斗的提降要设专人指挥，上下部施工人员要注意安全；同时吊斗不得碰撞模板和脚手架。

(5)模板拆除时，应划定禁行区，严禁行人通过；如果是水中作业，要配备工作船和救护船。

八、砌筑墩台施工

(1)砌筑前应搭设好脚手架和作业平台以及安全防护设施。

(2)人工、手推车运送预制块时,脚手跳板的宽度、强度、坡度需经过设计,满足安全要求;同时堆放物品不得超过设计荷载。

(3)吊机、桅杆调运预制块时,应设专人指挥。

(4)人工抬运大块石料时,应捆绑牢靠,动作协调一致,缓慢平放,防止伤人。

(5)吊机作业时下方不得站人。

九、滑模施工

(1)高桥墩(台)、塔墩、索塔等高层结构采用滑升模板施工时,除应遵守高处作业安全规定外,并需根据工程特点编制单项施工方案及其安全技术措施,并向参加滑模施工人员进行安全技术交底。

(2)滑模及提升结构应按设计制作与施工,作业前应对滑模提升结构进行检查。

(3)当塔墩等高层建筑采用爬模施工方法时,应进行特殊设计,在工厂制作。爬升架体系、操作平台、脚手架等要保证具有足够的强度、刚度和稳定性,架体提升时要另设保险装置;模板爬升作业人员不得站在爬升的模板或爬架上。

(4)液压系统组装完毕后必须进行全面检查,施工过程中液压设备应由专人操作并应经常维护,发现问题及时处理。

(5)模板提升到 2 m 高以后应安装好内外吊架、脚手架、铺好脚手板挂设安全网。

(6)混凝土浇筑,不得用大罐漏斗直接灌入,不冲击模板;振动时不得振动支撑杆、钢筋及模板,提升模板时不得进行振动。

(7)模板提升前应进行检查,排除故障,观察偏斜数值,提升时千斤顶应同步作业。

(8)施工中发现支撑杆有弯曲变形时应及时加固。

(9)操作平台的水平度、倾斜度应经常检查,发现问题应及时采取措施。

(10)主要机具、电器、运输设备等应定机定人,严格执行交接班制度,接班时必须对机具检查一次并做好记录。

(11)墩上养生人员必须系好安全带,输水管路及其他设备应栓绑牢固。

(12)运送人员材料的罐笼或外用电梯,应有安全卡限位开关等安全装置。

(13)夜间施工应有足够的照明,在人员上下及运输过道处均应设置固定的照明设施。

(14)拆除滑模设备时应做好安全防护措施,拆除时可视吊装设备能力分组拆除或吊至地面上解体,以减少高处作业量和杆件变形,拆除现场应划定警戒区,警戒线到建筑物边缘的安全距离不得小于 10 m。

第六节 桥梁上部结构施工安全

一、预制构件安装作业

1. 装配式构件(梁、板)的安装应制定安装方案,并建立统一的指挥系统,施工难度危险性较大的作业项目应组织培训。

2. 吊装偏心构件时应使用可调整偏心的吊具进行，吊装安装的构件应平起稳落。

3. 单导梁、墩顶龙门架安装构件时应符合下列规定：

(1)导梁组装时，各节点应连接牢固，在桥跨推进时悬臂部分不得超过已拼好导梁全长的1/3；

(2)墩顶或临时墩顶导梁通过的导轮支座必须牢固可靠，导梁接近导轮时应采取渐进的方法进入导轮，导梁推进到位后用千斤顶将导梁置于稳定的木垛上；

(3)导梁上的轨道应平行等距铺设，使用不同规格的钢轨时，其结头处应妥善处理，不得有错台；

(4)墩顶龙门架使用托架托运时，托架两端应保持平衡稳定，行进速度应缓慢；龙门架落位后应立即与墩顶预埋件连接并系好缆风绳；

(5)构件在预制场地起重装车后牵引至导梁时，行进速度不得大于5 m/min，到达安装位置后平车行走轮应用木楔楔紧；

(6)构件起吊横移就位后，应加设支撑垫木以保持构件稳定；

(7)龙门架顶横移轨道的两端应设置制动枕木。

4. 预制厂采用千斤顶顶升构件装车及双导梁、桁梁安装构件时，应符合下列规定：

(1)千斤顶在使用前要做承载试验，起重吨位不得小于顶升构件的5倍，千斤顶一次顶升高度应为活塞行程的1/3；

(2)千斤顶的升降应随时加设或抽出保险垫木；

(3)构件进入落梁架(或其他装载工具)横移到位时应保持构件在落梁时的平衡稳定；

(4)顶升T梁箱梁等大吨位构件时，必须在梁两端加设支撑构件，两端不得同时顶起或下落，一端顶升时另一端应支稳撑牢；

(5)预制场和墩顶装载构件的滑移设备，要有足够的强度和稳定性，牵引或顶推构件滑移时施力要均匀；

(6)双导梁向前推进中应保持两导梁同速进行，各岗位作业人员要精心工作，听从指挥，发现问题及时处理；

(7)双导梁进入墩顶导轮支座前后，应采取与单导梁相同的措施。

5. 架桥机安装构件时应符合下列规定：

(1)架桥机组拼(或定型产品)、悬臂牵引中的平衡稳定及机具配备等均应按设计要求进行；

(2)架桥机就位后为保持前后支点的稳定，应用方木支垫，前后支点处还应用缆风绳封固于墩顶两侧；

(3)构件在架桥机上纵横向移动时，应平缓进行；卷扬机操作人员应按指挥信号协同动作；

(4)全幅宽架桥机吊装的边梁就位前，墩顶作业人员应暂时避开；

(5)横移不能一次到位的构件，操作人员应将滑道板、落梁架等准备好，待构件落入后再进入作业点进行构件顶推或牵引横移等工作。

6. 跨墩龙门架安装构件时，应根据龙门架的高度、跨度采取相应的安全措施，确保构件起吊和横移时的稳定，构件吊至墩顶应缓速平稳缓落。

7. 吊车吊装简支梁板等构件时，应符合起重吊装中的有关规定。

8. 安装大型盆式橡胶支座，墩上两侧应搭设操作平台，墩顶作业人员应待支座吊至墩顶稳定后再扶正就位。

9. 安装涵洞预制盖板时，应用撬棍等工具拨移就位，单面配筋的盖板上应标明起吊标志，吊装涵管应绑扎牢固。

10. 龙门架、架桥机等设备拆除前，应切断电源，拆除龙门架时应将龙门架底部垫实，并在龙门架顶部拉好缆风绳和安装临时连接梁；拆下的杆件、螺栓材料等应捆好向下吊放。

11. 人工抬运安装涵洞盖板时，作业区道路应平整。

二、就地浇筑上部结构施工

(1)钢筋混凝土或预应力混凝土就地浇筑时，作业前应对机具设备及防护设施等进行检查，对施工工艺及技术复杂的工程，制定的安全技术措施及安全操作细则等，应进行技术交底。

(2)就地浇筑的桥涵上部结构施工中，应随时检查支架和模板，发现异常状况应及时采取措施。

(3)就地浇筑的各类上部结构，有关高处作业、水上作业等到要求应按相关规定处理。

三、悬臂浇筑施工

1. 悬臂浇筑采用挂篮施工时，应遵守下列规定：

(1)施工前制定安全技术措施，挂篮组拼后要全面进行检查并做静载试验；

(2)在墩上进行零号块施工并以斜拉托架做施工平台时，在平台边缘处应设安全防护设施，墩身两侧斜拉托架平台之间搭设的人行道板必须连接牢固；

(3)使用的机具设备如千斤顶、滑道、手拉葫芦、钢丝绳等，应进行检查，不符合安全规定的严禁使用；

(4)检查墩身预埋件和斜拉钢带的位置及坚固程度是否符合设计要求。

2. 双层作业时操作人员必须严守各自岗位职责并应防止铁件工具掉落等。

3. 挂篮拼装及悬臂拼装中，应根据作业点的具体情况设置安全防护设施。

4. 挂篮使用时，后锚固筋、张拉平台的保险绳等应经常检查，底模标高调整时应设专人统一指挥，作业人员应站在铺设稳固的脚手板上。

5. 挂篮行走时要缓慢进行，速度应控制在 0.1 m/min 以内，挂篮后部各设一组溜绳，以保安全；滑道要铺设平整顺直，不得偏移，挂篮桁架行走和浇筑混凝土时其稳定系数应符合公路桥涵施工技术规范的规定。

6. 如需在挂篮上另行增加设施(如防雨棚、立井架、防寒棚等)时，不得损坏挂篮结构及改变其受力形式，同时要进行验算。

7. 使用水箱作平衡重施工时，其位置、加水量等应符合设计要求，给排水设施和方法应稳妥可靠，施工中对上述情况要经常进行检查。

8. 在底模荡移前，必须详细检查挂篮位置、后端压重、后锚及吊杆安装情况，确认安全后方可荡移。

9. 箱梁混凝土接触面的凿毛作业人员要有安全防护设施。

10. 滑动斜面拉式挂篮施工，应遵守下列规定：

(1)滑动斜面拉式挂篮的所有活动铰销、斜拉钢带等，其材质要经检验并打上标记；

(2)主梁及其吊篮系统安装后应进行全面检查，必要时应做加载实验；

(3)挂篮安装时或主梁行走到位后，应先安装好锚固和水平限位装置，再安装斜拉带和悬挂底模平台；

(4)在斜拉带安装和使用过程中，要注意检查保持内外斜拉带受力均衡；

(5)底模和侧模沿滑梁行走前，需将斜面拉带动和后吊带拆除，用手拉葫芦起降和悬吊底模平台时，必须在手拉葫芦的位置加设保险绳；

(6)挂篮行走前,应检查后锚固及各部受力情况,发现隐患应及时处理;行走时亦应密切注意有无异状并慢速稳步到位;

(7)浇筑混凝土前,应对挂篮锚固水平限位吊带和限位装置进行全面检查。

四、悬臂拼装法施工

1. 龙门架起重吊机进行悬臂拼装时,应遵守下列规定:

(1)吊机的定位锚固应按设计进行,并进行静载实验;

(2)拼装使用的机具设备均应经过检查,如有隐患及不符合安全规定时不得使用;

(3)构件起吊前应对构件进行全面检查,如吊环部位有无损伤、结合面有无突出外露物、构件上有无浮置物件等;

(4)构件应垂直起吊,并保持平衡稳定;在接近安装部位时,不得碰撞已安完的构件和其他作业设施;

(5)运送构件的车辆(或船只),构件起升后应迅速撤出。

2. 遇有下列情况时,现场指挥人员,必须在构件妥善处理前,暂时停止装吊作业:

(1)天气突然变化影响作业安全;

(2)卷扬机电机过热或其他机械设备出现故障等。

3. 拆除硫磺砂浆临时支座,除按"高处作业"的安全要求施工外还应符合下列规定:

(1)融化硫磺砂浆垫块采用电热法时,电热丝不得与其他金属物接触;

(2)作业时人员应站在上风处操作,并应配戴安全防护用品;

(3)人工凿除时,人员站位要拉开距离。

五、缆索吊装法施工

(1)吊装前应对施工人员进行安全教育,安装时应有统一指挥信号,登高操作人员应带工具袋。安全带不得挂在主索、扣索、缆风绳等上面。

(2)牵引卷扬机启动要缓慢,进行速度要平稳;构件在吊运时起重卷扬机要协调配合并控制好构件在空中的位置,起重卷扬机不得突然起升和下降,构件避免产生过大弹跳,构件吊运至安全部位时作业人员要等构件稳定后再进行操作。

(3)缆绳吊装大型构件时应事先检查塔架、地锚、扣架、滑车、钢丝索绳等机具设备,正式吊装前应经吊载试运行后方可正式作业。

(4)跨越公路铁路时应搭设架空防护支架,在靠近街道和村屯的地方应设立标志;在主航道上空吊装重大构件时,宜采取临时封航措施。

六、转体法和拖拉法施工

(1)预制钢筋混凝土或预应力混凝土上部结构采用转体架桥法或纵横向拖拉法施工时,除按设计要求进行施工外,搭设支架(或拱架)、支立模板、绑扎钢筋、焊接、预应力张拉及浇筑混凝土等均应按有关规定办理。

(2)转体法修建大跨径拱桥应建立统一的指挥机构,并配备通讯联络工具。

(3)转体法施工,悬臂体应转动方便,并符合安全施工的要求,转体时悬臂端应设缆风绳。

(4)平衡重转体施工前,应先利用配重做试验,进行试转动,检查转体是否平衡稳定,试转的角度应大于实际需要转动的角度,如不符合要求时应进行调整。

(5)环道上的滑道其平整度应严格控制。如上下游拱肋需同时作配重,转体时应采用型号相同的卷扬机同步、同速、平衡转动;重量大的转体转动前,应先用千斤顶将转盘顶转后,再由卷扬机牵引。

(6)无平衡重平转法施工的扣索张拉时,应检查支撑、锚梁、锚锭、拱体等,确认安全后方可施工。

(7)采用纵向横向拖拉法架梁时,施工前应全面检查所用机具设备及各项安全防护设施的落实情况。

(8)使用万能杆件或枕木垛作滑道支撑时,其基础必须稳固,枕木垛应垫密实,必要时应做压重试验。

(9)梁体及构件运行滑道应按设计铺设,采用滑板和辊轴时,滑板应铺平稳．梁体构件拖拉(或横移)到达前方墩台时,应采取引导措施便于辊轴进入悬臂端的滑道内,搬抬辊轴时作业人员要配合好并注意人身安全。

(10)拖拉或横移施工中,应经常检查钢丝、绳滑车、卷扬机等机具设备是否完好,发现问题应及时处理;施工中钢丝绳附近不得站人,作业区无关人员不得进入。

(11)拖拉(或横移)施工中,应听从统一指挥,发现问题(或隐患)应及时报告并随时处理。

七、预应力张拉施工

1. 预应力钢束、钢丝束、钢绞线张拉施工前应遵守下列规定:

(1)张拉作业区,无关人员不得进入;

(2)检查张拉设备工具,如千斤顶、油泵、压力表、油管、顶楔器及液控顶压阀等是否符合施工及安全的要求,压力表应按规定周期进行检定;

(3)锚环及锚塞使用前,应经检验合格后方可使用;

(4)高压油泵与千斤顶之间的连接点,各接口必须完好无损,油泵操作人员要戴防护眼镜;

(5)油泵开动时,进回油速度与压力表指针升降应平稳、均匀、一致,安全阀要经常保持灵敏可靠;

(6)张拉前,操作人员要确定联络信号,张拉两端相距较远时,宜设对讲机等通讯设备。

2. 在已拼装或悬浇的箱梁上进行张拉作业,其张拉作业平台、拉伸机支架要搭设牢固,平台四周应加设护栏。高处作业时,应设上下扶梯及安全网,施工吊篮应安挂牢固,必要时可另设安全保险设施,张拉时千斤顶的对面及后面严禁站人,作业人员应站在千斤顶的两侧。

3. 张拉操作中若出现异常现象(如油表振动剧烈、发生漏电、电机声音异常、发生断丝、滑丝等)应立即停机进行检查。

4. 张拉钢束完毕退销时,应采取安全防护措施,人工拆卸销子时不得强击。

5. 张拉完毕后,对张拉施锚两端应妥善保护,不得施压重物。管道尚未灌浆前,梁端应设围护和挡板,严禁撞击锚具钢束及钢筋。

6. 先张法张拉施工时,除按前面有关规定外还应做到:

(1)张拉前对台座、横梁等进行检查;

(2)先张法张拉中和未浇混凝土之前,周围不宜站人和进行其他作业。浇筑混凝土时,振动器不得撞击钢丝(钢束). 用卷扬机滑轮组张拉小型构件时,张拉完成后,应切断电源和卡固钢丝绳。

7. 精轧螺纹钢筋张拉前,除对张拉台座检查外,还应对锚具连接器进行检查试验。

8. 预应力钢筋冷拉时,在千斤顶的端部及非张拉端部均不得站人。

9. 预应力钢筋冷拉时，螺丝端杆、套筒螺丝必须有足够的长度，夹具应有足够的夹紧能力，防止锚夹不牢而滑出。

10. 管道压浆时，应严格按规定压力进行．施压前应调整好安全阀，关闭阀门时作业人员应站在侧面。

八、拱桥施工

1. 拱架应具有足够的强度、刚度和稳定性，拱架须经验算，必要时应经试验或预压，并应满足防洪、流冰、排水通航等安全要求，采用土牛拱架时，亦应采用相应的安全措施，保证拱圈砌筑的安全。

2. 拱架安装及拆除的方法及程序，应符合有关安全规定的要求。

3. 拱石加工时，应注意锤头或飞石伤人，作业人员应保持一定的安全距离。

4. 拱石或预制混凝土块，应按砌筑程序编号，依次运到工地，随用随运，不得过多地堆积在拱架或脚手架上，抬运块件不得碰撞拱架。

5. 砌筑拱圈应按施工要求搭设脚手架及作业平台，拱上建筑施工必须严格按设计加载程序分段对称进行。

6. 拱圈砌筑应随时用仪器观察拱架变形状况，必要时应进行调整，以控制拱圈变形过大。卸架装置应有专人负责检查。

7. 拱架拆除工作必须按设计程序进行，拱架脱离拱圈时，应经检查确认安全后方可继续进行拱架拆除工作．拱架拆除时，应听从统一指挥，严禁在拱架上下同时作业，并严禁使用机械强拽拱架使之倾倒的作法。

8. 无支架拱桥施工时，应遵守下列规定

(1)大中跨径拱桥施工，应验算拱圈的横向稳定性。分段吊装的单肋合龙后，应用缆风绳稳固，第二肋安装后应用横木临时横向连接；

(2)双曲拱、箱形拱、纵横向悬砌拱桥施工时，在墩台顶设置的扣架底部固定应牢靠．顶架应设缆风绳，缆风绳设置必须对称，缆风地锚环应埋设坚固；

(3)在河流中设置缆风绳时，必须采取可靠的防护措施。

复习思考题

1. 简述桥梁施工组织设计的目的，施工组织设计有哪几种类型？

2. 指导性施工组织设计的主要任务是什么？实施性施工组织设计的内容和要求是什么？

3. 施工方案的主要内容有哪些？

4. 如何确定劳动量、机械台班需要量、施工持续的时间和每天应出勤的工人和机械台班？

5. 什么是劳动力调配计划图？

6. 简述施工平面图设计的内容。

7. 工地临时房屋包括哪些，如何布置，其面积如何确定？

8. 工地临时供水量、供电量如何计算，配水管网如何设计？供电方式如何选择，配电线路如何布置？

9. 简述桥梁施工安全的重要性。

10. 桥梁基础施工安全包括哪些内容？

参考文献

[1] 交通部第一公路工程总公司．公路施工手册．桥涵．北京:人民交通出版社,2000.

[2] 杨理准．公路施工手册·基本作业．北京:人民交通出版社,2000.

[3] 周水兴．路桥施工计算手册．北京:人民交通出版社,2001.

[4] 李自光,展朝勇．公路施工机械．北京:人民交通出版社,2005.

[5] 黄绳武．桥梁施工及组织管理．北京:人民交通出版社,1992.

[6] 王华廉．桥梁施工．北京:中国铁道出版社,1997.

[7] 许克宾．桥梁施工．北京:中国建筑工业出版社,2005.

[8] 铁道部工程设计鉴定中心．2008中国高速铁路桥梁技术国际交流会论文集．北京:中国铁道出版社,2008.

[9] 严国敏．现代悬索桥．北京:人民交通出版社,2002.

[10] 钱冬生．大跨悬索桥的设计与施工．成都:西南交通大学出版社,1992.

[11] 严国敏．现代斜拉桥．成都:西南交通大学出版社,1996.

[12] 中华人民共和国铁道部．铁路桥涵施工规范(TB 10203—2002).

[13] 中华人民共和国交通部．公路工程施工安全技术规程(JTJ 076—95).

[14] 中华人民共和国交通部．公路桥涵施工技术规范(JTJ 041—2000)